Jan van Helsing

WER HAT ANGST VOR'M SCHWARZEN MANN...?

amadeus-verlag.com

Vom Autor ist außerdem erschienen:

Buch 3 – Der Dritte Weltkrieg,
1996, Ama Deus Verlag
Unternehmen Aldebaran,
1997, Ama Deus Verlag
Die innere Welt,
1998, Ama Deus Verlag
Die Akte Jan van Helsing,
1999, Ama Deus Verlag
Die Kinder des neuen Jahrtausends,
2001, Ama Deus Verlag
Hände weg von diesem Buch!,
2004, Ama Deus Verlag

AMA DEUS Verlag
Postfach 63
74576 Fichtenau
Tel: 07962-1300
Fax: 07962-710263
www.amadeus-verlag.com

Druck:
Ebner & Spiegel, Ulm
Satz und Layout:
Jan Udo Holey
Umschlaggestaltung:
Atelier Toepfer, 85560 Ebersberg
e-mail: info@ateliertoepfer.de

ISBN 3-9807106-5-3

INHALTSVERZEICHNIS

Ein Wort vorweg...

Nachdem Sie nun gerade den Rückseitentext gelesen haben, werden Sie entweder denken: *„Das klingt ja faszinierend, davon habe ich ja noch nie etwas gehört“* oder: *„Von dem van Helsing war ich eigentlich bisher anderes gewohnt – das klingt ja seltsam...“*

Zu beidem kann ich bemerken: Stillstand bedeutet Tod, Veränderung bedeutet Leben. So bin auch ich selbst in ständiger Veränderung, bereise jedes Jahr neue Länder und betrete ebenso gerne immer wieder neues Terrain des Geistes und des Wissens.

Während meiner langen Laufbahn als Rechercheur und Forscher über Hintergründe und als jemand, der immer wieder fasziniert ist von den ungeklärten Bereichen des Lebens – den Grenzwissenschaften –, habe ich viele interessante Ereignisse behandelt und darüber auch publiziert. Doch in diesem Buch habe ich mein bisher spannendstes Projekt zu Papier gebracht.

Im Gegensatz zu den anderen von mir verfaßten Werken handelt es sich diesmal um ein „persönliches“ Buch, da der Inhalt von mir selbst erlebt wurde. Und das, was ich erlebte, hat mein Leben derart einschneidend verändert, daß ich nie wieder der alte „Jan van Helsing“ sein werde. Es gibt kein Zurück mehr...

Mit diesem Buch lade ich Sie zu einer Reise ein, bei der wir zusammen Neuland betreten. Es steht Ihnen natürlich frei, an alten Denk- und Verhaltensmustern festzuhalten. Sollte es jedoch tatsächlich Ihr Wunsch sein, mir heute auf diesem Weg in ein neues geistiges Terrain zu folgen, so heiße ich Sie im Club der geistigen Freibeuter herzlich willkommen und möchte gleich zur Sache kommen, indem ich Sie provokant frage...

Sie haben doch nicht etwa Angst?

Was würden Sie wohl denken, wenn Ihnen Ihre Oma, die im Sterben liegt, erzählt, daß ***der Tod*** bei ihr am Bett gestanden hat und er sie nun holen wird?

Wahrscheinlich kämen Sie nach kurzem Nachdenken zu der Erkenntnis, daß die Oma entweder senil geworden ist, zu viele Medikamente intus und aufgrund dessen sicherlich Halluzinationen hat oder nun alte abergläubische Programme in ihrem Unterbewußtsein zum Vorschein kommen, da es jetzt ans Sterben geht.

Man erinnert sich kurz daran, daß man von irgendwem schon irgendwann einmal so eine Geschichte vernommen hatte und denkt dabei eventuell auch an eine Hollywood-Verfilmung wie *Rendezvous mit Joe Black*, an den Sensenmann aus Monty Pythons Film *Der Sinn des Lebens* oder an die Scheibenwelt-Romane von Terry Pratchett, in welchen dieser schwarze Geselle in jedem Buch mindestens einen Kurzauftritt hat. Aber daß es tatsächlich einen solchen *schwarzen Mann* geben soll, das glauben Sie ja nun wirklich nicht. Stimmt's oder hab' ich Recht...?

Was würden Sie aber von der Sache halten, wenn Ihre Oma in der darauffolgenden Nacht nun tatsächlich verstorben ist...? Denn genau das geschieht nämlich in den meisten Fällen auch!

Also ich persönlich würde mich dann fragen: *„Ja, wen oder was hat denn die Oma jetzt an ihrem Bett gesehen? Stand da wirklich jemand? Und wenn ja, wer war derjenige?"*

Ich nehme an, daß viele von uns solchen Aussagen mehr Aufmerksamkeit schenken würden, hätten wir uns einmal mit einem x-beliebigen Pfarrer oder jemandem aus der Sterbebegleitung über dieses Thema unterhalten. Denn die Antworten sind mehr als nur überraschender Natur.

Aufgrund von Ereignissen, auf die ich gleich näher eingehen werde, habe ich nämlich genau das getan und über zwei Jahre hinweg immer wieder, wenn ich eine Person aus dem Krankenhaus-, Hospiz- oder Sterbebegleitungssektor angetroffen habe, diese gefragt, ob sie schon einmal Berichte von Sterbenden vernommen hat, in denen ein *schwarzer Mann* gesehen worden ist oder in denen darüber berichtet wird.

Und fast alle Befragten konnten Fälle aufzählen, die einen *schwarzen Mann* mit einschlossen.

So zum Beispiel die ehemalige Hospiz-Schwester Gudrun aus Augsburg, die zu erzählen wußte: „*Eine Frau behauptete zwei Tage vor ihrem Tod eisern, daß ein schwarzer Mann ums Haus gelaufen sei. Eine andere Patientin erzählte bei ganz klarem Verstand, daß ein Mann in Schwarz zum Fenster hereingeschaut habe. Diese Frau verstarb noch in der gleichen Nacht.*

Ein alter Herr berichtete mir kurz vor seinem Tod, daß ein schwarzer Mann an seinem Krankenbett gestanden sei und wollte wissen, wer denn das gewesen ist..."

Im Juli 2004 bekam ich den Brief einer Leserin zugesandt, die zu folgenden Erlebnissen einen Kommentar erbat:

„*Sehr geehrter Herr van Helsing,*

herzlichen Dank für die Veröffentlichung Ihres Buches „Die Kinder des neuen Jahrtausends", das mir im Umgang mit den Fähigkeiten meiner hellsichtigen Tochter sehr weitergeholfen hat.

Dennoch liegt mir etwas am Herzen, worauf ich in Ihrem Buch keine Antwort fand: Als meine Mutter letztes Jahr verstarb, erzählte sie uns am Abend vor ihrem Tod, daß eine schwarze Gestalt am Bett stand und ihr die Hand reichte. Als ich meine Tochter Sibylle holte, um herauszufinden, ob sie mit ihrer hellsichtigen Begabung auch etwas sehen konnte, so sah sie zwar keinen schwarzen Mann am

Bett, doch drei oder vier in gleißendem Licht strahlende Wesen, die über dem Bett schwebten. Ich muß dazu sagen, daß bereits etwa eine viertel Stunde vergangen war, seit Mutter das mit dem schwarzen Mann gesagt hatte. Der war inzwischen wahrscheinlich wieder verschwunden. Meine Frage an Sie: Wer ist dieses Wesen? Muß man Angst davor haben? War das der Teufel?

Vorsichtig habe ich versucht, dieses Erlebnis im Freundeskreis anzusprechen und war überrascht, was als Resonanz zurückkam.

Meine beste Freundin berichtete vom Tod ihres Onkels, der sich in der Nacht vor seinem Tode hin und herwälzte und etwas vor sich hinstammelte, so daß seine Frau deswegen aufwachte. Als sie ihn weckte und fragte, was los sei, erzählte er ihr, daß ein Mann in einem schwarzen Umhang am Bett gestanden habe. Wenige Stunden später starb ihr Onkel...“

Während meiner Recherchen zu dem gerade erwähnten Buch über hellsichtige Kinder kam ich mit einer pensionierten Krankenschwester ins Gespräch, die sich noch genau an einen Fall erinnerte, bei dem ein Patient, der gerade operiert wurde und unter Narkose stand, für kurze Zeit klinisch tot war und später berichtete, daß *„ein schwarzer Kerl“* neben dem Operationstisch gestanden habe, inmitten der Ärzte. Doch der Patient überlebte.

Solche Geschichten habe ich nun zigfach vorliegen, und diese decken sich in folgenden Merkmalen:

Kurz vor dem eigenen Tod taucht plötzlich ein schwarzer Mann auf, entweder in einer schwarzen Kutte – ähnlich einem Mönch – oder mit einem schwarzen Hut. Dieser schwarze Mann schweigt gewöhnlicherweise, und es kann von den Augenzeugen meist kein Gesicht beschrieben werden. Manchmal sieht dieser schwarze Mann zum Fenster herein, läuft ums Haus herum, steht am Bett, taucht in Träumen auf oder klopft an die Türe.

Letzteres hat sich bei mir im weiteren Familienkreis abgespielt. Bei der Urgroßmutter meiner ersten Frau blickte am Tag vor ihrem Tod jemand aus dem Fenster und sah eine schwarze Gestalt vor ihrer Haustüre. Bei ihrem Großonkel Alois hatte wiederum jemand oder etwas im Moment des Todes an die Türe geklopft.

An und für sich sind solche Berichte aber nicht neu – ja ganz im Gegenteil! In fast allen Kulturen der Welt finden wir ähnliche Berichte von Menschen, die dem Tode nah sind, aber auch generelle Geschichten über diesen schwarzen Mann, der ganz offensichtlich sterbenden Menschen erscheint.

In manchen Gegenden nennt man ihn *Gevatter Tod* (Gevatter = Taufpate), denn er gehört zu unserem Leben wie die Verwandten. Seine Verwandtschaft kann man sich nicht aussuchen, und so kann man sich auch den Tod nicht aussuchen. Vom *Freund Hein* sprechen sie im Norden Deutschlands, der an den Sterbenden herantritt und ihn als Seelenführer mit sich in das Totenreich nimmt. Für den *Brandner Kaspar* ist er ganz einfach der *Boandlkramer*, also derjenige, der mit den Knochen hantiert. Auf hochdeutsch wird er zum *Knochenmann*, wobei wir ihn meist auf diese Weise dargestellt finden.

Andere wiederum nennen ihn den *Sensenmann*. Der *Sensenmann* ist eine aus dem Mittelalter stammende personifizierte Allegorie des Todes und wird in der darstellenden Kunst als menschliches Skelett mit breitkrempigem Hut oder mit einer Kutte bekleidet abgebildet.

Er trägt bezeichnenderweise eine Sense, mit der er seine Ernte mäht beziehungsweise

Abb. 1
Der Schnitter

die Seelenschnur (*Silberschnur*) vom Körper durchtrennt, durch die der Körper mit dem Seelenleib verbunden ist.

In dieser Richtung ist eventuell auch der Psalm 90,5 zu interpretieren, in dem es heißt: „*Die Menschen gleichen dem sprossenden Gras. Am Morgen grünt es und blüht, am Abend wird es geschnitten und welkt.*“

In manchen Darstellungen wird unser *schwarzer Mann*, der ganz offensichtlich den personifizierten Tod darstellt, auch mit einem Stundenglas abgebildet, mit dem er die Lebenszeit mißt.

Dieser Tod tritt an das Kinderbett und an das Krankenbett im Altenheim. Der Tod fährt auf dem Motorrad mit und im Auto. Junge Menschen reißt er aus dem Leben, und andere können es kaum erwarten, daß er ihrem Leben ein Ende setzt.(1)

Vor dem Tod sind wir offenbar nie sicher.

Genau diese Tatsache, nämlich daß wir dem Tod nicht entrinnen können, bringt nachfolgende Legende zum Ausdruck, wenn auch nicht gerade *todernst*:

Der König von Damaskus hatte unter seinen Beratern einen jungen Mann, den er sehr schätzte. Eines Tages kam dieser junge Offizier zum König und zeigte alle Anzeichen der Bestürzung. „*Ich habe eine ganz dringende Bitte, mein König. Leihe mir dein schnellstes Pferd. Ich muß sofort nach Bagdad reiten.*“

Der König fragte erstaunt: „*Warum?*“

„*Als ich eben durch den Garten deines Palastes ging, sah ich den Tod dort stehen, und er drohte mir. Jetzt habe ich Eile, ihm zu entgehen.*“

Der König gewährte die Bitte. Doch dann ging er selber in den Garten, um nachzusehen, ob er den schrecklichen Besucher noch dort findet. Und siehe, der Tod stand noch am selben Fleck.

„Wie konntest du meinen treuen Diener bedrohen? Und das im Garten meines Palastes?", fragte ihn der König.

„Ich habe ihm nicht gedroht", sagte der Tod, *„ich habe nur vor Verwunderung die Hände erhoben und zusammengeschlagen"*.

„Welch schlechte Ausrede!", sagte der König.

„Doch, doch so ist es!", versicherte der Tod. *„Ich habe nämlich von meinem Höchsten Herrn den Auftrag, ihn heute Abend fern von hier in Bagdad zu treffen. Und ich war erstaunt, daß er noch hier war."*(1)

Dies ist eine Legende, ein Märchen vielleicht, das uns von einem personifizierten Tod berichtet. Doch wie sollen wir wohl die Worte von *Franz von Assisi* einordnen, der in seinem Sonnengesang verlauten läßt: *„Durch unsern Bruder, den leiblichen Tod; kein lebender Mensch kann ihm entrinnen. Weh denen, die sterben in tödlichen Sünden. Selig, die der Tod trifft in deinem heiligsten Willen; denn der zweite Tod kann ihnen nichts antun."*(1)

Merkwürdig, nicht wahr?

Betrachten wir uns hierzu noch eine andere literarische Darstellung über dieses schwarze Wesen. Es handelt sich hierbei um das Märchen *Gevatter Tod* der Gebrüder Grimm, welches ich wegen seiner Prägnanz gerne aufführen möchte:

„Es hatte ein armer Mann zwölf Kinder und mußte Tag und Nacht arbeiten, damit er ihnen nur Brot geben konnte. Als nun das dreizehnte zur Welt kam, wußte er sich in seiner Not nicht zu helfen, lief hinaus auf die große Landstraße und wollte den ersten, der ihm begegnete, zu Gevatter bitten [er wollte ihn bitten, der Taufpate zu werden]. *Der erste, der ihm begegnete, das war der liebe Gott. Der wußte schon, was er auf dem Herzen hatte, und sprach zu ihm: „Armer Mann, du dauerst mich, ich will dein Kind aus der Taufe heben, will für es sorgen und es glücklich machen auf Erden." Der*

Mann sprach: „Wer bist du?" – „Ich bin der liebe Gott." – „So begehr' ich dich nicht zu Gevatter", sagte der Mann, „du gibst dem Reichen und lässest den Armen hungern." Das sprach der Mann, weil er nicht wußte, wie weislich Gott Reichtum und Armut verteilt. Also wendete er sich von dem Herrn und ging weiter. Da trat der Teufel zu ihm und sprach: „Was suchst du? Willst du mich zum Paten deines Kindes nehmen, so will ich ihm Gold in Hülle und Fülle und alle Lust der Welt dazu geben." – Der Mann fragte: „Wer bist du?" – „Ich bin der Teufel." – „So begehr' ich dich nicht zu Gevatter", sprach der Mann, „du betrügst und verführst die Menschen. „Er ging weiter; da kam der dürrbeinige Tod auf ihn zugeschritten und sprach: „Nimm mich zu Gevatter." Der Mann fragte: „Wer bist du?" – „Ich bin der Tod, der alle gleichmacht." Da sprach der Mann: „Du bist der Rechte, du holst den Reichen wie den Armen ohne Unterschied, du sollst mein Gevattersmann sein." Der Tod antwortete: „Ich will dein Kind reich und berühmt machen; denn wer mich zum Freunde hat, dem kann's nicht fehlen." Der Mann sprach: „Künftigen Sonntag ist die Taufe, da stelle dich zu rechter Zeit ein." Der Tod erschien, wie er versprochen hatte, und stand ganz ordentlich Gevatter.

Als der Knabe zu Jahren gekommen war, trat zu einer Zeit der Pate ein und hieß ihn mitgehen. Er führte ihn hinaus in den Wald, zeigte ihm ein Kraut, das da wuchs, und sprach: „Jetzt sollst du dein Patengeschenk empfangen. Ich mache dich zu einem berühmten Arzt. Wenn du zu einem Kranken gerufen wirst, so will ich dir jedesmal erscheinen. Steh' ich zu Häupten des Kranken, so kannst du keck sprechen, du wolltest ihn wieder gesund machen, und gibst du ihm dann von jenem Kraut ein, so wird er genesen. Steh' ich aber zu Füßen des Kranken, so ist er mein, und du mußt sagen, alle Hilfe sei umsonst. Aber hüte dich, daß du das Kraut nicht gegen meinen Willen gebrauchst, es könnte dir schlimm ergehen."

Es dauerte nicht lange, so war der Jüngling der berühmteste Arzt auf der ganzen Welt. „Er braucht nur den Kranken anzusehen, so weiß er schon, wie es steht, ob er wieder gesund wird oder ob er sterben muß", so hieß es von ihm, und weit und breit kamen die Leute herbei, holten ihn zu den Kranken und gaben ihm so viel Gold, daß er bald ein reicher Mann war. Nun trug es sich zu, daß der König erkrankte. Der Arzt ward berufen und sollte sagen, ob Genesung möglich wäre. Wie er aber zu dem Bette trat, so stand der Tod zu den Füßen des Kranken, und da war für ihn kein Kraut mehr gewachsen. „Wenn ich doch einmal den Tod überlisten könnte", dachte der Arzt, „er wird's freilich übelnehmen, aber da ich sein Pate bin, so drückt er wohl ein Auge zu, ich will's wagen". Er faßte also den Kranken und legte ihn verkehrt, so daß der Tod zu Haupten desselben zu stehen kam. Dann gab er ihm von dem Kraute ein, und der König erholte sich und ward wieder gesund. Der Tod aber kam zu dem Arzte, machte ein böses und finsteres Gesicht, drohte mit dem Finger und sagte: „Du hast mich hinter's Licht geführt, diesmal will ich dir's nachsehen, weil du mein Pate bist, aber wagst du es noch einmal, so geht dir's an den Kragen, und ich nehme dich selbst mit fort."

Bald hernach verfiel die Tochter des Königs in eine schwere Krankheit. Sie war sein einziges Kind, er weinte Tag und Nacht, daß ihm die Augen erblindeten, und ließ bekanntmachen, wer sie vom Tode errette, der sollte ihr Gemahl werden und die Krone erben. Der Arzt, als er zu dem Bette der Kranken kam, erblickte den Tod zu ihren Füßen. Er hätte sich der Warnung seines Paten erinnern sollen, aber die große Schönheit der Königstochter und das Glück, ihr Gemahl zu werden, betörten ihn so, daß er alle Gedanken in den Wind schlug. Er sah nicht, daß der Tod ihm zornige Blicke zuwarf, die Hand in die Höhe hob und mit der dürren Faust drohte; er hob die Kranke auf und legte ihr Haupt dahin, wo die Füße gelegen hatten. Dann gab er ihr das Kraut ein, und alsbald regte sich das Leben von neuem.

Der Tod, als er sich zum zweitenmal um sein Eigentum betrogen sah, ging mit langen Schritten auf den Arzt zu und sprach: „Es ist aus mit dir, und die Reihe kommt nun an dich", packte ihn mit seiner eiskalten Hand so hart, daß er nicht widerstehen konnte, und führte ihn in eine unterirdische Höhle. Da sah er, wie tausend und tausend Lichter in unübersehbaren Reihen brannten, einige groß, andere halbgroß, andere klein. Jeden Augenblick verloschen einige, und andere brannten wieder auf, also daß die Flämmchen in beständigem Wechsel zu sein schienen. „Siehst du", sprach der Tod, „das sind die Lebenslichter der Menschen. Die großen gehören Kindern, die halbgroßen Eheleuten in ihren besten Jahren, die kleinen gehören Greisen. Doch auch Kinder und junge Leute haben oft nur ein kleines Lichtchen." – „Zeige mir mein Lebenslicht", sagte der Arzt und meinte, es wäre noch recht groß. Der Tod deutete auf ein kleines Endchen, das eben auszugehen drohte, und sagte: „Siehst du, da ist es." – „Ach, lieber Pate", sagte der erschrockene Arzt, „zündet mir ein neues an, tut mir's zuliebe, damit ich König werde und Gemahl der schönen Königstochter." – „Ich kann nicht", antwortete der Tod, „erst muß eins verlöschen, eh' ein neues anbrennt. – „So setzt das alte auf ein neues, das gleich fortbrennt, wenn jenes zu Ende ist", bat der Arzt. Der Tod stellte sich, als ob er seinen Wunsch erfüllen wollte, langte ein frisches, großes Licht herbei, aber weil er sich rächen wollte, versah er's beim Umstecken absichtlich, und das Stöckchen fiel um und verlosch. Alsbald sank der Arzt zu Boden und war nun selbst in die Hand des Todes geraten."[2]

Abb. 2
Wiener Sage: Gevatter Tod am Taufbecken

Wie gesagt, es handelt sich hier um ein Märchen der Gebrüder Grimm; doch hat nicht jedes Märchen irgend einen wahren Kern?

Vor allem wird hier ein Wesen beschrieben, das bis zum heutigen Tag von unzähligen Menschen weltweit gesehen wurde und auch weiterhin wird (!) – nämlich ein *schwarzer Mann*, der in Verbindung mit dem physischen Tod gebracht wird.

Wir sprechen hier tatsächlich von einem definierten Wesen mit Gestalt. Wenn man heutzutage über *„den Tod“* spricht, geht man dabei üblicherweise von dem *Sterbeprozeß* aus, also dem Sterben an sich, was als *„der Tod“* bezeichnet wird, aber nicht von einer Person – dem *schwarzen Mann*, der die Sterbenden abholt und womöglich vorher an die Tür klopft...

Der tatsächliche Ursprung der Bezeichnung ***Gevatter Tod*** ist nebenbei bemerkt nicht ganz geklärt. *„Das große Wiener Sagenbuch“* von Max Stebich berichtet beispielsweise, daß dieser Begriff auf eine Sage Wiens zurückzuführen ist. Es wird erzählt, daß sich der Tod einmal eines armen Webers namens Urssenbeck erbarmte, der für sein Kind keinen Taufpaten finden konnte. Der Tod, der die Taufpatenschaft des Kindes dann übernahm, überließ diesem Kind als Patengeschenk eine Gabe, welche aus diesem später einen berühmten Arzt werden ließ. Dieser Arzt lebte dann in der Schönlaterngasse im 1. Bezirk von Wien, und das Haus wird bis heute das *„Totenhaus“* genannt.[(3)]

Wir stellen somit fest...

Der *schwarze Mann* taucht überall auf...

Berichte über das Erscheinen einer schwarzen Gestalt kurz vor dem Dahinscheiden eines Menschen kennen wir aber auch aus zurückliegenden Kulturen:

Bei den Griechen beispielsweise finden wir *Thanatos* als die Personifikation des Todes, der die Verstorbenen in den Hades trägt. Häufig wird *Thanatos* aber auch mit *Charon* verwechselt, dem Fährmann der Unterwelt, der die Seelen der Verstorbenen über den Fluß Acheron setzt. Charon, der als schmutziger, böser, alter Mann, aber sehr lebhaft, dargestellt wird, ist der Sohn des Erebos und der Nyx und Diener des Hades. Für seine Mühe, die Seelen überzusetzen, erhielt er ein Fährgeld, einen Obolus, den man deshalb den Toten in den Mund gab. (In manchen anderen Darstellungen, so auch in römischer Zeit, wurden den Toten zwei Münzen auf die Augen gelegt.) Wie nach alter Anschauung diejenigen, die auf der Oberwelt keine Begräbnisstätte gefunden hatten, als Schatten an den Ufern des Acheron umherirren mußten, so glaubte man auch, daß die Toten, die keinen Obolus entrichtet hätten, warten müßten, bis Charon sich erweichen lasse, sie überzusetzen.(4)

Doch die griechischen Mythen erwähnen noch andere Wesen, die oft mit Thanatos in einen Topf geworfen werden, beispielsweise *Hermes*, der auch als *Todesbote* bezeichnet wird. Als Wegführer und Schützer der Wanderer wird er zum Götterboten und Geleiter auf nächtlichen Pfaden, also auch der Toten in der Unterwelt. Deshalb trägt er auch den Beinamen *Psychopompos, der Seelenführer*. Die Rolle des Boten liegt ihm ausgezeichnet, denn er ist sehr gewandt und schnell und vollführt, in Windeseile durch die Lüfte fliegend, seine Aufträge. Als Attribute finden wir bei

Abb. 3
Charon, der Fährmann in der Unterwelt, der die hier ankommenden Seelen der Toten in einem Boot über den Fluß Acheron fährt.

Hermes den Reisehut (Petasos), Sandalen und einen Stab, beide mit Flügeln. Sie weisen auf die Schnelligkeit hin, mit der er seine Aufträge durchführt. Hermes geleitet die Seelen der Verstorbenen ins Reich der Toten. Dabei ist er der *Gute Hirte*, der den Weg durch die Unterwelt kennt und auch beim Totengericht mitwirkt.

Die Unterwelt, in welcher Hermes die Toten begleitet, ist nach ihrem Herrscher *Hades* benannt. Der Name *Hades* bezeichnet später die Unterwelt überhaupt, die den Menschen unzugänglich ist. Zusammen mit seiner Gemahlin, der unerbittlichen Persephone, waltet Hades als Hüter der Seelen. Dargestellt wird er sitzend, mit Herrscherstab und Schlüssel in der Hand und der Helmkappe, die ihn unsichtbar macht, wenn er sie aufsetzt.

Doch der eigentliche personifizierte Tod ist der schon genannte *Thanatos*, auf den ich nun näher eingehen möchte: In der Mythologie erfüllt er die Funktion des *Todesengels*. Laut dem Dichter Hesiod wohnt Thanatos dort, wo Nacht und Tag einander begegnen und wo *Atlas* das Himmelsgewölbe trägt. Hier, wohin nie die Strahlen der Sonne *Helios* dringen, wohnt auch der Schlaf *Hypnos*. Aber während der von hier aus seine Streifzüge über Erde und Meer unternimmt, friedlich und freundlich zu den Menschen, hat Thanatos *„ein eisernes Herz und ehernen, erbarmungslosen Sinn“*. Einen einmal gepackten Menschen gibt er nicht mehr frei, und selbst den unsterblichen Göttern ist er Feind.

Abb. 4
Hypnos, Hermes, Thanatos und der Körper von Sarpedon

Dargestellt wird *Thanatos* als schwarzer, geflügelter Genius mit finsterem Blick und mit einem Opfermesser dem Sterbenden eine Locke abschneidend. Später erscheint Thanatos als Sohn der *Gaia* und des *Tartaros*, als Immerschläfer, meist ein schöner geflügelter Jüngling oder Knabe, welcher eine noch lodernde, aber gesenkte oder bereits ausgelöschte Fackel in der Hand hält.

Thanatos selbst war einmal ein Opfer des listigen *Sisyphos*, dem Erbauer der Stadt Korinth, und wurde von ihm gefesselt, konnte aber später von *Ares*, dem Gott des Krieges, wieder befreit werden. Während der Zeit, als er gefesselt war, starb niemand, so die Sage.(4)

Eine ähnliche Legende finden wir bei den finnischen Skolt-Lappen und dem sogenannten *Herrn über Geburt und Tod*. Die Skolt-Lappen, die nordwestlich des großen Inari-Sees, etwa vierhundert Kilometer nördlich des Polarkreises leben, sind wahrscheinlich die kleinste Nation der Welt. Man vermutet, daß sie tibetanischer Herkunft sind, und man nimmt auch an, daß sie die ersten Bewohner Skandinaviens waren.

Die einzigen Berichte über die Skolt-Lappen finden wir bei Robert Crottet, der 1937 als erster Mensch nach vielen Begegnungen mit ihnen deren Zutrauen gewann und von diesen in ihre alten Sagen und Legenden eingeweiht wurde. Den Skolt-Lappen, die sich nicht per Handdruck, sondern durch Aneinanderreiben der Nasen begrüßen, wird nachgesagt, daß sie starke mediale und telepathische Fähigkeiten besitzen, von denen auch Robert Crottet aus eigener Erfahrung zu berichten weiß.

Mein Freund Stefan Erdmann, ein junger Autor, der ebenfalls über grenzwissenschaftliche Themen schreibt, war sechzig Jahre später ebenfalls bei den Skolt-Lappen und kann Crottets Berichte bestätigen.

Diese sehr kleinen Menschen mit außergewöhnlich klaren und leuchtenden Augen hatten nie zuvor einem Nicht-Skolt-Lappen von ihrem Wissen erzählt und stets Fremden gegenüber geäußert: *„Wir kennen keine Geschichten. Unser Gehirn ist kleiner als die Beere einer Tundra.“*

Mehr als erstaunlich ist bei Kenntnis um deren Gehirngröße, daß ihnen folgende Legende in Erinnerung blieb:

„Es war vor langer, langer Zeit. Alles sah anders aus als heute. Doch die Erde war rund, und die Sonne schien, und der Mond und die Sterne schienen. Auch die Menschen waren da, sie wurden geboren und starben. Aber alles war anders als heute, und zwar deshalb, weil ein Jüngling über die Erde ging, dem alle gehorchen mußten. Sogar die Könige. Denn der junge Herr duldete keinen Widerspruch. Sein Stolz war so groß wie seine Schönheit, und seine Augen leuchteten wie Diamanten und waren so hart wie sie. Er sprach nur wenig, und auch seine Worte waren wie Diamanten. Jeden Menschen besuchte er, jeder mußte ihm wenigstens zweimal begegnen.

Die Erde war eine ebenso große Kugel wie heute, aber für ihn schien es keine Entfernungen zu geben. Niemand wußte, wie er es machte. Und niemand fragte, wie es geschehen konnte, daß er gleichzeitig Tausende von Menschen in tausend verschiedenen Gegenden aufsuchen konnte. Er trat in die Häuser der jungen Eheleute und sagte zu ihnen: „Bald werdet ihr ein Kind bekommen. Haltet euch bereit und macht eine Wiege fertig. Wenn es an der Zeit ist, werde ich eine Seele bringen."

Keiner wunderte sich darüber, daß man nie sah, wann er die Seele brachte, denn die Seele kann man nicht sehen. Und er trat in die Häuser der alten Menschen und sagte zu ihnen: „Bald werdet ihr sterben. Haltet euch bereit, und macht den Sarg fertig. Wenn es an der Zeit ist, werde ich eure Seelen holen."

Keiner sah, wie er die Seelen holte, denn die Seelen kann man nicht sehen.

Man nannte ihn den „Herrn über Geburt und Tod". Er war jung und schön und tat so, als ob die Erde nur ihm gehöre. Immer kam er allein. Einige Menschen aber erzählten, daß ihm zuweilen eine andere Gestalt, einem Schatten ähnlich, von weitem folgte. Niemand wagte, ihn anzusprechen, denn er war so stolz, daß er nur auf seine eigenen Worte zu hören schien; und was hätten die Menschen auch dem Herrn über Geburt und Tod sagen können?

Und doch geschah eines Tages etwas, das die ganze Welt veränderte und zu dem machte, was sie heute ist. Hoch oben im Norden lebte ein Lappe. Er war so weise, daß sogar Könige von weit her kamen, um sich Rat von ihm zu holen. Er selber war arm und wohnte allein in einer Hütte am Rande der großen Tundra. Nun wurde erzählt, daß er krank geworden sei und den Besuch des Jünglings erwarte, da er glaube, bald sterben zu müssen.

Eines Tages wurde an seine Tür geklopft. Er öffnete, und vor ihm stand jene Gestalt, die einem Schatten glich und die zuweilen dem Herrn über Geburt und Tod in großem Abstand folgte.

„Morgen wird der junge Herr zu dir kommen", sagte die Schattengestalt und verneigte sich. „Kurz danach wird die Welt die weiseste Seele verloren haben. Die Könige werden ihren eigenen Entscheidungen folgen müssen, und das wird ihren Untertanen wenig Freude bringen."

„Ich bin sehr alt", sagte der Lappe, „und kann dem Tod nicht entgehen."

„Du kannst", sagte die schattengleiche Gestalt und lächelte. Es war ein schreckliches Lächeln, die Zähne sahen grimmiger aus als die eines hungrigen Wolfes.

„Ich glaube, ich weiß, wer du bist", sagte der alte Lappe, „obwohl ich dich noch nie gesehen habe. Ich glaube, ich weiß, wie du heißt. Du hast einen Namen, vor dem sich nur die bösen Menschen beugen."

„Wie ich heiße", sagte der Schatten, „hat wenig Bedeutung für dich. Viel wichtiger ist, was ich für dich tun kann."

„Und was kannst du für mich tun?"

„Ich habe es dir schon gesagt: Ich kann dich für immer vom Tode befreien."

Der Lappe, der das Leben liebte, schwieg eine Weile. Das war ermutigend für den Schatten. Er näherte sich dem Alten und flüsterte ihm beschwörend ins Ohr. „Und nun", sagte er dann lauter, „werde ich dir helfen, deinen Sarg zu bauen. Wir müssen uns beeilen, damit er fertig ist, wenn der junge Herr morgen zu dir kommt. Bist du einverstanden?"

„Ja", sagte der Lappe zögernd, „aber ich fürchte, mein Gewissen wird nicht einverstanden sein."

„Man braucht kein Gewissen", sagte der Schatten, „wenn man unsterblich ist. Auch ich habe keines nötig", fügte er hinzu, und seine Zähne blitzten hart und scharf, „denn seit Tausenden von Jahren besitze ich das ewige Leben."

Am nächsten Morgen klopfte es an die Tür, bevor der schöne junge Herr eintrat. Er verbeugte sich nicht vor dem Lappen. Er sah ihm gerade in die Augen und sagte: „In zwei Wochen werde ich kommen und deine Seele vom Körper lösen. Halte dich bereit und mache deinen Sarg fertig."

Lächelnd sagte der Mann: „Der Sarg ist schon fertig."

Der Herr über Geburt und Tod war sehr erstaunt. Nie hatte je ein Mensch gewagt, zu ihm zu sprechen, und nie hatte ein Mensch gelächelt, wenn er kam, ihm den Tod anzukündigen. Aber der Ruhm des alten Lappen war dem Jüngling bekannt. Da er also wußte, daß der Greis in dem Rufe großer Weisheit stand, ließ sich der junge Herr – der nur scheinbar jung war, denn niemand hätte je seine Jahre zählen können – zu einem Gespräch herab.

„Du scheinst keine Angst vor dem Tode zu haben", sagte er.

„Warum sollte ich Angst vor dem Tode haben?" erwiderte der Alte. „Ich habe lange genug gelebt. Meine Seele sehnt sich danach, neue Länder kennenzulernen. Erlaube mir, dir meinen Sarg zu zeigen. Ich finde ihn sehr schön, aber ich möchte wissen, ob er dir auch gefällt."

„Der Alte ist recht eingebildet", dachte der Herr über Geburt und Tod, „aber warum soll ich ihm nicht den Gefallen tun."

„Gut, zeig ihn mir!" sagte er deshalb.

Der alte Mann brachte den Sarg herbei und stellte ihn zu Füßen des edlen Besuchers nieder. Der junge Herr hatte schon viel schönere Särge gesehen, aber er sagte: „Der scheint mir ganz recht zu sein."

„Das freut mich", sagte der Alte, „aber ich wäre sehr dankbar, wenn du mir noch einen Gefallen tun würdest. Ich möchte wissen, ob er bequem genug ist. Du bist genauso groß wie ich. Wenn du dich in den Sarg legen würdest, könntest du mir sagen, ob ich ihn schön und wohl bereitet habe."

Der junge Herr war eitel, und so war ihm die Eitelkeit der anderen weder fremd noch abstoßend. „Warum nicht?“ sagte er und streckte sich in dem Sarg aus.

Schneller als man denken konnte, war der Deckel zugeworfen und waren Nägel hineingeschlagen, die ihn so fest verschlossen, daß keine Macht ihn öffnen konnte.

„Das hast du gut gemacht“, sagte die Stimme. Die schattenähnliche Gestalt stand plötzlich neben dem Alten. „Nun wollen wir beide den Sarg weit hinaus in die Tundra tragen.“

Der Herr über Geburt und Tod war zu stolz, um zu schreien und um Hilfe zu rufen. Er schwieg und ließ es geschehen, daß er weit draußen in der Tundra, dort, wo es nur wilde Tiere und Raubvögel gibt, begraben wurde.

„Hier wird kein Mensch ihn finden“, sagte der düstere Geselle und rieb sich vor Vergnügen die Hände. „Ich hatte Streit mit Gott, und er gab mir die Hölle zur Wohnung. Manchmal komme ich auf die Erde und versuche, Seelen für mich zu erobern, damit ich Gesellschaft habe. Immer war es bisher vergeblich. Jetzt aber wird auch Gott keine Seelen mehr von der Erde bekommen und ebenso keine zur Erde schicken können.“

Der alte Mann kehrte zu seiner Hütte zurück und lächelte zum Mond hinauf, aber der Mond antwortete nicht. Der Alte blickte in den Spiegel und dachte: „Wie werde ich wohl in dreihundert Jahren aussehen?“ Da ward ihm Angst, und sein Gewissen begann sich zu regen.

Es verging eine lange Zeit. Auf der Erde wurde kein Mensch geboren, und kein Mensch starb. Im Himmel wurde eine große Versammlung berufen. Die hohen Herren kamen herbei, und der höchste von allen sprach:

„Gott hat mich gebeten, euch alle zusammenzurufen, denn er ist unzufrieden mit dem, was auf der Erde geschieht. Über die anderen

Planeten haben wir uns nicht zu beklagen. Es geht dort alles seinen rechten Gang. Es wird geboren und gestorben in guter Ordnung. Ganz anders ist es auf dem Planeten Erde. Es wird keine Seele mehr von dort zu uns geschickt. Und das alles, weil der Herr über Geburt und Tod nirgends zu sehen ist. Er, der sich wegen seiner großen Schönheit so gern überall zeigte, geht nicht mehr über die Erde. Er vernachlässigt seine Pflicht. Es ist, als ob es ihn überhaupt nicht mehr gäbe. Deshalb müssen wir einen von uns auf diese merkwürdige Kugel niedersenden mit dem Auftrag, den unfolgsamen jungen Herrn zu suchen und ihn hierherzubringen."

So wurde einer von ihnen auf die Erde geschickt, einer, dessen Namen niemand weiß, weil die Herren des Himmels gewohnt sind, sich in Geheimnis zu hüllen. Was der hohe Herr auf der Erde fand, war sehr traurig: Die Ehepaare waren verzweifelt, denn sie bekamen keine Kinder und warteten vergeblich darauf, daß der Herr der Geburt sie besuche. Die Alten waren fast noch verzweifelter, denn sie lagen matt und krank im Bett. Ihre Stimme hatte den Klang verloren, weil sie viel zu lange gesprochen hatten. Ihre Augen sahen nichts mehr, weil sie viel zu lange gesehen hatten. Sie hungerten nach der Befreiung ihrer Seele und warteten vergeblich darauf, daß der Herr des Todes sie besuche.

Es herrschte eine große Unordnung, und dazu viel Furcht, weil die Angst vor der Unsterblichkeit viel größer war als die Angst vor dem Tode.

Endlich fand der hohe Herr den alten Lappen, von dem man ihm erzählt hatte, daß er der letzte gewesen sei, den der schöne junge Herr besucht hatte. Der Greis war vom Alter zerfressen, und sein Gewissen hatte viel schärfere Nägel als jene, mit denen er den Sarg verschlossen hatte. Aber er konnte seinem Gewissen nicht nachgeben, denn die dunkle Schattengestalt war immer um ihn, damit er niemandem verriet, wo der Sarg mit dem schönen jungen Herrn begra-

ben lag. Als aber der düstere Geselle den hohen Herrn des Himmels sich nähern sah, floh er mit einem Geheul des Entsetzens aus der Hütte.

Der alte Lappe, dessen Stimme keinen Klang mehr hatte, der nur noch flüstern konnte, erzählte nun alles, was geschehen war, und der hohe Herr ging hinaus in die Tundra, fand den Sarg und öffnete ihn. Der junge Herr hatte nichts von seiner Schönheit verloren und blickte seinen Befreier mit strahlenden Augen an. Aber er wurde keines Wortes gewürdigt. Nur eine Hand legte der andere auf seine Schulter, und dann erhoben sich beide und stiegen von der Erde in den Himmel hinauf, wo die große Versammlung auf sie wartete.

Und der Höchste von allen sprach: „Du, Herr über Geburt und Tod, Gott hat mir auferlegt, dir zu sagen, daß du sogleich zur Erde zurückkehren und dort deine Aufgabe weiterführen sollst, so wie du sie getan hast vor deinem unschicklichen Begräbnis. Doch wirst du von nun an nur noch zu den Menschen kommen, wenn du die Seele bringst oder von ihnen nimmst. Ankündigen darfst du Geburt oder Tod nicht mehr. Dies wird zur Folge haben, daß du von niemandem mehr gesehen und gehört wirst: es sei eine Strafe für deinen Stolz. Geh nun und befreie die Alten, die auf dich warten, den greisen Lappen aber als den letzten, denn er hat sehr unrecht getan."

Seitdem ist die Erde wie sie heute ist. Kein Mensch weiß im voraus, wann er ein Kind bekommen oder wann seine Seele von ihm genommen wird. Aber immer noch, und wahrscheinlich in alle Ewigkeit, geht der schöne Jüngling, der Herr über Geburt und Tod, von niemandem gesehen, über die Erde."[5]

Nun, hierbei handelt es sich um eine Sage, doch zeigt sie erneut auf, daß die Vorstellung eines Seelenführers – der den Sterbenden vor dem Tod signalisiert, daß es an der Zeit ist, den Körper und damit auch die Erde zu verlassen, und die Seelen der Verstorbenen ins Totenreich übersetzt – allgemein verbreitet ist. So kannten die Ägypter den hunde- oder schakalköpfigen *Anubis*, und in der germanischen Mythologie holen beispielsweise die *Walküren* die gefallenen Krieger vom Schlachtfeld und bringen sie nach Walhalla. Bei den Kelten ist der Seelenführer *Ogma*, im Christentum sind es der Engel *Michael* oder der Riese *Christophorus*; und an der Pforte zum Himmel erwartet *Petrus* die Seele, die Einlaß begehrt.

Doch dieser *schwarze Mann*, der *Tod* oder *Sensenmann*, so zeigt sich, kommt offenbar nicht nur, um die Seelen zu holen, sondern wohl auch als ein Warner.

Lassen Sie mich hier ein paar Beispiele, die ich persönlich erfahren habe, anführen, um diese Aussage leichter verständlich zu machen: Einer meiner engsten Freunde, Adam, war auf der A8 von München in Richtung Stuttgart unterwegs, als er plötzlich eine schwarze Gestalt vom rechten Fahrbahnrand über die Autobahn flitzen sah – in schwebendem Zustand –, die dann auf Höhe der Mittelleitplanke verharrte. Adam dachte zuerst, er könne seinen Augen nicht trauen, widmete seine Aufmerksamkeit aber nun wieder dem Verkehr und seinem anstehenden Termin in Stuttgart. Doch etwa zehn Minuten später lief es ihm kalt den Rücken hinunter, als der Verkehrsfunk meldete, daß sich genau an der Stelle, an der Adam die schwarze Gestalt gesehen hatte, ein schwerer Unfall mit mehreren Toten ereignet hatte und die Autobahn nun gesperrt war...

Einen weiteren Fall erfuhr ich während des Schreibens an diesem Buch. Es handelt sich um das Erlebnis eines Architekten, das sich vor zirka fünfzehn Jahren zugetragen hat. Dieser Architekt fuhr in einer Winternacht mit starkem Schneefall auf der Landstraße von Neustadt/Waldnaab in Richtung Windischeschenbach, als er plötzlich am Straßenrand eine riesige Gestalt in einer schwarzen Kutte sah. Ein Gesicht konnte er nicht erkennen, doch fiel ihm der riesige Kopf auf, der – verglichen mit dem Rest des Körpers – überproportioniert war. Diese Gestalt hielt einen Stock oder vielleicht auch eine Sense – er weiß es nicht mehr genau – in der Hand und regte sich nicht vom Fleck.

Der Mann beschrieb, daß ihn ein kalter Schauer erfaßte und ihm Angst und Bange wurde. Er fuhr an der schwarzen Gestalt vorbei und sah zu, daß er an sein Ziel kam. Kurz darauf kam ihm ein Krankenwagen mit Blaulicht entgegen. Leider konnte er nicht in Erfahrung bringen, ob das Erscheinen des schwarzen Mannes mit dem Krankenwagen in Zusammenhang zu bringen war. Er weiß nur noch, daß am nächsten Morgen am Eßtisch erzählt wurde, daß am Vortag der Dorfpfarrer verschwunden war. Der Mann fuhr dann nochmals an den Ort der Sichtung zurück, fand jedoch keinerlei Fußspuren oder sonst einen Hinweis auf die Anwesenheit eines physischen Wesens.

Wollen wir es an dieser Stelle der Beispiele nun genug sein lassen und uns fragen:

Wieso weiß man nicht mehr über den *schwarzen Mann*?

Persönlich nehme ich an, daß es mit der generellen Angst des „modernen und aufgeklärten Bürgers" zusammenhängt, der sich mit dieser Thematik einerseits nicht auseinandersetzen will, andererseits aber auch damit, daß die Kirchen kein wirkliches Interesse daran haben, den Bürger in seiner spirituellen Weltsicht in einer Eigeninitiative hinsichtlich dieser Thematik zu unterstützen. Des weiteren ist unsere Gesellschaftsstruktur materialistisch ausgerichtet und lebt vom Konsum. Und somit ist die Beschäftigung mit dem Tod nicht nur unpassend, sondern auch geschäftsschädigend.

„Der Tod ist etwas Unangenehmes, das blenden wir besser aus..."

In England – so habe ich durch verschiedene Gespräche den Eindruck gewonnen – steht man dem Thema „Tod" etwas gelassener gegenüber. Dort gibt es anerkannte *spirituelle Medien*, also Personen, die das sogenannte *Zweite Gesicht* und eine präkognitive oder hellsichtige Begabung haben und die den Kontakt zu Verstorbenen herstellen können beziehungsweise diese seit ihrer Kindheit wahrnehmen und als Vermittler zwischen dem Verstorbenen und seinen Angehörigen fungieren.

Das Interessanteste an der Sache ist aber, daß diese Medien mit der Polizei, ja sogar mit Scotland Yard zusammenarbeiten oder mit der Schulmedizin, in unserem Land jedoch als Spinner oder Scharlatane dargestellt werden.

Das ist jedoch nicht das einzige, was in unserem deutschen Land falsch läuft, aber lassen wir das an dieser Stelle...

Durch die in England relativ etablierte Tätigkeit der spirituellen Medien kommt man zu der Erkenntnis: Wer sich einmal mit seinem verstorbenen Angehörigen ausgetauscht hat, der wird schnell feststellen, daß das Bild, das uns vor allem die christliche und die jüdische Religion, aber auch der Islam über das Jenseits und den sogenannten „Himmel" vermitteln, reine Erfindung ist – es sind Irrlehren. Denn alle Verstorbenen erzählen ohne Ausnahme, daß sie bereits ***mehrmals*** gelebt haben und sich nun auf eine ***neue Inkarnation*** vorbereiten. Wir sprechen hier also von der ***Reinkarnation*** – der Wiedergeburt.

Religionen wie der Buddhismus haben das erkannt und haben daher auch eine gänzlich andere Vorstellung vom Tod und gehen auch anders mit diesem um...

Betrachtet man sich einmal die Geschichte der unterschiedlichen Kulturen und Glaubenssysteme auf der gesamten Erde, so wird man feststellen, daß man in der modernen Zeit – und vor allem in der westlichen, „modernen" Welt – mehr Angst vor dem Tod hat als zuvor.

Dies erkennen wir deutlich, wenn wir unseren Blick ein paar Jahrhunderte zurückrichten:

In der christlichen Antike und im frühen Mittelalter gab es meines Wissens noch keine bildliche Darstellung des Todes. Erst um die Jahrtausendwende finden sich frühe Beispiele für Personifizierungen des Todes. So fordert die Kunst im Hochmittelalter mit sogenannten *Memento-mori*-Bildern dazu auf, sich der Vergänglichkeit des eigenen Lebens zu stellen.

Evelyn Lang erklärt uns dazu: *„Das „Memento mori" (Gedenke des Todes) bedeutet Vorbereitung auf den Tod und zugleich Mahnung, ein tugendhaftes und frommes Leben zu führen, um jederzeit für das Sterben vorbereitet zu sein.*

Abb. 5
Der Tod kennt kein Erbarmen!

Um 1600 wurde mit den „Brüdern des Todes" ein Orden gegründet, der sich das memento mori sogar zum Programm erhob. Die Ordensmitglieder begrüßten sich mit diesen Worten, um sich so beständig die Vergänglichkeit des irdischen Lebens vor Augen zu halten, und als stumme Mahnung trugen sie ein schwarzes Skapulier (Überwurf; Anm.d. Verf.), *auf dem ein Totenkopf angebracht war.*

Die Sorge um den eigenen Tod, das Seelenheil und die Fürbitte für die Verstorbenen bildeten für viele Menschen einen wichtigen Anreiz, einer der zahlreichen religiösen Bruderschaften beizutreten. Sie bereiteten auf einen guten Tod und eine selige Sterbestunde vor und halfen den verstorbenen Mitgliedern auch über den Tod hinaus durch Gebet, das letzte Geleit, gute Werke und Jahrtagsfeiern. Aus der Oberpfalz ist unter anderem die „Bruderschaft zur Erlangung eines guten Todes" in Ebermannsdorf bekannt.

Ein wichtiges Medium für die Verbreitung der Idee von der Kunst des Sterbens (ars moriendi) aber waren die Malerei und insbesondere die Graphik. Die mittelalterlichen „Artes moriendi", auch „Artes bene moriendi" oder kurz „Sterbebüchlein" genannt, dienten als Sterbeanleitung und wiesen dem Menschen in der Entscheidung zwischen Gut und Böse den rechten Weg."[6]

Durch diese zunächst handschriftlichen, später auch bebilderten Anweisungen als Folge der Pest, der in Europa zwischen 1347 und dem Ende des 15. Jahrhunderts unzählige Menschen zum Opfer fielen, war der Tod stets präsent.

Evelyn Lang berichtet weiter: „*Als älteste Darstellungen der ars moriendi gelten die um 1450 entstandenen Kupferstiche des Meisters ES: Eine Folge von fünf Bildpaaren zeigt in dramatischer Steigerung die Kämpfe des Himmels und der Hölle um die Seele eines Sterbenden und klingt in einem elften Motiv tröstlich mit dem Bild der seligen Sterbestunde aus. Den fünf Versuchungen auf dem Sterbebett, nämlich Glaubenszweifel, Verzweiflung, Ungeduld im Leiden, Hochmut und Sorge um das Zeitliche werden Ermutigung im Glauben, Trost gegen Verzweiflung, Ermahnung zur Geduld, Eingebung der Demut und Ermahnung zum ewigen Heil gegenübergestellt. Im Schlußbild weichen schließlich die Teufel machtlos vom Bett des Sterbenden, während Engel die Seele in Empfang nehmen. Die Abfolge dieser elf Illustrationen wurde verbindlich und kehrte bis ins 17. Jahrhundert in zahlreichen Buchausgaben wieder.*“(6)

Abb. 6
Der Tanz des Todes!

Eine weitere Ausdrucksform des Memento mori waren die sogenannten ***Totentänze*** im Spätmittelalter – eine Anordnung von Bildern –, die auf dramatische Weise zeigten, daß der Tod unausweichlich jeden Menschen, unabhängig von Rang und Namen, aus dem

Abb. 7
Der Tod holt alle, den König...

Leben reißt. Denn angesichts des Todes sind alle Menschen gleich: Papst und Sünder, Kaiser und Bauer.

Oft brachte man solche Totentänze an Kirchhofsmauern und -kapellen oder in den Kreuzgängen an. Manchmal waren die Bilder auch mit Sprüchen versehen wie etwa auf einem, bei dem der Tod einen Bauern abberufen will: „*Bauer gehe mit, du gehörst in meinen Schnitt*“, oder zu einem Kaufmann: „*Geld und Gut nichts helfen tut.*“

Der Tod geriet zum *mors triumphator*, zum Herrscher im Reich der Toten. Gegen Ende des 18. Jahrhunderts trat der religiöse Aspekt in den Hintergrund, es entstand die Idee vom *Tod als Freund*, dem es auch schwerfallen konnte, seine Pflicht zu erfüllen.[(6)]

Über die Jahrhunderte hinweg änderte sich die Darstellung des Todes dann etwas. Im 18. Jahrhundert aber gelangen wir mit den „Lebenstreppen“ zu einer weiteren Verbildlichung des Memento-mori-Gedankens. Sie zeigen die zehn Altersstufen von Mann und Frau im Auf- und Niedergang einer Treppenarchitektur. Der Wiege ist das Sterbebett oder der Sarg gegenübergestellt: „*10 Jahr ein Kind, 20 Jahr ein Jüngling, 30 Jahr ein Mann, 40 Jahre wohlgetan, 50 Jahre Stillestand, 60 Jahr gehts Alter an, 70 Jahr ein Greis,*

Abb. 8
...den Reichen...

80 Jahre weiß, 90 Jahr ein Kinder Spott, 100 Jahre Gnad' von Gott."

Dem Hundertjährigen aber erscheint der Knochenmann mit seiner Sense.

Zum Auftreten des Todes erfahren wir weiter: *„In der frühmittelalterlichen Kunst figurierte der Tod noch als Person in Zeittracht, im späten Mittelalter als verwester, von Würmern zerfressener Leichnam oder als unbekleidete Gestalt mit oder ohne Leichentuch. Zusammengeschrumpfte Haut und Hervortreten des Knochenbaus kennzeichnete die Totengestalt des 15. und noch des 16. Jahrhunderts. Sie löste der Knochenmann ab, der etwa als „Schnitter Tod" mit Sichel oder Sense auftrat. Der „Reiter Tod" besitzt sein Vorbild in den Apokalyptischen Reitern, die von Krieg, Seuche, Hunger, Naturkatastrophen und vom Weltende und Weltgericht künden (Offenb. 6. 1-8). Der „Jäger Tod" bezieht seinen Ursprung aus Psalm 124,7: „Unsere Seele ist entronnen wie ein Vogel dem Netz des Vogelfängers, das Netz ist zerrissen, und wir sind frei." Der Knochenmann stellt mit Netzen und Fallen den Lebenden nach und schießt als Bogenschütze seine todbringenden Pfeile ab.*

Der Tod besitzt bekanntlich viele Gesichter." (6)

Abb. 9
...und den Jungen.

Anhand dieser Beschreibungen erkennen wir, daß der Tod im Gegensatz zur heutigen Zeit damals immer präsent war – sei es in den genannten Memento-mori-Darstellungen an Kirchen oder anderen Gebäuden, oder später auch durch die bekannten ***Vanitas***, wobei sich hier die Menschen mit Gegenständen wie einem Totenkopf, einer Sanduhr, einem Spiegel oder einer Kerze umgaben, die das Verfliegen der Zeit und die Eitelkeit des irdischen Lebens symbolisierten (auch bekannt als vanités-Nichtigkeiten).

Auch die „Memento-mori-Briefe“ gehören in diesem Kontext genannt, die sich vom Ende des 17. Jahrhunderts bis ins 19. Jahrhundert verfolgen lassen und vor allem in Österreich und in Süddeutschland populär waren. Dies waren mehrfach gefaltete Kupferstiche oder Lithographien mit Versen wie beispielsweise ein elegantes Paar, das sich beim Aufklappen des Briefes in ein Skelett verwandelt. So werden Stock und Fächer der Personen zu Totengräberschaufel und Sense, und das Paar findet sich auf einem Friedhof wieder.[(6)]

Kommen wir nun von unserer kleinen Reise in die Vergangenheit wieder in die Gegenwart zurück und zu den Berichten, die wir von Sterbenden immer wieder zu Gehör bekommen.

Durch diese finden wir nämlich die Bestätigung dafür, daß...

Der *schwarze Mann* lebt...!

Ein Krankenpfleger, der über dreißig Jahre seinen Dienst in einem Krankenhaus in der Oberpfalz versehen hatte, erzählte mir bei einem Weißbier: „*Ganz genau erinnere ich mich noch an einen Fall, bei dem eine ältere Dame sich darüber empört hatte, daß ein Mann ganz in Schwarz – aber ohne Gesicht – an ihrem Bett gestanden hat und die von mir wissen wollte, ob sich hier irgend jemand einen Streich erlaubt habe. Die Frau verstarb zwei Tage später.*“

Aber noch spannender finde ich die Geschichte, welche Sie nun etwas ausgeschmückter erzählt bekommen, und die mir ein guter Freund anvertraut hat. Dieser berichtet von folgendem Geschehnis:

„Aufgrund meiner gescheiterten Ehe und besonders der gegen meine Person gerichteten, sehr schmerzvollen Attacken, fand ich mich eines Tages an dem Punkt wieder, an dem ich „endgültig“ nicht mehr weiter wußte und mein Leben beenden wollte.

Ich verließ mein Haus und fuhr mit meinem Auto ein Autobahnstück entlang, das ich gut kannte, und hatte mir eine Brücke ausgesucht, bei der ein Sturz in die Tiefe definitiv tödlich sein würde. Am Ende der Autobahnbrücke war ein Parkplatz, in den ich einbog und auf dem ich mein Fahrzeug verließ. Ich ging einen schmalen Weg entlang, an einem Streusalz-Container vorbei, hinunter, bis zur Kante am Brückenpfeiler.

Wie eine Klippe ging es vor mir hinab, und nur ein Zaun trennte mich davon. Ich sah ein kleines Zauntürchen, welches ich unverschlossen vorfand, und schritt hindurch. Es war fast dunkel, das restliche Dämmerlicht des Nachmittags wurde vom Eisnebelgrau dieses unsäglichen Winterspätnachmittags verschluckt. Ich schlotterte, schaute auf meine Fußspitzen, schaute ein Stück davor, lehnte mich an den kalten Betonpfeiler und überlegte. Es ging tief hinunter, 70, 80 Meter, ich weiß es nicht so genau...

In Gedanken verabschiedete ich mich, betete, dachte an meine Kinder, an mein Zuhause; dachte über alles noch mal nach. Ich weinte große, heiße Tränen, die mir die erfrorenen Wangen hinunterliefen und mich irgendwie wärmten; mir förmlich den Blick nach unten wärmend wiesen. Ich vereinigte mich mit der Schöpfung, bedankte mich fest entschlossen – und dann stieß ich mich ab...

Ich öffnete meine Augen, da ich sehen wollte, wo die Reise hinging, als ich erschrak. Was geschah hier? Ich fiel nicht! Wieso nicht? Was war geschehen? Was hielt mich da im Absprung fest?

Wenn ich es nicht selbst erlebt hätte, ich würde es nicht glauben, denn ich lag wie ein Schanzenspringer gestreckt schräg in der Luft...

Dann hörte ich eine Stimme, die zu mir sagte: *„Okay, das ist deine Entscheidung! Ich bin da, um dich zu übernehmen, dich zu begleiten! Du mußt nur noch ein einziges Mal „Ja" sagen."*

Ich richtete meinen Blick nach vorne, und nun sah ich ihn: den Tod in einem dunklen Gewand. Er schwebte vor mir in der Luft und lächelte mich an.

„Ja, spinne ich denn?", dachte ich. *„Den gibt es doch nicht wirklich..."* Und doch, er ging nicht weg und sprach weiter zu mir.

„Du triffst gerade eine Entscheidung, die du eigentlich anders getroffen hattest! Bist du dir wirklich sicher, daß das im Moment das Richtige ist?"

„Ja, ich denke schon", erwiderte ich!

„Ah, du denkst! Schön, daß du wieder denkst. Dein Denken war ja in den letzten Tagen und Stunden reichlich ausgeschaltet."

Plötzlich „vermißte" ich den Boden unter meinen Füßen!

„Es ist schön, daß du auf den Boden zurück willst. Aber wir sollten noch etwas klären, bevor du es dir noch ein paar Mal hin- und herüberlegst. Du weißt derart viel von den Zusammenhängen des Lebens, du weißt über die Gesetze des Lebens Bescheid. Du weißt, daß es einen Grund dafür gibt, wieso du jetzt in diesem Körper auf der Welt bist, und warum du dich darauf eingelassen hast.

Du weißt, daß es einen Grund dafür gibt, und nur, weil du gerade diese Gründe vergessen hast, soll dein Leben sinnlos geworden sein?

Ich lasse dich gerne hier oben los und fange deine Seele unten wieder sanft auf, und du kannst mit mir kommen...

Doch es wird weitergehen, und drüben wirst du den Hintergrund erkennen und dich wieder für exakt dasselbe entscheiden.

Deinen Kindern, deiner Familie, deinen Freunden, deinen Angestellten schaffst du Schmerzen und änderst deren Weg durch dein Ausweichen. Du fängst jedoch wieder genau damit an, wofür du dich entschieden hast, drüben im Licht.

Was ändert es also für dich? Nur jene, die dich lieben und dich in dieser Hülle brauchen, die bestrafst du. Das hattest du nicht so geplant!"

Ein Kloß würgte mich gewaltig! Aber entgegen dem, was man so kennt, würgte ich ihn nicht runter, sondern hoch; raus! Im selben Moment war alles klar vor meinen Augen.

„Schön, kann ich dich jetzt loslassen? Du weißt, daß du eine Aufgabe hast! Diese halte immer vor Augen, wenn es mal wieder so weit ist."

„Dieses Wesen kennt meine innersten Gedanken", schoß es mir durch den Sinn! *„Und es ist nicht bedrohlich, nein es ist väterlich, sanft und warmherzig, ja beschützend!"*

Meine Großmutter, die ich über alles geliebt hatte, war mir in diesem Moment eingefallen, und darauf spielte er an. Sie hatte mir, als ich noch ein kleines Kind war, immer ein Lied zum Einschlafen vorgesungen, an dessen Text ich mich jedoch nicht mehr genau erinnere. Doch an eine Stelle erinnere ich mich noch genau, die hieß: *„...da setzt der Tod den Hobel an und hobelt alle gleich.“*

Das war damals mein Einschlaflied, es war sehr vertraut und irgendwie hatte es – vor allem seine Melodie – etwas Wunderschönes, Sanftes und Beruhigendes, eine tiefe Hoffnung, ja eine Gewißheit, daß der Tod (und der war im Lied als der *Sensenmann* beschrieben) etwas Väterliches und Beschützendes hatte. Genau wie er sich mir nun gerade zeigte!

Nun fiel mir ein, daß meine Oma schon in jungen Jahren für unheilbar krank erklärt worden war. Sie hatte ein Myom an der Gebärmutter, welches wuchs und wuchs. Doch da meine Oma den höchsten Blutdruck hatte, von dem ich je gehört habe, und dazu noch eine Herzschwäche, wollte man sie nie operieren. Sie lebte noch fast vierzig Jahre damit, und das Myom wog zuletzt an die vierzig Kilo.

Doch trotz dieser extremen gesundheitlichen Beschwerden hat sie im Krieg hunderten von Kriegsgefangenen das Leben gerettet, weil sie und ihr Mann, mein Opa, ihr Leben riskiert hatten.

All dies fiel mir nun wieder ein, und ich sah dabei auch, welche Bürde sich meine Oma aufgeladen hatte. Sie hatte aber nie aufgegeben. Doch *ich* wollte nun aufgeben, wegen der Unfähigkeit den Ausweg aus den erdrückend-schmerzhaften Eheproblemen sehen zu wollen. Ich schämte mich. Das alles schoß mir in diesem Moment durch den Kopf, und Tränen rollten aus meinen Augen.

„Dann ist ja jetzt klar, daß du dich entschieden hast weiterzumachen. Du wirst schon noch irgendwann erkennen, was der Grund für all deine Entscheidungen ist und was du für diese Welt zu tun

hast. Und es wird noch ganz hart für dich kommen; viel härter, als du jetzt ahnst. Aber du wirst es schaffen.

Ruf mich, wann immer du willst, um Klarheit zu erlangen... Und rufe mich auch dann, wenn es wirklich daran ist, die Ebenen zu wechseln, doch das ist erst, wenn du selbst einmal Großvater bist!"

Da stand ich plötzlich wieder sanft auf dem Boden des Pfades, den Brückenpfeiler hinter mir und heulte wie ein Schloßhund. Alles tat mir weh. Wie ich zum Auto zurückkam, weiß ich nicht mehr genau; auch nicht, wie ich wieder nach Hause gelangte. Doch eines weiß ich: Vor diesem Wesen hatte ich keine Angst. Ich glaube, ich kenne es seit undenklichen Zeiten."

Soweit der Bericht meines Freundes.

Wenn man das hier liest, so mag man meinen, daß der Berichterstatter im Rausch war oder gar halluzinierte. Nun, ich selbst war nicht dabei – nicht bei diesem Ereignis –, doch den guten Mann kenne ich nun seit fast zehn Jahren und weiß, daß er weder trinkt, noch Drogen konsumiert oder zu sonstigen Extremen neigt. Er war ein erfolgreicher Unternehmer, bis er vor ein paar Jahren sein Unternehmen verkaufte und ins Ausland auswanderte.

Wollen wir diesen Erfahrungsbericht einmal so stehen lassen und kurz auf das bisher aufgeführte zurückblicken. Eines können wir nach diesen Ausführungen und Erlebnisberichten festhalten: Seit alters her gibt es Bezeichnungen wie *Freund Hein*, *Gevatter Tod*, der *Schlapphut*, der *Schnitter*, *Sensenmann* und so weiter für ein Wesen, das in allen Kulturen und von Menschen jeglicher Couleur – ob jung oder alt, arm oder reich – kurz vor dem eigenen Tod gesehen worden ist, um diesen offenbar anzukündigen. Und wenn man dem eben Beschriebenen Glauben schenkt, nimmt dieser schwarze Mann als sogenannter Seelenführer die Seele des Verstorbenen mit sich in das Totenreich – wo und was auch immer das sein mag.

Nun werden Sie sich vielleicht fragen: *„Ja, aber warum schreibt der Jan van Helsing jetzt über den Tod beziehungsweise den schwarzen Mann? Der schreibt doch sonst ganz andere Bücher...“*

Das ist vollkommen richtig. Ich hätte dieses Thema vermutlich auch nie angefaßt, wäre mir nicht selbst etwas widerfahren.

Denn im August 2002 hatte ich – wenn auch unfreiwillig...

Meine eigene Begegnung mit dem *schwarzen Mann*

Es war im Frühjahr 2002 und meiner Ansicht nach auch genau die richtige Zeit, wieder einen Sportwagen zu kaufen. Gesagt, getan, erwarb ich das Objekt der Begierde und hatte auch viel Spaß dabei. Es war dann inzwischen Herbst, als ich einen eigenartigen Traum hatte. Ich befand mich im Elternhaus und ein Mann ganz in Schwarz gekleidet stand vor mir. Er war ziemlich bleich im Gesicht, doch groß und muskulös und lächelte mich an. Er zeigte mir dann, wie er verschiedene Seelen abholte – also vom Diesseits ins Jenseits beförderte –, kommentierte dies jedoch nicht. Die erste Seele, die er mir zeigte, war die eines bösartigen kleinen Mädchens, das irgendeine Frau die Treppe hinuntergestoßen hatte. Die Seele des Mädchens holte er ab – als das Mädchen irgendwann starb. Ich sah, wie sie durch einen senkrecht im Raum stehenden Lichtkreis ging und darin verschwand (ähnlich wie bei dem Sternentor in dem Hollywood-Film *Stargate*). Als zweites ging die Seele eines untersetzten Herrn im mittleren Alter durch den Lichtkreis, bei dem mir der schwarze Mann jedoch keine Hintergrundgeschichte dazu zeigte. Nun sah ich den schwarzen Mann an und fragte ihn, ob er denn ***der Tod*** sei, woraufhin er lächelte und nickte. Auf meine Frage, wieso er diesen Mann geholt habe, der eigentlich noch ganz gut aussah, kam die Antwort: *„Der kriegt eine Generalüberholung.“* Dann lächelte er mich wieder an, nahm mich in den Arm und drückte mich herzlich, drehte sich um und verschwand.

Als ich aufwachte, war ich natürlich Feuer und Flamme. *„Wahnsinn“*, dachte ich. *„Das war das Eindrucksvollste, das ich bisher erlebte. Solch eine Präsenz, solch eine Macht und gleichzeitig auch eine derartige Vertrautheit, gepaart mit einer unermeßlichen Güte, habe ich noch nie erlebt. Mit diesem Wesen muß ich unbedingt* *ein tiefergehendes Gespräch führen und fragen, wie es ihm so geht, ob es etwas fühlt, wenn es die Seelen abholt, ob es auch den ‚Chef' schon einmal persönlich getroffen hat...“*

Ich kam auf viele tolle Ideen, nur auf eine kam ich nicht, nämlich daß dieser *schwarze Mann* – der *Tod* – vielleicht auch aus einem anderen Grund zu mir gekommen sein könnte als sich mit mir zu unterhalten.

Drei Wochen später hätte ich ihn fast wiedergetroffen...

Und zwar war ich mit meinem Sohn ein paar Tage in den Bergen – Männerurlaub sozusagen –, und wir kamen gerade aus Berchtesgaden nach einem zünftigen Nachtmahl und wollten zurück auf den Berg zu unserem Hotel, als wir mit unserem Flitzer in einer „zu engen“ Kurve zuerst gegen einen Baum und dann den Hang hinunterflogen.

In kurzen Worten: Es ging knapp aus. Totalschaden – und Amadeus und ich kamen mit Prellungen und Schürfwunden davon. Doch es hätte auch anders ausgehen können. Und plötzlich erinnerte ich mich auch wieder an den schwarzen Kameraden in meinem Traum... Sicherlich war ich damals kurz erschrocken, als mir bewußt wurde, daß er mir offenbar etwas ankündigen und darauf hinweisen wollte, daß ich mir in Zukunft möglicherweise einen anderen Fahrstil aneignen sollte...

Doch ich sage Ihnen: Seit diesem Tag ist mir dieses Wesen nicht mehr aus dem Kopf gegangen. Die Begegnung war zwar gekoppelt an ein unangenehmes Ereignis, doch war es bestimmt die faszinierendste Begegnung meines Lebens.

Daher war für mich – mit meinem abenteuerlustigen Naturell – ganz klar: Hier muß ich dran bleiben und sehen, wie ich mit diesem Wesen in eine Kommunikation treten kann – wenn möglich, ohne dabei selbst ins Jenseits überzutreten...

Dabei erinnerte ich mich an den Satz aus der Geschichte der Skolt-Lappen, in dem es hieß: „*Und niemand fragte, wie es geschehen konnte, daß er gleichzeitig Tausende von Menschen in tausend verschiedenen Gegenden aufsuchen konnte... Niemand wagte, ihn anzusprechen, denn er war so stolz, daß er nur auf seine eigenen Worte zu hören schien; und was hätten die Menschen auch dem Herrn über Geburt und Tod sagen können?*"

Genau so verhalten sich die meisten Menschen: Sie kommen gar nicht auf die Idee, dieses Wesen zu fragen, wer es denn ist, wie es heißt und vieles mehr. Die meisten haben Angst; es gruselt sie, wenn man solche Geschichten erzählt, und sie möchten gerne das Thema wechseln.

Für mich ist ein solches Verhalten in keinster Weise nachvollziehbar, und es zeigt mir erneut den Unterschied zwischen den Menschen auf. Es gibt diejenigen, die mit dem Bewährten zufrieden sind, die ihr Glaubensbuch auf dem Nachttisch liegen haben und nichts anderes akzeptieren als das, was dort geschrieben steht. Und es gibt diejenigen, die keinerlei Interesse an etwas haben, was sich nicht anfassen läßt – sogenannte A-Theisten (die an nichts glauben) oder Materialisten (die nur der Materie huldigen) und eine geistige Welt, einen Gott, Luzifer oder Engel als reine Hirngespinste ansehen. Das können diese auch machen, doch sollten sie dann, wenn sie selbst im Angesicht des Todes sind, bitte nicht anfangen zu jammern...

Und dann gibt es Menschen, die Interesse an einer Weiterentwicklung haben – auch in geistiger Hinsicht. Menschen, die neugierig und risikobereit sind. Und wer wagt, der auch gewinnt...

So gibt es viele, die mit losem Mundwerk äußern...

Was geht mich der Tod an?

...denn mit dem Tod mag kaum einer etwas zu tun haben. Er wird ausgegrenzt. Kranke und Behinderte kommen in Heime, Alte und Schwache in Pflegestätten. Im Fernsehen bleibt man ebenfalls davor verschont – in Saus und Braus leben wir, und kommt das Gespräch auf den Tod, so wird schnell das Thema gewechselt.

Obwohl das Sterben allgegenwärtig ist, und täglich Menschen, Tiere und Pflanzen in unserer Umgebung von uns gehen, wollen wir nichts damit zu tun haben. Das fängt beim Metzger an, der uns das Schlachten abnimmt, oder der Tierarzt, der unseren alt gewordenen Begleiter mit einer sanften Spritze einschläfert.

Interessant ist unter diesem Aspekt aber auch, daß wenn wir die Flimmerkiste einschalten, permanent Mord und Totschlag auf uns niederprasselt. Da stört einen der Tod des anderen nicht. Aber auf die Beerdigung des Freundes zu gehen, der sich gerade erhängt hat, oder zur Schwester, die gegen den Baum gefahren ist, oder die Oma, die nach vielen Operationen am Krebs dahinsiecht... Ja, dann... Dann ist es etwas anderes...

Obwohl das Leben ein ständiges Werden und Vergehen ist, blenden wir diesen Lebensaspekt förmlich aus. Goethe meinte zu solch einer Lebenshaltung: „*Und solange du das nicht hast, dieses ‚Stirb und Werde', bist du nur ein trüber Gast auf der dunklen Erde.*"(7)

Heute wird sogar angeboten, sich einfrieren zu lassen, um in ein paar Jahrzehnten oder Jahrhunderten, wenn die Technik ein Verjüngen des Körpers eventuell zuläßt, wieder aufgetaut zu werden. Wieso?

Aus Angst vor dem Tod!

Doch um diesen kommen wir nicht herum – die meisten zumindest. (In vorherigen Büchern habe ich von Menschen berichtet, die den Alterungsprozeß aufgehoben oder hinausgeschoben haben – entweder durch Meditation, Kenntnisse über Geheimwissen oder eine andere Lebens- und Ernährungsweise –, doch trifft dies wahrscheinlich auf höchstens 0,000001 Prozent der Menschheit zu.)

Betrachten möchte ich hier diejenigen – und das ist der Großteil der Menschheit –, die vor dem Tod Angst haben. Einerseits deswegen, weil sie wohl kaum ahnen, was das Leben eigentlich ist, und das ungute Gefühl mit sich herumtragen, ihre Aufgabe nicht erfüllt zu haben und daher im Himmel nicht gern gesehen zu sein. Und andererseits, weil ihnen durch die verschiedenen, meiner Ansicht nach manipulativ gelenkten Weltreligionen gezielt und bewußt Angst eingeflößt wird.

Mein Lebensmotto war immer und ist weiterhin: *„Wenn ich keine Angst vor dem Tod habe – weil ich weiß, was er ist, und was nach dem physischen Ableben auf mich zukommt –, dann habe ich auch mehr Mut im Leben und lebe selbstbewußter und konzentrierter.“*

Fakt ist aber, daß sehr viele Menschen ziemlich orientierungslos durchs Leben schreiten, was ihre geistig-spirituelle Gesinnung angeht. Sie orientieren sich überwiegend an materiellen Werten wie Auto, Arbeit, Haus und anderem Besitz. Spricht man aber das Leben an sich an, ob sie glücklich und zufrieden sind, ausgeglichen, reich an Lebenserfahrung oder mutig, kommt meist der Kommentar: *„Na ja, man kann ja nicht alles haben.“*

Falsch! Wir können ***alles*** haben – Zufriedenheit, Glück, Liebe, Geborgenheit, Abenteuerlust, Familie, Heim und Besitz und dazu noch Erfolg und finanziellen Reichtum – alles auf einmal, wenn wir uns vom Leben führen lassen.

Aber genau das können viele nicht – nämlich sich von der Strömung des Lebens führen lassen –, weil sie nicht mutig handeln und spontan entscheiden, wie es das Leben von ihnen erwartet. Statt dessen sind sie verklemmt, gehemmt, schüchtern und unterwürfig, weil sie nicht verstehen, wie das Leben funktioniert. Es fehlt ihnen die Kenntnis darüber, was das Leben ist, wie es funktioniert, wer die Lebensgesetze geschaffen hat und vor allem wofür. Würden die Menschen sich damit auseinandersetzen, zum Beispiel wer Gott ist, welche Rolle der Teufel spielt, und vor allem, wieso auf jeden der Tod wartet, dann würden sie vermutlich auch anders leben.

Und deshalb, genau deshalb geht es in diesem Buch um denjenigen, der alle abholt – die Reichen wie die Armen, die Gescheiten wie die Blöden, die Verbrecher wie die Frommen, die Illuminaten wie die Lichtarbeiter...

Geht es um den Tod, so werden die erfolgreichsten Manager, die superstarken Bodybuilder, die Millionärstöchter, die Dressmen und Aushängetypen der High Society klein und still. Denn irgendwann schlägt nun mal jedem die letzte Stunde, und der Tod greift unvermeidbar nach unserer kurzen Existenz. Manchmal auch unerwartet.

Betrachten wir aber nochmals den Sterbeprozeß in unserem Kulturkreis: Viele alte Menschen werden von ihren Familien abgeschoben und alleine gelassen – in Altersheimen oder Hospizen, wobei die letzteren Pflegestätten ein einigermaßen menschliches Sterben ermöglichen sollen. Doch werden sie dort wirklich auf den Tod vorbereitet? Werden sie dabei unterstützt, dieses Leben richtig aufzuarbeiten, um einen Übergang in eine „andere Welt“ so harmonisch wie möglich zu gestalten?

Und wie bereits erwähnt, ist eines der größten Probleme, welches die Lebenden mit dem Tod haben, die Unwissenheit des

Zeitpunktes, die Art des Todes und die Kenntnis darüber, was danach kommt.

Das Kirchen-Christentum bietet hier angeblich klare Richtlinien: Man kommt entweder in den Himmel oder in die Hölle, je nachdem, ob man dem „richtigen“ Glauben – eben dem Christentum – angehört und dann wiederum auch dementsprechend „christlich“ sein Leben geführt hat. Ebenso sehen dies die fanatischen Religionen – Judentum und Islam.

In den asiatischen Glaubensansichten wie dem Buddhismus und dem Hinduismus, welche die Reinkarnationslehre anerkennen, sieht dies etwas anders aus, da der Gläubige ja davon ausgeht, daß er seine „bösen“ Taten in einem anderen Leben wieder ausgleichen darf beziehungsweise für die „guten“ Taten in einem Folgeleben belohnt wird. Daher ist es auch nicht verwunderlich, daß vor allem aus dem Buddhismus noch kein Krieg hervorgegangen ist, im Gegensatz zu oben genannten Religionen...

Der Sterbeprozeß im Christentum schließt die letzte Ölung und die Beichte mit ein, und hier verrichten die „Seelsorger“ einen unbezahlbaren Dienst, wenn auch durch die „Himmel-Hölle“-Geschichte erheblich eingeschränkt. Vor allem für den Sterbenden ist es besonders wichtig zu wissen, was denn nach dem Tod auf ihn wartet, wobei hier keine anerkannte Religion schlüssige Antworten gibt.

Wichtiger als der Sterbeprozeß ist in meinen Augen aber das Leben – und dieses bewußt zu leben. Das kann aber erst geschehen, wenn ich weiß, was das Leben überhaupt ist, welcher Zweck dahintersteht, welche Gesetze es gibt und welches Ziel ich habe.

Meiner Ansicht nach gibt es eine Entwicklung nur durch Wissensdurst und Erfindergeist – im Materiellen mit neuen Ideen zu neuen Entwicklungen, ebenso wie durch die Öffnung des geisti-

Abb. 10
Gustave Dorés „Offenbarung“

gen Horizontes durch experimentieren mit neuen Gedankengängen.

Und so kam ich zu dem einzig vernünftigen Schluß: Wenn ich wirklich etwas über den Tod und das ihn repräsentierende Wesen herausfinden möchte – diesen *schwarzen Mann* –, dann muß ich mit ihm persönlich sprechen. Es mußte irgendwie ein Kontakt geschaffen werden, denn die Hypothesen irgendwelcher Historiker oder Psychologen helfen hier nicht weiter.

Menschen, die den *schwarzen Mann* gesehen hatten, habe ich gesprochen, doch die wußten auch nichts Detailliertes zu erzählen. Ich konnte sie zwar danach befragen, was sie währenddessen empfunden hatten, so wie ich selbst emotional berührt war, als er vor mir stand. Doch über das Wesen selbst wissen wir gar nichts!

Und nachdem offenbar noch keiner vor mir auf die Idee gekommen ist, den *schwarzen Mann* zu einem persönlichen Gespräch, zu einem Interview, einzuladen und ihn alles mögliche zu fragen, habe ich diese Aufgabe übernommen.

Jetzt höre ich Ihre Frage:

Aber wie kommt man denn mit dem *schwarzen Mann* in Kontakt – außer man stirbt selbst...?

...schließlich steht er ja nicht im Telefonbuch oder im Internet.

Dort steht er zwar nicht, doch gibt es ein Gesetz beziehungsweise existiert in unserem Kosmos ein Prinzip, das so alt ist wie das Universum selbst, welches heißt: *Bitte, so wird dir gegeben.*

Dieses Gesetz in Anspruch nehmend, habe ich diesen *schwarzen Mann*, dieses Wesen, in größtem Respekt vor ihm selbst und seiner Arbeit zu einem Gespräch eingeladen und um Gehör gebeten. Da durch unsere persönliche Begegnung bereits eine Verbindung bestand – ein energetisches Band sozusagen –, war klar, daß es nur eine Frage der Zeit beziehungsweise meiner Reife sein würde, daß es zu einer direkten Kommunikation kommt.

Deshalb bat ich diesen *schwarzen Mann* darum, mit mir in einen Dialog zu treten – entweder mit mir persönlich oder über ein Medium. Falls ein *spirituelles Medium* hier als Mittler fungieren sollte, so bat ich darum, mich mit einer Person zusammenzuführen, die einerseits geeignet sein würde, ihn unverfälscht zu übermitteln und die andererseits auch keine Angst oder sonstige Ressentiments vor ihm hat.

So ergab es sich im Herbst 2004, daß das Thema zwei Jahre nach der ersten Begegnung mit ihm wieder auf mich zukam, indem ich beispielsweise wieder von ihm träumte. In dieser Zeit war ich bei verschiedenen Medien quer durch Deutschland unterwegs, und prüfte diese, was die Treffsicherheit zu einem bestimmten Thema anging. Es handelte sich hierbei um Ausgrabungsarbeiten an einem bestimmten Ort auf der Welt, wobei ich wissen wollte, ob sich auch tatsächlich das vermutete Objekt unter der Erde befand. So, wie ein Patient mit einem Befund zu verschiedenen Medizinern geht, um herauszufinden, ob alle zu der gleichen Diagnose kommen, so suchte ich verschiedene hellsichtige Personen auf, um festzustellen, ob alle das gleiche Objekt an derselben Stelle verborgen sehen.

Während ich gerade zu diesem Ausgrabungsthema eine Sitzung bei einem Medium hatte, das aber auch die Fähigkeit hat, Verstorbene zu sehen, kam ich auf die Idee, einmal nachzufragen, ob denn dieser *schwarze Mann* bei mir sei und ein Kontakt hergestellt werden könne. Und tatsächlich funktionierte es.

Wie das letztendlich möglich war und warum sich der *schwarze Mann* gerade bei mir aufhielt, erfahren Sie im Laufe des Interviews. Das möchte ich hier nicht vorwegnehmen.

Nun wird sich der Eine oder Andere fragen, was denn ein ***spirituelles Medium*** ist und wie es möglich sein kann, daß dieses mit einem für andere Menschen unsichtbaren Wesen kommuniziert beziehungsweise ein anderes Wesen oder einen Verstorbenen durch sich sprechen lassen kann.

Lassen Sie mich das in kurzen Worten ausführen:

Nehmen wir als Beispiel einmal die Hundepfeife. Ihre hohen Töne sind für Hunde wahrnehmbar, für Menschen gewöhnlicherweise aber nicht. Es gibt aber Menschen, die können auch die Töne einer Hundepfeife wahrnehmen und noch höhere Frequenzen. Würden Sie nun neben einem Menschen stehen und diesem erzählen, daß Sie ständig Töne hören (aus der Hundepfeife des Nachbarn), würde der Sie vielleicht für verrückt halten. Doch Sie wissen, was Sie hören.

Oder nehmen wir einmal an, Sie besuchen in einer Klinik eine Gruppe von Farbenblinden, die aufgrund einer angeborenen Schwäche keine Farben sehen können. Angenommen, Sie stehen nun mit diesen Farbenblinden vor einer Blume, so würden Sie aneinander vorbeireden, in Hinsicht auf die Beschreibung dessen, was wahrgenommen wird.

Das ist vielleicht nicht der beste Vergleich. Besser verständlich wird dies anhand der *Tetrachromaten*, deren Eigenart bisher noch als „Anomalie“ oder „genetischer Fehler“ angesehen wird.

Alle Farben, die wir sehen, setzen sich aus nur drei Farben zusammen – Rot, Grün und Blau. Für jede dieser Farben haben wir Sehzäpfchen auf unserer Netzhaut. Die Augen der meisten Menschen sehen also nur Rot, Grün oder Blau – diese Menschen nennt man *Trichromaten* (Tri = drei). Das Gehirn setzt nun aus diesen drei Farben Mischfarben zusammen. So können wir dann Gelb, Lila oder auch Braun sehen. Nun gibt es aber auch Menschen, die neben diesen Sehzäpfchen für die drei Farben Rot, Grün und Blau noch ein weiteres auf der Netzhaut haben für etwas, das zwischen Rot und Grün liegt. Das ist der Bereich, der bei den Trichromaten normalerweise Gelb ergibt.

Für die ***Tetrachromaten***, also diejenigen, die dieses zusätzliche vierte Sehzäpfchen haben, ist dort kein Gelb zu sehen, sondern etwas, das viel mehr ist als nur Gelb. Einen Tetrachromaten beschreiben zu lassen, was er sieht, ist genauso schwierig, wie wenn ein Trichromat einem Farbenblinden die Farbenwelt erklären will.

Das Interessante ist nun bei den Tetrachromaten, daß diese beispielsweise mit nur minimal voneinander abweichenden Gelbtönen Bilder malen können, welche Landschaften oder Objekte darstellen, die aber für den Normalbürger, also den Trichromat, nur eine einheitliche gelbe Fläche zeigen.

Der Tetrachromat kann nun vor einem Gemälde stehen, das ein anderer Tetrachromat gemalt hat und sich über das dort Dargestellte erfreuen, wobei ein daneben stehender „normal“ Sehender behaupten wird, daß der andere halluziniert oder verrückt ist. Denn der Trichromat sieht nur eine gelbe Fläche.

Wußten Sie das?

Vergleichen wir dies nun wieder mit einem Hellsichtigen, einem Hellseher, der ein anderes Wahrnehmungsspektrum hat und etwas sehen kann, was für andere Menschen unsichtbar ist – zum Beispiel die Seele einer verstorbenen Person.

In diesem Fall ist sogar die knochentrockene Wissenschaft auf unserer Seite, wenn sie beweist, daß es ein „Sterben" tatsächlich gar nicht gibt. Wir bestehen aus Energie, und Energie kann nicht sterben. Sie kann nur andere Zustände annehmen, so wie auch ein Eiswürfel nicht „stirbt", wenn man ihn erhitzt – er wird zu Wasser. Er ändert nur seinen Aggregatzustand. So ist es auch bei uns Lebewesen. Wir haben einen physischen Körper mit einem ganz bestimmten Schwingungsmuster – einer spezifischen Frequenz. Die Seele hingegen hat aber eine höhere Frequenz, eine höhere Schwingungsrate, in der die „Zeit" völlig anders verläuft.

Wollen wir beim Beispiel des Wassers bleiben, kann man den physischen Körper mit dem Eiswürfel vergleichen, die Seele mit dem Wasser und den Geist mit dem Wasserdampf. Alles besteht aus der gleichen Substanz, nur die Schwingungsrate, auf der die Moleküle schwingen – die Frequenz –, unterscheidet sie voneinander. Und so gibt es Menschen, die nicht nur das Eis und das Wasser sehen können, sondern auch das verdunstete Wasser, was aber für andere unsichtbar ist. Und ebenso gibt es Menschen, die Seelenkörper wahrnehmen und mit diesen auch kommunizieren können.

Näher möchte ich hier nicht mehr auf die Medien eingehen. Wer es noch genauer wissen möchte – zum Beispiel den Unterschied zwischen Voll- und Halbtrancemedien, Materialisations- und Schreibmedien, zwischen Hellsichtigen, Hellfühligen und solchen, die im Datenspeicher der Erde, in der *Akasha-Chronik* lesen können –, dem empfehle ich dazu mein Buch *„Die Kinder des neuen Jahrtausends – mediale Kinder verändern die Welt"*.

Festzuhalten bleibt, daß es Menschen gibt, die ein größeres Frequenzspektrum wahrnehmen können als andere Menschen. Einige haben eine solche erweiterte Wahrnehmung durch das Praktizieren einer Technik wie der Meditation oder Yoga erfahren. Doch die Medien, mit denen ich hier arbeite, sind allesamt Menschen, die seit ihrer Geburt ein solches erweitertes Frequenzspektrum erfassen können (erinnern Sie sich an das Beispiel mit der Hundepfeife).

Aufgrund dieser Fähigkeit oder Eigenschaft haben die mir bekannten hellsichtigen Medien bereits als Kleinkinder etwas wahrgenommen, was sich dem Sichtfeld der anderen Menschen entzog. Beispielsweise sahen diese den verstorbenen Opa oder den Bruder bei dessen Beerdigung mit dem feinstofflichen Seelenkörper mit am Grab stehen und hörten diesen sagen, daß es ihm gutgehe, daß er im Jenseits sei, daß er einen Schutzengel habe und nun ins Licht gehen würde. Des weiteren haben die Medien, mit denen ich arbeite, auch die Gabe der *Präkognition*, was bedeutet, daß sie zukünftige Ereignisse vorhersehen können.

Aufgrund dieser Voraussetzung, Verstorbene oder Schutzengel zu sehen, also Wesen einer feineren oder besser ausgedrückt höher schwingenderen Frequenz, fragte ich diese, ob ich neben meinem Schutzengel auch noch jemand anderen neben oder bei mir haben würde, was dann in allen Fällen auch bejaht wurde.

Dies mag als Hintergrund genügen.

Von mehreren getesteten Medien hatten sich am Ende drei als dazu geeignet erwiesen, eine Verbindung zu diesem Wesen herzustellen. Um sicherzugehen, daß ich mich nicht auf dem Holzweg befand, stellte ich die gleichen Fragen bei allen drei Medien und erhielt sinngemäß auch immer dieselbe Antwort. Das war für mich einerseits die Bestätigung, daß ich wirklich das richtige Wesen „an der Strippe“ hatte und gleichzeitig auch der Startschuß für das Interview.

Nach einem Monat der Arbeit mit diesen Medien stellte es sich heraus, daß der *schwarze Mann* durch eines davon am besten kommunizieren konnte, dem ich dann insgesamt 222 von mir vorbereitete Fragen stellte, von denen Sie nun gleich den Großteil im Anschluß lesen werden.

Diese Fragen hatte ich nicht aus der Hand gegeben und auch durcheinander gewürfelt, damit ich sichergehen konnte, daß eine Vorbereitung von Seiten des Mediums ausgeschlossen war.

Im nachhinein erkenne ich natürlich wieder einmal – wie immer –, daß ich diese zwei Jahre brauchte, um mich auf diesen Moment vorzubereiten. Meinem Temperament nach hätte das Interview nämlich schon zwei Minuten nach meinem ersten unfreiwilligen „Treffen“ stattgefunden.

Faszinierend war es auch festzustellen, daß es nach den ersten Sitzungen gleichzeitig auch zu einem direkten Kontakt mit mir kam, wobei ich die Antworten auf meine Fragen nicht in gesprochener Form erhalte, sondern als Bilder oder Bildfolgen, die ich plötzlich im Kopf habe. Auf diese Weise hatte und habe ich bei jeder Antwort, die durch ein Medium übermittelt wird, immer die Möglichkeit einer Gegenprüfung.

Nun möchte ich Sie aber nicht weiter mit einleitenden Worten malträtieren und komme zu meinem Dialog mit einem Wesen, das mein Leben in nur wenigen Monaten gravierend verändert hat und mich herausfordert, das Geschehen auf der Welt aus einem noch mehr erweiterten Blickwinkel heraus zu betrachten.

Es folgt nun...

Das Interview

Die Sitzungen begannen am 13.12.2004, und ich leitete diese Sitzung mit folgenden Worten ein:
Vor zwei Jahren (2002) hatte ich eine Begegnung mit einem Wesen, welches ich bisher als „schwarzen Mann" bezeichnet habe, das im Volksmund jedoch als „Sensenmann", der „Tod" oder „Freund Hein" bekannt ist. Dieses Wesen ist jetzt seit einiger Zeit bei mir und hat sich immer wieder über Träume gemeldet, weshalb ich nun den Kontakt durch ein Medium suche.

(Das männliche Medium beschreibt, daß die Kraft, die mit mir gekommen ist, sich von unten nach oben aufbauend zeigt und von hinten in das Medium eindringt. Das Wesen geht dabei behutsam vor und läßt das Medium wissen, daß es sich von unten nach oben aufbaut, um ihm den Rücken zu stärken. Es beginnt im Wirbel, im Lebenszentrum.)

Das Medium deutet mir durch ein Kopfnicken an, daß es bereit ist, das Wesen durch sich sprechen zu lassen, und ich stelle meine erste Frage:

Wer bist du?

Ich begleite und geleite dich von der Wurzel an bis an das Ende dieses Lebens. Doch ich bin nicht nur für das Gehen verantwortlich, sondern auch für das Kommen. Ich helfe der Seele dabei, sich aus dem Körper zu lösen, so wie ich auch beim Eintritt in den Körper helfe.
Ich bin nicht der *Sensenmann*, ich bin der *Transformator* des Lichts oder des Lichten. Ich transformiere Energie, das heißt, ich bringe nicht den Tod, ich bringe nicht das Verderben. Ich

transformiere Energie. Anders ausgedrückt, ich verändere den Aggregatzustand desjenigen, der da ist. Ich hole die Energie des Lebens – die Seele – aus dem Leib, aus der Materie. Die Energie des Atems, des Lebens hole ich heraus, transformiere und wandle, damit es in höherer Instanz, auf höherer Frequenz weiterexistieren kann. Es ist eine Wandlung. Ich bin ein Wandler; von der Nacht in den Tag, vom Schatten ins Licht. Das ist die Wandlung. Tod ist der Übergang, die Frequenzänderung; so, wie das *in-das-Leben-gehen* ebenso der Frequenzänderung bedarf. Dafür bin ich zuständig.

Bist du ein Einzelwesen oder gibt es Milliarden deiner Art?

Ich bin die Summe allen Seins...

Wie kann ich mir dich noch besser vorstellen, bist du ein Wesen, das sich in viele Teilaspekte aufteilen und dadurch den Menschen weltweit gleichzeitig erscheinen kann, oder bist du eine Art Seelen-Gruppe, die den einzelnen Menschen, den Sterbenden, als eine Person erscheint?

Aus meiner Sicht ist dies kein Unterschied, aber da es aus irdischer Sicht einer ist, möchte ich darauf antworten:
Ich bin in der Fragmentierung für vieles verantwortlich. Ich bin ein Hauptwesen, das sich in so viele Teile aufteilt, wie es Wesen gibt, die in festen Körpern wandeln. Auf jede Seele wird ein Tröpfchen von mir gegeben. Doch bin ich nicht nur Begleiter der Seele, ich kann sie auch tragen.
Ich bin eins, und ich bin auch viele Wesen, die sich unabhängig voneinander bewegen können.

Keines dieser Fragmente meines Seins kann oder will einen eigenen Zweck verfolgen, einen eigenen Willen, insofern sind wir *ein* Wesen. Auch wenn sich diese Fragmente meines Seins ständig an verschiedenen Orten aufhalten und sich aus ihrer eigenen Dynamik heraus bewegen, sind sie niemals abgespalten und können es auch nie sein.
Sieh es wie einen Tintenfisch, der mehrere Arme hat, doch eine Zentrale, einen Kopf.
Im Grunde ist es sehr einfach, für euch jedoch schwierig, weil ihr eure Existenz so sehr als einzelne Wesen begreift und fühlt. Es ist schwierig, aus einer abgespalten empfundenen Existenz das zu verstehen, was ich hier sage. Es ist im Grunde unvorstellbar; die Vorstellung des Menschen versagt hier. In diesem Fall rate ich, soweit es dir möglich ist, deine Fühlorgane mehr zu nützen und weniger das Vorstellungsvermögen. Manches, was ich sage, kannst du direkt fühlen, aber du wirst es dir kaum vorstellen können.
Die Vorstellungskraft erlaubt dem Menschen selten, die Welt getrennter Objekte zu verlassen, die seine Sinne ihm vermittelt. Die Teilaspekte von mir sind zwar an verschiedenen Orten gleichzeitig, teilweise auch mit verschiedenem Aussehen, doch sind es keine getrennten Subjekte. Wenn du also einem dieser Aspekte meines Seins begegnest, begegnest du einem Wesen, das sich quasi selbständig bewegt. Es kann kommen und gehen, es muß niemanden fragen, ob es kommen oder gehen darf – und dennoch kommt und geht es nicht, um seiner eigenen Willkür zu genügen.
Diese Teilaspekte und ich sind eine Einheit, die diesen Dienst verrichten. Und da meine Teilaspekte gleichzeitig überall sind, können sie überall dem Ruf der Resonanz folgen, der sie zu geeigneter Zeit zu einem Menschen hinführt.

Ich möchte dir noch etwas entgegenkommen: Sieh es wie den beschützenden Engel des Menschen, den Schutzengel, der immer an der Seite des Menschen ist. So, wie dieser Schutzengel bei dir ist, so ist ein Tröpfchen von mir bei dir, ein Fragment. Der Unterschied ist hierbei jedoch, daß der Schutzengel ein Wesen ist, welches früher selbst Mensch war, also selbst schon inkarniert war – schon im Fleisch war –, und daher persönlich auf dich einwirkt und dich führt. Mein Aspekt war nie und wird nie Mensch sein, doch begleite ich jeden Menschen – so wie der Schutzengel. So könntest du mich eventuell als *Todesengel* oder *Engel des Todes* bezeichnen, der immer da ist während des Lebens, jedoch im Hintergrund agiert.
Es sei aber bemerkt, daß mir die Bezeichnung *Todesengel* nicht so gefällt – *Engel des Wandels* ist mir da lieber, da es einen Tod nicht gibt, nur eine Veränderung von Energie.

Kannst du noch etwas mehr über dich selbst erzählen?

Die Kraft des Lichts wirkt durch mich, indem ich helfe, Körper, Seele und Geist zu trennen. Ich vereine den Geist mit der Seele, damit sich diese vom Körper trennt. So gesehen bin ich für euch nicht nur die trennende Kraft, die hilft, aus dem Körperlichen zu schlüpfen, sondern ich bin auch ein heilender Aspekt. Ich bin ein heilender Aspekt des Tuns, da ich, wenn ihr von meiner Existenz Kenntnis habt, durchaus heilend bin, da ich im übertragenen Sinn die Seele heile, damit die Seele mit dem Geist verschmilzt, so an Leichtigkeit gewinnt und dadurch den Körper verlassen kann. Das ist ein Aspekt, den du nicht vergessen solltest. Ich bin nicht nur eine Kraft, die holend ist, sondern auch eine Kraft, die bringend ist – aus der Gottschiene kommend, der Urkraft, bringe ich Seelenheil. Bevor die Seele das Körperliche verläßt, beginnt sie auszuheilen; auszuheilen mit dem Getanen – im körperlichen, im irdischen Bereich. Meinen Dienst verrichte ich im gesamten Universum, im All, da ich dafür vorgesehen bin. Und so bin ich nicht nur zu deinem jetzigen Planeten gekommen, sondern habe meine Arbeit schon verrichtet, als du, Jan, deinen Heimatplaneten verlassen hast, um hier zu inkarnieren, wie so viele es getan haben, die ihr heute Arbeiter des Lichts nennt. Viele sind gekommen, diesem Planeten im Aufstieg zu helfen – bei der Frequenzerhöhung, durch die er nun schreitet –, und so habe ich ihnen schon in der Kraft meiner selbst den Weg bereitet, in dem ich ihnen in den vielen Inkarnationen bis zur Erdschicht hinunter geholfen habe, die niedrige Struktur und Schwingungsfrequenz eines Körpers zu tragen. Deshalb bin ich nicht nur der Tod, ich bin auch ein Heiler. Ich heile die Seele, bis sie auf Erden ist, um dem Planeten im Anstieg zu helfen, im Aufstieg. Ich helfe dem Planeten beim Aufstieg in eine höhere Existenzebene, eine höhere Schwingungsebene – an den Platz, von dem ihr einst gekommen seid.

Ich bin nicht nur ein Seelen-Holer, ich bin auch ein Seelen-Heiler, das ist nicht zu vergessen. Ich heile die Seele, indem ich sie mit dem Geist verknüpfe und den Schnitt zum Körper mache.

(kurze Pause) Es ist eine Freude, mit Dir zu sein, mein Junge; mit euch *(auch mit dem Medium; Anm.d.Verf)* zu sein. Mit dir, Jan, werde ich über das Schreibwerk hinaus den Kontakt pflegen, da ich dich dem Wissen zuführe, das für weitere Projekte wichtig ist – nicht nur Bücher –, darunter auch solches Wissen, das nicht für alle bestimmt ist.

Wieso kommt es gerade jetzt zu diesem Kontakt?

Heute erinnerst du dich nicht, doch hatten wir beide einen Vertrag abgeschlossen, daß wir in diesem Leben zusammen arbeiten werden. Und jetzt ist die Zeit reif. Im Laufe unserer Konversation werde ich dir mehr hierüber berichten.
Bereits seit geraumer Zeit warte ich darauf, daß sich die Menschen eures Kulturkreises öffnen, sich interessieren und sich von meiner Präsenz berühren lassen. Und es benötigt hierzu einen Mittler, der nun du bist.
Mein Mitgefühl ist in dem Warten, denn ich möchte gerne die Schmerzen heilen, die ich heilen kann, und zwar dann, wenn die Menschen bereit dazu sind.
Genug gelitten habt ihr, genug Trennung und Spaltung erforscht, um euch nun wieder in die andere Richtung zu begeben. Und nichts ist so sehr abgetrennt, nichts habt ihr so sehr abgetrennt, wie das Verlassen der physischen Ebene – den Tod. Daher kannst du es so sehen, daß ich der bin, der euch in die Einheit zurückführt. Aber da ihr nicht wißt, was die Einheit ist, habt ihr auch Angst davor, anstatt euch darauf zu freuen.

Ihr habt Angst vor dem Tod. Warum? Habt ihr denn auch Angst vor dem Einschlafen? Nein? Wieso habt ihr dann Angst vor dem Tod?
Darin liegt der Kern des Problems für euch Menschen – ihr wißt es nicht. Ihr habt es vergessen! Ihr verliert all die Worte darüber – über den Tod –, aber ihr wißt nicht, was er ist. Daher habt ihr Angst, daher können euch die Worte nicht beruhigen.
Deshalb ist es so wichtig, euch vorzubereiten – und das ist die Essenz der Erfahrung des *schwarzen Mannes* –, es ist mein Versuch, euch auf das vorzubereiten, was ihr nicht verstehen

könnt; auf das, was ihr fühlen könnt, wenn ihr mich wahrnehmt, wenn ihr mich fühlt und nicht ablehnt.
Ein Mensch, der für diesen Kontakt bereit ist, weiß in seinem tiefsten Inneren um den Weg in die Einheit Bescheid und hat dann weniger Angst, weniger von dem zu erwarten, was ihr einen *Todeskampf* nennt. Ob das bewußte Denken es nachvollziehen kann, ist dabei belanglos. Mit anderen Worten: Was einem Menschen diese Begegnung mit mir bringt, weiß dieser erst dann, wenn er seinen Körper verläßt. Vorher kannst du es erahnen, darüber spekulieren, aber du kannst es nicht wissen.
Und so bin ich auch der Überbringer einer Einladung, die dem Frieden dient und die Frieden schaffen möchte im Vorfeld des Übergangs. Es ist Zeit für eure Kultur, daß der Übergang wieder friedvolle und menschenwürdige Züge annimmt – für euch. Das, was ihr *Todeskampf* nennt, ist des Menschen nicht würdig. Ihr könnt euch nicht vorstellen, was dieser Kampf jeweils zurückläßt, welches Chaos, welche Wellen von Schock und Schmerz durch die geistige Welt gehen. Die feinstoffliche Welt kann nicht zur Ruhe kommen, kann nicht heilen, wenn fast jeder von euch, wenn er seinen Körper verläßt, neue Schockwellen hineingibt. Ohne ein Fortschreiten und ein Heilen der niederen feinstofflichen Welt kann auch eure Welt nicht wirklich heilen.
Dennoch saugt eure Welt das Chaos dieser niederschwingenden Geistwelt in sich auf, und dann manifestiert es sich in vielfältiger Weise in der physischen Welt. Vieles von eurem Leid kommt daher. Wenn ich also die geistige Welt vor dem schützen will, was ihr aussendet, wenn ihr den Körper verlaßt, dann schütze ich damit vor allem euch selbst. Wer sich von mir berühren läßt, verwandelt unvorstellbar viele Energien, während er noch im Körper ist.

Laß es mich so beschreiben: Ein großes Potential an chaotischer Ladung wird einfach in kohärente Ladung *(Kohärenz = Gleichschwingung; Anm.d.Verf.)* verwandelt. Und das kann so weit gehen, daß du in dem Moment, in dem du den Körper verläßt, Wellen von Liebe durch die feinstoffliche Welt schickst. Bislang kommt dies sehr selten vor. Wenn dies einmal häufig geschieht, dann findet Heilung in einem Ausmaß statt, das du dir kaum vorstellen kannst. Dann wird buchstäblich die Basis dessen, was euch in der physischen Welt zur Zeit an Gewalt begegnet, verwandelt, aufgelöst und erlöst.
Letztendlich hat sich diese Basis in diesem Ausmaß durch eure jahrtausendelange Hingabe an das Projekt der Trennung angesammelt. Ihr begegnet hier dem, was ihr fleißig gesammelt habt.

Und ich kann nur wieder beginnen, zu euch zu kommen, weil so viele von euch ahnen, daß es nun Zeit ist, in die andere Richtung zu gehen. Erst dadurch, daß ihr selbst die Dinge zu diesem schmerzhaften Niveau aufgebaut habt, beginnen viele von euch, sich wieder für diese Begegnung mit mir zu öffnen.
So kannst du nun grundsätzlich verstehen, was in diesem Zusammenhang jetzt geschieht und warum Menschen wie du in dieser Zeit verstärkt solche Kontakte, solche Erlebnisse erfahren; warum sich Menschen in eurer Kultur überhaupt wieder trauen, darüber zu reden.

Wie würdest du selbst diese Tätigkeit, diesen Dienst, den du ausübst, bezeichnen? Wir Menschen würden Begriffe wie den „Sensenmann“, den „Seelenüberbringer“ oder den „Fährmann“ wählen. Doch wie würdest du dich selbst bezeichnen – oder gibt es im Jenseits keine Bezeichnung für diese Tätigkeit?

Eine Bezeichnung gibt es im Jenseits nicht, da es das Jenseits nicht wirklich gibt. Das Jenseits ist eine rein menschliche Vorstellung. Ich sehe nur ein Diesseits, welches die materielle Existenz genauso umfaßt, wie die Existenz nach Verlassen des Körpers.
Des weiteren möchte ich nur ungern einen Namen verwenden, da solche Bezeichnungen für mein Dasein in den Kulturen der Menschen belastet sind durch Vorstellungen der Angst, der Abwehr, wie zum Beispiel den Begriff *Todesengel*. Ein sehr widersprüchliches Wort in eurer Sprache.
Sieh mich als den Heimkehrer, den Heimführer, der die Seele wieder nach Hause bringt. In diesem Sinne bin ich ein Führer und habe die Führungsposition – aber liebevoll. Ich bin der Führer, der Begleiter, der Heimführende und auch der Warner, wenn etwas anstehen sollte; wenn die Seele in Situationen kommt, in denen sie dem Übergang – dem Tode – nahe ist.

Die positivste von den Bezeichnungen, die du angeboten hast, ist noch der *Fährmann*. Er ermöglicht oder erleichtert dir den Übergang vom einen Ufer zum anderen. Und genau das tue ich.
Noch treffender finde ich aber die Bezeichnung *Engel des Wandels*, bezogen auf die materielle, die physisch-körperliche Existenz eines Menschen. Das Bild vom Fährmann suggeriert letztendlich, daß das eine Ufer ganz, ganz anders ist als das andere, und diese Vorstellung hat bislang auch nur zur Vermehrung eurer Angst beigetragen. In Wahrheit geht ihr nirgendwo anders hin. In Wahrheit seid ihr, wo ihr immer seid. Ihr seid nach dem Verlassen des Körpers einfach ohne die Ressourcen, welche die körperliche Existenz euch geboten hat. Ihr seid ohne diese Ressourcen dort, wo ihr immer seid. Auch dies mag sich eurer Vorstellung entziehen, eurer gewohnten Vorstel-

lung, aber wenn ihr euch darin versenkt, in dieser Betrachtung, wird es euch viel von eurer Angst nehmen. Das *Jenseits*, das *andere Ufer* und das *Reich der Toten* sind Begriffe der Angst. Daher möchte ich sie für meinen Dienst nicht benutzen.

Du sagtest, daß es Begriffe wie „Jenseits" oder „andere Seite" für dich nicht gibt, sondern du die Existenz eines Wesens anders wahrnimmst. Wie kann ich mir das vorstellen? Siehst du die Existenz eines Menschen/Wesens als ein Licht-Ei oder siehst du Punkte, siehst du ein Muster, was manche als eine „Matrix" bezeichnen, oder einen Plan? Wie kann ich mir das in etwa vorstellen, was du siehst?

Ich sehe alles von dem, was du angedeutet hast. Es hängt davon ab, welche Ebene ich sehen will. Ich kann es so umschreiben: Ich beginne, auf einen Menschen aufmerksam zu werden. Dann sehe ich ihn so ähnlich wie ein Licht-Ei; einfach vorhanden, aber wenig differenziert. Wenn ich dann näherkomme und mehr wissen will, den Menschen genau sehen möchte, dann differenziert es sich.
Hinter einer solchen *Matrix*, wie du es sagst, verbirgt sich keine in sich abgeschlossene Gestalt. Ich sehe viele Bezüge, die diese Gestalt nach außen hin hat – es ist eine Gestalt aus Licht; und da gibt es nicht nur weißes, sondern auch farbiges Licht. Dieser Matrix entnehme ich auch die Information, die mir andeutet, daß es Zeit ist, diesen Menschen zu besuchen. Die Impulse dieser Informationen sind es letztendlich, die meine Aufmerksamkeit auf diesen Menschen hingelenkt haben; Impulse also, die andeuten, daß dem Leben jenes Menschen ein Einschnitt bevorsteht, der mit dem Verlassen des physischen Körpers einhergehen könnte – das, was ihr *den Tod* nennt.

Was das Ereignis im einzelnen ist, ist für mich recht unerheblich. Es ist auch nicht meine Aufgabe, hier einzuwirken, um den Strom der Ereignisse zu verändern. Es ist nicht meine Aufgabe, Leben zu retten. Es ist meine Aufgabe, meinen Dienst anzubieten, wenn das Verlassen des Körpers in greifbare Nähe gerückt ist. Ich habe kein persönliches Interesse bezüglich des Ausgangs der Situationen.
Dennoch wird meine Präsenz von euren Schutzengeln sehr geschätzt. Schließlich wissen sie, daß ich Angst lindern kann. Und wenn Angst gelindert wird, verändert das oft den Strom der Ereignisse – der beispielsweise lebensrettend sein kann. So steht mein Dienst in keinster Weise dem Dienst der Schutzengel entgegen.

Ich selbst hatte im Jahre 2002 die Ehre, dich persönlich kennenzulernen, wobei es nach unserer „Begegnung" zu einem schweren Autounfall kam, der jedoch nicht – in unserer Sprache ausgedrückt – „tödlich" ausging. Dabei würde mich interessieren, wieso du mir erschienen bist, da es nicht zu einem physischen Wechsel in den feinstofflichen Zustand kam – sprich „Tod".

Wie bereits betont, ist mein Dienst ein Liebesdienst, der dem Menschen einen möglicherweise bevorstehenden Übergang erleichtern soll. Und ich prüfe im individuellen Fall, wie der Dienst ausgeführt werden kann. Bei einem Menschen, der das annehmen kann, kann dies eine Form der Umarmung sein. Dem Menschen, der dies nicht mag, werde ich nicht auf diese Weise begegnen.
Ich bekomme es übermittelt und empfange Impulse, daß das Verlassen des Körpers bevorstehen könnte. Bei vielen Ereignissen ist der Ausgang nicht sicher. In deinem Beispiel – hätte ich gewartet, wie der Unfall ausgeht – wäre es zu spät gewesen.

Deshalb kam ich schon vorher. Es ist wichtig, daß mein Besuch rechtzeitig stattfindet. Und dann ist der Ausgang oft nicht sicher. In dieser Zeit jetzt, in diesen Jahren, in denen ihr mehr und mehr solche Unterstützung braucht, komme ich – sagen wir einmal – relativ früh. Ich reagiere also nicht nur auf sogenannte „sichere Impulse“ des Übergangs.
Da ich letztendlich ein Engel der Heilung bin, will ich auch eure Erlebnisse nutzen, um Heilung zu verbreiten. Und meist sind es solche tiefgreifenden Einschnitte im Leben wie zum Beispiel ein Autounfall oder eine schwere Krankheit, durch die ich bei euch Aufmerksamkeit erhalte; also Ereignisse, die euch aus eurer Routine des Denkens und Fühlens herauskatapultieren.
Hat denn nicht der Unfall dich angeregt, mein Erscheinen wirklich zu registrieren, dich damit zu befassen, darüber nachzudenken? Ich nutze so etwas, da ich die Menschen berühren möchte. Ich bin nicht nur interessiert, daß ein Mensch in Frieden den Übergang erlebt, ich freue mich ebenso sehr, wenn ein Mensch im Körper bleibt, verändert, verwandelt und mit mehr Frieden im Herzen als vor dem Ereignis weiterlebt. Das Ereignis, den Körper zu verlassen, ist also für meine Arbeit ebenso wertvoll wie das Ereignis, bei dem das Verlassen des Körpers nur eine Möglichkeit dargestellt hat; auf jeden Fall aber eine wahrgenommene Möglichkeit. Darauf kommt es an.
Und du bist seit dem Unfall nicht mehr derselbe, das weißt du... Solche Veränderungen möchte ich unterstützen. So gesehen komme ich nie umsonst. Es braucht nicht das tatsächliche Verlassen des Körpers, um meinen Besuch zu rechtfertigen, auch wenn dies eine typisch menschliche Überlegung ist. Ich bin nicht sparsam mit meinen Diensten und gebe gerne.

Dennoch würde mich interessieren, wieso du mir dein Gesicht gezeigt hast – was sonst meines Wissens noch nie vorgekommen ist – und wieso du dabei gelächelt hast, bevor du mich umarmtest?

Es ist ein wärmender Hinweis gewesen; ein Hinweis, der in dir Veränderung verursachte. Ein wärmender Hinweis, ein Hinweis zu deinem Herzen, das an Erwärmung gewinnt. Es ist eine Weichenstellung, eine Weichenstellung deines Tuns, dich in höhere Sphären zu bewegen, des Überblicks wegen. Bislang hast du mit klarem Blick die Fehlentwicklung auf Erden erkannt und das, was die Menschen um dich herum machen. Nun wird es an dir sein, das „warum" zu erforschen; nicht warum die Menschen in ihrer Egozentrik Dinge tun – wie zum Beispiel das Ausspionieren, das Machtgehabe...
Warum sie dies tun, sollte wohl allen klar sein; selbst jetzt, wenn du das Radio hörst und plötzlich erfährst, daß die Bezahlung aller von einem kommt, der Wirtschaft, dem Geschehen selbst. Nun wirst du erlernen und erforschen können, warum dies so ist – im kosmischen Sinn.
So bin ich erschienen, um dir die Wärme des Herzens zu bringen, was bedeutet, daß ich die Seele mit Gotteskraft befüllt und beflügelt habe, um dich im Aufstieg zu wähnen. Dies war die Sache des Heilens, des Heilers, die ich beschrieb. Dies geschah, damit du weißt, daß es mich gibt, daß es mich *wirklich* gibt, und vor allem, damit du mit mir umgehen kannst – mich nicht als Todesboten zu sehen, sondern als Heiler, indem ich den Menschen, den Wesen helfe, zur Erde hinab zu inkarnieren und wieder zurück ins Licht – als Transformator.
Der Tod ist weder Teufel noch Greuel, der Tod ist die Geburt in neues Sein. Der Kontakt mit dir hatte zum Zweck, dir zu zeigen, wer ich bin. Dein Fall selbst, als es dich mit dem Auto

überschlug, geschah, um dir den Kopf zurechtzurücken. Doch war es auch, weil wir beide vereinbart haben, dir im irdischen Kleid das Wissen zu geben. Du hättest es erkennen können, doch da du es nicht hattest, kam es zum Übersturz. Da war dir dann klar, nicht *wer ich bin*, sondern *worum es geht*. Nimm es als Geburt neuen Bewußtseins – es war eine Sturzgeburt, weshalb du auch vor dem tiefen Fall aufgehalten wurdest *(wir wurden von einer Baumreihe am Hang vor weiterem Sturz bewahrt; Anm.d.Verf.)*, vor dem tiefen Fall der Seele aus dem Geschicke der Erde heraus.
Und daß ich dir ein menschliches Gesicht zeigte – ich habe ja gar kein Gesicht – war symbolisierend dafür, daß es sich bei unserer Begegnung um etwas anderes handelte, als es sonst bei meinem Auftreten der Fall ist. Denke an unsere Abmachung...!

Ist es möglich, daß wir uns nochmals begegnen, also nicht nur medialen Kontakt haben und du mir Bilder und Wissen eingibst, sondern so mit physischer Gestalt wie damals vor dem Unfall? Oder bedarf es immer eines todesähnlichen Ereignisses?

(lacht) Das ist nicht nur möglich, das ist sogar erforderlich. Jetzt aber wieder ernst... Das ist erforderlich. Beginne, mit mir zu sprechen, damit du mich zuerst im Kleinen hören kannst, bis es groß wird. Ich bin nicht der, den du meinst vor dir zu haben. Meine Struktur – mein Sein – ist viel weiter verzweigt. Ich bin eine Vernetzung für das Ganze. Mit dieser Aufgabe, die du übernommen hast, hast du eine große Bürde auf dich genommen. Irdisch gesehen mag es eine Auszeichnung sein, doch es ist eine Bürde, und du hast eine große Verantwortung dadurch.

Du wirst durch mich in die Vernetzung des Ganzen gelangen. Beginne, mit mir zu sprechen, da ich in der Lage bin – da ich auch Heiler bin –, die Netzstruktur deines Gehirns zu erweitern und andere Energiezentren der Hirnquelle aufzutun.

Was hältst du von dem Buchtitel: „Wer hat Angst vor`m schwarzen Mann...?"

(lacht) Nun, da muß ich zwar lachen, aber ich verstehe es – das ist die menschliche beziehungsweise weltliche Interpretation. Deshalb darfst du mich nun weiter befragen, damit die Menschen die Angst vor dem *schwarzen Mann* weiter verlieren...

Bei unserer damaligen Begegnung hattest du mir den Abtransport zweier Seelen gezeigt, die durch eine Art Lichttor gingen, einen Lichtstrudel, einen Lichtkreis oder Eingang in einen Lichttunnel und darin verschwanden. Was wolltest du mir damit zeigen?

Da du eine sehr erfahrene Seele bist und eine starke Medialität und Intuition in dir trägst – mitgebracht aus den vielen vorherigen Leben –, so dachte ich, daß es deiner Erinnerung etwas auf die Sprünge helfen würde, wenn ich dir zeige, wie ich arbeite und wie der sogenannte „Abruf" vonstatten geht.
Habe ich die Seele dem Körper entnommen, reiche ich sie dem Schutzengel weiter. Doch wir sind nicht alleine mit der Seele. Verwandte, die sich bereits in der feinstofflichen Welt aufhalten, sind ebenfalls mit dabei, und zugleich ist dann die Öffnung für das Geistige da, für die Heimat, für die Heimkehr. Dies wird der Seele als Licht gezeigt, auf das sie zuschreitet.

Die Seele geht durch einen sogenannten Lichttunnel, wie man bei euch sagt, und wandert geführt dem Licht zu.

Von vielen sogenannten Nahtoderlebnissen wird berichtet, daß die Seele durch einen Tunnel geht und dort auf ihre bereits verstorbenen Verwandten – die Seelenfamilie – trifft, welche die Seele bereits erwarten.

Die Angehörigen sind meist schon vorher da – sei es im Krankenhaus oder am Sterbebett, also dem Zimmer, in dem ein Mensch beziehungsweise dessen Seele abgerufen wird. Beide Parteien sind nun anwesend, die Abholenden – das sind der Schutzengel und ich sowie die Seelen bereits verstorbener Angehöriger desjenigen, den ich hole – und auf der anderen Seite sind diejenigen, die den Abschied erleben, die Familie des Sterbenden.
Diese Situation ist faszinierend, und eine wunderbare Schwingung befindet sich in so einem Zimmer. Einerseits haben wir hier die Freude derer, welche die Seele abholen, und auf der anderen Seite die Trauer – sieh hier die Polarität.
Und dieser Tunnel oder diese Schleuse oder wie auch immer du es nennen möchtest, ist ein Tor der Frequenz, durch welches die Seele auf die nächsthöhere Frequenzebene überwechselt. Ein Wissenschaftler der Erde würde dies wohl als ein Dimensionstor bezeichnen, doch ist es Licht.
Betrachten wir weiter den Gang der Seele: Die Seele habe ich aus dem Körper gelöst, und sie ist jetzt – je nachdem, welche Seelenverfassung sie hat – verwirrt, ängstlich, oder sie hat Wissen und ist erfreut, ihren Schutzengel und mich, den Engel der Wandlung, wiederzusehen. Hier sind die Verwandten, die zuvor die Ebene des Irdischen verlassen hatten, dienlich, da der Gestorbene in den Angehörigen einen energetischen Anker hat. Er ist mit diesen vertraut und sie ziehen ihn an. Dies hilft der Seele – vor allem bei einem schockartigen Tod wie bei-

spielsweise einem Unfall oder im Krieg –, sich des neuen Zustands bewußt zu werden.
So blickt die Seele dann auf den verlassenen Körper und sieht die Angehörigen, die Tränen, die Trauer und versucht zu trösten. Doch sie stellt fest, daß die Irdischen sie nicht hören und auch nicht sehen können.
Doch wisse: Es trösten auch der Schutzengel und der Engel der Wandlung mit, denn es ist eine heilige Handlung. Und wenn die Seele dann nach und nach vom Irdischen gelöst ist, so geht sie ganz durch die Schleuse hindurch – durch den Lichttunnel –, ganz in die Lichtsphäre.

Es ist also nicht nur symbolisch gemeint – manche eurer Psychologen versuchen, solche Berichte als Botschaften aus dem Unterbewußtsein zu erklären –, sondern es gibt diese Lichtschleuse tatsächlich. Sieh es, wie ich sagte, als eine Art Dimensionstor, eine Art Übergang von der einen in die andere Welt.
Es ist wie die Nabelschnur oder der Silberfaden, die Silberschnur, durch welche die Seele geführt wird. Sie sieht das Licht und weiß, daß sie in dieses Licht eintauchen darf.
Je nach der Bewußtseinsstufe der Seele kann sie noch eine Zeitlang erdgebunden sein und das Geschehen irdischen Tuns beobachten. Danach kommt eine Zeit der Ruhe, eine Regenerationszeit, damit die Seele zur Ruhe kommt. Aber immer hat die Seele den Lichtpunkt zu sehen. Es ist für sie auch eine Art der Orientierung – ähnlich einem Leuchtturm für Schiffe. Die Seele weiß: „*Da will ich hin, da wandere ich hin, da begebe ich mich hinein.*"
Doch vorher sind noch einige Regeln zu erfüllen, und dann kommt es wieder auf die Reife der jeweiligen Seele an, wie weit

sie noch erdgebunden ist oder ob sie darum bittet, weitergeführt zu werden.

Dies würde ich gerne noch etwas genauer ausgeführt haben. Die Seele kommt also sozusagen „im Himmel“ an und wird dort in Empfang genommen. Was geschieht dann? Es kommt die sogenannte Regenerationszeit. Könntest du dies bitte etwas genauer erklären?

Meist ist es so, daß die Seelen verständlicherweise bei ihren Verwandten bleiben wollen, und so sehen sie ihre eigene Beerdigung und Trauerfeier – mit oder ohne Freude, je nachdem, was sich dort vollzieht. Aber hier befindet sich immer der Schutzengel mit an der Seite der Seele, so auch ich, und wir sagen zu der Seele: „*Sieh es dir an...!*“
Ist der Prozeß des Abschieds vollzogen, so wird die Seele zu einer Ebene geleitet, die ich als *Halle der Regeneration* bezeichne, um es für deine Art der Vorstellung zu erleichtern. Dies ist der Ort der Regeneration.
Ich möchte mich dennoch an der Beschreibung dieses Ortes versuchen: Es ist keine Halle, doch unterscheidet sich diese Ebene durch ihre Energie, durch ihre Schwingung von der anderen Umgebung in der feinstofflichen Welt. Vergleiche dies mit einem Tanzpalast, der mit Leben und Klang durchflutet ist, und einem Raum der Stille – einer Bibliothek, einer Kirche, einem Saal des Silentiums. Es ist nicht der Baustoff, der die Räume unterscheidet, sondern die Atmosphäre, die in diesen herrscht. So in etwa wäre die Frequenzebene der Regeneration zu beschreiben – es ist eine Ebene der Ruhe und des Friedens.
Im Moment tue ich mich noch etwas schwer, mich in menschlichen Begriffen auszudrücken, doch im Laufe unserer Kom-

munikation werde ich besser mit euren Worten umzugehen wissen. So ist es manchmal auch schwer, etwas zu beschreiben, was ihr euch nur schwer vorstellen könnt *(beispielsweise jemandem, der nur den Schwarzweiß-Fernseher kennt, zu beschreiben, wie das Bild in Farbe aussieht; Anm.d.Verf.)*.
Auf dieser Regenerationsebene werden die Seelen sozusagen gebettet, sie gelangen in eine Ruheposition, so daß sie regenerieren können.
An dieser Stelle, zu diesem Zeitpunkt des Geschehens verlasse ich nun die Seele und entferne mich – meine Aufgabe ist erfüllt. Ein anderer Aspekt von mir ist mit der Umwandlung des Fleisches, das zurückblieb, beschäftigt.
Der Schutzengel jedoch bleibt an der Seite der Seele und verweilt bei ihr während der Regeneration, bis die Seele sich aus dieser wieder löst.

Nach der Regeneration haben die meisten Seelen das Verlangen, die Situation der Familie und des ehemaligen Umfeldes zu betrachten. Dies ist erlaubt, jedoch beginnt dann gleichzeitig, da der Schutzengel mit ihr ist, auch die Aufarbeitung des letzten gelebten Lebens. Der Prozeß der Aufarbeitung kann, je nachdem, wie bewußt das Leben gelebt wurde – aus irdischer Sicht –, Jahre dauern. Doch währenddessen darf die Seele immer wieder – du darfst dir jetzt nicht vorstellen, daß die Seele von nun an nur noch arbeitet und mit Vergangenem konfrontiert wird, nein –, sie darf in andere Daseinsebenen hineinblikken, andere Dimensionen und Existenzebenen. Sie darf reisen, geführt von ihrem Schutzengel. Sie kann in die verschiedensten Ebenen reisen, sie darf sich umsehen, sie darf dann wieder die irdische Ebene betrachten, darf ihre Verwandten trösten, dies steht ihr frei.

Sie ist eingebunden in ein wunderbares Gefüge, aber um die Aufarbeitung des letzten Lebens kommt die Seele nicht herum. Es wird ganz genau hingesehen, was gut und was weniger gut war, und die daraus resultierenden Erkenntnisse sind wiederum die Voraussetzung für ein neues Leben.
Möchtest du noch mehr wissen?

Ja, bitte. Angenommen, die Erfahrungen waren jetzt weniger schön, beispielsweise weil das Lebensziel nicht erreicht wurde – sich nicht der gewünschte berufliche Erfolg einstellte, man anderen Menschen weh tat, möglicherweise kriminell wurde oder Drogen verfiel... Wer entscheidet nun, wie es weitergeht?

Arbeitet die Seele ihr letztes Leben auf, so gibt es hier ein duales System. Auf der einen Seite sieht sie – jetzt drücke ich mich weltlich aus – wie einen Film ihren Lebensplan, also das, was sie sich für das Leben vorgenommen hatte. Und auf der anderen Seite sieht sie nochmals ihren tatsächlichen Lebensweg, also das, was sie im Leben wirklich umgesetzt und erreicht hat. Dann wird verglichen, inwieweit sie den Lebensplan erfüllte. Es gibt hier auch Deutungen und Beratungen mit anderen Geistwesen – das, was ihr Engel nennt; es gibt Auflösungsgespräche, bei denen beispielsweise zwei Seelen, die in einem Leben verfeindet waren, die sich Ungutes angetan haben und es zu Lebzeiten nicht lösen konnten, dann zusammentreffen und sich aussprechen.
Dies stelle dir aber nicht wie ein Tribunal vor oder ein Gericht. Nein, die beteiligten Seelen werden gebeten, zusammen mit Engeln die Situationen zu betrachten, und es wird versucht – ganz wichtig: versucht! –, die Konflikte zu lösen. Und was nicht aufgelöst werden kann – wie auch immer –, wird der Seele in einer neuen Inkarnation, in einem neuen Leben wieder

präsentiert, damit sie die Chance hat, den Lernprozeß nun zu vollziehen. Das ist aber keine Strafe – nein, nein! Das ist Auflösung von Karma. Und irgendwann löst sich die Bindung.

Des weiteren interessiert mich, ob die Seele mehrere Lebenswege oder Lebenspläne zur Auswahl hat. Anders ausgedrückt: Kann die Seele nur zu einem ganz bestimmten Elternpaar in einem bestimmten Land kommen, oder hat sie die Wahl zwischen verschiedenen Eltern und damit auch zwischen – zum Beispiel – drei oder vier verschiedenen Lebenswegen?

Die Frage ist berechtigt, doch möchte ich noch etwas ergänzen, was eventuell für dich wichtig sein könnte: Ich habe dir gerade das duale System der Lebenswegbetrachtung erläutert – auf der einen Seite ist der Lebensplan, den man sich vornimmt, und auf der anderen der Lebensweg, den man tatsächlich gegangen ist. Aber, während dieser Auflösungsarbeit werden der Seele auch andere Leben vorgeführt, eigene Leben, die aber Jahrhunderte oder Jahrtausende zurückliegen, und es wird verglichen, wie man in einer ähnlichen Situation in einem solchen anderen Leben reagiert hat oder mit einer Situation umgegangen ist. Und es wird betrachtet, wie die Seele mit dem damaligen Lebensplan umgegangen ist, wieviel sie davon verwirklicht hat.
Ich will versuchen, es verständlich auszudrücken: Sieh es wie einen irdischen Film. Es besteht die Möglichkeit, in andere Leben einzutauchen, sie nicht nur zu betrachten, sondern sich in die damaligen Situationen auch einzufühlen. Auf diese Weise sieht sich die Seele wie in einem Theaterstück, wie sie damals agiert und wie sie sich damals gefühlt hat. Daraus lernt die Seele wieder, so daß dann sogenannte Ur-Fehler Schritt für Schritt beseitigt werden können.

Nun möchte ich auf deine Frage nach der Auswahlmöglichkeit verschiedener Elternpaare wie auch unterschiedlicher Lebenswege für eine neue Inkarnation eingehen:
Es steht der Seele selbstverständlich frei, sich drei oder vier Leben anzuschauen und zu erwählen. Aber jede Seele hat schließlich die Aufgabe, alles, was menschliches Dasein ermöglicht, zu erleben – alles: das Niedere, das Höhere, das Bessere, das Schlechtere! So werden auch Leben gewählt, in denen die Seele dann in einen Körper mit Behinderung geht, um auch das Behindertsein kennenzulernen. Dies sind alles Prüfungsleben, die ausgesucht werden, und die Seele sagt sich: *„Dieses Leben hatte ich noch nie, und das möchte ich jetzt auch einmal leben, um meine ganze Seelenreife zu entfalten."*

Hier sind wir bei einer der wichtigsten Fragen überhaupt, die immer wieder die Menschen bewegt: Viele beklagen sich, daß sie als Kind solch schlechte Bedingungen hatten, ein primitives Elternhaus, Armut, mißhandelt worden sind... und schimpfen über Gott und fühlen sich ungerecht behandelt. Nach deinen Ausführungen eben ist es nun aber wohl so, daß sich jede Seele ihr Schicksal selbst aussucht – aus welchen Gründen auch immer.

So ist es – zur Bewährung; für ein Weiterkommen der jeweiligen Eltern; für die Seele selbst; für das, was in diesem Lebensplan steht... Und die Seele möchte auch einmal Bettler sein, und die Seele möchte auch einmal behindert sein. Die Seele weiß, daß sie auf dem Weg zur Vollkommenheit keine Erfahrung auslassen kann.
Sollte eine Seele in der von dir genannten Art und Weise klagen, so ist sie verdunkelt, sprich, sie hat vergessen – wer sie ist, wer sie war und wer sie sein wird. Deshalb klagt sie, sie klagt

an. Und im Klagen schwächt sie sich, und im Klagen verhindert sie den Wachstumsprozeß und mindert ihren Seelenreichtum. Diese Entscheidung treffe jedoch nicht ich, auch nicht der Schutzengel, es ist nur die Seele selbst dafür verantwortlich.
Du selbst hast auch schon geklagt, Jan... *(lacht)*

Aber nur verhalten... (lache auch)

Nun, aber daß du klagtest, war in deiner Situation stimulierend, denn indem du deine Klage in die geistige Welt, ins Universum gesandt hast, hast du auch die Antworten bekommen, die du in dein Leben integriertest. So hast du dein Klagen auch wieder beendet – du hattest eine Veränderung in deinem Leben vollzogen.
Du hattest gebeten, so hast du erhalten. Dies ist das Gesetz. Selten war es, daß du klagtest. Dies ist dir anzurechnen. Du hast dich nicht einem einseitigen Klagen hingegeben, wie dies Menschen oft tun und demzufolge nur noch ein Bündel aus Angst und Anklage sind; das ist nicht wünschenswert.

Aus Berichten von medialen Kindern habe ich erfahren, daß sich die Seelen dieser Kinder vor der Inkarnation bereits längere Zeit bei den Eltern aufgehalten hatten und diese sozusagen studierten, um sich schon an diese zu gewöhnen...

Das ist erlaubt, das ist möglich. Das heißt, die Seele, die jetzt zu einem Kinde wird – in einen Kinderleib schlüpft –, kann sich, wenn sie darum bittet, in dem Hause, in dem die zukünftigen Eltern leben, aufhalten und es sich ansehen und sich einfühlen.

Doch möchte ich hier in der Beschreibung noch etwas weiter gehen. Das Schöpfungsmuster ist äußerst fein gesponnen, was ich dir an einem Beispiel erläutern möchte. Stelle dir eine Seele vor, die kurz vor ihrer Wiederverkörperung steht und nun ein mögliches Elternpaar betrachtet. Angenommen, die Seele erkennt nun eine starke Lieblosigkeit der Eltern, da diese geistig erstarrt sind, so kann es sein, daß die Seele, die jetzt in den Leib der Mutter kommt, nur bis zur Geburt dort verweilt und sich dann wieder verabschiedet. Denn solange sie im Leib der Mutter ist, sendet die Seele des Kindes Liebe. Ob diese Seele sich nun entscheidet, bei der Mutter zu bleiben, gilt es abzuwarten. Doch kann die Seele, auch wenn sie nur eine Stunde in einem Körper gelebt hat, alles erfüllt haben, so als wäre sie dreißig Jahre bei den Eltern. Verstehst du? So fein ist das Leben gesponnen.

Unter sogenannten Reinkarnations-Experten oder -Forschern wird immer wieder diskutiert, ob die Seele beim Koitus in die Mutter eindringt oder erst bei der Geburt. Manche behaupten auch, sie würde sogar noch später in das Kind eintauchen.

Die Seele sieht sich ihr Leben an. Hier gilt es, chronologisch vorzugehen: Sie hat sich für das Leben entschieden – ob sie nun ihre Eltern zuvor besucht und studiert hat oder nicht. Sie hat entschieden, daß sie nun leben wird. So geht sie im Moment der Zeugung in den Leib der Mutter und ernährt und entwickelt sich. Jetzt hat sie das weltliche Terrain durch den Körper der Mutter betreten. Es mag durchaus Ausnahmen geben, wenn eine Situation es erfordert, da die Seele beispielsweise einen besonderen Auftrag hat oder die Familiensituation es verlangt. Doch im allgemeinen findet es in der genannten Weise statt.

Zuvor erhält die Seele vom Schutzengel den Abschiedssegen. Es ist dieser Segen, der gleichzeitig auch die Erinnerung auslöscht – für ein Leben lang. Das Vergessen ist Teil des Spiels, des Lebens-Spiels. Sie hat mit dem Schutzengel und mit mir gesprochen. Bei der Lebensplanung bin ich mit dabei und kenne somit auch den Zeitpunkt des künftigen Todes. Die Seele hat das ganze Leben betrachtet, den Lebensplan, und weiß, was auf sie zukommt.

Wieso vergessen die Seelen – von ein paar Menschen mit medialen Fähigkeiten einmal abgesehen –, woher sie kommen und vergessen die geistige Welt...

Ganz vergessen tun sie es nie. All das Wissen ist in die Seelen eingeprägt. Vor allem die Kinder haben in den ersten Jahren ihres Lebens noch viel Rückerinnerung an die Lichtwelt, doch können sie es den Erwachsenen nicht erklären – da sie sich in Worten noch nicht ausdrücken können.
Je älter ein Kind wird, desto mehr gleicht es sich der Schwingung der Materie, dem Weltlichen an. Die Seele verankert sich, verwurzelt sich nach und nach mit der Frequenz der Erde und verliert zunehmend das Wissen über das Feinstoffliche – Ausnahmen sind hier möglich. Nun ist die Seele im Leibe, und das weltliche Leben, die Aufgaben und Prüfungen, die Schulung beginnt.
Ein Erdenleben ist immer eine Prüfung. Vergessen tun sie die Lichtwelt doch nie ganz. Und in ihren Träumen und in ihren Phantasien ist bei den Menschen mehr, als ihnen bewußt ist. Aber du weißt es doch selbst: Die Menschen werden durch die Erziehung, die Lehrer, die politische Anschauung des Landes geprägt und mit begrenzenden Informationen gefüttert und geformt.

So kommt es, daß die Seele so etwas wie einen großen Vorhang vor sich hat, bezogen auf die geistige Welt. Sie kann sie nicht sehen. Doch durch die Nabelschnur der Seele, die Silberschnur, besteht eine Verbindung zum Körper. Sie ist die Verbindungsschnur von der Seele zum Körper. Auf diese Weise wird der Mensch, sollte er auch in großer Not sein, immer eine Verbindung zum Geistigen haben.
Was tut der Mensch, wenn er in Not ist? Gebetet hat er bisher nie. Nun ist er in Not. Er schreit zu Gott, er schreit und will die Hilfe, und siehe, in dem Moment ist er dem Geistigen wieder ganz nahe.
Hast du nicht selbst bereits vernommen und miterlebt, wie ein sogenannter Mensch ohne Glauben sich in einer schwierigen Lebenssituation plötzlich seines geistigen Ursprungs wieder bewußter wurde? Mit einbezogen sind hier auch Menschen, die gänzlich dem Fleische frönen, die der Materie anhaften.
Auch solche höre ich nach einem Unfall sagen: „*Da hatte ich aber einen guten Schutzengel...!*"

So ist es...

Sicherlich, mancher mag nun behaupten, dies sei nur eine Phrase, aber nein, es ist das tiefste Innerste, das die Seele gespürt hat. Die Seele spürte, daß da etwas ist, etwas Unsichtbares, das jedoch Wärme, Liebe und Zuversicht ausstrahlt. In diesem Moment hat die Seele, hat der betreffende Mensch das Universum gespürt und die unendliche göttliche Energie – und die Engel... So weiß auch der Ungläubigste in seinem Inneren: „*Hier ist die Hilfe zu finden, wenn ich in Not bin.*"

Auf die von dir erwähnte „Silberschnur" möchte ich nachher noch näher eingehen. Zuvor interessiert mich, was bei einem Kindstod geschieht.

Die Seele will heim. Sie hat ihre Aufgabe erfüllt und geht heim.

Kurz und schmerzlos...

Natürlich. Dann wird gerätselt, was die Ursache hierfür gewesen ist, ob die Organe möglicherweise nicht in Ordnung waren... So kommt der Arzt und untersucht... Dies ist alles in Ordnung, das ist alles weltliches Gehabe.
Aber die Seele geht wieder, weil sie das Weltliche erfüllt hat; oder – und nun kommt das nächste: Sie fühlt sich nicht wohl, weil sie spürt, daß sie nicht das Licht setzen kann, das sie sich vorgenommen hat, und bittet darum, wieder heim kommen zu dürfen, um neu zu entscheiden.
Sieh es nicht als Bestrafung der Eltern, so ist es nicht. Womöglich haben diese neu entschieden, sind behaftet mit dem Gedanken der Trennung, sind im Streit. Dies mögen Gründe sein. So besteht auch die Möglichkeit, daß die Eltern nicht lernen, sich nicht entwickeln wollten. Auch dies mag ein Grund sein, daß die Seele wieder geht.
Vielleicht war das Paar unreif, und die Seele sagt: *„Ich habe noch andere Aufgaben"*, und dann bittet sie um den Heimgang und bekommt ihn auch.

Wie ist es denn im Fall einer Abtreibung – auch ein brisantes Thema. Es gibt Länder, in denen wird es befürwortet, in anderen ist es dem Mord an einem Erwachsenen gleichgestellt.

Siehe, solange die Welt besteht und Frauen befruchtet wurden, war dies ein Problem – ein sehr, sehr schweres. Und die Kör-

per der Frauen wurden von den Männern auch oft sehr ausgebeutet. Ich spreche jetzt von Ländern, in denen die Frau keine Ehre hatte – und heute auch noch nicht hat. Immer wieder wurden solche Frauen befruchtet, doch wollten sie nicht immer ein Kind gebären. „*Nicht schon wieder*", sagten sie. Und deshalb schicken eben solche Frauen die Frucht des Leibes wieder zurück. Wenn sie es in Liebe tun, zur Ehre der Frucht des Leibes und sich entschuldigen und auch beten, daß es im Einklang ist – einerseits für die Seele des Kindes wie auch für das Gewissen der Frau –, dann ist dies nichts Ungutes.
Doch besteht hier ein Unterschied im Vergleich mit der heutigen Zeit und deiner Kultur, in welcher das Weibliche einen besseren Stand hat. Hier ist es nun möglich, die Befruchtung zu verhindern. Dann sollte das getan werden. Wenn die Möglichkeit des Verhütens besteht, dann sollte wohl überlegt sein, wieso die Seele zurückgeschickt wird. Was ist geschehen?

Ich denke, es ist wie alles im Leben mit dem richtigen Maß zu gebrauchen – vor allem ist der Beweggrund ausschlaggebend.

Es ist das Maß, und es ist der Grund. Nimm eine sehr leichtsinnige Frau, die womöglich jedes Jahr die Frucht empfängt, doch nichts dagegen unternimmt – es nicht verhütet. Und sie sagt sich: „*Ach, dann schicke ich sie einfach alle wieder heim*" – sie wird vielleicht andere und primitive Worte wählen. Das ist natürlich nicht gut, denn sie handelt in einer unverantwortlichen Weise an Körper, Geist und Seele – an *ihrem* Körper und an dem des kommenden Kindes – und handelt damit nicht richtig.
Sie achtet und schätzt das Leben nicht.

Was ist mit Frauen, die mißhandelt oder vergewaltigt worden sind?

Die dürfen es wieder nach Hause schicken.
Aber – jetzt kommt das nächste: Weißt du, dies ist ein Thema, welches weit auszubauen wäre. Nehmen wir an, eine Frau wurde mit Gewalt genommen. Doch jetzt hat sich in ihrem Körper ein sogenanntes Lichtwesen angesiedelt – eine Seele hoher Frequenz –, und die Frau wird es womöglich behalten, obwohl die Umstände der Zeugung schrecklich waren. Sie wird spüren, daß eine besondere Seele in sie geschlüpft ist. Siehst du, hier kommt es wieder auf die Seelenart und das Bewußtsein der Mutter an, wie sie schließlich entscheidet und handelt. Erkennst du, wie schwierig das ist?
Selbst aus einer Vergewaltigung, einer schrecklichen Tat, kann ein Lichtwesen entstehen. Das hat nun nichts mit dem Mann zu tun und seiner Untat, nein, das hat damit zu tun, daß gerade ein Lichtwesen zur Erde geschickt worden ist. Aber wie in solch einem speziellen Fall entschieden wird und welche Seele zu welcher Mutter kommt, liegt nicht in meinem Ermessen – es sind die Seelen selbst, die dies entscheiden in der unendlichen göttlichen Energie.
Es ist immer die Mutter, die entscheidet. Sie ist nach der Tat mit den Gedanken alleine und kann sehr leiden. Sie sollte bewußt entscheiden und immer mit der Seele des Kindes sprechen.

Dieses Thema ist weit gefächert und nicht ohne Problematik – je nach Anschauung der jeweiligen Mutter und der Situation im Land der Mutter –, ob religiös oder politisch.

Wo bringt der Schutzengel die Seele hin, nachdem du sie ihm übergeben hast?

Zuvor berichtete ich, daß sich die Seele zuerst einmal mit den Verwandten und sonstigen weltlichen Gedanken auseinandersetzt, auch manchmal noch entsetzt ist, wenn es ein sehr schneller oder plötzlicher Tod war, wie bei einem Unfall beispielsweise. Gewöhnlich ist die Seele bei den Trauerfeierlichkeiten dabei – es gibt hier sehr viele Variationen. Schwieriger ist es für eine Seele, bei der Beerdigung mit dabei zu sein, wenn der Körper auf einem Schlachtfeld stirbt und nicht identifiziert werden kann, da sich die Seele manchmal nicht gleich zurechtfindet: So ist es auch, wenn der Körper mit einem Schiff untergeht oder man diesen einfach nie findet – beispielsweise auch, sollte ein Mensch durch eine Bombe getötet worden sein. Aber das hat nichts zu sagen – der Körper hat sich dann eben aufgelöst. Die Seele sucht dann die nahen, die nächsten Verwandten auf und will sich dann mitteilen.

Dies ist gewöhnlicherweise das Ende des vergangenen Lebens. Doch wird dann immer mehr der Schutzengel die führende Hand übernehmen, und es beginnt die sogenannte Regeneration, die jede Seele mehr oder weniger lang absolviert.

Danach kommt, wie bereits erwähnt, die Aufarbeitung des Lebens. Natürlich gibt es auch Seelen störrischer Natur, die noch auf der Erde bleiben wollen. Diese können lange erdgebunden sein und werden von Menschen oft als Geister wahrgenommen. Diese Seelen werden immer wieder aufgefordert, die höheren Ebenen zu betreten, wie in einer Schule, in welcher der Lehrer kommt und sagt: „*Wir gehen in die nächste Klasse!*“

Es kann auch manche Seele sitzenbleiben. Vorläufig natürlich... Es gibt hier klare Gesetze, und die werden befolgt.

Wie kannst du die Menschen auf den Tod vorbereiten?

Ich erwähnte bereits, daß ich bei ihnen stehe, doch ich tue mehr als das. Ich schlüpfe sozusagen ein bißchen in sie hinein oder schmiege mich an sie und vermittle ihnen ein Gefühl der Sehnsucht nach dem geistigen Zuhause. Ich wecke und stimuliere in ihnen das Gefühl, daß die Zeit reif ist, loszulassen. Ich lasse sie auch traurig werden; stimuliere sie, sich dem Gefühl hinzugeben, wie es ist zu sterben; lasse sie zurückblicken in ihr Leben, die Erlebnisse noch einmal betrachten und steigere immer mehr das Gefühl, die physische Welt verlassen zu wollen.

Hast du als Engel des Wandels oder hat beispielsweise ein Schutzengel jemals Fragen, oder weißt du alles?

Ich bin bei der Planung des Lebens dabei und kenne daher die Lebenspläne der Seelen.

Das heißt, du siehst das zukünftige Leben der Seele im Menschenkörper wie eine Art Film, eine Vision ablaufen?

Ja, so ähnlich.

Kam es schon einmal vor, daß du aus Versehen eine Seele zum falschen Zeitpunkt abgeholt hast?

Nein, das ist menschliche Interpretation.

Hast du Gefühle?

Ich liebe dich doch! Also habe ich auch Gefühle. Du kannst zornig auf mich sein – und ich liebe dich trotzdem!

Angenommen ein Mensch begeht einen Mord oder er wird ermordet... Empfindest du etwas dabei?

Was immer sich vollzieht, ist es an mir, nicht nur die Tat zu sehen. So sehe ich den Mensch – Täter oder Opfer – in der Unendlichkeit der Seele. Du siehst es menschlich – ich sehe es anders. Du magst meinen, daß ich mich mit Grausen abwende, womöglich zusammen mit dem Schutzengel, sollte es zu einem Verbrechen gekommen sein – womöglich an einem Kinde? Das ist nicht richtig.
Als Wesen außerhalb irdischer Verflechtungen tausender Inkarnationen einzelner Seelen stehe ich hier mit Abstand zur Seite. Die Art des Todes hat die Seele gewählt, nicht ich. So werte ich hier nicht.
Schön ist es nicht, wenn ein Mensch durch Gewalt zu Tode kommt, aber der Schutzengel und ich sehen das aus einer anderen Perspektive – wir sehen die Globalität einer Seele, die Unendlichkeit ihrer Existenz.

Du wurdest und wirst von Menschen weltweit gesehen...

Aber leider immer in der Interpretation des Sensenmannes...

Wieso erscheinst du in dieser Gestalt?

Durch die verschiedenen Arten des Bewußtseins der Menschen hat natürlich der Tod auch vielerlei Gestalten. So erscheine ich dem betreffenden Menschen in der Form, die er am besten verstehen kann – ist es ein Indianer, so komme ich vielleicht als schwarzer Vogel; bei deinen Vorfahren kam ich auch als Krähe oder als schwarze Frau.

Wieso? Da ich den Inhalt der Köpfe der Menschen kenne und daher weiß, was sie mit dem Tod verbinden, nehme ich eine Form an, die der betreffende Mensch mit dem Tod – mit *seinem* Tod – in Verbindung bringt. Und da das Bild des Sensenmannes oder einer Gestalt in schwarzer Kluft bei vielen im Unterbewußtsein mit dem Begriff „Tod“ verknüpft ist, übernehme ich diesen Gedanken und nehme diese Gestalt an. Maßgeblich und von Bedeutung ist die Botschaft, die ich bringe, nämlich, daß es daran geht, die Erde wieder zu verlassen.
Nochmals: Ich nehme die Form an, die der betreffende Mensch mit mir in Verbindung bringt. Heute sehen die meisten Menschen den Tod als Skelett oder schwarzen Mann, so zeige ich mich als schwarzer Mann. Wird der Tod des Fleisches in eintausend Jahren als grüner Zwerg angesehen, so erscheine ich als dieser. Es geht um die Botschaft und darum, daß der Mensch weiß, woran er ist – nicht um mein Aussehen.

Aber wieso gerade Schwarz?

Ich erscheine deshalb in Schwarz, weil Schwarz das Ende der Form andeutet. Die Form ist der physische Leib, in dem die Seele verweilt. Da das Ende dieses Leibes ansteht, so ist Schwarz passend.
Es ist mir jedoch nicht entgangen, daß dieses Erscheinen in Schwarz gerne mißverstanden wird, aber es hat keinen Sinn, dir als andere Erscheinung entgegen zu kommen. Umgekehrt ist es notwendig, das Ende der Form zu verstehen und zu umarmen.
Wenn ich eine Seele aus der Materie hole, muß ich mich verdichten und erscheine so eher dunkel. Wenn ich beim Eindringen der Seele vermittle, erscheine ich heller.

Wie du meinen bisherigen Worten entnehmen kannst, geht es um Heilung. Mir ist auch klar, daß sich ein Mensch aus deiner Region der Erde jemanden, der zur Heilung kommt, lieber anders vorstellen würde: in Weiß, in Gold oder wie auch immer. Aber das sind menschliche Identifikationen mit Farbe. Und eine schlichte schwarze Gestalt deutet an, daß die Form hinter sich gelassen wird. Das heißt, eine schlichte schwarze Gestalt ist momentan der passende Bote für Erlösung, weil es um die Erlösung von der Form geht. Gewöhnlich seid ihr viel zu beschäftigt, euch andere, neue Formen vorzustellen. Dabei geht es bei dem Übergang erst einmal darum, etwas hinter sich zu lassen und sich zu entspannen, in diese Lücke zu treten und die Pause zu genießen. Es ist wichtig, daß ihr Menschen lernt, die schlichte schwarze Form in dieser Hinsicht zu verstehen und zu begrüßen. Schon dadurch wird vieles leichter.
Nun sind da andere, die mit der schwarzen Form gearbeitet haben und es noch tun und die daran interessiert waren und daran interessiert sind, daß der Mensch Angst hat. Der Zweck ist hier, daß sich der Mensch aus Angst abhängig fühlt, von der Welt der Form und von scheinbaren Sicherheiten, die dort gegen einen hohen Preis geboten werden. Dies ist ein Kapitel für sich, das zu gegebener Zeit Beachtung erfordert und dennoch nur von minderer Bedeutung ist. Wer einmal die Erlösung von der Form angenommen und verstanden hat, unterliegt tendenziell nicht mehr solchen Strategien.
Lerne also, dich ganz auf dein Empfinden einzustellen und dich nicht ablenken zu lassen von denen, die Formen erfinden, um dich abzulenken. Dazu möchte ich jedesmal einladen, wenn ich einen Menschen besuche, und ebenso jetzt, wenn wir sprechen. Es ist niemals etwas anderes als eine Einladung in Liebe.

Apropos Liebe – hast du eine Lieblingsfarbe?

Du bist vielleicht lustig... In der feinstofflichen Welt gibt es viele Bereiche, auch solche schöner Farben – je nachdem, wo die Seele sich befindet und welches Bewußtsein sie hat. Es gibt Bereiche mit viel schöneren Farben als auf der Erde. Jetzt staunst du... *(lacht)* Und diese Farben sind vom prallen Rot bis zum lichten Rot, vom prallen Gelb bis zum lichten... Sie sind miteinander verbunden und ergeben eine wunderbare Symbiose mit Farben, die im Irdischen nicht bekannt sind. Somit sind diese Farben in einer wunderbaren, phantasievollen Zusammengehörigkeit. Die Nuancen verschwinden, sie kommen, sie leuchten, und das in einer ganz anderen Farbintensität.
Und siehe, nehmen wir den Regenbogen, stelle ihn dir vor, wie die Farben ineinander zerfließen, noch intensiver; oder wieder noch zarter. So in etwa magst du dir das vorstellen. Jetzt frage aber nicht, welchen Anzug ich anziehe.

Na ja, es hätte ja sein können, daß du Schwarz bevorzugst...

Nein, ich trage kein Schwarz *(lacht)*. Jetzt stellst du mir eine Falle – aber ich passe auf. Ich bin ein Geistwesen und kann jede Farbe annehmen, die ich will. Doch ich zeige mich in eurem Kulturkreis in Schwarz, da es hier die Farbe der Auflösung ist und die Unendlichkeit symbolisiert – das Endlose.

In meinem Fall bist du mir im Traum erschienen. Es gibt aber auch Berichte, daß du bei Personen am hellichten Tag am Bett standest, daß du an die Türe geklopft hast oder ums Haus gelaufen bist. Von Thomas Kovacs aus Wien bekam ich vor kurzem einen Brief, in dem er folgendes Ereignis schildert:

„Lieber Jan, heute erfuhr ich, daß du an einem neuen Buch über den Tod – also Freund Hein – schreibst, wobei ich dir zwei Erlebnisse meinerseits mitteilen möchte. Vielleicht helfen sie dir ja ein wenig weiter.
Das erste liegt jetzt zirka fünf Jahre zurück. Ich wohne in einem alten Wiener Biedermeierhaus, das einen geschlossenen Innenhof hat, und verschiedene Wohnungen sind nur über sogenannte Laubengänge von außen zu betreten. Ich lag eines Nachts bei offenem Fenster im Bett – es war stockfinster –, als ich plötzlich Schritte vom Laubengang gegenüber vernahm und jemand an eine Tür klopfte. Mir war das unheimlich, da ich das normalerweise aufgrund der Distanz nicht so laut hören dürfte. So hörte ich auch, wie die Frau in der Wohnung, an deren Tür geklopft worden ist, fragte: „Wer ist da?", und der Klopfende sagte: „Der Tod!"
Da ich mir nicht sicher war, ob ich geträumt hatte, richtete ich mich auf, setzte mich in meinen Rollstuhl, fuhr zum Fenster und hörte dieselben Schritte, wie sie sich von der Wohnung wieder entfernten.
Am nächsten Tag erfuhr ich dann, daß die Bewohnerin von Nr. 10 an einem Herzinfarkt verstorben war.
Das zweite Erlebnis war im letzten Jahr – auch wieder hier im Haus –, als mich eine Nachbarin mitten in der Nacht anrief und fragte, ob sie kurz vorbeikommen dürfte. Sie hatte sich deshalb an mich gewandt – das muß ich kurz zum besseren Verständnis bemerken –, da ich hier im Haus so eine Art Pförtner und Kummerkasten bin. Als ich der Frau öffnete, stand sie kreidebleich vor der Tür und zitterte am ganzen Leib. Nachdem ich sie hereingebeten hatte, erzählte sie mir, daß sie gerade ins Haus kam und den Lift besteigen wollte, als sie plötzlich schlurfende Schritte die Treppe herunterkommen hörte. Neugierig, wie Frauen nun mal sind, wartete sie, wer denn die Treppe herunterkam und erblickte den Tod mit schwarzem Mantel, Kapuze und Sense, der sie keines Blickes würdigte und durch die

geschlossene Türe verschwand. Auch in dieser Nacht ist eine Frau in unserem Haus gestorben."

Meine Frage an dich: Bist du in der Lage, dich in gewissen Fällen zu materialisieren, also feststofflich zu werden?

Ich bin in der Lage, mich zu manifestieren. Das ist ein Unterschied. Für dich ist es Materie, Materialisation. Pauschal gesagt kann ich in die Schwingung der Materie eintreten. Hierzu benutze ich die Kraft derer, denen ich erscheine. Das bedeutet, daß ich in die Schwingung der Materie einkehre und mich manifestiere; das kann ich mit den äußersten Elementen meines Seins. Doch es ist für mich nicht gut, da ich die Art und Weise, wie ich auftrete, selbst wählen kann. Nicht gut heißt, es ist das äußerste Tun meines Könnens, da ich hier am weitesten von der Gotteskraft entfernt bin. Das möchte ich nicht oft tun, da es mich anstrengt und ein wenig vom Gotteskern entfernt.
Nicht, daß es nicht gut ist, es ist einfach nicht notwendig. Doch manchmal ist es zu tun, da es dem Glaubensbild desjenigen entspricht, dem ich erscheine.
Das Klopfen selbst ist einfach, da ich den Knall für euch Menschen in der Luft erzeuge. Es ist eine sich reibende Schwingungsfrequenz. Das kann beispielsweise die schwingende Materie des Holzes sein, welche ich in Unruhe versetze. Auf diese Weise kann der Knall für das Gehör sehr deutlich sein. Hier nutze ich auch das Gehör, die Hörfrequenz dessen, dem er gilt, so daß es möglich ist, daß nicht ein jeder alles hört.

Ist diese Aufgabe, die du jetzt ausübst, das einzige, was du tust, oder hast du zuvor eine andere Tätigkeit als das Transformieren vollzogen? Oder vielleicht danach?

Ich bin in die Rolle des Jetzt und des Seins aufgestiegen. Ich bin eine rollierende Energie, das heißt, daß ich selbst im Aufstieg bin. Im Moment ist dies *das* Tun. Es ist meine Aufgabe. Da ich mit den Seelen arbeite, bin ich in der Lage, mich aufzuteilen, das heißt selbst seelisch zu sein. Wenn eine Seele nicht gehen möchte, bin ich bei ihr und leiste Beistand, um Arm in Arm zu gehen. Ich selbst bin in diese Rolle – was den seelischen Aspekt betrifft – hineingewachsen. Das andere ist der höhere Aspekt, da bin ich berufen. Das Göttliche hat mich geschaffen, gekommen bin ich durch die Engelschaft.

Bist du manchmal ungeduldig – so wie ich?

Nein! Die Ungeduld ist eines der Themen, an denen du noch zu arbeiten hast. Höre auf zu rennen, du hast noch vieles zu leben und noch vieles zu tun. Also würde dir so ein kleines bißchen Geduld und Toleranz ganz gut stehen.

Nicht jeder Mensch, der stirbt, sieht dich – dies geschieht nur manchmal. Warum ist das so?

Das ist nicht ganz korrekt. Zwar sieht mich nicht jeder Mensch als *Sensenmann*, doch bekommt jeder Mensch, jede Seele, ein Zeichen, daß es bald soweit ist. Der eine nimmt es als Synchronizität wahr, beispielsweise, daß die Menschen in seinem Umfeld nur noch über den Tod reden, ein anderer fühlt es in sich. Manche Menschen haben das Gefühl, diesen oder jenen Flug nicht nehmen zu sollen und das Flugzeug stürzt dann ab...
Es ist überwiegend das Gefühl, welches der Mensch verspürt, denn wie ich bereits erklärte, komme ich bereits Tage, manchmal Wochen zuvor an die Seite eines Menschen und schmiege

mich an ihn. Teilweise bleibe ich auch ganz bei ihm – also immer meine Teilaspekte, die Fragmente – und flöße ihm Gedanken und Gefühle in Richtung des Todes ein. Wenn der Zeitpunkt gekommen ist, dann ist es zu vollziehen. Und die Seele weiß das, nur der Mensch meistens nicht.
Es gab und gibt immer noch Völker auf diesem Planeten, die sehr mit der Natur verbunden sind und fühlen, wann ich mich zu ihnen geselle. So setzten und setzen sich solche Menschen dann hin, sie ziehen sich zurück und verabschieden sich zuvor von ihren Familien, bevor ich meine Tätigkeit an ihnen begehe. Das ist der eigentliche Vorgang, wie es sich gehört. Aber auch ich muß umlernen *(lacht)*, doch ich bin sehr kreativ...

So ist es vom Bewußtsein des Menschen abhängig, ob und wie er mich beziehungsweise seinen nahenden Tod wahrnimmt.

Nehmen wir jetzt als Beispiel doch einmal ein Krankenzimmer; hier befindet sich ein Mensch, den ich gerufen habe. Der Mensch hat Wahrnehmungen, er sieht und er spürt, daß da etwas ist. Das ist richtig. Er spürt zum Beispiel, daß sein Schutzengel bei ihm ist. Erinnere dich, auch du kennst Berichte von Sterbenden, die schon Tage vor dem physischen Tod sagten, daß sie etwas sehen – ein Licht oder Verwandte, die bereits verstorben sind. Und der Sterbende spürt, daß diese Verwandten bei ihm sind – seine Ahnen, wie ihr sagt.

Das Zimmer ist mit Wesen gefüllt, die jetzt diesen Menschen abholen. Und darunter ist liebevoll der *Engel des Wandels* – bin ich. Genauer gesagt stehe ich ganz nahe bei ihm...
Deswegen lächeln oft diejenigen, die dem Tod nahe sind. Hierzu kannst du Krankenschwestern oder Ärzte befragen oder andere Menschen, die das schon miterlebt haben. Oft lä-

chelt der Todkranke, schaut in eine Ecke des Zimmers oder deutet irgendwohin oder sagt auch mal Worte, die nicht zu verstehen sind. Er ist eben schon etwas in meiner Welt.
Stelle es dir bildlich vor: Da ist die Prozession der Abholenden, ich vorne dran, und auf der anderen Seite sind die Ärzte, die zu retten versuchen oder die weinenden Verwandten. Siehst du, wie nah Ankunft und Abschied beieinander liegen?

Woher weißt du, daß eine Seele abzuholen ist? Gibt es einen Schöpfungsplan, einen göttlichen Bauplan, der sich bis in die kleinsten Elemente zieht und dir das vorgibt? Woher weißt du, daß du bei Person XY, die jetzt sterben wird, zu sein hast?

Da es so ist. Diese Dinge laufen über das Bewußtsein ab. So gesehen kann man – ich versuche mich verständlich auszudrücken –, von einer Struktur sprechen, wie du es nennst von einer *Matrix*, in der bis in kleinste Bausteine hinein der göttliche Schöpferplan enthalten ist. So ist in einer jeden Zelle des Seins im Kleinen das Große. Es wird ausgestrahlt. Es wird nicht erahnt, es wird nicht erfühlt, es wird gewußt. Dann, wenn die Energiequellen des Körpers auf Null sind, komme ich, damit sie nicht kippen.
So gesehen gibt es im weitesten Sinne einen Schöpferplan. Für das Gesamte ist es der Plan der Schöpfung, doch für die Strekke, die du nun meinst, kann man sagen, daß es eine Struktur, eine Matrix ist. Ich weiß dann, wenn die Zeit da ist, daß sich hier eine Seele befindet, die aus dem Körper gelöst werden soll. Das bedeutet, der Geist meldet mittels der Seele, daß es Zeit ist. Dann komme ich auf den Plan. Es ist keine Automatik, ein Kommen und Gehen, sondern der Geist meldet der Seele, daß der Lebensplan erfüllt und das Geschehen zu beenden ist. Das wird meist beim Eintritt in das Leben bestimmt oder pro-

grammiert. Da es programmiert und bestimmt ist, sind auch kaum Abweichungen möglich. Kleine Abweichungen vielleicht. „Kleine Abweichungen“ bedeutet, daß es unter Umständen zu kleinen Verlängerungen oder Verkürzungen kommen kann. Doch in der Fülle des Ganzen wird es immer gleiche Ergebnisse in der Gewichtung geben. Das heißt, die Schöpfung erfüllt sich selbst.
Das ist für das menschliche Gehirn nahezu nicht zu verstehen, da es außerhalb der dimensional-irdischen Denkweise liegt.
Gehe davon aus, daß es irdisch gesehen eine göttliche Schöpfung gibt, die wie in einem Raster vorgeschrieben ist. Wenn die Zeit reif ist, beginne ich zu wirken. Dieser Zeitpunkt ist erreicht, wenn das zu erfüllende Lebenspensum, das man sich für die Inkarnation gewählt hat, erfüllt ist.
Wenn dieses Volumen gefüllt ist, helfe ich der Seele, mit Hilfe des Geistes aus dem Körper zu gehen. Man kann sagen, daß mit dem Eintritt in das Leben der Austritt bestimmt ist.
So ist es zweidimensional gesehen. Doch ich arbeite nicht zweidimensional. Für mich und das Abholen der Seele ist es nicht wichtig, ob der Mensch die programmierten 80 Jahre erreicht hat, sondern, ob er das, was er sich vorgenommen hatte, erfüllte. Daher kann es sein, daß der Mensch die Prüfungen und Erfahrungen, die er machen wollte, bereits im Alter von 79 gemacht hat. Dann kann ich ihn früher holen. Sollte es im Leben des Menschen jedoch zu kleinen Umwegen gekommen sein, ist es möglich, daß aus der programmierten 80 eine 83 wird, da die 80 nicht ausreicht. Es geht nicht um das von A nach B, sondern um die Erfahrung zwischen A und B.
Zum einen ist es also die Anzahl der Jahre, die in der Vorbestimmung liegen – vergleiche dies mit dem gefüllten Zustand einer Batterie –, und zum anderen ist es die Erfüllung dessen,

weshalb du hier bist. Deshalb ist es nicht immer gesagt, daß ich zu kommen habe, wenn das geplante Alter erreicht ist. Dies mag früher, dies mag etwas später sein, das sind die kleinen Abweichungen. Ich erkenne, ob die Batterie leer ist. Ich muß sie nicht neu befüllen, sondern ich hole die Seele zurück, damit sie sich selbst neu füllt. Und ich erkenne dann, wenn im Schwerpunkt einer Inkarnation die Erfüllung einer Aufgabe gewollt ist, wann diese Aufgabe erfüllt ist. Denn ist der „Wassertopf" der Erfüllung gefüllt, werde ich kommen und dich holen, da nicht mehr in den „Topf" hineingeht.
Und dies ist oft der Streit zwischen uns – zwischen der Seele, die ich hole, und mir.
Stelle dir beispielsweise einen geschäftigen Forscher vor – einen wie dich *(lacht)* –, der von einem Punkt zum andern rast, um seine Aufgaben zu erfüllen, und selbst im hohen Alter noch wühlt und tut. Wenn seine Aufgabe erfüllt ist, komme ich und hole ihn, da das Volumen erfüllt ist. Hier gibt es oft Widerstand. Hier gibt es oft den Streit, daß die Seele sagt: *„Nein, ich möchte weiterleben."* Doch wenn es im Plan ist, eine Aufgabe zu erfüllen, komme ich dann, wenn die Aufgabe erfüllt ist, widerspruchslos.
So gibt es Verlängerungen im Zeitgeschehen, und es gibt die Erfüllung der Aufgabe, und zwar dann, wenn ich in Erscheinung trete.

Was ist somit der Plan der Schöpferkraft?

Das ist etwas Leichtes, da es in einem Satz zu sagen ist. Das Göttliche ist aus sich gegangen und ist auf dem Weg zurück.
Die Gottheit selbst war in sich. Durch das, was ihr den Urknall nennt, begann die Gottheit, aus sich zu sein.

Wenn eine Seele wieder inkarniert, ist sie dabei gezwungen zeitlich linear zu inkarnieren, sprich von der Gegenwart aus in die Zukunft (zum Beispiel verließ die Seele einen Körper im Jahre 2000 und wird im irdischen 2006 wiedergeboren) oder kann sie beispielsweise auch im Jahr 6.000 vor Christus oder in der Zeit Jesu geboren werden?

Das wird kaum ein Mensch verstehen, da der Mensch linear denkt. Der Mensch denkt bergauf. Das heißt, die Abfolge irdischer Zeit ist eine Abfolge von aufsteigenden Ziffern. Das menschliche Gehirn wird kaum verstehen, zurückinkarnieren zu können. Das Kosmische sehr wohl. So gibt es im weitesten Sinn – und dies ist schwierig zu erklären – Zeitkreise; Kreise, die in sich geschlossen sind. So frage dich: „*Wo beginnst du im Kreis zu gehen, wo beginnt der Kreis?*"
Um die Unendlichkeit zu beschreiben, könnte man sagen, daß Gott in sich eine Geschlossenheit darstellt, eine in sich rührende Vibration. Deshalb ist für euch Menschen die Unendlichkeit in der Zahl Acht dargestellt, und da es die Acht ist, so nimm *die* Leben und niemals *das* Leben. Sieh die Leben als eine acht, wie die Achterbahn eines Rummelplatzes. Wo fängst du an, wo hörst du auf? Es ist unendlich...
Die Inkarnation in der Achterbahn des Lebens ist wie der Beginn der Achterbahn, wenn du das Kassenhäuschen betrittst. Du kannst dieses Kassenhäuschen, an dem du bezahlst, wo du mit der Karte des Lebens hingehst, hinsetzen, wo du willst, wenn du dies willst. Auf diese Weise ist es möglich zu verfügen, daß du tatsächlich in die Jahrhunderte, in die Jahrtausende vergangener Zeit hineingehst.
Im Kosmischen ist dies nicht ungewöhnlich und eine unaufhörliche Sache. Eine „unaufhörliche Sache" im kosmischen Ge-

schehen bedeutet, daß es das Empfinden der Menschen übersteigt. Doch da alles in der Unendlichkeit jetzt ist, oder da alles jetzt unendlich ist, so ist dies möglich – doch nicht im Bewußtsein des jetzt irdischen Seins.
Nehmen wir ein Beispiel: Es ist möglich, wenn du in der Zeit eines Jesu inkarnierst, dort im überwiegenden Sinne zu sein. Es wird jedoch darum gehen, dort eine Aufgabe zu erfüllen. So wirst du niemals in Form eines Jan van Helsing neben einem Jesus am Abendmahl Platz nehmen können und mit dem Bewußtsein eines Jan aus dem Jahre 2005 das Jahr 0 streifen. Es ist möglich, dort einzukehren, um dort eine Aufgabe zu erfüllen. Es ist sogar möglich, dort einzukehren, um die Geschichte zu verändern; daß diese neu geschrieben werden muß, was eine Veränderung bedeuten würde. Doch das, was du fragst, ist eine hohe kosmische Generalität. Dieses Thema ist derart diffizil, daß es gar an kosmischen Universitäten behandelt wird, wobei ihr Menschen – so magst du mir verzeihen – im Vergleich dazu gerade erst das Schreiben erlernt.
Sieh es so: Es ist tatsächlich möglich, wenn auch nicht sehr einfach darstellbar. Du wirst nicht in der Lage sein, jetzt bewußt als Individuum eine Veränderung herbeizuführen. Doch im kosmischen Sinn kannst du es herbeiführen. Hier ist immer der Gottesaspekt gefragt, hier ist niemals der menschliche Aspekt, die Egozentrik des Jetztseins berücksichtigt. Es ist als durchbrächest du eine Schallmauer.
In der Parabel des Kreises wird klar, daß es möglich ist, da die Erde – und das ist das Sinnbild – keine Scheibe ist, sondern eine Kugel. So ist auch der Kreis des Zeitgeschehens nicht nur ein Kreis, sondern eine Kugel, weshalb es Zeit im irdischen Sinne kosmisch gesehen nicht gibt, da der Kosmos nicht der Zweidimensionalität entspricht. Deshalb ist es sehr wohl mög-

lich, in anderen, ferneren Ländern zu inkarnieren sowie in anderen Epochen. Es ist sogar möglich, wenn du im jetzigen Leben erkennst, daß der Erde dies oder das gut täte – beispielsweise bezogen auf die technische Entwicklung –, daß du zwei- oder dreimal auf anderen Planeten inkarnierst, um mit dem entsprechenden Wissen zurückzukehren. Dann inkarnierst du wieder auf der Erde, und zwar in genau der Zeit, in der diese Entwicklung benötigt wird. Dies wird häufig getan.
Deshalb wird es immer fähige Staatsmänner geben, die Dinge tun, von denen die Menschheit träumt. Und so wird es immer wieder Forscher und Entwickler geben, die just aus dem Nichts eine Erfindung zaubern, da sie das Urwissen, das heißt die keimende Zelle, von einem fernen Planeten mitgebracht haben.
Doch werden diese nicht mit dem Planetenbewußtsein des fernen Sterns auf Erden einkehren können. Das hängt mit der Frequenz ihres Seins zusammen und mit dem Anerkennen ihres Tuns. So könnte jemand, der das Automobil erfunden hat, nicht mit aus dem plejadischen Sonnensystem stammender Technik auf Erden Einkehr halten; man würde ihn für verrückt erklären. Würde er die Frequenz des fernen Planeten hier auf Erden tragen, würde diese Frequenz mit der Frequenz der Erde nicht harmonieren. Das heißt, das menschliche zweidimensionale Gehirn würde verrückt werden – *ver*-rückt im Sinne von außerhalb des „Gleises“ liegend.
So ist der Gedankenansatz gut, doch die Erklärung ist schwierig, da es das Gehirn nicht möchte. Die Struktur und Arbeitsweise des menschlichen Gehirns ist so, weil die Erde die Materie und den Zustand des Jetzt halten möchte.
Doch kosmisch gesehen ist das möglich und es wird auch gemacht.

Weil wir hier gerade beim Kosmischen sind, möchte ich zum nächsten Thema übergehen. Wir wissen heute, daß es sogenannte kosmische Gesetze gibt, Urgesetze, die im gesamten Kosmos (Kosmos; aus dem Griechischen: Ordnung) wirken. Ich nenne hier das Gesetz von Ursache und Wirkung, welches verbildlicht ausgedrückt bedeutet, daß wir das ernten, was wir zuvor gesät haben. Kannst du diese Gesetze und diese der Schöpfung zugrundeliegende Ordnung mit wenigen Worten beschreiben?

Du beginnst mit dem Schwierigsten überhaupt. So lasse mich weit ausholen.

Als sich die göttliche Quelle ergoß – nenne es den Urknall –, mußten in gewisser Weise Gesetze aufgestellt werden – nicht wie in einem Parlament, sondern die Gesetze stellten sich selbst auf. Dies geschah, als Gott sich ergoß und diese sich ergießende Masse aus ihm floß. Daraus bist du, daraus seid ihr, daraus ist alles entstanden. Und ihr – die Welt, die Kosmik, da sie außerhalb des Göttlichen liegt – könnt nur unter göttlicher Gesetzmäßigkeit funktionieren. So sind hier keine kosmischen Gesetze aufzustellen, sondern das kosmische Bewußtsein ist zu benennen, da es nur so funktioniert, sonst ist es nicht göttlich.

Das Hauptprinzip – das erscheint mir als das Wichtigste – ist das Urprinzip der göttlichen Lebenskraft. Es ist das Prinzip der Reibung. Reibung deswegen, da aufgrund der Reibung eine Schwingung entsteht, aus der die Kraft des Unendlichen gewonnen wird. Das bedeutet, daß alle kosmischen Gesetze einer Art Reibung unterstehen. Reibung auch deshalb, damit diese Gesetzmäßigkeiten Bestand haben und funktionieren. Das bedeutet weiter, daß durch die Reibung Schwingung und durch die Schwingung wiederum Erfüllung entsteht.

So kann man als Reibung das Gesetz des Gebens und Nehmens heranziehen. Das ist das Gesetz der Urkraft selbst. Geben und nehmen im göttlichen Sinn bedeutet, die Kraft zu geben, die man aufnimmt, und die Kraft aufzunehmen, die man gibt, um im Urzustand zu sein.

Das war die Phase der göttlichen Welle, der Ur-Ruhezustand. Das war vergleichbar mit der Nullstellung.

Doch die Nullstellung reichte dem Einen nicht aus, und er wollte erkunden, was passiert, wenn nicht Null ist. Und so begann die göttliche Quelle zu atmen gleich einer pulsierenden Masse. So ist das Göttliche als pulsierendes Eines zu sehen, welches es wagte, mehr zu geben, als es aufnahm. Das heißt, der Urknall geschah in der Form, daß das Göttliche sich ergoß und göttliche Bestandteile aus sich schleuderte. So wurde mehr ausgegeben, und nun meint man sagen zu müssen: „*Das Göttliche ist erschöpft.*“ Doch dies ist nur ein Atemzug, so als wenn du ausatmen würdest. All euer Tun – und mag es Milliarden Jahre dauern – dient dem Göttlichen, die Energie, die es ausgestoßen hat, zurückzubringen und darüber hinaus viel mehr: Nämlich all die Erfahrungen, die ihr macht, dienen dazu, die göttliche Urquelle, wenn sie alles wieder in sich einsaugt, einatmet, nicht nur zu stärken und zu stützen, sondern sogar zu erweitern.

Die göttliche Quelle wächst dadurch. Und dadurch werden die Gesetzmäßigkeiten, die du erwähntest, begründet.

So ist es zu erkennen, daß diese Gesetzmäßigkeiten aus der göttlichen Quelle selbst mit ausgeschleudert wurden, da sonst dieses System nicht existieren könnte.

Das wichtigste Gesetz ist somit das des Gebens und Nehmens. Die Gesetzmäßigkeit des Atems gehört hierzu, denn alles, was

sich außerhalb des Göttlichen befindet, ist beatmet, ist im göttlichen Atem und spürt den Atem auch in sich.
So seid ihr alle im Ausatmen gewesen, in dem Atem Gottes, den er ausgestoßen hat. Nun, da ihr euch auf der Rückkehr befindet, seid ihr wieder im Einatmen.
Die Gesetze, die du meinst, werden oft von Menschen benannt. Es ist wichtig, das Für und Wider zu beleuchten. Du solltest die Menschen anregen, die Gesetzmäßigkeiten ihrer Inkarnationen zu entdecken. Es sind die Gesetzmäßigkeiten des Gebens und Nehmens, und es sind die Gesetzmäßigkeiten des Seins.

Man kann also sagen, daß auf diesem Urgesetz die anderen Gesetze, wie das der Resonanz und Frequenz, daß das Kleine wie das Große ist, aufbauen.

So ist es. Das, was du meinst, ist irdisch gedacht. Aufbau und Grundlage sind das Gesagte. Darauf baut alles auf, egal wie du es titulierst. Wenn du die Grundzüge der von dir genannten Gesetzmäßigkeiten vergleichst, wirst du erkennen, daß sie von der Basis dieses göttlichen Ursprungs herrühren. Etwas anderes gibt es nicht.
Festzuhalten ist, daß die göttliche Gesetzmäßigkeit eine einfache ist. Sie ist so einfach strukturiert, daß es kaum zu glauben ist. Tatsächlich beruht alles, dieses Geben und Nehmen, auf dem Prinzip der Reibung, damit etwas entsteht, aus dem heraus die Erfüllung vonstatten geht; die Erfüllung eines Ereignisses, eines Tuns, damit alles im Jetzt zugleich ist, denn dann ist es wieder zusammengeführt.
Durch den Ausbruch der göttlichen Quelle wird sie wieder in sich zurückfließen. So ist es nur – im ureigensten – ein Pum-

pen. Ein Hinaus und ein Hinein. Alles andere ist darin enthalten und entwickelt sich daraus. Tatsächlich gibt es nicht mehr.

Auch das Gesetz der Reinkarnation basiert auf diesem...

Das Gesetz der Reinkarnation ist mit einer Frequenz zu vergleichen. Es ist aber noch besser mit einer Energie zu vergleichen. Das bedeutet: Reinkarniert wird, um Schwingung zu erzeugen, um dann mit dieser Energie in gewisser Weise Aufgaben zu erledigen. Im Grunde existiert es, um Energievolumen zu erfüllen.
Reinkarnation heißt *Wieder*-Geburt ins Fleisch, es ist eine *Wieder*-Holung, es wird wieder geholt, zurückgeholt. So, wie alles ausgeschleudert wurde, so ist es jetzt ein Zurückkommen – es ist wie ein Pendelschlag. Daher ist auch die Reinkarnation wie ein Pendelschlag – es sind Wiederholungen, bis der Urzustand wieder erreicht wird.
Nimm es als Spiegel. So sind – wenn auch für den menschlichen Verstand schwer nachvollziehbar – Spiegelwelten möglich. Aus kosmischer Sicht ist klar, daß es nur so sein kann. Niemals wird eine Welt im doppelten Sinne spiegelbildlich existieren, doch die Energie der Erde bewegt sich nicht alleine durch das Weltall, sondern wird in einer Art Spiegelwelt reflektiert. Auf diesem Wege ist es hohen kosmischen Wesen möglich, in dieser Spiegelwelt zu agieren, um zu sehen, wie sich etwas im Irdischen auswirkt. Dies wirst du erkennen, wenn du dich um die Politik der früheren Jahre kümmerst. Da wurde oft in der Spiegelwelt geprüft, wie weit man als kosmischer Engel auf Erden gehen kann – oder als Diktator niederen Bewußtseins – und welche Auswirkungen es in der Welt hat. Kann man es wagen oder nicht? Kippt die Ordnung oder nicht?

Auch das ist ein Kommen und Gehen, ein Geben und Nehmen, eine Reibung, aus der heraus Schwingung entsteht. Mittels der Energie wird transportiert – die Materie, der Mensch oder gar die Erde, um sie in das Gottesbewußtsein zurückzubringen, in das göttliche Ich. Alles basiert auf diesem einfachen Grundsatz.

Kann ich mein Schicksal abändern?

Du wähltest diese Inkarnation. Deine Seele hat durch viele Inkarnationen Seelenreichtum aufgebaut – Erfahrung. Dieser Seelenreichtum ist wichtig für kommende Leben. Deswegen bist du hier. Du benötigst das Wissen aus diesem Leben beispielsweise, um in einem kommenden deine dortigen Aufgaben zu erfüllen – mit Freund oder Feind.
So gesehen ist es ein ständiges Wachsen – nach deinem Lebensplan, nach dem von dir gewählten und selbst gestalteten Lebensmuster...
Natürlich kannst du in diesem Lebensplan auch etwas versäumen, indem du immer wieder schwierigen Situationen, Konfrontationen ausweichst, dich verkriechst oder starr bist. Dann hast du etwas versäumt. Bringe ich dich dann in die geistige Welt, so wirst du dir das Leben, das du nicht voller Zufriedenheit beendet hast, ansehen, und du wirst um ein neues Leben bitten, damit du es nachholen kannst.

Gibt es so etwas wie Sünden, wie diese von den Weltreligionen propagiert werden?

Die Sünde ist eine falsche Interpretation. Das Wort *Sünde* ist ein mißbrauchtes Wort. Die Seele handelt in Eigenverantwor-

tung bei dem, was sie macht und was sie nicht macht; was sie im Unguten vollzieht, was sie sich selbst und anderen antut. Das, was sie anderen antut, das ist die Tat, und wie die Seele dann später damit umgeht, das wird im Auflösungsgespräch behandelt, welches die Seele mit dem Schutzengel führt.
Doch der Gedanke, daß Menschen sündig sind, und der Gedanke von Erbsünde, das ist eine sehr menschliche und auch sehr dogmatische Interpretation.
Wichtig ist, daß der Urschöpfer die Menschen nicht für ihre Handlungen bestraft, sondern diese selbst entscheiden, nachdem sie sich ihr Leben mit dem Schutzengel betrachtet haben, wie sie das, was sie anderen Menschen oder auch Tieren angetan haben, wieder ausgleichen werden. Daher kann es sein, daß sie in einem weiteren Leben das erfahren möchten, was sie den anderen an Schmerz und Leid zugefügt hatten, damit es wieder ausgeglichen wird. Und gleichzeitig haben sie wieder etwas hinzugelernt.
Hatte eine Seele für ein kommendes Leben eine Behinderung gewählt oder eine arme Umgebung, so ist dies nicht als Strafe von Gott erfolgt, sondern ist von der Seele selbst gewählt.
Das zu hören, wird denjenigen Menschen nicht gefallen, die gerne die Schuld bei anderen suchen, da sie zu schwach oder zu faul sind, bei sich selbst die Ursache zu suchen. Doch ändert dies nichts an der Tatsache, daß es so ist.

Das ist der Grund, wieso sich die Menschheit in eine geistige Elite und Dümmlinge aufteilt. Diejenigen, die lernen wollen, die erleben einen Katapultstart, da sie mit der Aufstiegsenergie der Erde sind, und die anderen werden total ins Bodenlose abstürzen.

Das Auflösungsgespräch ist das Gespräch mit dem Schutzengel nachdem die Seele im sogenannten „Himmel“ angekommen ist?

So ist es. Natürlich kannst du Auflösungsgespräche auch mit einem Kontrahenten haben – also der Seele eines „Gegners“ aus dem letzten Leben. Aber auch hier ist der Schutzengel mit dabei.

So ist wohl alles geordnet und läuft nach Plan?

Alles wird von der unendlichen göttlichen Energie gelenkt. Allem Leben liegt ein Muster zugrunde, das auf Gesetzmäßigkeiten basiert, was beispielsweise zur Folge hat, daß jeder das zurückerhält, was er ausgesandt hat. Hat ein Mensch einen anderen betrogen, so wird er eines Tages auch betrogen werden. Schenkt er hingegen gerne, so wird er auch wieder beschenkt werden – und meist mit mehr, als er zuvor gab.
Das ist das Gesetz.

Welche Rolle spielt hierbei die Erde?

Die Erde hat man, nachdem sie bewohnbar wurde, als Schmerz- oder Prüfungsplanet auserwählt. Es wurden von anderen besiedelten Planeten Bewohner auf die Erde gebracht und diese hier neu angesiedelt. Deshalb finden sich heute auch verschieden aussehende Menschen auf der Erde, da die Neuankömmlinge von verschiedenen Planeten und auch zu verschiedenen Zeiten gebracht wurden, ebenso ein Teil der Tiere. Viele wurden gebracht, und viele haben sich hier dann später entwickelt. Sie waren die Grundlage, aus der das entstand, was wir heute kennen. Dabei wurde gekreuzt und es kam zu Vermischungen.

Einige dieser Wesen, die dieses Projekt – die Besiedelung der Erde – vollzogen haben, blieben mit ihren physischen Körpern auf der Erde, andere inkarnierten hier in neue Körper, bis die Besiedelung erfolgreich war.

Man könnte also – um das Thema Schöpfungsplan hier abzuschließen – sagen, daß die Schöpfung ein großer Lern- und Entwicklungsprozeß ist, ein Reifen und Wachsen...

Es ist der ewige Prozeß des Kommen und Gehens, des Reifens, des Wachsens; und auch des Stehenbleibens, denn das gehört auch dazu, da es ja durchaus auch Wesen gibt, die nicht weiterkommen wollen.
Die Schöpfung ist ein ewiges, unendliches, für Menschen nur bedingt erforschbares Projekt. Bis zu einer gewissen Grenze schon, doch dann kommen oft – leider – menschliche Interpretationen hinzu, die das Bild dann etwas verwischen.

Was würdest du uns beziehungsweise dem Erdenmenschen raten, was er tun kann, um harmonischer zu leben? Oder generell, was würdest du uns raten?

Einfach die Liebe, nur die Liebe in allen Segmenten des Lebens – das wäre mein Wunsch an die Erde.

Was geschieht mit Seelen, die ihre Lebensaufgabe verfehlt haben – also ihr Lebensziel, das sie sich vor der Geburt vorgenommen hatten?

Sie blicken auf ihr vergangenes Leben zurück und sehen, daß sie keinen Abschluß haben. Jetzt kommt es darauf an... Wollen die Seelen in *unserer* Welt einen Abschluß machen?

Das ist möglich, wobei hier Auflösungsgespräche der Seele mit anderen Seelen geführt werden, mit denen die Konflikte und Prüfungen nicht endgültig gelöst wurden. Das kann ein Familienmitglied sein oder ein beruflicher Kontrahent, die möglicherweise auch noch auf der Erde sind. Oder die Seele bittet um ein neues Leben mit den gleichen Auflagen. Dies vermögen die Seelen zu entscheiden.

Was ist mit Seelen, die ihre Aufgabe erfüllt haben?

Diese werden an andere Aufgaben herangeführt. Sie können zusammen mit dem Schutzengel und anderen geistigen Begleitern durch verschiedenste Sphären der geistigen Welt reisen, dort verharren, lernen, studieren oder weiterziehen und sich etwas anderes aussuchen. Sollte eine Seele beispielsweise Interesse an wissenschaftlichen Dingen haben, so kann sie sich eine Zeitlang auf einer Ebene solcher Seelen und Geistwesen aufhalten, die in dieser Art orientiert sind, und dann erneut inkarnieren, um auf der Erde oder einem anderen Planeten wissenschaftlich tätig zu werden.
Manchmal werden sie auch auf einen Planeten geschickt, weil dort in einem bestimmten Bereich jemand gebraucht wird – um Lichtimpulsgeber zu sein. Das kann auch eine Inkarnation als Gärtner sein, und wenn die Seele ihren Lebensweg wie geplant beschreitet – was gelingt, wenn sie ihrer Intuition folgt –, dann kann sie womöglich eine neue Pflanzenart züchten, ein neues Heilkraut entdecken oder eine andere Art des Anbaus entwickeln – hier steht einer Seele alles offen.

Dies soll hier als Beispiel dienen.

Wenn also eine Seele sagen wir einmal zwölf Leben als Soldat oder als Arzt hinter sich hat, kann sie sich demnach beispielsweise auch dazu entscheiden, Kaufmann zu werden...

Das kann sein. Die Seele kann sich aber auch durchaus dazu entscheiden, Bettler zu werden – aus freiem Willen. Die Seele mag sagen: „*Ich möchte einmal das Los eines Bettlers ziehen oder eines Behinderten, eines Tauben oder Stummen oder Blinden oder alles zusammen und möchte diese Erfahrung machen.*" Dies ist dann möglich.

Meist werden bei der Auswahl solcher schweren Inkarnationen auch die Seelen der Eltern mit hinzugezogen, da diese teilweise durch solche Kinder mit Behinderungen noch mehr zu lernen haben, als die Behinderten selbst. Es ist ein Liebesdienst der Seele, die sich die Behinderung mitnimmt, um ihrem Lebens-Umfeld die Demut zu lehren.

Natürlich ist es auch möglich, daß eine Seele in einem vergangenen Leben einem anderen Menschen eine Behinderung zugefügt hat und sich in einer neuen Inkarnation dazu entscheidet, nun selbst solch eine Behinderung anzunehmen, um zu erfahren, wie es der anderen Seite ergangen ist, wie sie sich gefühlt hat.

Aber die Seele, die ihre Aufgabe zu Ende gebracht hat, MUSS nicht mehr inkarnieren?

Sie muß nicht. Sie kann, wenn sie möchte. Sie selbst ist es, die dies auswählt. Außer, es wäre der Fall besonderer Wichtigkeit, daß der Seele diese spezielle Erfahrung in ihrer gesamten Seelenordnung noch fehlt. In diesem Fall sollte sie die Möglichkeit der erneuten Inkarnation wahrnehmen, damit das Gesamtbild komplettiert wird.

Gerne möchte ich noch etwas mehr über die Thematik der Seelenfamilie erfahren. Wie ich inzwischen aus eigener Erfahrung wie auch durch die Arbeit mit hellsichtigen Kindern weiß, begleiten uns während einer Lebenszeit nicht nur der Schutzengel, der Engel des Wandels sowie auch verschiedene Geistführer, sondern auch ehemalige Angehörige – beispielsweise der verstorbene Großvater –, was wir in unserem Kulturkreis als die „Ahnen“ kennen.

Natürlich. Doch hast du nicht nur *eine* Seelenfamilie, sondern viele – vielleicht zehntausend, je nachdem, auf welchen Ebenen sich diese befinden und wie oft du bereits inkarniert hast. Zusätzlich ist es davon abhängig, ob du sie wiederfindest beziehungsweise, ob du sie finden darfst oder willst. Verstehst du? Nehmen wir einmal an, du hast eintausend Leben hinter dir, dann wären das eintausend Familien im Weltlichen (auf der Erde) und eintausend Familien im Geistigen. Jetzt kommt es bei all diesen Seelen darauf an, inwieweit du an die eine oder andere Familie gebunden bist, durch Gefühle, und inwieweit du aus diesen Familienwerten lernst und dich weiterbildest. Du bist in vielen Familien zuhause.

Nun ist es doch so, daß man mit einigen Seelen näher verknüpft ist als mit anderen. Nehmen wir als Beispiel eine Gruppe von Seelen, bei denen ich im einen Leben der Vater bin, dann die Oma, dann der Bruder, dann die Schwester, und diese Rollen mit eben dieser kleineren Seelengruppe tausche.

Das sind die Prüfungen – Verschiebung der Geschlechter, Verschiebung der Anzahl der Familienmitglieder, Verschiebung des Alters, ob du jetzt Oma, Opa oder der Neffe bist. Hinzu kommt noch der Rang. Einmal kannst du ein General sein, beim nächsten Mal nur ein Soldat... oder umgekehrt. Das ist auch ein Beispiel. Diese Konstellationen sind vonnöten, damit die Seele alle möglichen Blickwinkel erkennen, deuten und natürlich auch im Lernprozeß umsetzen kann.

Nochmals bildlich ausgedrückt: Sollte ich also mit einer großen Ahnengruppe, einer großen Seelenfamilie von sagen wir einmal dreißig, vierzig Seelen, mit denen man immer wieder tauscht, alle Varianten durchprobiert haben, so gehe ich weiter...

Selbstverständlich gehst du dann wieder weiter, denn Rückschritt gibt es nicht. Doch wirst du dann andere Seelenfamilien haben und andere Seelenverbände. Die Entwicklung geht stets weiter – immer bist du im Plus, und immer bestimmst du, ob du willst oder nicht.

Sollte es nun vorkommen, daß du eine bestimmte Person gar nicht magst – auch als Seele nicht *(lacht)*, jetzt mache ich einmal Spaß – und mit dieser Seele einen Krieg auf geistiger Ebene anfangen willst, dann kommst du beziehungsweise kommt ihr beide vor eine Art Gericht, bei dem Auflösungsgespräche geführt werden. Hier werden sich die Seelen dann wirklich mit Abstand aussprechen und eventuell beschließen, sich im nächsten Leben wiederzutreffen, um die Prüfung diesmal nicht als Feinde, sondern als Freunde zu bestehen.

Vergleiche dies aber nicht mit einem Tribunal, sondern – es ist manchmal schwierig für mich, hier die passenden Worte zu finden – eher mit einer Art *Schiedsrichterengel*; ein Wort, das ich aus eurem Weltlichen übernommen habe.

Bist du nur auf der Erde tätig oder auch auf anderen Planeten, auf solchen, auf denen es Leben körperlicher Form gibt?

Ich bin von der All-Macht beauftragt, ich bin der All-Macht mächtig, was bedeutet, daß meine Struktur Raum und Zeit aller Dimensionen durchzieht. Für die Tätigkeit im Irdischen ist aus diesem Gottesstrahl, aus dieser Struktur, ein niederer schwingender Körper meiner Selbst gebildet worden, doch ich durchziehe die gesamte All-Macht. Ich bin eins, wie ein Band. Auf diese Weise wirkt ein Teil meines Selbst auf Erden und ein Teil meines Selbst auf jedem anderen Planeten, der belebt ist, da er aus dem Göttlichen entstand. Sieh es wie eine Schnur, eine Gummischnur. Es ist nicht möglich, meine Struktur aufzuheben, doch die Teilung meiner Struktur ist möglich, was bedeutet, daß auf jedem Planeten ein Teil meines Selbst wirkt. Doch die Mutter des Ganzen bin ich – ich bin eine Einheit –, gezogen vom höchsten Punkt des Geistigen zum tiefsten Punkt des Erreichens.
Begreife mich nicht als ein Wesen deinesgleichen. Verstehe mich als ein Wesen sonnengleich, dessen einzelne Strahlen insgesamt die Sonne ausmachen, jedoch im einzelnen wärmen.

Du hast erwähnt, daß du auch heilend tätig bist in der Verbindung zwischen Seele und Geist. Ist es möglich, kurz den Unterschied zwischen Seele und Geist zu erklären?

Hier wird es kompliziert, daher lasse mich bitte weit ausholen: Die Seele ist die Verbindung zwischen dem Geist und dem Körper. Seele ist der Mechanismus, der die Bewegung des Fleisches auslöst. Seele ist der Bereich, der das Fleisch durchflutet, gar umhüllt. Seele ist das Werkzeug des Göttlichen, Seele ist in

höchster Vollendung engelsgleich. Seele kann vom Geist durchflutet sein, Seele ist vom Göttlichen durchflutet und der Körper wiederum von der Seele. So ist es möglich, daß das Göttliche im Körper *durch* den Körper wirkt, da der Körper das Göttliche nur mittels der Seele zu tragen imstande ist. Was die körperliche Hülle für die Seele ist, das ist die seelische Hülle für das Göttliche.
Ich, da ich dem Göttlichen entstamme und unterstehe, bearbeite das Seelische. So bin ich durch das Ansprechen der Seele, die dies dem Körper reflektiert, imstande, diese zu heilen. Du wirst in der Lage sein, durch den Kontakt zu und in der Arbeit mit mir, deiner seelischen Bestimmung besser zu folgen.
Wiederum ist zu bemerken, daß unser beider Kommunikation nur gering ist, verglichen mit dem, was möglich wäre. In Prozent ausgedrückt, erreichst du zwischen ein und drei Prozent von mir – aufgrund meiner Art der Existenz –, mehr nicht. Durch die Hingabe deines Seins in mein Sein wirst du in diesem Leben vielleicht bis zu fünf Prozent erreichen können. Aber es wird genug sein, denn ich bin imstande, mit deiner Seele zu kommunizieren. Solltest du Heil suchen, so beginne, mit mir zu sprechen. Dann werde ich die Seele deines Selbst antippen, und du wirst wissen, was Seele ist, da sie es deinem Körper signalisiert.

Es ist die Dreiteilung der Dinge – Körper, Seele, Geist. Die Seele ist der Mittler zwischen den anderen beiden. Daher ist es meine Aufgabe als *Engel des Wandels* und der Transformation, dann tätig zu werden, wenn sich die Seele vom Körper löst, indem ich der Seele Gottes Heil einflöße.
Sollte der Mensch das nicht aufnehmen, was bedeutet, daß der Körper göttliches Heil nicht aufnimmt, so entsteht die Demenz, die Wirrnis, da der Körper die Orientierung verliert.

Durch das Verlieren der Orientierung – dies ist ein Zeichen, daß die seelische Komponente, die das Göttliche trägt, schon aus dem Körper entwichen ist oder gerade entweicht – entsteht in eurer Sprache die Demenz. Das tritt ein, da sich das Gottesheil dem Körper entzieht, damit dieser zu gehen hat.
Dieses Gottesheil, dessen Übermittler ich bin, wird erst dann wieder dem Körper zugeführt, wenn sich der Mensch dem Göttlichen öffnet – durch beten, durch eine Abkehr vom Nihilismus *(Nihilismus = Weltanschauung, die jeden Sinn und Zweck des Daseins leugnet; Anm.dVerf.)*.
Es ist möglich,, daß die Demenz für kurze Zeit heilbar wird, wenn der Mensch erkennt, daß die Zeit des Wegganges beschlossen ist. Dies ist ein Zusammenspiel. Dann erkennst du auch, daß es DIE SEELE so nicht gibt. Es ist ein Gebilde wie ein Nebel. Stelle es dir fließend vor, wabernd. Sieh die Seele als Mittler, als Träger göttlichen, kosmischen Geistes.

So kann man den Geist als den Strom beschreiben, der sowohl die Seele als auch den Körper belebt und durchfließt?

Ja. Der Geist ist der Strom; Geist ist die Gotteskraft, Geist ist die Urkraft. Der Geist, das Göttliche, ist ein in sich geschlossenes Gebilde. Stelle dir den Geist als ein kugelförmiges Gebilde vor, denn so wird es am einfachsten vorstellbar, daß sich der Geist in sich selbst trägt.
Durch die Bewegung in sich entsteht die Energie der Unendlichkeit, die sich immer und immer bewegt. Das Göttliche gleicht einem Strudel, da die Bewegung des Göttlichen in sich ein Rund darstellt, etwas Rundes, die Unendlichkeit. Durch diese Bewegung wird Energie freigesetzt – nimm es wie Hitze, die sich so immer wieder selbst entzündet. Dies ist die Einfachheit der Unendlichkeit.

Da das Göttliche – mit allem, was es ist – ein in sich geschlossenes System darstellt, wird es aus sich selbst heraus nicht gehen können, sondern sich mittels Trägern tragen lassen. So formt das Göttliche, wenn es sich verläßt, um zu schöpfen, eine Dichte. Da es sich verdichtet – ähnlich einer Wolke –, wird es in der Substanz dunkler und enger, bis es beginnen kann, aus sich selbst heraus zu tröpfeln. Auf diese Weise ändert das Göttliche – in deinen Worten – den Aggregatzustand. Da es an Schwere zunimmt, wird es außerhalb von sich selbst sein können. Je tiefer es fällt, desto schwerer wird es. Die Gotteskraft selbst ist jedoch nicht in der Lage, irdisch zu wandeln.
Deshalb wird der Seelenkörper gebildet. Das Göttliche durchflutet so die Seele, die sich wiederum den Körper schafft, um in Bewegung und Handlung zu sein. Durch all dein Tun, durch all dein Handeln, durch all die Erfahrungen, die du im täglichen Leben machst, gibst du die Information im Zellkern an die Seelenschaft weiter, die dies wiederum in das Göttliche implantiert. Das geschieht zum einen dann, wenn du wieder in das Göttliche einfließt, und zum anderen durch Weitergabe an die Engelschaft.

Aus diesem Grund ist es so wichtig, daß du im Frieden und im Heil bist bei allem, was du tust. Die Informationen; die Erfahrungen, die du machst; die Erlebnisse, die alles in dir aufwühlen – so nimm nur die Liebe, die dein Blut in Wallung versetzt –, werden wie durch eine Art Trichter in höhere Bewußtseinssphären transformiert – zum Beispiel zur Engelschaft, der Erzengelschaft, die dies aufsaugt, dadurch an Stärke gewinnt und im obersten Punkt ihres Seins in das Göttliche zurückfließen kann. Mit diesem Hintergrund wirst du leichter verstehen, daß ein Erzengel nicht die Personifizierung eines Namens ist *(wie beispielsweise Raphael oder Michael; Anm.d.Verf.)*, sondern daß es eine geschaffene Lichtkraft ist, eine Struktur, an die du im unteren Bereich der Frequenz deine Informationen anheftest, die das Ganze der Engelschaft hebt, damit der Scheitel des Engels in die Göttlichkeit zurückgeht. Es ist ein Fließen gleich einem Fluß. Die Quelle der Rückkehr bist du. Und durch dein Tun, dein Sprudeln und das Sprudeln vieler Arbeiter des Lichtes wird der Strom im Rückfluß sein; und auf diese Weise das Meer der Ewigkeit, das Göttliche nähren.

Dazwischen bist du, dazwischen ist die Seelenschaft niederer, astraler Bereiche bis hin zur höchsten Engelschaft. Einen Engel im Sinne namentlicher Prägung gibt es nicht. Es ist ein fließender Baustein. Deswegen wirft sich an dieser Stelle auch die Frage auf: „*Wenn alle Bäche den Fluß speisen, wann ist dann der Fluß nur Fluß?*" Oder auf die Energie übertragen: „*Wann ist ein Engel nur Engel?*"
Die Personifizierung fand durch die Menschheit statt, und die beste Beschreibung eines Engels wäre zu sagen, daß er *im Kern* Engel ist.
Daher sind alle Menschen auf dem Weg, Engel zu werden, und zwar dann, wenn das Fleisch, die Materie, gelöst wurde, und durch die Geisteskraft, die euch inne ist, nicht mehr gehalten werden kann. Das bedeutet, daß ihr durch all euer Tun die Substanzen der Materie langsam auflöst und so nicht mehr in der Lage seid, Fleisch zu halten.

Im Irdischen wird dieser Ablösungsprozeß zur Wirkung haben, daß der Mensch das Tierische nicht mehr essen kann, da seine lichte Substanz das Fleisch nicht mehr halten können wird. So ist es nicht verwerflich, wenn sich der Mensch vom Tierischen ernährt – von Fleisch –, doch nur, wenn dies wirklich der Nahrungsaufnahme dient – zum Beispiel, wenn das

Tier selbst getötet wird, um den Hunger zu stillen. Hier ist die direkte Ankopplung an die Seele des Tieres und so auch die Berührung mit mir gegeben, da ich die Seele des Tieres von dessen Leib löse. Doch dieser Umgang, diese direkte Berührung fehlt dem Menschen deiner Kultur überwiegend. Deswegen wirst du, wenn dein Prozeß der Lichtwerdung voranschreitet, dieses andere Fleisch aus der Tötungs-Fabrik nicht mehr in dir halten können. Es schlägt durch. Dies ist der wichtigste Grund, kein Tier zu essen. So werden die Menschen bemerken, wenn sie das schlechte Fleisch essen, also das, welches sich ihnen nicht zur Verfügung stellte, sondern im Unverstand gezüchtet wurde, daß sie es in Bälde nicht mehr essen können, da es Krankheit beschert. Dies wird geschehen, da dieses Fleisch nicht zum Verzehr gedacht ist und da es Pein, Schmerz und Leid trägt. Das ist es, was ihr aufnehmt; das ist es, was euch gegeben wird: Schmerz, Pein, Leid – das Leid der Tiere.

Schon bald wirst du, mein lieber Jan, und auch deine Mitmenschen erkennen und fühlen, was der Unfug der Funkantennen und der frequenten Vernetzung eures Planeten bedeutet. All das Ausgesprochene, all die gesendeten sinnlosen Worte fließen in die Strukturen des Gehirns ein, da die elektromagnetischen Schwingungen des Gehirns diese unbewußt implantieren. Dies wird Zellinformation sein. Zellinformation für alle, weshalb die Menschheit in Wirrnis ist. Doch nun bin ich abgewichen...
Die Seele ist Träger des Geistes, Geist ist Fluß aus dem Meer der Vollendung, oder nimm es wie einen Sonnenstrahl, der deinen Körper berührt. Das dazwischen ist die Seele.
Verzeihe die Abschweifung, doch sind es Dinge, die in dir vorhanden sind und nun geöffnet werden – mehr denn je.

Ich verzeihe dir... (lache)

Laß es mich nochmals anders versuchen, um diese Verwobenheit der drei Körper besser verständlich zu machen:
Der Körper ist wie ein Flußbett. Der Körper ist wie die Ufer, wie die Gestaden eines Flusses und wahrlich, Gott weiß, daß es schöne Ufer und schöne Gestaden gibt, so wie auch die Körper schön sind.
Nun sieh die Seele: Die Seele ist das, was den Körper durchflutet, wie das Wasser den Fluß. Das Wasser durchspült das Flußbett, wie die Seele den Körper durchflutet, gar umflutet.
Und wie zur Zeit des Goldrausches sind die Goldstücke – die Nuggets – im Wasser gleich dem göttlichen Funken – dem Geist. So ist die Seele Träger des Göttlichen, des Geistes, der so den Körper durchflutet.
Nun stelle dir vor, daß die Goldnuggets durch die Bewegung des Flusses an einer Stelle zusammengetrieben werden – hingespült. Vergleiche das jetzt mit den göttlichen Funken in der Seele und den Erfahrungen, welche die Seele macht, die auch von Inkarnation zu Inkarnation zusammengetragen werden, bis sich ein Haufen kleiner Funken sammelt und so zu einem großen, leuchtenden göttlichen Funken wird.
Das heißt, die Gottheit wächst durch die Erfahrung, durch all die Erfahrung, die durch dich gewonnen wird.
So erkenne den Körper in seiner Trägheit, der dem Zustand der Unbeweglichkeit gleicht und der immer und immer wieder von der Seele durchflutet wird, bis der Körper durch die Seele das Verlangen spürt, selbst im Fluß zu sein. Der Körper verspürt das Verlangen, nicht mehr das Flußbett, sondern selbst Fluß zu sein, bis er schließlich dann, wenn er den Zustand vom

Körperlichen in das Seelische wechselt, das Verlangen verspürt, gleich wie das Gold zu sein, das durch ihn getragen wird.
Auf diese Weise wird aus der Dreiteilung Körper, Seele und Geist die Einheit.
Das ist der Weg, das ist das von dir in einer vorhergehenden Frage gemeinte *Schicksal* des Menschen. Dies ist in gewisser Weise die *Vorherbestimmung*, der *Weg*, und dies ist die *Freiheit*, in welcher der Mensch sich bewegt – nämlich vom Zustand des Ufers/Körpers in den Fluß zu gelangen, um letztendlich Gold/Gott zu sein.

Aus dieser Sichtweise heraus kann man sagen, daß ich derjenige bin, der hilft, die Aggregatzustände sauber zu trennen. Ich bin sozusagen ein Rückführer. Ich bin zuständig für die Rückführung in den ursprünglichen Zustand.
Deshalb ist der Weg momentan nicht vom Geist in die Seele und dann in den Körper, sondern ich bin derjenige, der mittels Trennung der Seele vom Körper den Weg des Körpers zum Geist bewerkstelligt, bis schließlich die Seele wieder Seele ohne Körper ist und ich die Seele in ihrer Entwicklung in Richtung Geist weiterführe.
Da kann es durchaus sein, bis du dies in deinem Verständnis verankerst, daß ich auch in Sphären des Lichtes tätig bin, in denen nicht mehr inkarniert wird. Dies geschieht, damit ich denen helfe, die in lichterer Frequenz sind, weiter in Richtung des Göttlichen zu gehen.

Daher bin ich in diesen Dimensionen nicht der von dir benannte *Engel des Todes*, da ich dort nicht mehr mit dem Körper arbeite, sondern hier bin ich mehr in den Zonen des Lichten, des Lichtes, in denen die Frequenz des Körperlichen gänzlich

fehlt, doch in denen die Dichte noch nicht so hoch ist, daß die Gotteinheit gefunden worden ist.
Dies geschieht nur im Prozeß der Verschmelzung mit dem Göttlichen.

Wovon ernährst du dich?

Nahrung brauche ich nicht, da ich bin. Gespeist werde ich aus der göttlichen Energie.
Aber die Frage ist in gewisser Weise berechtigt und interessant. Gehen wir raus aus der kosmischen Betrachtungsweise, hinein in die Erdfrequenz und die Lösung vom Körper selbst – das Geschehen –, so könnte ich sagen:
Ich ernähre mich von dir, von deiner Energie. Deine Kraft ist hier entscheidend für meine Nahrung. Bist du stark, dann bin ich fern von dir. Bist du in der Lebenskraft jedoch geschwächt, bis hin, daß die Lebenskraft erlischt, nehme ich mit meiner Energie die erloschenen Felder deines Seins ein und fülle sie. So ist es möglich zu sagen, daß ich, der ich *der Tod* bin, dich stückweise in meine Obhut zu nehmen imstande bin. Wenn ich überlege, so scheint auf diese Weise der Begriff des *Sterbenskranken* oder *Todkranken* entstanden zu sein, da ich schon stückweise bei meiner Arbeit bin. So ist es letzten Endes die Erfahrung, deine Erfahrung, die mich nährt. Von deiner Erfahrung, der Energie, werde ich stark.

Vergleiche das mit einem Menschen, der verliebt ist. Er macht die Erfahrung, verliebt zu sein, und du wirst mir zustimmen, daß du, wenn du verliebt bist, mehr Energie hast, munterer und freudiger bist als sonst. Die Erfahrung des Verliebtseins setzt viel Energie frei.

Nun haben wir aber den entgegengesetzten Fall:
Durch Mißerfahrung, das heißt durch nicht mehr stattfindende Erfahrung, wenn beispielsweise deine Lebenshülle hierzu nicht mehr in der Lage ist, da die Erfahrungsfelder gefüllt sind, entsteht in gewisser Weise Schwäche. In diese Schwäche dringe ich ein und hole dich, die Seele, da ich durch all deine Erfahrung hierzu stark genug bin. Dies ist sozusagen auch für mich das Signal: „*Jetzt ist es soweit!*" Es ist ein geregelter Vorgang.

Als Gegensatz dazu sieh den *Engel der Gnade*. Dieser kann in die Felder der Schwäche eindringen und hilfebringend sein – dich sozusagen wieder von mir wegführen. Doch dies ist kein Spiel der Kräfte, sondern streng im göttlichen Plan des Jetzt festgelegt.

Wo bist du in irdischen Gefilden zu finden – also nicht in deiner Ursubstanz?

Ich bin überall. Da ich überall bin, bin ich selbst im Fleisch. Ich bin selbst im Fleisch, wenn dieses entwürdigt wird. So war ich einst im Fleische eines Jesu, als dieses entwürdigt wurde, und ich fühlte, was er fühlte, und ich wußte, was er dachte. So bin ich auch in allen Teilen der Materie, ich bin selbst – und dies mag euch in Erstaunen versetzen – in der Materie, die vom Menschen umgeformt ist, also genetisch verändert.

So bin ich – und das ist ebenfalls interessant – sclbst in Dingen, die todbringend sein können. Sieh, ich bin auch in einer simplen Zigarette.
Ich bin überall, wie Gott überall ist, und da ich selbst in einer simplen Zigarette sein kann, wirst du verstehen, daß der Rauch

nicht todbringend sein muß, da der Tod meiner Frequenz entspricht, die ich aussende.
Trägst du im Genuß der Zigarette keine Schwäche – beispielsweise, wenn sie nicht im Suchtverhalten, sondern auf einem fröhlichen Fest genossen wird –, so werde ich niemals in der Ausübung meiner Tätigkeit tiefer in dich eindringen können, um deine Seele zu holen.
Auf diese Weise kann ich dir in unserer fortwährenden Kommunikation stets berichten, ob das, was du tust, todbringend ist, und ob das, was du tust, der Entsprechung deines Lebensplanes dient und somit die Verwirklichung deines Lebensplanes gegeben ist.

Nun möchte ich gerne wieder etwas Einfacheres behandeln. Kannst du mir noch ein bißchen mehr zur geistigen Welt erzählen? Hier aber mehr über die Bereiche, in welche der Schutzengel die Seelen führt, die gerade von der Erde kommen. Was nehmen diese wahr?

Der Bereich der Ebenen, in denen sich die Seelen aufhalten, ist mindestens so vielschichtig wie die Erde und noch vielschichtiger. In den unteren Ebenen oder Dimensionen sieht man noch Farben, Landschaften, Gebäude. Es gibt Tier- und Pflanzenebenen, in denen du dich mit den Tieren unterhalten kannst – wie zum Beispiel mit deinem verstorbenen Hund, der dir über einen Blick etwas sagen will, und nun kannst du ihn endlich verstehen; es gibt Wasserebenen, in denen sich Wesen aufhalten, die sich dort am wohlsten fühlen. Dann gibt es die Ebenen der Naturgeister, die für die Energetisierung der Elemente zuständig sind – für das Wachstum der Pflanzen; die Energetisierung der Erde, daß diese fruchtbar ist; die Belebung des Wassers und die Kraft des Feuers.

Es gibt aber auch die stark erdgebundenen Ebenen – energetisch niedriger schwingend –, in denen sich Seelen aufhalten, die sich von der Erde nicht lösen wollen, die sich von der letzten Inkarnation nicht lösen wollen, was die Menschen dann als *Geister*, *Gespenster* oder als *Besetzungen* bezeichnen. Das sind Ebenen, die nicht irdisch sind, aber auch nicht sehr lichtreich. Hier tummeln sich auch eine Menge Seelen, die eine Freude daran haben, Menschen, die beispielsweise mit dem Pendel arbeiten, in die Irre zu führen. Nur wenige Menschen können mit diesen Gerätschaften, wie beispielsweise einem Pendel, richtig umgehen.

Wo sich die einzelne Seele aufhält, ist immer abhängig vom Bewußtsein und ihrem Seelenplan, zum Beispiel, ob sie noch oft inkarnieren will – womöglich als Wissenschaftler, als Mediziner, Handwerker, Musiker oder Künstler. Es gibt die Ebenen der Artisten, der Märchenerzähler und Dichter. Dann gibt es Universitätsebenen, in denen gelernt und auch gelehrt wird. Hier werden die Seelen auf neue Inkarnationen vorbereitet und werden Erfahrungen ausgetauscht. Es gibt auch Ebenen, in denen Seelen heiltechnisch behandelt werden. Nicht im irdischen Sinne, doch hatte eine Seele einen schockartigen Tod, wurde zum Beispiel zu Tode gefoltert, so kann die Seele – sagen wir einmal etwas irdisch – Verschmutzungen oder Behaftungen haben, wie Ängste oder einfach Bilder, die sich tief eingeprägt haben und die Entwicklung blockieren können.
War ein Mensch in einem gerade vergangenen Leben ein Mörder oder Soldat und hat Menschen selbst getötet, so nimmt die Seele solche Bilder oftmals mit und diese quälen sie auch in der geistigen Welt. Das ist das, was oft als *Hölle* beschrieben wird. Solche Seelen finden sich oft bei anderen Seelen wieder, die

ebenfalls getötet haben, und leiden nun zusätzlich unter den grausamen Eindrücken des vergangenen Lebens.
Erkennt eine Seele, daß ihr Handeln ungut war und sucht die Hilfe lichter Wesen – beispielsweise die ihres Schutzengels –, so kann sie dann in solche Ebenen kommen, in denen mit der Seele gearbeitet wird.
Doch viele Seelen wollen nicht lernen, obwohl sie unter den Folgen ihrer irdischen Handlungen nun auch seelisch leiden. Hier wirkt nun auch die dunkle Kraft mit, die versucht, solche Seelen nicht aus der Dunkelheit – vor allem der seelischen Dunkelheit, dem Zorn, dem Nicht-verzeihen, der Schuldzuweisung – herauszulassen. Hier kann Zank herrschen, aber auch Monotonie und Gleichgültigkeit, die Armut des Geistigen, da die Seelen nicht lernen möchten. Hier liegt es an der Seele, sich durch Eigenentscheidung dem Licht zuzuwenden. Sie muß ihre eigene Erlösung wollen. Sie wird nicht missioniert! Das ist ein „höllischer" Bereich, um hier die irdische Bezeichnung einzubringen.

Die Seele hält sich dort auf, wo sie sich am wohlsten fühlt. Steigt sie irgendwann in höhere Sphären auf, so werden auch die Landschaften weniger, dünner, feinstofflicher, da das Interesse sich langsam von der Materie abwendet.
Die Seele sieht immer ein Licht, kann aber keine Lichtquelle erkennen, so wie ihr auf Erden beispielsweise die Sonne seht. Man hört eine Musik, aber weniger eine irdische Musik, sondern Urtöne, die der Mensch wahrscheinlich kaum als Musik wahrnehmen oder bezeichnen würde, aber man hört Töne, wenn man solche hören möchte.

Dann gibt es Ebenen, in denen sich Wesen aufhalten, die auf irgendwelchen der Billionen anderen Planeten in beliebig vie-

len Ausdrucksformen und Körperhüllen inkarniert hatten – mal feststofflicher, mal weniger. Es gibt Ebenen, in denen sich Geistwesen aufhalten, die nie inkarnieren und natürlich auch solche der Schutzengel oder höherer Wesen.
Eine Seele darf andere Ebenen und Sphären besuchen und auch sehen, was dort vor sich geht – ähnlich einer Reise in ein fernes Land, um zu sehen, ob man eines Tages vielleicht einmal dort leben möchte. Gefällt es einer Seele in einer bestimmten Dimension gut, so kann sie fragen, was an Entwicklung zu tun ist, um dort hinzugelangen. Hier beraten dann wieder begleitende geistige Wesen.

Nochmals möchte ich aber darauf hinweisen, daß die geistige Welt, die verschiedenen Ebenen nicht außerhalb der Erde sind, irgendwo zwischen Erde und Mond oder vielleicht in der Stratosphäre eures Planeten, nein, sie ist nur einen Schritt weit von dir entfernt – egal welche Ebene und welche Dimension es betrifft. Du kannst dich einen Schritt weiter bewegen und bist in der Zwischenwelt oder in der fünften, sechsten oder zwölften Dimension. Es ist nicht die Entfernung, die es ausmacht, es ist eine Frequenz, es ist eine Schwingung, die du wahrnimmst und in die du überwechseln würdest, wenn du es könntest. Es ist alles zur gleichen Zeit hier. Das klingt zwar unglaublich oder zumindest nur sehr schwer vorstellbar, doch ist es so.

Die Kirchen oder die Religionen lehren einen Himmel und eine Hölle. Die böse oder sündige Seele kommt in die Hölle. Was kannst du uns sagen, gibt es eine Hölle?

Nein, diese sogenannte *Hölle* – diesen Ausdruck benutze ich nicht gerne – trägt jede Seele in sich selbst, denn sie hat sich diesen Zustand selbst erschaffen. Nehmen wir einen Menschen, der einen Mord begangen hat. Er kann jetzt durch weltliche Richter bestraft werden. Er könnte sich aber auch herausreden oder ein Rechtsanwalt ist so schlau, daß er ihn herausbringt, daß er nicht weltlich bestraft wird. Aber er hat es getan. Er entkommt dem Geschehnis nicht. Er nimmt es in die geistige Welt mit und wird, wie wir bereits besprachen, damit konfrontiert werden.

Gehen wir aber noch einen Schritt weiter: Warum war diese Tötung in seinem Schicksal, in seinem Lebensplan enthalten? War es wichtig? Hat er jemanden getötet, um das Leben eines anderen zu retten? Hat er im Krieg getötet, anonym, auf Befehl? Oder tat er es aus Haß, aus Lust, aus Gier? Hier gibt es vielerlei Nuancen.
Gehen wir nun davon aus, daß wir eine Seele vor uns haben, die bewußt aus Haß getötet hat, so hole ich diese ab und reiche sie an den Schutzengel weiter.
Nun betrachtet diese Seele ihr Leben und vermag dabei alles wiederzusehen und zu fühlen, was in dem vergangenen Leben geschehen ist – so auch den Mord. Und diese Tat, dieser Mord der damals geschehen ist, blockiert nun die Seele am geistigen Fortschritt. Da geht es momentan nicht weiter.
Diese Seele wird nun permanent mit den Bildern und Eindrükken konfrontiert, die bei der Tötungstat abliefen; und das ist die *Hölle*, wenn du dieses Wort benutzen möchtest.

Doch geht es nun weiter: Jetzt darf diese Seele lernen, sich dieser Untat wirklich bewußt zu werden. Oft wird die Seele dann mit dem Menschen – der Seele des Menschen –, die getötet wurde, konfrontiert. Es werden nun Auflösungsgespräche durchgeführt, begleitet von lichten Wesen.

Die Seele wird nicht verbannt, wenn sie lernen will. Doch will sie nicht und hört nicht auf die geistigen Begleiter, so verharrt sie mit den Bildern der Tötung bei anderen Seelen ähnlicher Schwingung.
Deshalb wird keiner gerichtet. Alles ist innerhalb der Seele. Die sogenannte *Hölle* steckt in ihr, es brennt in ihr, die Bilder zehren an der Seele. Es liegt an der Seele zu erkennen, zu verzeihen und auszugleichen – es ist das Gesetz des Nehmens und Gebens.

Kann man die sogenannte „Hölle" als das bezeichnen, was du eben als die am niedersten schwingende Geistebene erklärt hast; eine Ebene, auf der sich Gleiches gerne mit Gleichem gesellt – Mörder, Verbrecher, Vergewaltiger, Satanisten...?

So ungefähr... Du selbst würdest dort aufgrund deiner Seelenreife nicht hingelangen, auch gar keine Berührung damit haben. Würdest du es dennoch tun, so würdest du dich traurig fühlen, weil du Seelen vorfindest, die nicht lernen wollen, die das Licht nicht sehen wollen, obwohl es direkt vor ihnen ist. Die dortige Schwingung könnte dir zwar nichts antun, doch würdest du eine schreckliche Schwere spüren – ähnlich einem Besuch in einem irdischen Gefängnis oder einem Krankenhaus, bei dem du froh bist, wenn du wieder heraus kannst. Auch dort ist die Schwingung für jedermann spürbar.
Hierzu möchte ich dir noch ein anschauliches Beispiel zur Verfügung stellen: Die verschiedenen Ebenen in der Geistwelt sind alle gleichzeitig da, so wie es in einer großen Stadt Bereiche gibt, die sehr vornehm sind, wo die schönsten Häuser stehen und alles sehr gepflegt ist. Es erklingt schöne klassische Musik aus den Gärten, der Gärtner schneidet die Rosen, die Kinder spielen mit den Haustieren und es herrscht Harmonie.

Nun fährst du mit deinem schönen, neuen Auto durch die Stadt und kommst in Bereiche, die eher dem Gegenteil dessen entsprechen, was du von deinem harmonischen Zuhause kennst – der Bereich, in denen Frauen ihre Körper anbieten, Drogen verkauft werden und Alkohol im Übermaß konsumiert wird. Hier gibt es Menschen, die auf der Straße leben, die betteln und kein Dach über dem Kopf haben.
Du würdest mit deinem Auto vorbeifahren, es wahrnehmen, doch Kontakt mit diesen aufnehmen möchtest du nicht. Warum nicht? Weil es die Frequenz des Dunklen ist, und du kommst aus dem Lichten, aus der Harmonie. Hier stoßen sich die Frequenzen ab, sie schwingen nicht gleich.
Du würdest diesen Menschen gegenüber Mitgefühl empfinden, womöglich macht es dich auch traurig bei all dem Elend, das du siehst und in den Gesichtern der Menschen wahrnimmst, doch helfen kannst du kaum.
Vergleiche dies mit der geistigen Welt, wo du dich ebenso umsehen kannst. Doch du wirst nicht das Bedürfnis haben, dich bei den Seelen aufzuhalten, die dunkler Schwingung sind, welche die Hölle in sich tragen; genauso, wie du in dem gerade geschilderten Bereich einer Stadt nicht bleiben magst.

Es gibt aber auch Ebenen, in denen sich beispielsweise Diktatoren und Tyrannen aufhalten, die nicht immer unbedingt schlecht waren, also bewußt Ungutes verrichteten, doch manchmal sehr brutal regierten, weil sie keinen anderen Weg kannten, um die Menschen des Landes zusammenzuhalten. Auch diese finden ihresgleichen. Dies waren keine unterentwickelten Seelen – sie hatten und haben teils bereits ein sehr hohes Bewußtsein –, doch hatten sie der Macht nicht standhalten können. Auf solchen Ebenen können nun solche Seelen zusammen lernen. Wiederum kann es aber auch sein, daß sie so

lange dort verweilen, bis die letzte Seele, die unter ihnen litt, ihnen verziehen hat. Und dies kann unter Umständen ein langer Prozeß sein.
Es bleibt aber noch eine weitere Möglichkeit, nämlich daß eine solche Seele, die zuvor ein grausamer Herrscher war, nun die Aufgabe hat, wieder zu herrschen, es aber diesmal gut zu machen oder zumindest besser.
Sollte es dazu kommen, daß es die Seele, trotz bester Vorsätze, aber wieder nur zur eigenen Machtgewinnung bringt, kommt sie wieder zurück und hat wieder nicht bestanden. Und die Seele wird wieder eine Chance bekommen... Das ist das Spiel des Lebens, das aus irdischer Sicht oftmals nicht verstanden wird.

Betrachten wir uns hierzu noch ein weiteres Beispiel: Nehmen wir an, wir haben einen Feldherrn, der unter einem grausamen Herrscher dient. Nun zieht dieser zu Felde, um für sein Land und sein Volk zu kämpfen. Er ist ein guter Mann, der seine Soldaten gerecht behandelt, und sein einziger Wunsch ist, als Krieger sein Land zu verteidigen. Die politischen Ränke seines Herrschers kennt und versteht er nicht.
Ist er nun mit seinem Heer ausgezogen, um sein Heimatland zu verteidigen, so hat er ja letzten Endes etwas Gutes getan mit dem richtigen Beweggrund. Er wollte helfen, im übertragenen Sinne.
Und dennoch hat er während des Kampfes die Grausamkeiten geduldet. Hier haben wir wieder die Polarität.

Bereits zuvor erwähntest du, daß du nicht nur die Seelen holst, sondern sie auch bringst beziehungsweise mit dabei bist, wenn die Seele in den physischen Körper eindringt. Wie kann ich das verstehen?

So ist es. Da die kosmische Gesetzmäßigkeit aus Geben und Nehmen besteht, ist eine Bewegung des Holens alleine nicht möglich. In der Unendlichkeit kann ich nur bestehen, wenn der durch mich durchgeführte Vorgang des Abholens auch einen Ausgleich erfährt, nämlich des Bringens oder des Gebens. So wie ich, wie die Struktur meiner Kraft die Energie des Holens aufbaut, benötigt sie, wie bei einem Ein- und Ausatmen, auch das Geben. Ich helfe, die göttliche Struktur in die seelische zu implantieren, damit das neue Lebenskapitel einer Seele geschrieben werden kann.
Ich helfe sozusagen der Seele in den Körper, so wie ein Mann einer Frau in den Mantel hilft. Auf diese Weise helfe ich der Energie der Seele, das Kind zu formen, indem ich das Licht verdichte.
Der Lichtfunke, der das Göttliche verläßt, wird – nimm es so wahr – mittels meiner Hände, der Kraft meiner Struktur, verdichtet, bis sich Materie formt und ein Kind entsteht.

So bringe ich Leben, so nehme ich Leben. So ist der Atem Gottes, der Lichtstrom des Göttlichen, die Beseelung durch meine Arbeit gestärkt.
Es ist das Ausatmen. Vergleiche das Bringen von Leben mit dem Ausatmen, um den Hauch des Göttlichen, den Atem des Einen zu implantieren; diesen Prozeß stütze ich. Da der Göttliche aus sich heraus wirkungslos ist, benötigt er die Hilfe meiner Kraft, die durch ihn geformt wurde.

Das Einatmen bedeutet, daß der Lebenshauch entweicht. So atme ich ein und gebe diese Kraft im Strom, im Fluß, an die Gotteskraft weiter. Stelle dir dieses Strömen vor. Durch mein Einatmen entsteht der Fluß, doch da der Fluß fließend ist, verstärke ich den Fluß. Durch meine Unterstützung des Einatmens zieht sich die Gotteskraft, die ein pulsierendes Element darstellt, zusammen und ist so in der Lage, all deine Erfahrungen Stück für Stück aufzunehmen. So ist alles ein Geben und Nehmen, ein Kommen und Gehen und einer Vibration gleich.

Wie können wir Menschen uns bei dieser Betrachtung das Wesen der Engel vorstellen?

Den Engel gibt es nicht. Die Engelschaft ist an das Göttliche selbst angegliedert. Die Engelschaft in höchster Vollendung – mag es die Erzengelschaft sein – ist dem Göttlichen nah, doch außerhalb des Göttlichen. Wäre die Engelschaft göttlich, also rein göttlich, wäre es Gott selbst. Die Engel sind als Habitus, als göttliche Helfer, als Ausfluß des Göttlichen zu sehen, da es aus sich heraus nichts zu tun vermag.
Das göttliche Gebilde ist ein in sich geschlossenes Gebilde und ist in sich intakt. Immer dann, wenn das Göttliche aus sich geht, wird er sich der Engelkraft bedienen, welche die Aspekte des Göttlichen trägt – allerdings in der Verdichtung des Außerhalb. Das Göttliche selbst ist in sich rein und kann aus sich nur sein, indem es sich verdichtet, dicker wird und so in die Engelhaftigkeit einfließt.
Diese Teile sind in mir, in meinem Tun, bis hinunter in die Verdichtung der Materie. So bin ich als Transformator einerseits vom Göttlichen der Engel geküßt und andererseits vom Seelischen.

(Der Engel des Wandels beziehungsweise Todesengel zeigt sich dem Medium wie ein Kaugummi, den man an die Finger zweier Hände geklebt hat und ausdehnt.)

Ich bin in der Lage, nach unten zu gehen, so wie ich in der Lage bin, nach oben zu gehen. Gespeist werde ich von den Engeln selbst, von der Gotteskraft, denn das, was ich tue, kostet Energie; das, was ich tue, kostet Kraft. Den anderen Teil der Energie erhalte ich während der Arbeit mit der Seele, die ich hole. Direkt gespeist werde ich von oben, und diese Kraft leite ich nach unten weiter. So bin ich als honigsüß zu verstehen, da ich diese Kraft weiterleite.
Meine Aufgabe ist nicht nur, die Seelen abzuholen, sondern auch, das Vergängliche zu begleiten, eure Körper in die Ewigkeit zu begleiten – und auch diese Körper zu wandeln. Dieser fleischliche Körper ist nichts anderes als ein Kostüm, ein Kostüm des Engels, und in seinem Ursprung als göttlich zu sehen. Der Körper geht nicht zugrunde, der Körper wird nicht zerschunden, der Körper wird sich ebenfalls auflösen, um in den natürlichen Bestandteilen seines Selbst aufzugehen. Deshalb begleite ich nicht nur die Seelen, die gehen, sondern ich begleite auch den vermeintlich toten Leib; das, was angeblich bleibt. Das sind die Körper, das sind die Leiber. Ich begleite auch die Leiber, und hier ist es für mich wichtig, tief in der Frequenz und tief in der Transformation zu sein; nämlich den Zellkernen in Erinnerung zu rufen, daß sie voller Leben sind, doch daß das, was sie tragen, körperlich ist. Auch der Körper ist Licht. Auch der Körper ist göttlich. So begleite ich auch den Körper zurück in die Substanz des Seins – ins Ur zurück, in die Urenergie.

Da du soeben die Auflösung des physischen Körpers angesprochen hast, der ebenfalls in seiner Struktur gewandelt wird – durch Verwesung oder Verbrennung –, frage ich mich, ob die Art der Bestattung, zum Beispiel die Feuerbestattung, also das Verbrennen

des physischen Körpers, die Seele in irgendeiner Weise beeinträchtigen kann? Es gibt Berichte von medialen Menschen, bei denen Seelen berichteten, daß sie zu früh verbrannt wurden, also bevor die Seele sich vom Leib gelöst hatte. Kannst du dies bestätigen?

Da muß ich manchmal schnell sein. Wenn Verstorbene durch ein spirituelles Medium berichten, daß durch eine Feuerbestattung der Seele Leid widerfährt, mag das in einzelnen Fällen stimmen. Doch ist das Weggehen, das Sterben, durch den Seelenplan, den Lebensplan bestimmt. Da ich in allem bin, da ich in allem *jetz*t bin, kann ich nie zu spät sein.
Und wenn derjenige, der so etwas behauptet, in seiner naiven Unschuld glaubt, ich bin nicht bei ihm, dann irrt er.
Ich bin immer da, wenn man mich braucht. Ich bin immer zur Stelle, wenn die Zeit reif ist. Es ist wie ein Ventil, das sich automatisch öffnet, wenn der Druck da ist. Ich kann nicht *nicht* da sein, das ist unmöglich.
Wenn ein Mensch im Feuer verbrennt, sei es durch einen Unfall, sei es durch die Explosion einer Bombe oder sei es durch ein Feuer selbst, so ist das ein Vorgang, der in einem Sekundenbruchteil erfolgen kann. Die Feuerbestattung dagegen ist ein Akt der Zeit, der irdischen Zeit. Es ist ein Akt der Ruhe. So kommt es nicht auf den Faktor der Zeit an, in der ich bei der Seele bin, die den Körper verläßt. Dies ist auszuschließen, da ich überall im Jetzt bin.

Das Verbrennen selbst ist oft ein Willensaspekt. Das kann ich der Seele im Jetzt begreiflich machen. Begreift sie den Abschied nicht – zum Beispiel bei einer Explosion –, so kann ich auf eine Weise eingreifen, die ich kurz näher beleuchten möchte.

Aufgrund meines Seins, da ich direkt aus Gott entstanden bin, hat mich das Göttliche ebenfalls mit einer Kraft ausgestattet, die dem Göttlichen gleicht: die Kreisbewegung meines Seins, was es mir gestattet, überall ohne Zeit im Jetzt zu sein.
Aufgrund dessen kann ich, selbst wenn eine Seele nicht bereit ist zu gehen und die Verbrennung ansteht, das Zeitgefüge so ändern, daß ich mit ihr gar eine Woche am diskutieren bin. So unterliegt es meiner Kraft zu verhindern, daß das Feuer auf die Seele übergreift.
Nun mag es aber vorkommen, daß eine Seele zu sehr am Fleisch klebt – an der Materie. In diesem Fall kann es sein, daß ich ihr wie einem kleinen Kind, dem ich zweimal sage: „*Die Kerze brennt*", nicht auf die Finger schlage, sondern es beim Warnen belasse. So spreche ich in Güte, ich spreche in Ruhe. Ich spreche wie du zu deinem Sohn. Doch dann setzt die Erfahrung ein, das heißt, daß es durchaus vorkommen kann, wie bei dem Kind mit dem Finger, daß die Seele sich „*den Pelz verbrennt*".

Doch wird eine Seele nie wirklich in Brand geraten... Da würde mir der Schutzengel ganz schön eins geben *(lacht)*. Die seelische Beschaffenheit führt mit sich, daß eine Seele in Bewegung ist, daß eine Seele durch Erfahrungen geht. Und daher kann es wirklich sein, daß sich das Feuer in die Seele „einbrennt"; daß tatsächlich das Bewußtsein des Verbrennens in die seelische Struktur einfließt. Doch ich nehme das eher etwas leicht, da es eben mit dem Erlebnis des Kindes zu vergleichen ist, das sich die Finger verbrennt.
Aufgrund eines solchen Seelenerlebnisses kann es durchaus sein, daß die Bilder so tief sitzen, daß die Seele sie in ein neues Leben mitnimmt. Es ist daher möglich, daß ein Mensch

träumt, daß er verbrannt wird – oder generell Angst vor dem Feuer hat –, weil er in einem vorherigen Leben den Feuertod starb.

Nun komme ich aber auf die Art der Bestattung zurück: Verbrannt wurde schon immer – seien es die Indianer, seien es die Urvölker oder die Germanen, auch hier loderte das Feuer. Würde es so sein, daß die Seele Schaden nehmen würde, so müßten alle, die verbrannt wurden, dieses Phänomen tragen. Dies ist nicht der Fall. Die Erinnerung kann bleiben, doch die Struktur des Seelenleibes bleibt unberührt.
Erkenne: Ich bringe die Seele ins Licht, bei einem jeden, selbst bei dem, dessen Körper zerfetzt ist. Hier trage ich die Unendlichkeit, die göttliche Beschaffenheit. Hier bin ich in der Lage, egal was ihr in der physischen Welt seht, im Geiste zu wirken, außerhalb des Zeitmoments.
Deshalb erkläre ich: Was ihr im Physischen mit dem Körper anstellt, belastet meine geistige Arbeit nicht. Sehr wohl ist aber unter Umständen die Gefühlswelt belastet. Hier spreche ich aber nicht mehr von der Belastung des Schrecks durch das *Feuer*. Schlimmer ist, wenn die Seele durch den *Haß* belastet ist, wenn der Mensch durch den Haß verseucht ist.
Betrachte einen Menschen mit hohem Bewußtsein, einen Menschen, der die Meditation oder das Gebet pflegt, der seiner Intuition folgt und mit seiner Seele spricht, der an sich arbeitet und stetig seine eigene Frequenz anhebt. Das sind mir die Liebsten, da sie voll Liebe sind, weil sie die Angst vor mir nicht kennen und leicht aus dem Körper gleiten. Leider sind dies nicht so viele im Vergleich zu den anderen.
Diese anderen, die ich hier anspreche, sind jene, die den Körper zwar lieben, doch im Krieg sind – im Krieg mit anderen Völkern, im Krieg gegen andere Nationen oder im Krieg im

täglichen Leben durch Neid, Eifersucht und Gier. Bei solchen Seelen trägt die Seelensubstanz sehr wohl Leid in sich. Vor allem leidet sie, da der Körper verbrennt; und für die Materialisten ist der Körper das, woran sie sich all die Zeit geklammert hatten, da sie an etwas Seelisches und Göttliches nicht glaubten.
Bei der Erdbestattung ist dies anders, denn hier erkennt die Seele, daß ihr geliebter Körper in der Vollständigkeit seines Seins zu Grabe getragen wird und in der Würde der Jahre sich zu dem zersetzt, aus dem er einst erschaffen worden ist.

Nun magst du fragen, welche Art der Bestattung besser ist. Die Antwort kann ich dir nicht geben. Diese Frage kann nur der Mensch selbst entscheiden. Der Mensch kann sich fragen, ob er den Körper so liebt, daß es ihm Schmerzen im Kopf bereiten würde, wenn er an das Verbrennen denkt. Dann sollte er die Erdbestattung vorziehen.
Bist du hingegen in deiner Entwicklung so weit, liebe Seele, daß du den Körper verbrennst, da du im Rauch siehst, daß er in die Göttlichkeit einfließt, dann lasse ihn verbrennen.

Was hältst du in diesem Kontext von dem asiatischen Grabkult, bei dem jedes Knöchelchen richtig zu liegen hat?

Dies ist – verzeihe mir – Unfug. Ein Unfug dann – und so ist meine Antwort im Bereich der Provokation –, wenn nur dem Grab gedient ist. Förderlich ist es hingegen, wenn dem Ziel menschlicher Entwicklung gedient ist.
Das Gedient-sein möchte ich erklären: Es ist im Bereich der Dienerschaft. Was nützen dem Grab die Blumen, wenn du dafür die Erde verwüstest, um die Blumen zu erhalten?

Was nützt es, am Grab zu weinen, wenn du andererseits auf Erden mordest?
Am Grab wird niemals eine geistige Blume blühen, da am Grab nicht die Entwicklung ist. Die Entwicklung ist im Herzen; im Herzen dessen, der geht und im Herzen dessen, der zurückbleibt. Wenn dem gedient ist, so mag der Kult des Grabes nicht okkult sein.
Die Anordnung der Knochen ist wie die Anordnung der Frequenzteile ehemaligen Lebens. Wenn derjenige – der Hinterbliebene – dies tut, um selbst in Ordnung zu sein, dann ist es gut so. Doch kann dies genauso zuhause geschehen, in der Kammer, im Herzen.

Die Anordnung von Knöchelchen, Knochen oder gar Schädeln wird niemals die Evolution der Menschheit nach vorne bringen oder gar in der Frequenz erhöhen. Betrachte nur die Grabstätten irdischen Seins – das kann niemals der Fortschritt sein.
Ich bin nämlich nicht der Sensenmann, der die Köpfe rasiert; ich bin derjenige, der von einer Entwicklung in die nächste weiterhilft.
Diese Gedanken sind es, die hier begraben werden. Ich bin einer, der in der Entwicklung weiterhilft. Der Grabkult zeigt auf, daß hier der Tod nicht verstanden wird und die tatsächliche Bedeutung des Trennens zwischen Geist, Seele und Materie.
Es liegt hier die Konzentration auf dem Schwerpunkt des Schmerzes. Und so erkenne: Der Grabkult dient nicht dem Geist, nicht der Seele und auch nicht dem Körper. Er behindert den Loslaßprozeß der Hinterbliebenen und schafft bei jedem Besuch an der Grabstätte auf ein neues Pein und Schmerz. Wenn du dies wünschst, so tue es.
Dienen tut es aber noch mehr den irdischen Führern der Religionen, doch vor allem den *Schmerzengeln* – da du für mich

den Namen des *Todesengels* wähltest –, den *Schmerzengeln* der dunklen Macht – den *Dämonen* –, die den Grabkult fördern. Sie leben von dem Schmerz, der am Grab gefühlt wird; sie laben sich daran.
Sieh hin und betrachte, wieviel Schmerz, wieviel Pein durch den Grabkult kreiert wird und wie vielfach hier die Multiplikation des Geistes – das heißt des Inhaltes der Gehirne – vonstatten geht.
Ich selbst nenne es deshalb *Hochkult*, es ist eine Art Nichtkult. Doch es wird von der dunklen Seite im Feinstofflichen und auch der dunklen Seite irdischer Macht durchaus gefördert, um das Angst- und Leidpotential derer zu erhöhen, die ein Grab umgeben.
Sieh auch die Trauerfrau, das weibliche Element der Gebärenden, die den Fortschritt auf den Nullpunkt zurücksetzen will, die das Geschehene ungeschehen machen will. Das ist nicht förderlich. Und es bringt nichts.
Erkenne, die Trauerfrau ist die Gebärende des Schmerzes bis hin zur Auflösung desselben. Diese Menschen machen es allen nur schwieriger, mir, dem Schutzengel und auch anderen Menschen. Viel hilfreicher wäre es doch zu hinterfragen, welchen Weg die Seele dessen eingeschlagen hat, der nun bestattet wird. Wohin geht sie? Und diese Frage ist nur im Herzen zu beantworten, nicht durch einen Kult am Grab. Die Seele selbst hat sicherlich mehr Freude, wenn die Hinterbliebenen nicht trauern, sondern ihrer gedenken, wie sie nun im Licht ist, anstatt zu jammern.
Schön finde ich die Idee, daß an jedem Grab ein Buch ausliegt, in dem der Verstorbene vor seinem Dahinscheiden sein Wissen und seine Weisheit niedergeschrieben hat; die Erkenntnisse, die er der Nachwelt hinterlassen möchte. Dies wäre viel sinn-

voller, als die Blumen auf einem Grab zu gießen oder Knochen zu sortieren. So wären die Menschen der Seele viel näher. Denke darüber nach.
Deshalb wäre es besser, einen Toten zu *ent*-decken – durch seine Zeilen, seine niedergeschriebenen Gedanken –, statt ihn mit Erde zu *be*-decken.
Dies geschieht auf anderen Planeten, bei Zivilisationen, die weit höher entwickelt sind als ihr. Wäre dies nicht etwas, das es abzuschauen gälte?
Und dies geschieht auch im Kosmischen, da die Seele beim Wechsel ins Geistreich die Bücherei göttlichen Wissens mit ihrer Erfahrung befüllt – die sogenannte *Akasha-Chronik*.
So kann es sein, wenn dir die Gnade der Allmacht widerfährt, daß du Zugriff zu all dem Wissen aller Leben – nicht nur deiner Leben –, zum Wissen der Gesamtheit aller Wesen hast, die existieren. Die Wissensübergabe geschieht bei allen körperlichen Wesen aller Universen, wenn sich die Seele durch den Weggang aus dem Körper offenbart.
Beginne, dies zu erkennen, um fortwährend im Wissen zu sein, um dir fortwährend der Freude deiner Existenz bewußt zu sein. Beginne, dies zu erkennen, um zu wandeln, um zu wissen.

Was ist der Unterschied zwischen einem Schutzengel und einem Geistführer?

Der Schutzengel ist der Engel, der immer bei dir ist, der die Seele fortwährend begleitet. Geistführer wiederum sind Seelen, die auch schon als Mensch inkarniert waren, die aber die Seele zusätzlich begleiten und bei einer Tätigkeit unterstützen. Sie sind meist zu bestimmten Lebensabschnitten bei der Seele, wenn sie eine bestimmte Art des Berufs oder eine bestimmte Entwicklung durchläuft.

Nehmen wir ein Beispiel: Ist eine Person kaufmännisch tätig, so hat sie üblicherweise eine Seele bei sich, die in verschiedenen Leben als Kaufmann bereits viele Erfahrungen gesammelt hat und ihr in geschäftlichen Belangen sogenannte „Eingebungen" zuführt. Möchtest du, weil du womöglich an einer Sportart Gefallen gefunden hast – zum Beispiel dem Fliegen –, diese nun weiter praktizieren und einen Flugschein machen, dann wirst du vermutlich ein Wesen bei dir haben, das in einem Vorleben schon Pilot war, und dieses wird dir hier zur Seite stehen. Solltest du das jedoch wieder aufhören, so wird sich dieser Geistführer wieder entfernen.
Vielleicht entscheidest du dich, trotz einer anderen beruflichen Laufbahn im Vorfeld, plötzlich noch eine Ausbildung zum Heiler zu machen – Arzt oder Heilpraktiker –, dann wirst du einen Geistführer an die Seite gestellt bekommen, der von einer Ebene der geistigen Welt kommt, in der sich die Mediziner aufhalten, und der dich bei der Behandlung oder Diagnose von Patienten begleiten und führen wird. Du wirst plötzlich eine Intuition empfinden, woher die Krankheit des Patienten rühren könnte oder wie er zu behandeln ist, ohne zuvor etwas darüber gewußt zu haben, und wunderst dich dann, daß diese Idee korrekt war. Diese ist dann höchstwahrscheinlich vom entsprechenden Geistführer eingegeben worden.
In deinem Fall hat sich, als du begonnen hast, neben deiner Ausbildung zum Handwerker, Bücher zu schreiben, dein Großvater väterlicherseits hinzugesellt und dich dabei unterstützt. Du sagtest selbst, daß du plötzlich nicht mehr schlafen konntest und Ideen hattest, wie ein Buch, ein Inhaltsverzeichnis aufgebaut sein soll, ohne dich je damit auseinandergesetzt zu haben. Das war dein Großvater, der dir beim Schreiben hilft. Siehst du, er ist ein Geistführer und führt dich im Geist!

Wer entscheidet, welches Wesen oder welche Seele als Geistführer fungieren wird?

In vielen Fällen der Schutzengel. Ansonsten hat man mit den meisten Seelen bereits vor der Inkarnation beschlossen, wer kommen wird.

Wo ist denn „mein" Schutzengel jetzt?

Er steht neben dir, was denkst du denn?

Es hätte ja sein können, daß er inzwischen die Flucht ergriffen hat... Frage ihn doch bitte einmal, ob er nicht manchmal ein wenig verzweifelt mit mir ist, da ich so ein Abenteurer bin?

Er lacht und sagt, daß er nie verzweifelt ist. Mit dir wäre ihm wenigstens auch nie langweilig. Er liebt dich, und er kennt deinen Lebensplan. Daher weiß er auch, welche Prüfung als nächstes ansteht und was in dir vorgeht. Da, wo deine Schwachstellen sind, da sieht er hin und versucht, Hinweise zu geben, meist über deine Gedanken. An den Schwachstellen wirst du geprüft, und durch die Prüfung reifst du.
Er lacht schon wieder – du hast einen humorvollen Schutzengel – und sagt mir, daß er hin und wieder ein wenig regulieren muß, da du es manchmal recht toll treibst. Aber natürlich nur, wenn du mitmachst, denn du hast den freien Willen.
Er zieht sich jetzt wieder zurück, da er unsere Kommunikation nicht unterbrechen möchte. Er wird dir stets über dieses Medium zu Verfügung stehen, falls du Fragen haben solltest. Er grüßt dich und sagt, daß er dich mit all seinem Sein liebt.

Herzlichen Dank.
Auch wenn er sich jetzt wieder in die hintere Reihe setzt, so hätte ich noch gerne gewußt, ob er sich freiwillig dazu entschlossen hatte, mich zu begleiten oder ob es ein Strafdienst war...?
Wieso gerade ich?

Da er dich beziehungsweise ihr euch aus vielen Leben kennt, von einem anderen Planeten. Er ist deshalb mit dir, da er deine Struktur, die anders als die der Erdlinge ist, kennt. Er kann dich besser führen als andere Geistwesen. Er ist auch ein Abenteurer, doch noch mehr ein Wissenschaftler. Zuvor hattest du einen anderen Schutzengel, doch dieses Leben ist *er* mit dir. Er hat sich deinen Lebensplan angesehen und entschieden, daß das auch für ihn eine Herausforderung und ein Lehrstück ist. Er lacht schon wieder.
Nein, er sagt, es sei ihm eine Freude, dich in diesem Leben zu begleiten. Aber er gibt zu, daß es ihm mit deiner Kultur hier schwerfällt. Es ist ihm zu irdisch. Der Weltraum wäre doch interessanter, und er sagt, du wüßtest, was er meint.

Das stimmt. Somit werde ich es für heute darauf beruhen lassen und bedanke mich nochmals ganz herzlich...

Dann sollten wir es jetzt aber richtig tief einsteigen und den Teil behandeln, den viele gerne ausgrenzen möchten – den dunklen Teil der Schöpfung –, das Schattenreich.

Der dunkle Teil der Schöpfung ist die Frequenz niederen Ursprungs; das heißt niederen Ursprungs irdisch gesehen. Das dunkle Reich, das Schattenreich, ist weit vom Licht entfernt.
Nehme das Schattenreich, nehme symbolisch den Luzifer, die Kraft, deren Aufgabe es ist, dir den dunklen Teil in dir bewußt

zu machen, ihn zu beleuchten. Diese Kraft – nennen wir sie Luziferkraft, da es weder eine Person noch ein Einzelwesen ist – ist die größtmögliche Entfernung vom Göttlichen, das sich von sich selbst entfernt hat. Daher ist die Luziferkraft vom Ursprung her göttlich, doch in der Frequenz hat sie sich so weit wegbewegt, daß sie kaum noch Atem hat. Sie kann kaum noch atmen, da sie so weit von der Gottesquelle entfernt ist, daß sie diese kaum mehr zu spüren vermag. Das ist der Ursprung eurer Kriege, euch zu zerfleischen: die Luziferkraft in einem jeden – in jedem Menschen. Luzifer ist nicht in Gestalt eines Teufels zu sehen, sondern im Gefühlsbereich – Gefühle, weit entfernt vom göttlichen Sein. Deswegen ist es wichtig, das Licht in sich zu entzünden und die Luziferkraft zu verbannen, was bedeutet, sie in Licht zu tauchen.
Ein jeder trägt diese Kraft, das Dunkle, in sich. So ist Luzifer oft der Spiegel der Seele im Sein, die Fratze des Dämons. Die Fratzen der Dämonen spiegeln oft das innere Bild.
Den Teufel, wie ihn die Religionen schildern, den Satan, gibt es nicht. Der Teufel bist du, wann immer du willst und dies zuläßt, wann immer du die Kraft in dir weckst.

Das heißt...

Das heißt, daß du nicht der Teufel bist, wenn du es nicht willst. Es ist eine Entscheidung, das ist Polarität.

Und ist somit Teil des Schöpfungsspiels...

Es ist die Schöpfung. Es ist die Schöpfung wie der Pendelschlag der Entfernung. Als das Göttliche sich aus sich löste, entfernte die Luziferkraft sich vom Göttlichen. Ihr Menschen seid jetzt am Punkt der Umkehr.

So bist du, Jan, einer, der davon berichten kann. Du wirst noch vieles in Büchern schreiben und berichten, jedoch nicht, um die Menschen wachzurütteln – das müssen sie selbst –, sondern es gilt, die Menschen zu lösen. Dies ist der Umkehrpunkt, an dem ihr seid. Sieh es wie eine Pendeluhr. Im Moment seid ihr Menschen bei der Umkehr, da sich nun die Elemente wandeln. Ihr geht in eine andere, in eine höhere Lichtdimension *(gemeint ist der Wechsel aus dem Fische- in das Wassermann-Zeitalter; Anm.d.Verf.)*. Da ihr an diesem Punkt seid, wird sich der männliche Aspekt, die männliche Kraft, nicht rühren wollen. Das männliche Element hat über eine Vielzahl von Erden geherrscht. Wenn du, mein lieber Jan, auf der Erde weiter in der Zeit zurückgehst, wirst du erkennen, daß viel mehr da ist. Nur wird sich das Männliche, das bisher hier lebende, das hier herrschende, dem nicht beugen wollen, das nicht anerkennen wollen, da das Männliche nun vermeintlich an Macht verliert. Doch das ist ein Irrtum. Das Männliche verliert nicht an Macht, sondern gewinnt, nämlich dadurch, daß die Informationen der Zellen gelöst, gelöscht und geändert werden. Die Zellstrukturen sind es, die geändert werden. Hiervon wirst du berichten können.
Da die Zellstrukturen geändert werden, wird das, was gelöscht und gelöst wird, neu informiert sein. Das ist das Neue; das ist das, was dieser Welt den Kummer bringt, weil viele an Altem und Vergangenem festhalten.

Du erwähntest soeben die männlichen Kräfte, die unseren Planeten noch halten und daran festhalten. Diesen Kräften habe ich in meinen Büchern einen Namen gegeben – die Illuminati, die sich selbst als Erleuchtete empfinden, von denen aber andere annehmen, daß sie eher dem Dunklen dienen und ebenso ihre Ziele. Diese wirken seit Jahrhunderten im geheimen, steuern die Fi-

nanzmärkte der Welt über die US-Zentralbank und die Bank of England, setzen Regierungen ins Amt oder lassen sie fallen, und sind diejenigen, die unseren Planeten mehr oder minder in der Hand haben – überwiegend durch ihre finanzielle Macht.

Sie sind die wahren Herrscher über die materielle Welt. Diese geheimen Strukturen ziehen die Fäden im Hintergrund. Die dunklen Fäden spannen sie im Hintergrund wie ein Spinnennetz und wollen damit die Welt erobern. Geht aber nicht... *(lacht)*

Kannst du etwas über sie berichten? Welche Rolle spielen sie im Schöpfungsplan, im Erdenspiel; inwieweit ist ihr Wirken gottgewollt, oder dienen sie nur sich selbst beziehungsweise dem Ego und damit dem dunklen Teil der Schöpfung?

Alles ist gottgewollt! Diese Strukturen sind rein materiell, fleischlich, aufbauend auf männlichem Tun. Deshalb ist es wichtig zu verstehen, was männliches Tun ist. Würdest du sie sehen können, so würdest du sie im Chromosom erkennen.
Diese – wie du sie nennst – Illuminati sind die wahren Herrscher dieser Erde, welche die Erde vom Schatten ins Licht bringen, auch wenn sie sich dessen nicht bewußt sind. Man könnte meinen, daß sie des Teufels sind. Das sind sie, und das sind sie nicht. Sie sind göttlich, so wie die Luziferkraft, das Dunkle, Teil des göttlichen Geschehens ist.
Es ist auf der Erde zu erkennen, daß das Männliche ausgereizt und ausgelebt ist und daß nunmehr das Weibliche kommen muß; das Weibliche, das dann in einem Überschwang von Formen gefeiert wird. Das geschieht, bis eine Sättigung eingetreten ist, und das Weibliche dem Männlichen gleich ist. Wenn das Weibliche nach Jahrmillionen dem Männlichen gleich ist,

beginnt die Verschmelzung, was bedeutet: die Einkehr wieder in den Einen. So war es wichtig, das Männliche auszureizen. So führt das Dunkle schließlich ins Licht, so tun es die Illuminati.

In diesem Zusammenhang möchte ich kurz bemerken, daß es gut ist, daß du bei den spirituellen Medien, durch die du mit mir sprichst, beide Polaritäten gewählt hast, also Mann und Frau, denn genau hier ist die Mitte zu finden. Die Energie der Erde kippt nun etwas, wobei das Weibliche zählend ist. Das heißt, daß die weiblichen Anteile, die bisher zu kurz kamen, stärker werden.

Kannst du bitte noch etwas genauer auf die dunkle Seite eingehen?

Die Lösung vom göttlichen Gedanken begann mit der Lösung des – wie du ihn nennst – Luzifers, der sich aus der Runde der Einheit löste. Hier herrschte der Gedanke der Männlichkeit, hier herrschte nicht der Gedanke der Menschlichkeit. So ist es die Egozentrik derer, die herrschen, die diese Macht größer werden läßt. Doch schau dich um, was geschieht... Der Sturm im Atlantik ließ einst Atlantis brechen; der Sturm in der Karibik läßt den Süden brechen, den Süden des Landes, das du Florida nennst; und der Sturm des Ostens *(Asien; Anm.d.Verf.)* ist der Beginn des Untergangs – nicht der menschlichen Rasse, sondern der männlichen Rasse; damit das „Weib" im Weiblichen Einzug hält. Die Egozentrik stelle dir als Verselbständigung des Fleisches vor. Das Fleisch trägt in der Form des menschlichen Körpers, die Information des Göttlichen. Durch die weite Entfernung vom Gotteskern ist das Fleisch der Wärme entronnen und in der Kälte gelandet. Auf diese Weise ist die Egozentrik, das Kalte, entstanden; das Kalte, das sich aufbaut, gleich einem Gletscher, der wächst.

Dem gibt nun Gott Einhalt. Erkenne die Welt, die bebt, denn die Welt ist Leben. Die Ausuferung, die Kriege, sind die Egozentrik. Dem gibt die Schöpferkraft Einhalt – jetzt. Deswegen wird nicht nur die Erde rebellieren, sondern werden auch die Frequenzen nicht mehr sein.
Beginne zu erkennen, daß dem, was ihr Computer nennt, und dem, was des Nachts über den Äther schleicht, auch Einhalt geboten wird. Es ist zuviel. Die Frequenzen menschlichen Tuns, die Egozentrik menschlichen Wissens, des Könnens, dem wird Einhalt geboten von den Frequenzen des Lichts, da diejenigen, die aus dem Weltraum, und die, welche über dem Raum über euch wachen, bald nicht mehr in der Lage sind hinunterzusehen. Es ist ein heilloses Durcheinander, was nun entwirrt wird. So nimm für deine Bücher die Illuminati als die Egozentrik, als die Verselbständigung des Fleisches vom Gottgedanken weg. Dies geht jetzt zurück.

Dies ist auch der Grund, weshalb du in Bälde auch diejenigen wiedersehen wirst, die in Raumschiffen diesen Planet be- oder überwachen. Es kommt jetzt die Zeit; die Zeit, in der du erkennen wirst, selbst von solch einem Schiff gekommen und selbst hier auf der Erde gelandet zu sein.

So kann man sagen, daß die Illuminati selbst Teil des Schöpfungsplanes sind, deren Aufgabe es ist, und die auch gar nicht anders können, als das Männliche im Extrem auszuleben.

Sie leben aus – vernimm ein *„Ja"*, ohne es verstehen zu müssen, ohne, daß die Menschen es verstehen müssen. Es ist eine Notwendigkeit, die Erde zurückzuführen, da nicht alle in ihrer Entwicklung auf einer Ebene sind.

Momentan haben wir den Trend auf der Erde, daß alles über Computer gesteuert wird. Es ist eine Weltregierung geplant mit der Bezeichnung „Neue Weltordnung"; man hat bereits damit begonnen, Menschen kleine Computerchips einzupflanzen, um alles auf der Welt kontrollieren zu können und zu überwachen, was wiederum auf die Illuminati zurückgeht. Wie siehst du diese Entwicklung und wie beurteilst du sie?

Dieser Ausuferung wird Einhalt geboten, da die Weltmacht nicht mehr dem Manne gehört. Die Ausuferung hat bereits begonnen, weshalb nunmehr viele gehen werden – so auch durch tragische Ereignisse –, um neu geboren zu werden, zum einen im kosmischen Reich, um dem Planeten Erde Energie zu senden, zum anderen im Irdischen, um als Kind neu geboren zu werden.
Die Menschen, die nun gehen, werden diejenigen sein, die neu kommen, um das Äußere, den Kosmos, mit dem Inneren der Erde zu verbinden.

Die jetzige Entwicklung ist von der geistigen Welt nicht gewollt. Viele Teile der Erde werden überschwemmt sein mit dem, was ihr Chip nennt. Doch das große Vorhaben, daß ein jeder an jedem Ort der Welt verfügbar, kontrollierbar und überwachbar sein wird, das kann nicht sein. Es wird die Technik versagen.
Doch man arbeitet noch fleißig daran. So wird beispielsweise die Gerätschaft, die man jetzt gerade auf euren Straßen eingesetzt hat, nicht nur verwendet werden, um von den großen Fahrzeugen (LKW) Gebühren zu nehmen, sondern sie wird schon bald dazu verwendet werden, alle zu erfassen, die sich auf den Straßen bewegen. Das war von Anfang an so geplant.

Der Umbruch der Erde hat begonnen. Diejenigen, die du die Illuminati nennst, schlagen nun über die Stränge, da sie in der Angst des Verlustes sind und da sie den Umbruch der Zeit erkannt haben.
Die Zwangsläufigkeit dieses Handelns wird Regierungen stürzen und auch die Macht der Illuminati.
Eine Weltregierung soll nicht sein – nicht auf diese Weise. Es wird eine Weltregierung geben, doch die Welt ist noch nicht reif, da der Machthunger noch zu groß ist.

Nun, ich frage deshalb, da ich immer wieder von Lesern gefragt werde, wie es denn in Zukunft aussehen wird, wie weit diese geheimen Organisationen und Strukturen ihre Ziele umsetzen werden. Viele haben Angst vor dieser Zukunft...

Niemand braucht Angst vor dem zu haben, was kommt, denn das, was ihr jetzt erlebt oder erfahren habt, das ist das Normalste, was es gibt! Es ist das Spiel des Lebens, ein Kommen und Vergehen, ein Versuchen und Prüfen – es ist das ewige Spiel von Macht und Mächtigsein und dieses wieder aufzugeben für die Liebe.
Die Berge können wandern; die Meere können steigen; die feuerspeienden Berge, die längst erloschen sind, können wieder aktiv werden; die Kontinente können wieder auseinanderreißen, sie können auch näher zusammenkommen; Inseln, die untergegangen sind, kommen wieder; Völker, von denen ihr keine Ahnung habt, die bisher verborgen lebten, können plötzlich auftauchen, ebenso die Reste von Gebäuden aus längst vergessenen Zivilisationen. Alles ist möglich.
Und plötzlich kann das Spiel der angeblich Mächtigen ganz schnell zerfallen. Nicht zu vergessen das Eintreffen von Besuchern, die aus dem Weltraum kommen. Nichts wird dann blei-

ben, wie es war und es sich manche in ihren Träumen vorgestellt hatten...
Das ist das Risiko des Planeten Erde. Und wiederum ist es doch kein Risiko, denn die Seele eines jeden Menschen, Tieres oder einer jeden Pflanze liegt in der Hand des Ewigen, der liebenden Schöpferkraft. Und es wird nicht bestraft, und es wird nicht irgendetwas Böses aus Rache ausgelöscht. Ebenso bei dem Wort *Sünde*: Es ist falsch; es gibt keine Sünde und auch keine Erbsünde, da eine Seele nur für das verantwortlich ist, was sie selbst begangen hat.

Ich weiß, daß die Menschen dazu neigen, sofort zu bewerten, zu beurteilen und zu richten. Und dann kommen die falschen Priester und die falschen Propheten, und die haben alle nur eines im Sinn: Vernichtung, Rache, Vergeltung, Sünde... Und das ist nicht in Ordnung. Seht euch vor!

Immer wieder gibt es Berichte von Erlebnissen, bei denen es offenbar zu Besetzungen durch dunkle Wesen kam – sprich eine Person, jung oder alt, hat eine Fremdenergie an sich haften, die ihr Tun beeinflußt.

Besetzungen sind häufig. Besetzungen sind wie Besatzungen – wie im Kleinen, so im Großen. So nimm als Beispiel die Besetzung eines Landes, bei der jemand schwach ist, jemand verliert und im Verlust ist. Nimm dein Land, das den Krieg verloren hatte – vielleicht war es sogar bestimmt, daß der Krieg von Anfang an verloren war. Nimm als Beispiel dieses Land, es wurde von vielen Nationen besetzt. Nimm den Irak, der jetzt besetzt ist oder andere Länder. Auch diese wurden besetzt – warum? Weil sie schwächer waren als die Besatzer. Nimm dies nur als Beispiel.

So gesehen ist im Irdischen auch der Körper Besetzungen ausgesetzt, und zwar dann, wenn er schwächer ist als derjenige, der ihn besetzt. Dies ist *ein* Punkt. Deswegen sind viele, die psychisches Leid erleben, Besetzungen ausgesetzt. Es sind viele besetzt, die in Sensibilität sind, die schwächer sind als die Erdfrequenz, da die Erde stark auf sie drückt. Ein sensibler Mensch auf Erden, der eine höhere Frequenz trägt, ein feineres Nervenkostüm hat, dessen Nerven werden oft vom Irdischen belastet, wenn die schwere Erdfrequenz darauf drückt. Diese Menschen werden dann etwas schwächer und durchaus besetzt. Das ist eine Normalität. Das kann man erkennen und ausgleichen, indem man eine Ablösung durchführt.
Doch dann beginnt der Unfug menschlichen Tuns – es wird abgelöst, seltenst aber aufgelöst. Das bedeutet, die Ablösungen schwirren im Kosmos umher, vergleichbar mit Mücken und Fliegen in einem Zimmer. Dann prallen sie von Wand zu Wand und mitunter dann wieder zurück an den, von dem sie gelöst worden sind, oder sie beginnen, woanders zu haften. Die Menschen sind im Prozeß der Ablösung fleißig, doch nicht ausdauernd. Sie sollen auflösen. Es bedarf der Auflösung. Das ist ein Aspekt.
Nehmen wir den Begriff des Luzifers, so kann man durchaus sagen, daß es die Abspaltungen der Luziferkraft sind – Dämonen –, die sich an einen sensiblen Menschen anhaften können. Das bedeutet, daß sich in der Tiefe des Luzifers, in der Frequenz, Abspaltungen ergeben, die durchaus einen gesunden, kräftigen Menschen besetzen können, und zwar dort, wo er Schwäche trägt; dort, wo er es zuläßt; dort, wo er sich behaften läßt. Das ist ein weiterer Aspekt.
Werden solche Besetzungen, solche Dämonen, aufgelöst, so gehen sie ins Licht. Dies ist ein sehr wichtiger Punkt, und des-

halb sind Besetzungen auch durchaus notwendig, damit der Luzifer an Kraft, an Größe verliert, wenn diese Teile von ihm ins Licht gehen. So, wie die Erde, die dem Göttlichen zuschwebt, verliert der Luzifer an Kraft, da er Teile von sich freigibt, die nicht aufgelöst sind, die im Raum umherschwirren und so durchaus an lichten Wesen, an Menschen haften und sie besetzen. Das ist ein energetischer Vorgang.
Das ist ein dritter Aspekt.

Ein vierter Aspekt ist der der Krankheit, die man selbst für eine Inkarnation gewählt hat und bei der man auch eine Besetzung von Geburt an mitnimmt. Und ein weiterer Aspekt ist, daß der Luzifer abgibt, um zurückzuerhalten. Das heißt, er will sich stärken. Das ist der Kampf. Es ist der Kampf, in dem das vermeintlich Böse, das Niederschwingende, an Kraft gewinnen möchte, so wie auch das Licht an Kraft gewinnen möchte. Das ist der Krieg der Völker auf Erden. Das ist der Krieg der Deutschen mit den Franzosen, der Krieg der Indianer mit den Kolonialisten... So, wie im Geist eine Art Konkurrenz geführt wird, so wird auch auf Erden in einer Art Konkurrenz gelebt. Hier stärkt der Luzifer seine Kraft – die niedrige Frequenz –, die stärker sein möchte; und hier gebietet Gott Einhalt.
Dies geschieht in der Form, daß der göttliche Aspekt dem Menschen hilft, in Entwicklung zu sein. So sind diese Besetzungen – ich nannte nun mehrere Aspekte –, sehr vielseitig.
Beginne zu verstehen, daß eine weitere Art der Besetzung in gewisser Weise ich selbst bin. Da du mich spürst, besetze ich dich. So, wie deine Partnerin dich besetzt, alleine wenn du an sie denkst. Das heißt, da die Menschen sensible Wesen sind, werden sie immer spüren, daß da etwas ist, das an ihnen heftet. Es sind immer Besetzungen, die sie haben – unausweichlich –, da sie alle miteinander verbunden sind.

So ist dies auch eine Art Sprachhürde – Besetzung und Besatzung –, diese Begriffe sind vielfach belegt. Es ist ein Spektrum. Diese Möglichkeiten nenne ich dir.

Diese Abspaltungen der dunklen Kraft – der Luziferkraft –, diese dunklen Wesen, welche die Menschen besetzen, kann man auch als Dämonen bezeichnen...

Sehr wohl...

Man kann sie aber auch als Prüfungsengel bezeichnen, denn solch eine Besetzung eines Menschen geschieht ja nicht zufällig, sondern die Kraft prüft ihn, ob er stark genug ist und genügend Licht in sich hat.

Bewußt und gezielt! Zum einen wird der Mensch geprüft: Es ist das irdische Element. Bezeichne es lieber als ein Schauen, inwieweit das Energievolumen Kraft trägt; inwieweit es das Seelenwesen geschafft hat, Kraft zu tragen und gleich einem Gewichtheber zu prüfen, ob die Muskelkraft reicht, die Schwere eines Gewichtes zu heben – wobei sich hier wiederum die Frage nach dem Sinn stellt. Worin liegt der Sinn, Gewichte zu heben?
Der Sinn des Hebens ist es, kräftig und stark genug zu sein, unter anderem, weil aufgrund dessen dann die Art der Engelschaft, die dich führt, wechselt, was bedeutet: Immer dann, wenn ein Kapitel des Lebens, der Entwicklung, der Evolution des Bewußtseins am Abschluß ist, erfolgt irdisch gesehen eine Prüfung gleich dem Studium einer Wissenschaft. Im Kosmischen wird getestet, ob der Prüfling, der Mensch – gar du selbst – die nächsten Schritte alleine gehen kann. Kann er in

seinem Sein höher steigen und in neuem Bewußtsein stehen und mit neuem Bewußtsein auch umgehen? So erfolgen in euren Worten *Prüfungen*, ob der Mensch dem gewachsen ist. Und in solchen Prüfungen fühlt sich der Mensch alleine. Doch er ist nicht alleine. Das Gefühl des Alleinseins während einer Prüfung ist stark, weshalb du auch während einer irdischen Prüfung immer alleine bist. Dies geschieht, um zu zeigen, was du selbst kannst, und nicht, um des Nachbars Wissen zu reflektieren, von dem du abgeschrieben hast. Deshalb sind die Vokabeln einer Sprache auch nur von dir selbst zu erlernen. Das, was in dir ist, *ist*. Darum erkenne, daß die Abspaltungen des Luzifers bedeuten, daß etwas nicht aufgelöst ist.
So wirst du, der geprüft wird, gefragt, was dich im Raum umgibt, was um dich herumschwirrt. Daher sollte das Vertrauen in die Gotteskraft vorherrschen, das Erkennen der Fähigkeit, das im Raum Schwirrende aufzulösen – und laß es Fratzen und Dämonen sein. Die Aufgabe ist die Auflösung und nicht der Schrei der Angst, um es zu multiplizieren, damit der Raum noch mehr in Dunkelheit versinkt, bis dann die Engel des Lichts kommen und bemerken, daß es zu früh für den Schützling war.
Wann immer Dämonen kommen, fülle sie mit Licht, damit sie sich auflösen. Mit Licht füllen heißt nicht, sie *ins Licht* zu schicken. Den *Weg ins Licht* – kennst du ihn? Kein Mensch kennt den Weg ins Licht, doch alles wird ins Licht geschickt...
Beginne – und du wirst beginnen, denn die Prüfungen sind das, was um dich ist –, das, was um dich herum kein Licht ist, am Ort des Geschehens zu beleuchten. Beginne, dies mit dem Lichten zu füllen, damit es sofort *im Licht* ist; damit es aufgelöst ist. Daher kann ich deine Frage, ob es denn eine Prüfung sein kann, größtenteils mit „*Ja*" beantworten.

Keine Prüfung ist es hingegen, wenn du es dir selbst wählst; wenn du den Weg des Teufels, den Weg der Last, der Schwere, der tiefen Schwingung wählst. Wenn deine Gedanken ins Dunkle absinken, dann ist es keine Prüfung, denn dann ist es von dir gewählt.

Das heißt, wenn jemand zornig ist, haßt, aggressiv ist, dann zieht er diese Kräfte an.

Er verstärkt sie dadurch. Der Ausbruch des Zorns ist ein Ausbruch von Aggression, ist ein Wärmepol, der erhitzt ist, und ist gleichzeitig auch der Anspruch von Macht. Wenn jemand auf diese Weise Macht erhöhen möchte, wird er sich der dämonischen Kraft bedienen können, nämlich dadurch, daß die Macht erhöht wird, indem einem anderen Menschen Angst gemacht wird – durch Dämonen, durch das Dunkle in der Nacht. So kann dies durchaus sein.

Du sagtest, diese dämonischen Kräfte aufzulösen, geschieht dadurch, daß man sie nicht ins Licht schickt, sondern versucht, die Situation zu beheben beziehungsweise die Prüfung zu bestehen, indem man Konflikte friedvoll löst.

Und zwar deshalb, weil du selbst Licht bist. Du kommst hier in die Aktion des Tuns. Du wirst nicht das Dunkle bei der Hand nehmen und weiterreichen, sondern du wirst, da du in die höheren Bewußtseinsstufen, in die höchsten Bewußtseinssphären überwechselst, mehr denn je in der Lage sein zu erschaffen, zu schöpfen und somit selbst aufzulösen. Du wirst es selbst wollen, um zu erkennen, daß du dem Schöpfer gleich bist – auch du kannst schöpfen.

Du wunderst dich, wenn deine Wünsche in Erfüllung gehen. So gibt es Bücher über Wunder und die Kraft des Wünschens und des „Wie-wünschens“, damit es in Erfüllung geht. Dies sind nun die Aspekte des Tuns, des sofortigen Tuns. Da du im Bewußtsein mehr denn je ins *Jetzt* rückst, wirst du nichts wegschicken wollen, damit es in ferner Zukunft in Erfüllung geht, sondern du wirst in der Aktion des Selbst-Tuns sein, um im *Jetzt* zu lösen – sofort!
Das ist deshalb möglich, da du im Bewußtsein steigst. Der Horizont wird weiter, doch das Spektrum des Tuns wird schmaler. Es wird nichts mehr weggegeben, nach dem Prinzip: *„Da geh‘ hin und löse dich!“*, *„Ich schicke das Dunkle zu Jesus, der wird sich schon kümmern...“*, sondern alles wird im *Jetzt* sein, in der Aktivität. Dies werden die Menschen, die den Geistweg gehen, mehr denn je begreifen und damit beginnen, durch den Eintritt in die neue Zeit ihren Horizont zu erweitern. Das Horizont-Erweitern bedeutet, daß sich die Energiezentren der Menschen, der menschlichen Kultur, nach oben verlagern. Ihr kommt in die neue Zeit, was bedeutet, daß das Bewußtsein, das Überbewußtsein und der Weitblick geschärft werden. Die Menschen werden ihren Horizont erweitern, da das Dritte Auge im Pulsieren stärker wird. Da man mehr wahrnimmt, wird man sehend; da man sieht, will man handeln; da man handelt, handelt man im Jetzt, und so wird die Auflösung im *Jetzt* sein. Das heißt, die Aktion, die Bewegung und der Fortschritt gehen zwar weiter, jedoch sind es vor allem die Dinge, die in sich *hinein*-gehen, was bedeutet, daß das *Jetzt*-Bewußtsein wächst.

Viele Menschen haben sich Anhaftungen fremder Energien zugezogen, da sie in Lebenssituationen sind, die sie nicht bewältigen

oder glauben, nicht bewältigen zu können, sprich Partnerschaftsprobleme oder Probleme am Arbeitsplatz, in der Familie, im Sportverein, denen sie sich nicht stellen, sondern vor deren Konfrontation und Entscheidung sie flüchten. Sie empfinden Wut, Haß, Aggression oder Depression, weil die Probleme nicht gelöst, sondern aufgeschoben werden, und ziehen dadurch fremde Energien an. Aufgrund dieses Unglücklichseins und dieser Gehemmtheit, aber auch eben aufgrund der Probleme in Partnerschaft und Beruf, können diese der Auslöser sein, daß dunkle Kräfte kommen, um den Menschen zu prüfen.
Ich frage nun nochmals, um sicher zu gehen, daß ich es richtig verstanden habe: Wenn die Person im Hier und Jetzt ist und die Partnerschaftsprobleme oder die am Arbeitsplatz mit dem Vorgesetzten jetzt löst oder mutig wird und neue Bewerbungsschreiben losschickt, um endlich wieder einen anderen Arbeitsplatz zu bekommen, oder wenn jemand sich mit dem Gegner aussöhnt – in Liebe –, dann verlassen ihn auch die dunklen Wesen wieder, da er die Prüfung bestanden hat und sich veränderte – zum Positiven.

Im weitesten Sinne ja. Das Feld, das deine Frage betrifft, ist sehr groß. Das Pech – der Dämon der Menschheit – ist das Unglück, das Unglückliche an sich. Die Menschen sollten das Glückliche suchen, das *Ich*-Glück – die Festigkeit, die Stabilität. Im Moment selbst, im Geschehnis des irdischen Treibens ist es soweit, daß die Erde eine höhere Energieschicht in der Frequenz erreicht hat. Das bedeutet, daß der Mensch selbst die Erde bei diesem Aufstieg begleitet und jetzt erst auf diesem Plateau höheren Bewußtseins richtig Platz zu nehmen beginnt. So kommen viele mit einer hohen Medialität und Sensibilität zur Welt – mit der Gabe des Sehens, des Hörens und des Fühlens. Doch sie sind in Ungewißheit darüber. Da nun die Erde in das höhere Frequenzfeld wechselt, wechselt auch der

Mensch in das höhere Frequenzfeld und muß das Stehen lernen. In diesem Stadium kann er leicht die Sicherheit verlieren, da er noch nicht gelernt hat, auf beiden Beinen zu stehen. Viele stehen auf einem Bein und strecken das Haupt in den Himmel empor. In dieser Position sind sie auseinandergezogen und in Instabilität. So bedarf es vieler Mühen des Kosmos, ihnen klar zu machen: *„Begreife, daß du auf Erden stehst; begreife, daß du auf Erden bist, um irdisch zu sein."*

Viele, die nun kommen, viele, die gekommen sind, die jetzt im Leben stehen, haben diese Fähigkeit so noch nicht erlernt, weshalb der Kosmos ruft, weshalb jeder Schutzengel ruft: *„Erde dich!"* Und so kann es durchaus sein, daß die Erde zum Teil entzogen ist und daß die Menschen durch den Fall – da sie nicht geerdet waren – in einer Depression und damit in der Dunkelheit landen, um dann verzweifelt den Kopf ins Licht hineinzuheben, um den Weg hinauszufinden. Mit der Aussage, daß sich die Besetzung löst, wenn jemand in Aktion kommt und in Liebe die Konflikte löst, hast du recht.

Doch Liebe, vergleiche es hier mit der Mutterliebe, kann auch die kompromißlose Vehemenz des Durchsetzens sein. Es sollte im Einklang mit allem sein, dann wird gelöst. Und in Liebe auf etwas zu verzichten, heißt auch nicht unbedingt, es zu lösen – ein Problem zu lösen. Ist jemand jedoch in Aktion und tut etwas, so wird auch erfüllt, und er ist in der Erfüllung. Das ist ein Weg dorthin.

Die Wege sind so vielfältig, daß hunderte von Büchern darüber geschrieben worden sind. In der Tendenz hast du recht, doch würde ich es in der Ausformulierung noch etwas weiten.

Versuche, die Szene in der Vorstellung einfach ein wenig neutraler zu sehen: Sieh das besetzende Wesen als Prüfungsengel; diesen Begriff hast du vorhin eingebracht. Sieh es wie einen strengen Lehrer, der den Schüler prüft, ob er in seiner Situation verharren und zugrunde gehen will oder eine Veränderung seiner Verhaltens- und Denkweise herbeiführt. Die dunkle Anhaftung prüft gleichzeitig durch ihr Wirken auch das Umfeld der Person – den Arbeitsplatz oder die Familie –, und dann kommt es darauf an, ob der Prüfling der Versuchung – also der Stimme des Prüfungsengels, des Dämons – erliegt oder nicht. Wird die besetzte Person ihr Leben verändern und sich von den Ängsten oder Suchtstoffen lossagen, so wird die Anhaftung wahrscheinlich verschwinden, da ihre Aufgabe – die Prüfung des Menschen – vollzogen ist und der Mensch die richtige Entscheidung getroffen hat. Das kommt jedoch auch auf den Lebensplan an.

Ist der Prüfling nicht stark genug, kann es sein, daß die Anhaftung, die Besetzung, ihn bis in den Tod treibt. Dann hat er die Prüfung nicht bestanden.

Doch vergiß dabei nie, daß er zur gleichen Zeit auch mehrere Engel neben sich hat und sich weigert hinzuhören. Er hat die Wahl, jeder hat sie.

Deshalb kann der Mensch nicht sagen, daß er seinen Schutzengel nicht hören würde – jeder Mensch hört die Stimme des Engels. Die meisten nennen es dann *„schlechtes Gewissen“* und wissen in der jeweiligen Situation ganz genau, daß sie wider dem Guten handeln und der Stimme des Besatzers, der Stimme des Dämons gefolgt sind. Der Mensch hat immer, zu jeder Zeit, den freien Willen und die freie Entscheidung!

Sollte er sich dazu entscheiden, sich von dem destruktiven Verhalten und Denken loszusagen, so kann er hier auch von anderen Menschen Hilfe erhalten. Es gibt Menschen, die Flüche entfernen können und auch Häuser oder Orte von fremden Energien reinigen können. Vorsichtig sollte man hingegen bei dem sein, was ihr Exorzismus nennt. Der Exorzismus ist wieder Zwang. Und wo Zwang im Spiel ist, da weicht nur wenig. Da beim Exorzismus die Besetzung durch eine fremde Person – also nicht durch eine Veränderung der betroffenen Person selbst – beseitigt wird, ist die Wahrscheinlichkeit groß, daß der Dämon zurückkehrt und seinen Dienst weiter verrichtet. Nur, wenn die Entscheidung zu einer Lebensveränderung durch die Person selbst erfolgt, kann die sie prüfende Kraft von ihr lassen.

Es geht nur durch die Liebe... Und Exorzismus ist keine Liebe.

Siehst du...! Und beim Exorzismus kann es sehr brutal und heftig zugehen. Oftmals weicht die besetzende Kraft zurück und lacht, da es auf diese Weise nicht funktioniert. Der Geprüfte versucht, sich der Prüfung zu entziehen, und das ist nicht möglich! Nach der Gesetzmäßigkeit der Anziehung kommt der Besatzer zurück, wenn der Prüfling noch Angst hat. Die Angst zieht das Dunkle an. Verständnis und Liebe sind es, die lösen können. Doch hierzu benötigt es Wissen, um damit umgehen zu können. Deswegen schreibst du Bücher, um hier Licht ins Dunkel zu bringen.

Sieh es nochmals anders: Sieh den Dienst, den die dunkle Kraft an dir verrichtet. Vergiß nicht, daß es immer ein Geben und Nehmen ist. Indem sich der Prüfling der Prüfung stellt, erhält er etwas hinzu. Vergleiche es mit einem großen Krieger, sagen wir einem Schwertkämpfer: dieser wächst an seinen Gegnern. Er fängt mit einfachen Gegnern an und stellt sich dann immer stärkeren. Und je stärker er wird, desto stärker werden auch

die Gegner. Und er wächst an ihnen und wird mutiger, kämpft besser und wird auch mehr Ruhm erhalten.
Dies war ein Beispiel für Kampf. Das gleiche finden wir auf der Seite der Friedfertigkeit. Es ist leicht, jemandem zu vergeben, der einem nur wenig Schaden oder Leid zugefügt hat. Je schmerzvoller aber die Erfahrung ist, desto schwerer fällt es zu vergeben. Gelingt es dir jedoch, auch in schwierigen Situationen zu vergeben und weiterzugehen, so wächst das Licht in dir, wächst der göttliche Same in dir, und wo immer du hingehst, geht das Licht in dir mit dir, und die Menschen werden es spüren!

Nun möchte ich nochmals auf dein direktes Tätigkeitsfeld zurückkommen. Hast du selbst mit diesen dunklen Wesen – den sogenannten Dämonen – etwas zu tun? Ich nenne ein Beispiel: Du holst eine Seele ab, sei es in einem Krankenhaus, bei einem Unfall oder bei einem Verbrechen, und die Seele hat eine Besetzung an sich, die sie womöglich auch in diese Situation gebracht hat – nach dem Motto: „Stich endlich zu und töte ihn..."
Wie gehst du damit um, löst sich nun die Besetzung? Was tust du, wenn die Besetzung noch da ist, wenn du die Seele holst?

Eine Besetzung ist häufig da. Eine Besetzung ist bereits im kleinsten Bereich gegeben, und zwar dann, wenn die Angehörigen dasitzen und weinen. Hier nehme ich die Trauer weg, die sich in dem sterbenden Menschen befindet, ich ziehe sie zur Seite, damit die Seele heimgehen kann. Das heißt, hier löse ich diesen Akt der Besetzung gegenüber der Seele mit Liebe auf. Da ich dies mit Liebe auflöse, fehlt es plötzlich, weshalb es häufig der Fall ist, wenn etwas fehlt, daß das Gefühl des Verlustes bei den Hinterbliebenen noch stärker ist und die Trauer sich ebenso verstärkt. Das ist ein Frequenzproblem, dessen

weiterer Behebung ich mich nicht annehme. Dies darf ich an die geistigen Führer derer abgeben, die bleiben – an die jeweiligen Schutzengel.
Sollte ein Verbrechen, wie du es nennst, durch Besetzung ausgeübt worden sein, da der Ausführende – nehmen wir an – die Prüfung verliert, so ist es der Dämon, der sagt: *„Ich habe gewonnen!"* Der Dämon mag gewonnen haben, doch ist der Mensch nicht unbedingt der Verlierer. Hier den Übergang – die Brücke ins Licht – zu schlagen, ist schwierig. Hier bedarf es göttlicher Ansprache, wie zu verfahren ist. Oftmals – und das ist interessant – gesellt sich der *Engel der Gnade* an meine Seite. Der *Engel der Gnade* – das Licht des Göttlichen, das in seiner Helligkeit sogar mich durchströmen kann –, umhüllt im Augenblick meines Erscheinens denjenigen, den ich zu holen gedenke. Und hier findet ein Gespräch der drei statt. Es ist die Dreieinigkeit. Es ist das Ur-Funktionsprinzip göttlichen Seins. Hier kann es durchaus sein, daß derjenige, der gehen sollte, eine Chance bekommt, die Gnade der Wiederholung. Das ist ein Akt des höchsten göttlichen Aspektes – der Liebe. Wenn der *Engel der Gnade* nicht kommt, löse ich die Besetzung auf, da ich „gnaden-los" bin. Ich löse auf, da dies mein Tun ist – im Auftrag des Göttlichen.

Das heißt, du löst die Verbindung.

Ich löse die Verbindung.

Und der Dämon? Geht er zurück?

Ich löse die Verbindung, damit die Seele von der Last befreit ist. So führe ich die Last – den Dämon – zur Seite, mit meiner Hand, das wie ein Schwert fungiert und trennt. Ich führe ihn

zur Seite, um die Seele zu lösen. Doch erkenne, daß auch ich nicht vollkommen bin, da ich nicht Gott bin. Es ist durchaus möglich, daß sich Teile des Dämons mit Teilen der Seele so verbinden und verstricken, daß hier eine Heilkraft notwendig ist. Das bedeutet, daß die Seele in der Gänze ihres Seins, bis auf ein Reststück, das vom Dämon behaftet ist, von mir in das lichte Reich hinübergeführt wird und daß der andere Teil, den ich nicht zu lösen imstande bin, zeitweilig noch auf Erden bleibt. So kann man diese Seelenteile als erdlastig bezeichnen, als erdgebundenes Geistwesen, das noch für eine gewisse Zeit auf Erden „humpelt". Und dies kann für sensible Wesen eures Planeten durchaus ein Fallstrick sein, denn dieses „humpelnde" Wesen sucht sich häufig einen sensiblen und geistig beweglichen Menschen aus. Deswegen kann es hier durchaus zu Verstrickungen und Vernetzungen kommen. In solch einem Fall ist die Liebe und die Güte des schützenden Begleiters – des Schutzengels –, gefordert, es abzuwerfen. Das heißt nicht, daß ich hier machtlos bin, aber es bedeutet, daß es derart feine Verstrickungen gibt, die ich alleine nicht lösen kann. Hier benötige ich Helfer.
Daher ist es möglich, daß es – in eurem Sprachgebrauch – *erdgebundenes Seelenfleisch* gibt. Hier wird der Gottesaspekt wirken, um es zu beseitigen. Da die irdische Zeit eine kurze Frequenz-Zeit ist, ist es im kosmischen Sinne unerheblich, wann dies geschieht – der Knoten wird auf jeden Fall gelöst, früher oder später. Im Irdischen kann es viele Jahre haften, doch im Kosmischen ist es eine kurze Zeit. Sollte ich es tatsächlich alleine nicht schaffen, dann wird es durch den göttlichen Aspekt gelöst werden. Vergleiche es mit der Hilfe einer Mutter, die mir hier zur Seite steht. Ich schaffe es nicht und gebe es der Mutter, dann tut *sie* es.

Sind diese erdgebundenen Seelenfragmente das, was manche Menschen als Geister oder Gespenster bezeichnen?

Das kann sein, ja. Da das Wesen humpelt, ist es in keiner runden Bewegung. Es ist aus dem Rund ins Oval gewandert. Und so kann es durchaus sein, daß es sich wie ein Kreisel bewegt, wie ein Sog, wie ein Wirbelsturm, und daß es durch dieses Kreiseln zu Phänomenen kommt, die euch als Klatschen oder Klopfen bekannt sind. Diese Seelenfragmente sind in den meisten Fällen – da ich sie an das Göttliche übergebe – durch das Göttliche zu lösen. Das bedeutet, wenn du dich deines göttlichen Charakters besinnst, kannst du diese Phänomene, diese erdgebundenen Seelenfragmente mit der Göttlichkeit in dir auflösen – durch den Gott in dir und die Verbindung mit dem Göttlichen selbst. Indem du sie mit Licht füllst, kannst du sie sofort beseitigen. Es sei denn, die Seelenfragmente unterliegen so sehr der Schwere, daß deine Kraft nicht reicht; ähnlich einem Gewicht, bei dem deine Kraft nicht ausreicht, es zu heben. Doch je stärker ihr Menschen in der Entwicklung in die höheren Sphären seid, desto mehr könnt ihr lösen – auflösen.

Wie ist es denn generell mit Geistern? Man geht beispielsweise in ein Schloß und sieht die ehemalige Besitzerin, die dort ums Leben kam. Mediale Menschen, Sensitive, können nun die Person schemenhaft, doch meist mit der damaligen Kleidung, wahrnehmen und anderen darüber berichten.
Was ist der Grund für diese Erdenhaftung, und was kann getan werden, um diese Seelen zu befreien oder zu erlösen? Wollen diese Seelen nicht hören – auf ihren Schutzengel beispielsweise, oder wollen sie auf dich nicht hören?

Dies ist für euch schwierig zu verstehen. Daher werde ich es im Bilde beschreiben: Die Schaffung des irdischen Systems ist der Dreiteilung unterlegen – Körper, Seele, Geist. Der Geist kommuniziert mit der Seele, das heißt, der Geist befüllt die Seele. Die Seele befüllt und umhüllt wiederum den Körper, das Fleisch. Je tiefer die Seele mit dem Geist im Körper haftet, desto weiter dehnt sich die körperliche Beschaffenheit aus. Je tiefer der Geist in der Seele ist, desto weiter wird der Geist.
Deshalb kann es sein, daß sich dein Kind, wenn du es sehr förderst, prächtig entwickelt und sich in gewissen Bereichen verselbständigt. Mit anderen Worten, es geht ihm gut. Und so kann es durchaus sein, wenn der göttliche Aspekt durch die Liebe selbst im Körper und in der Seele aktiv ist – voll der Wärme –, daß sich das Fleisch in Bereichen seines Tuns verselbständigt, so wie die Seele sich verselbständigt. Das heißt, denen wird es *zu* wohl.
Es wird in solch einem Fall zwar die Seele von mir abgeholt, doch bleiben aufgrund der emotionalen Haftungen gewisse Seelennebel zurück. Stelle dir die Seele als ein schemenhaftes Gebilde vor, von dem Nebelschwaden und Fäden ausgehen.
Wenn ich nun die Seele hole, mag es sein, daß sie sich im Körper verselbständigt hat, in Teilbereichen, und daß sie gerne das Umfeld bisherigen Seins weiterhin teilen möchte. Daher ist es durchaus möglich, daß wenn ich die Seele dem Körper entnehme, die Freundschaft, die Verbindung, die Kooperation zwischen Seele und Körper so eng ist, daß die Seelennebel weiter über die Bereiche des bisherigen Lebens schweben. Das ist deshalb so, weil nämlich dann, wenn ich die Seele hole, sich diese sogenannten Seelenfäden nicht lösen, sondern am Fleisch, an der Materie hängen bleiben und reißen. Das hat zur

Folge, daß Aspekte des vergangenen Lebens weiterhin bewußt sind – bewußt am Ort des Wirkens.
Daher ist es möglich, daß du dich in einem alten Haus befindest und plötzlich, wenn du in der Küche stehst, fühlst, daß die Großmutter da ist, oder glaubst, sie zu riechen. Vielleicht hörst du sie auch klopfen oder hörst Schritte im Stockwerk über dir, obwohl das Haus leer ist.
In gewisser Weise ist das so, weil die Seelenfäden gerissen sind. Die Verbindungen haben sich nicht sauber gelöst, sind durch die Verselbständigung des Fleisches gerissen.

Diese Aspekte zu lösen, ist in den meisten Fällen ein Leichtes. Doch diesmal bitte nicht ins Licht schicken, denn da komme ich her, da waren sie schon – sie sind gerissen. Sie sind wie zornige Choleriker oder Kinder. Du mußt es ihnen erklären. Das bedeutet, daß du dich in solch einem Fall mit mir verbinden kannst, denn es ist meine Aufgabe. Erkläre ihnen: Die Zeit ist vorüber, die Phase, die Entwicklung auf Erden ist vorüber, und der Weg in die Heimat wird angetreten. Es ist diesen Seelenaspekten zu erklären, begreiflich zu machen, daß sie mit dem, was auf Erden gebunden ist, nach dem Lichten greifen. Sprich mit ihnen. Dies bedarf, wenn du es im Menschenkleid machst, einer höheren und bewußteren Spiritualität. Denn was sagt dir, wenn du damit arbeitest, daß sich die Seelenfäden nicht um deinen Hals schlingen und dir durch dieses emsige Tun nicht irgendwann die Luft nehmen; was heißt, daß es dich belastet? So ist es bei dieser Arbeit wichtig, dies nur dann zu tun, wenn du mit der Sicherheit beider Beine auf der Erde stehst und wenn du dir absolut sicher bist, daß das Licht bei dir ist – das Licht in dir und mit dir. Oft werden solche Vertreibungen oder Loslösungen gebundener Seelen von ungeschulten Menschen durchgeführt, die dann irdisch gesagt „ver-

hext“ sind. Da die Seelenaspekte nicht richtig gelöst werden, klammern sie sich nun an den Menschen. Es ist von Wichtigkeit, daß mit diesen Seelenaspekten klar gesprochen und es ihnen richtig erklärt wird.
Nun könntest du fragen: *„Da es doch göttlich ist, kann denn Gott nicht mit einem Donnerruf diese Seelenteile – diese Teile von ihm – zu sich holen?“* So ist die Antwort: Sieh sie wie Kinder – göttliche Kinder –, die es nicht besser wissen und die nun eben diese Erfahrungen machen. Es gehört zum Lernprozeß dazu.

Doch wie steht es um die Seelen von Personen, die bereits seit Jahrhunderten verstorben sind? Warum sind diese nicht gelöst worden?

Nun, die Seele hat sich so entschieden. Ich habe dir bereits gesagt, daß die Seele sich entscheiden kann, was sie will – Licht oder Dunkelheit, Stillstand oder Fortentwicklung. Und wenn die Seele in einer sehr schweren Erdgebundenheit zum Beispiel in einem Gebäude verbleibt, so kann es ein Aspekt sein, daß sie dies so gewählt hat. Die anderen Möglichkeiten hatte ich eben aufgezählt.
Sollte eine Seele durch eigene Wahl gebunden sein, so kommen aber immer wieder Lichtwesen zu dieser Seele, der Schutzengel oder andere helle Wesen, die dann sagen: *„Komm jetzt mit!“*
Und wenn die Seele verneint, so wird sie wieder für eine Weile in Ruhe gelassen.
Oftmals ist es ein Gebäude, in dem eine Seele als Mensch für ein ganzes Leben lang gelebt hat und von dem sie sich nicht lösen will. Es kann auch die Familie sein, welche die Seele nicht loslassen will. Es kann auch Neid sein oder Zorn darüber, daß jemand anderes das Haus erworben hat.

Es ist auch möglich, daß sich die Seele von einer Person im Irdischen nicht lösen will, nicht loslassen kann – der Partner, die Tochter oder der Enkel. So kann das Kind darunter leiden, da es sich dann wieder um eine Art der Besetzung handelt. Natürlich möchte hier die Seele des verstorbenen Großvaters dem Enkelkind nicht schaden, und dennoch hindert sie das Kind an einer freien Entwicklung. Hinzu kommt, daß das Kind krank wird – körperlich oder seelisch.

Kann es auch sein, daß solch ein Geist oder Gespenst eine Seele ist, die sich verirrt hat? Verirrt ist möglicherweise der falsche Begriff. Vielleicht kann eine Seele den Schutzengel nicht sehen, will ihn möglicherweise nicht sehen?

Sie will nicht und ist nicht bereit... Sie will an dem gewählten Ort bleiben. Das ist der freie Wille der Seele; und es gibt viele Orte und Plätze, an denen solche Seelen leben, aber immer mit einer Erdgebundenheit.

Das ist ein spannendes Thema, zu dem ich auch Eigenerlebnisse hatte. Es geht hierbei um alte Orte – vor allem ehemalige Schlachtfelder, seien es solche am Limes oder in Verdun, also Orte, an denen viele Menschen in sehr kurzer Zeit starben, teilweise sogar gleichzeitig wie beispielsweise bei einem Bombenabwurf oder bei einer Naturkatastrophe. Wie ich annehme, haben diese Seelen nicht erkannt, daß sie den Körper verlassen haben, also daß sie gestorben sind. Meiner Meinung nach liegt das daran, daß hier viele Seelen gleichzeitig aus den Körpern herausgehen und jetzt auch andere Seelen vor sich sehen. Daher scheint diesen nicht bewußt zu sein, daß sie nicht mehr im Körper sind. Ist das so?

Das ist richtig. Diese Seelen irren eine Zeitlang an dem Ort des Todes umher; sie wollen aber mich, den *Engel des Wandels*, nicht sehen, sie wollen den Schutzengel nicht sehen, sie wollen nicht wahrhaben, daß sie tot sind. Sie irren dann umher, kämpfen weiter, suchen Verwandte, kehren auch nach Hause zurück und wundern sich, daß sie niemand sehen kann, da sie nicht anerkennen, daß sie verstorben sind... Doch auch sie werden von Wesen des Lichtes kontaktiert und nach und nach in höher schwingende Ebenen gebracht. Notfalls ist es der *Engel der Gnade*, der hier agiert.

Entschuldigung, daß ich hier unterbreche, aber du hast ja mit mir live miterlebt, wie ich vor knapp zwanzig Jahren schon einmal ein Auto gegen einen Baum gefahren habe – den roten Flitzer. Damals war ich etwa zehn Minuten außerhalb des Körpers, zirka acht oder zehn Meter über der Unfallstelle, und habe die Szenerie von oben betrachtet. Ich hatte damals auch eine Weile gebraucht, bis ich realisierte, daß mein Körper da unten im Wagen lag. Und wenn da nicht die Stimme des Schutzengels aufgetaucht wäre, die sagte, daß ich mich besinnen solle – ich hätte es wohl kaum realisiert. Es wurden mir damals auch Episoden aus meinem Leben gezeigt – als Kind –, aber auch Szenen aus anderen, zurückliegenden Leben...

Das ist korrekt. Die Seelen werden – wie auch in deinem Fall – nach einer bestimmten Zeit aufgefangen; sie werden angesprochen und auf den Zustand hingewiesen. In deinem Fall warst du ja nicht tot, sondern nur außerhalb des Körpers als Warnung, daß du, wenn du in Zukunft dein Leben nicht änderst, einen neuen Körper wählen darfst.
Normalerweise werden die Seelen nach der Zusammenführung mit der Seelenfamilie zuerst einmal in die Regeneration ver-

setzt, und dann sieht man weiter, was diese Seele will oder nicht will. Hierbei ist wieder der freie Wille ausschlaggebend.
Aber noch einmal: Es geht keine Seele verloren, auch wenn sie tausend Jahre in einer Burg wohnt...

Ich erinnere mich dabei an eine Stelle am Limes, an der heute noch gekämpft wird... Dort war ich mit hellsichtigen Personen, und alle haben die Verstorbenen gesehen.

Wie gesagt, die Engel kommen und wollen die Seelen wegführen, aber wenn diese kämpfen wollen, werden sie eben ihre Kämpfe imaginär ausführen.

Kann ein Mensch hier etwas tun, zum Beispiel beten?

Beten kann immer helfen. Rufe mich, wie ich es zuvor beschrieben habe. Doch es eilt nicht.
Aber auf einem Schlachtfeld herrscht eine andere Energie als bei einem Burgfräulein, das alleine in einer Burg herumschwirrt. Bei einem Kriegsgeschehen ist immer dunkle Energie vorherrschend, und man sollte hier vorsichtig sein.
Es kommt auf die Verkettung der Seelen an, die dort auf dem Schlachtfeld zusammengekommen sind. Ähnlich ist es, wenn sich zwei Menschen duellieren und gleichzeitig sterben. Auch sie sind miteinander verkettet.
Es werden in solchen Fällen immer wieder Lösungsvorschläge gemacht, damit die beiden Seelen ihre energetischen und emotionalen Banden lösen können. Es werden verschiedene Lösungsprogramme vorgestellt, damit der Konflikt auch auf geistiger Ebene gelöst werden kann und die Seelen weitergehen können.

Das gibt es aber auch bei Menschen, die in einer Liebe sind, die als *erstickende Liebe* bezeichnet werden kann, da die beiden Menschen, die es zwar Liebe nennen, sich aber gegenseitig so begrenzen, daß sie ihrem vereinbarten Schicksalsweg nicht mehr folgen. Sie glauben zwar, sich zu lieben, doch ist es Gewohnheit, Flucht vor der eigenen Aufgabe und ein Festhalten an Verhaltensmustern. Das ist auch eine Verkettung, die zwar nicht kriegerisch, aber dennoch für den Seelenentwicklungsweg hinderlich ist.

Ähnlich ist es bei einem gemeinsamen Selbstmord: „*Wenn ich sterbe, mußt du auch sterben...*" Und das ist in der Geschichte der Menschheit schon oft vorgekommen. Oder ein Vater löscht seine Familie aus, oder eine Mutter... Siehst du, er hat etwas getan – er löscht aus... Er hat sich zum Löscher einer Lebensform hineingesteigert, und das ist auch Verkettung. Das ist ein sehr interessantes Thema, das wir, wenn du möchtest, ein anderes Mal noch näher betrachten können.

Wichtig ist bei dieser Angelegenheit, nicht zu pauschalisieren oder zu urteilen! Jede Situation ist anders, und jede Seele, die irgendwo festhängt, hat ihre eigene Geschichte!
Es geht nicht darum, Schuld zu verteilen, sondern Lösungen zu finden!
Zu schnell wird oft geurteilt, beispielsweise bei Naturkatastrophen. Dann heißt es, daß arme Menschen und harmlose Reisende ums Leben kamen, doch was dort an diesen Orten unter Menschen geschehen ist, welche karmischen Verknüpfungen bestehen, was dort beispielsweise Kindern angetan wurde *(Kindersex; Anm.d.Verf.)*, wird nicht im Zusammenhang mit dem Ereignis gesehen.

Deswegen ist unser Gespräch auch so wichtig, da ich dir ebenso die andere Seite aufzeige. Viele der Menschen, die deine Bücher lesen, sehen nicht das Gesamte, was du aufzeigen möchtest, und picken sich nur einen Teil davon heraus, um ihre bestehende Sicht der Welt bestätigt zu bekommen. Viele urteilen und haben einen Bösewicht ausgemacht, den es zu bekämpfen gilt. So soll unsere Konversation mit dazu beitragen, solche Verurteilungen durch aufkommendes Verständnis für die verschiedensten Aspekte des Lebens aufzulösen.

Es wird Menschen geben, die mit dem, was du durch unsere Gespräche zutage förderst, nicht einverstanden sind, weil sie alte Denkmuster, die bequem sind, nicht loslassen möchten. Dann bist du der Böse, da du versuchst, Altes zu hinterfragen und Neues anzubieten.

Ebenso ergeht es mir. Meine Arbeit wird verkannt, die Menschen haben Angst vor mir oder sind zornig auf mich, da ich ihre Seelen abhole – obwohl es so vereinbart war. Sie haben mit mir sozusagen eine mündliche Vereinbarung auf Seelenebene geschlossen, und ich halte meinen Teil des Vertrages ein und hole zum vereinbarten Zeitpunkt ab. Doch nicht jede Seele möchte dann gehen... Und am Ende sind sie zornig auf mich.

Aber ich kann gut damit leben... *(lacht)*

Sieh es also ebenso gelassen, wenn man dich angreift. Du weißt, daß du eine gute Rückendeckung hast... *(lacht wieder)*

Gibt es gute und böse Menschen? Gibt es gute und böse Seelen? Ich frage dies deshalb, da es Kinder gibt, die über die gängigen Grausamkeiten des Flügelausreißens bei Fliegen oder die Beine einer Spinne hinausgehen und Freude dabei empfinden, wenn sie Tiere quälen, ihnen die Augen ausstechen oder die Beine brechen. Ist es in diesem Fall eine Besetzung, oder ist es eine Seele, die dem Bösen, dem Dunklen, entstammt?

Das ist oft von der Inkarnations-Ebene bestimmt. So kann es sein, daß die Inkarnationenfolge von Leben zu Leben einer starken Veränderung unterliegt. Es könnte sich beispielsweise um ein Kind handeln, das im letzten Leben ein Kannibale war oder ein Chirurg, der einen neuen Körper nutzt, um zu forschen. Das, was das Kind macht, entspricht seiner chirurgischen Praxis vergangener Leben. So könnte es ein Forscherdrang sein mit dem Unverständnis des Lebens. Und es kann das, was auf den ersten Blick als Kaltblütigkeit erscheint, das Nichtverstehen des Schmerzes sein. Es könnte doch auch ein Wesen von einem fernen Planeten sein, welches zum erstenmal auf Erden ist und all dies neu entdeckt – gleich einem Forscher. Und es erkennt durch dieses Experimentieren, daß der Körper Schmerz verspürt – auch der des Tieres.

Die Frage, ob es gute oder schlechte Menschen gibt, übersteigt mein Bewußtsein. Ich weiß es nicht. Das Handeln ist es, was gut oder schlecht ist – der Augenblick, nicht der Mensch selbst. Es ist oft der Augenblick, in dem das Dämonische handelt. Und hier ist es sehr wohl so, daß in dem kleinen Wicht, den du erwähntest, durchaus teuflische Züge sein können. Doch dies, so warne ich dich – und das ist wohl das ernsteste, was ich zu sagen habe –, beschreibe den Menschen nicht tiefer. Denn zu sagen, daß in einem Kind das Dunkle wirkt, belebt nur die alten Ängste der Menschen wieder neu – die Verfolgung der Hexen und die alten kirchlichen Mißstände.

Dennoch frage dich, wieso ein dunkles Wesen inkarniert! Wieso werden dämonische Kräfte auf Erden manifest? Sie tun es, um Mensch zu werden und sich durch die Reihen der Inkarnationen zu entwickeln. Sie sind zwar dunkler Herkunft, sind aber gekommen, um dem Licht entgegenzugehen. Dies zeigt die Situation besser auf.

Aus dieser Betrachtungsweise heraus ist das Ergebnis wichtig – die Entwicklung. Und Entwicklung hat irgendwann einen Beginn, einen Startpunkt, von dem aus es losgeht.
Irdisch gesehen – da du es vom Standpunkt der Evolution höheren Seins aus betrachtest – mag es für dich grausam sein. Doch für denjenigen, der da kommt, mag es ein erster Schritt in seiner Entwicklung sein.

Mich interessiert, ob dir die Person geläufig ist, die auf der Erde als Jesus bekannt ist?

Jesus ist eine Figur von parlamentarischem Stand, was bedeutet, daß viel diskutiert wird. Er war eine Figur, die viel der Christkraft trug. Er ist aber auch eine Figur, in die viel hineininterpretiert wurde und wird. Die Menschen dieser Zeit und dieses Ortes hatten eine Notzeit und hatten sich ihren Märtyrer erschaffen, um größer und bekannter zu werden.
Was um Jesus entstand, ist nicht sein Wirken gewesen. Das, was heute existiert, ist ein kirchliches Gebilde, das geschaffen wurde, um Macht aufzubauen. Jesus selbst war nicht so, wie er meist dargestellt wird. Er war ein Mensch mit einem Auftrag – Licht zu bringen und ein erweitertes Bewußtsein zu schaffen. Er war ein Mensch mit hoher Medialität und Sensibilität und einem scharfen Verstand, doch auch ein Mensch, der benutzt wurde, um etwas aufzubauen. Sicher war er ein großes Lichtwesen und hatte eine Aufgabe, doch er ist als Mensch gekommen.
Hier hat sich die Machtposition der Kirche etabliert, festgesetzt, um etwas aufzubauen; ein Trugbild aufzubauen, um den Menschen das Leid nahezubringen – die Märtyrerschaft. Sie tat dies, um den Menschen zu sagen: Leiden sind Lehren. Das

wurde den Menschen über Jahrhunderte hinweg beigebracht. Das ist das Bollwerk kirchlichen Bewußtseins. Hier hat Unterjochung stattgefunden, die Leibeigenschaft der Bauern. Und hier hat der Prachtbau der Kirchen begonnen. Keiner hat sich jemals darum gekümmert, wenn beim Bau eines Kapitols hunderte Menschen ums Leben kamen. Das war nie gewollt von Jesus. Das hätte ihm nie gefallen. Hier wurde ein Mensch verwendet, benutzt.
Doch der Gedanke des Jesus war gut, da es die Geburt des Christen, der Christkraft auf diesem Planeten war. Dadurch wurde den Menschen bewußt, daß außerhalb des Göttlichen die Christkraft wirkt. Gott ist außerhalb nicht handlungsfähig. So sendet er die Kräfte: Christ – die Kräfte der Engel.

Warum kam er gerade in diesen Teil der Erde und zu diesem Volk?

Das war die Prüfung der Menschen dieses Ortes. Sie hätten ihn lieben sollen. Die Prüfung haben sie nicht bestanden. Sie wollten die Prüfung nicht annehmen und haben ihn verleugnet. Und dennoch gibt es heute etliche dieses Volkes, die an das, was Jesus lehrte, glauben.
So ist sein Licht nicht verlöscht, auch wenn zweitausend Jahre vergangen sind. Bedenke auch: Dadurch, daß man Jesus beseitigen wollte, wurde er erst auf der gesamten Welt berühmt, und seine Worte haben sich auf der ganzen Erde verbreitet – auch wenn er verleugnet wurde.
Weißt du, geleugnetes Licht leuchtet trotzdem, auch wenn es erst in dreihundert Jahren aufgeht.
Siehst du, wie fein das Netz des Schöpfers gesponnen ist und das Universum zusammenhält? Nichts geschieht ohne Grund,

und alles Dunkle birgt etwas Lichtes in sich. Alles hat einen Sinn. Und wer eine Prüfung umgehen will, der bekommt sie um so stärker wieder präsentiert...

Wird die Seele, die einst Jesus war, wieder inkarnieren?

Diese Kraft, die Christkraft, kommt, und sie kommt schon seit Jahren. Doch wird die Christkraft nicht in der Gestalt eines Jesus, sondern in einem jeden Menschen erscheinen. Sie wird in einem jeden Menschen sein können, der bereit ist, Liebe und Kraft im Herzen zu tragen. Es werden Gestalten auf Erden wandeln, die mehr dieses Heils zu tragen vermögen als andere. Doch eine einzige Gestalt, die sich in Form eines Jesus, eines sogenannten Messias, auf der Erde bewegt, wird es nicht geben, denn diesmal sind alle angesprochen.
Es mögen religiöse Führer da sein, die dem Guten dienen und Menschen um sich scharen; doch Tausende und Millionen werden selbst die Kraft in sich tragen, da sie beginnen werden, den Erdplaneten in Richtung Göttlichkeit zu verlassen. So ist es gewünscht, daß mehr Menschen die Christkraft in sich tragen. Sie wird in den Menschen regnen. Sieh die Christkraft als eine Wolke, als Regenwolke, und die Kraft des Christen beginnt, in die Menschheit hineinzuregnen. So werden alle, die den Mund öffnen, das Wasser trinken; sie werden von der Kraft des Christen beseelt sein.
Dies ist ein Aspekt, den du in den höchsten Ebenen lichten Seins erleben kannst. Indem du die Christkraft in dir aufnimmst und dein Herz der Liebe öffnest, erreichst du in deinem Bewußtsein, daß das Auge des Göttlichen, das Gottesauge, endlich durch dich schauen kann. Die Christkraft befähigt denjenigen, der die Kraft in sich trägt, das göttliche Feuer zu

entzünden und es glühen und leuchten zu lassen, so daß das Göttliche durch dich die Welt sieht.
Dann hast du es in der Evolution, im Aufstieg, geschafft. Und dies soll nicht die Fähigkeit einzelner sein, sondern die Fähigkeit vieler, weshalb diese Kraft damit beginnt, sich aufzuteilen und in diejenigen einzudringen, die bereit dazu sind.
Das ist ein langer Prozeß der Werdung, der schon geraume Zeit auf Erden vonstatten geht. Und all das geschieht, weil die Erde die Frequenzebene wechselt.

Wir Menschen sprechen davon, daß wir aus dem Fische- in das Wassermann-Zeitalter überwechseln.

Das ist eure irdische Interpretation. Doch das Gesagte möchte ich aufgreifen. So erkenne, daß der Fisch nicht Mensch ist, doch daß der Wassermann wohl ein halber Mensch ist, was bedeutet, daß die Selbständigkeit und das Bewußtsein wächst. Dies geschieht in dieser Zeit jetzt, da nun der Übergang der Zeiten ist. Viele sollen von der Gotteskraft beträufelt sein. Viele sollen in der Fähigkeit kosmischen Bewußtseins leben können. Gerade deshalb werde ich besonders intensiv wirken – als *Engel des Wandels* und *des Todes* – und vielen das Leben nehmen, damit die Erde leichter denn je ihren Aufstieg schafft, und zwar mit den Seelen, die darauf sind.
Diejenigen, die dem nicht folgen können, denen werde ich helfen, in eine noch niedrigere Schicht gehen zu können. Doch diejenigen, die irdisch sind und dies mittragen, die werden auf der Erde bleiben. Und all denen, die an Leichtigkeit so stark gewonnen haben, daß sie sich dem entheben können, denen helfe ich, in das lichte Reich zu gehen.
Genau das sind die Körper, die ich dann auflösen und dem lichten Reich zurückgeben werde, damit sie an den planetari-

schen Ursprung zurückgehen können, an den Ausgangspunkt des Weges, den ihr einst eingeschlagen hattet, um zur Erde vorzudringen. Deswegen ist es wichtig, daß ich eure Körper nehme und sie zerreibe. Sie werden Staub sein, damit ich sie dem Licht zurückgebe, denn dahin, wo ihr hingehen werdet – und darüber denke nach –, werdet ihr diese Stumpfheit des Körpers nicht mit euch tragen können. Ihr werdet neue Körper haben, neue Körperstrukturen. Diese werden feiner und neu gewoben sein. Ihr werdet nie die Struktur des alten Körpers in eine höhere Bewußtseinsebene mitnehmen können, weshalb nunmehr auch die Stürme der Erde den Tod der Menschen verursachen. Doch geschieht dies, damit diese Körper alter Struktur nicht mehr auf Erden wandeln.
Die Zeitenwende ist da, was bedeutet, daß auch die Wende der Körperstrukturen da ist. Die Körper werden neu gewoben. Das solltest du doch wissen. Hast du nicht das Buch geschrieben, der neuen Zeit und der neuen Kinder wegen? Genau jetzt ist dieser Punkt, und genau dies ist die Schwierigkeit jetzt, denn die Menschen, die nur einseitig der Materie frönen, werden dies nicht anerkennen wollen. Sie wollen ihr Fleisch halten – die Materie. Und so wird ihnen von mir das Fleisch genommen, zerbröselt und an einem anderen Ort wieder aufgebaut, an dem sie dann sein können. Übersetzt in einfachere Worte: Sie sterben auf der Erde und werden auf einem anderen Planeten wiedergeboren, auf dem Seelen, die nicht wachsen wollen und das Spiel der Materie weiterspielen möchten, inkarnieren dürfen.

Im Moment besteht der Entschluß, daß die Menschheit in drei Teile geteilt wird. Der erste Teil sind diejenigen, welche gehen – nicht abwärts –, die an der neuen Erde, an der transformier-

ten Erde nicht haften, da sie zu hochschwingend ist für diese Menschen. Die Seelen dieser Menschen werden auf eine Ebene gehen, an der sie haften können – ein anderer, niedriger schwingender Planet.
Der zweite Teil wird auf Erden bleiben und eine wunderbare Zeit erleben. Und der dritte Teil sind solche wie du, die nämlich wieder gehen werden.
Die Menschheit der Erde wird dreigeteilt, weshalb noch viele gehen werden. Die Zeit, die ihr gewählt habt, ist keine lustige hier, doch sie ist nur mit Frohsinn, mit viel Humor zu ertragen. Dann schafft ihr es auch, da ihr euch über die Begrenzung hinwegsetzt. Dann ist es gut.

Kann man demzufolge sagen, daß die Christuskraft oder „Christkraft", wie du sie nennst, die Liebeskraft des Urschöpfers ist?

Einerseits ja, doch was wäre der Mann ohne die Frau? Es fehlt die weibliche Komponente. Da die Kraft des Christen außerhalb des Göttlichen ist, ist sie im Innersten nicht in der Reinheit des Göttlichen, was bedeutet: Ist Gott in sich hundert Prozent der Klarheit, so ist die Christkraft in sich zwar göttlich, doch nicht mit hundert Prozent der Klarheit, sonst wäre sie Gott selbst.
Die Christkraft ist die Liebeskraft des Göttlichen außerhalb von sich selbst. Doch da sie außerhalb ist, außerhalb des Göttlichen, benötigt sie die Polarität – des Weiblichen. Dies wurde von der Kirche als die *„Marienkraft"* tituliert – sie hat keinen Namen für mich. Die Marienkraft ist die Herzkraft, die Christkraft ist die Liebe.
So nimm Jesus und Maria Magdalena als Mann und Frau. In der Gesamtheit ist es der Christ, es ist die Liebe, es ist der

Ausfluß des Göttlichen. Es ist die erste Stufe göttlichen Seins, die so existieren kann, da sie Mann und Frau, Plus und Minus, in höchstmöglicher Vollendung enthält. Darunter kommen alle geistigen Wesen bis hin zur festen Materie.
So gesehen ist deine Anschauung goldrichtig. Doch vergiß nie: Dies ist die Kraft außerhalb des Göttlichen. Deshalb ist die Christkraft niemals mit Gott gleichzusetzen. Denn wäre sie Gott, wäre sie in sich. Sie ist aber außerhalb des Göttlichen; sie ist die Leistung der Gotteinheit, sich zu verdichten. Die Christkraft ist verdichtete Gotteskraft und somit wirkungsvoll – sie kann wirken.

Wenn ein Tropfen dieser Substanz – der Christkraft – dich erreicht, wirst du wirkungsvoll sein; dann wird dich diese Kraft durchfließen und durch dich wirken. Der Christ wird sich mit der Seele verbünden, um mittels des Körpers wirkungsvoll zu sein.

Du sagtest zuvor, daß es dunkle Kräfte gibt, die inkarnieren. Es gibt seit mindestens zweitausend Jahren die Prophezeiung, daß in dieser Zeit, in der wir uns jetzt befinden, der sogenannte Antichrist auf Erden geboren wird – die Verkörperung des Teufels sozusagen – und hier auf Erden ganz bewußt wirken wird, um eine Weltherrschaft unter seinem Diktat hervorzubringen. Ist dies nur ein Mythos oder entspricht dies der Realität?

Es ist DAS Geschehnis. Erinnere dich der göttlichen Gesetze! In der Einfachheit meines Seins sagte ich dir: Das Urgesetz allen Seins ist die Reibung, damit Erfüllung geschieht, damit etwas erfüllt wird – das Geben und Nehmen. Wenn jetzt das Licht kommt – die Christkraft –, und in die Menschheit tröp-

felt, so wird auch der Antichrist da sein. Das mag in der Betrachtungsweise differenziert sein, das heißt, du kannst aus unserer Betrachtungsweise heraus sagen: „*Das Böse kommt!*“, und einer herrscht.
Wäre es das Göttliche, das herrscht, wäre es ein Segen. Doch es wird das Göttliche alleine nicht sein, es wird auch das Nichtgöttliche präsent sein, da ihr auf Erden in der Dualität seid – im Unten, so wie im Oben, wie schwarz und weiß. Und so seid ihr auf der Erde in der Resonanz des Christen und des Antichristen. Das ist die Chance der Entwicklung, das ist der Gang der Evolution, das ist das Geben und das Nehmen, denn dazwischen ist die Reibung – die Erfüllung.
So ist der Antichrist ein Fakt. Und so ist die Geburt des Dämons Fakt. Das Gesetz bestimmt, daß dort, wo Licht ist, auch Schatten ist. Es ist eine Zwangsläufigkeit. Und es ist in gewisser Weise auch die große Chance, es ist der Motor der Entwicklung. Vergleiche dies mit der Elektrizität, wo Plus und Minus ist, ist Strom, ist Elektrizität; und im Geistigen haben wir durch das Wirken der polaren Kräfte die Entwicklung durch Reibung.

Ist dieses Wesen bereits inkarniert und bereitet sich auf die Machtübernahme vor?

Dieses Wesen ist im Sein, es ist inkarniert. Diese Wesenheit existiert, doch ist dieses Wesen nicht nur als Einzelwesen zu sehen. Dieses Wesen ist in der Struktur des Ganzen zu sehen. Es wird, wenn es am Höhepunkt seiner Aufgabe angelangt ist, als Kopf an der Spitze stehen, doch wird der Vorteil der Weltmenschheit sein, daß es ein Hampelmann ist – ein Hampelmann, an dem viele ziehen. Der Begriff Hampelmann soll nicht bedeuten, daß er nichts kann, sondern daß die Machtstruktur unter ihm groß und stark ist. Keiner derer, die unter ihm sind, will verzichten; alle wollen richten; alle wollen vom Machtkuchen ein Stückchen abhaben. So wird oben die Marionette sein, doch geführt wird sie von vielen Händen.

Der Antichrist ist nicht allein. Da die Christkraft nicht nur in einem geboren wird, so wird auch der Antichrist nicht nur in einem geboren. Dies entspräche nicht der Entwicklung der Evolution, die dadurch entsteht.

Es käme zu einer Mißreibung; die Reibung käme nicht in Gang. Die Reibung wäre nicht imstande, die Entwicklung voranzubringen. Es ist ähnlich wie in einem Land, in dem ein Oberster das Wort spricht, doch das Wort von den unteren geformt wird; ähnlich dem irdischen Papst, der das sagt, was die Kardinäle ihm ins Ohr flüstern.

Das wird der Schmerz sein. Der Obere formt Worte, die ihm von Unteren gegeben werden, über Dinge, von denen er nichts versteht. Und dahin geht die Richtung. Das wird immer die Gefahr des politischen und wirtschaftlichen Denkens sein, daß der Obere im Glanz seiner Egozentrik – und da sitzt der Dämon in Leibhaftigkeit – denkt, daß er der Führer ist. Es sind jedoch die Strömungen, die ihn leiten, so wie du im göttlichen Bewußtsein, im Fluß göttlicher Kraft bist.

Das ist die andere Seite. Nimm es als das Gegenteil. Dazwischen ist die Reibung, sind die Funken. Und genau diese Funken, diese Reibung erzeugt den Knall. Es ist dem Urknall ähnlich, als sich alles aus dem Göttlichen ergoß. Nunmehr wird es auch hier knallen. Jetzt wird auch auf der Erde der Funke sein – es wird das Desaster auf Erden sein.

Der Knall wird auf allen Ebenen sein – in der Natur, in der Politik, in der Wirtschaft, in der Industrie, auf dem Arbeitsmarkt,

in der Religion und in der Familie; und vor allem: in jedem Menschen selbst!
Es gab einen politischen Knall zu Zeiten Napoleons; einen zu Bismarcks Zeiten; zur Zeit dessen, den ihr den Adolf nennt bis hin zu einem Bush. Doch sind beziehungsweise waren sie alle Marionetten derer, die ihnen das Geld gaben, die ihnen leise aus dem Hintergrund ins Ohr flüsterten.
Diese Männer im Hintergrund sind es, die dem Antichristen den Weg bereiten, die von diesem profitieren wollen. Doch sie werden überrascht sein, denn sie kennen nicht sein wahres Innerstes. Sie haben Wünsche an diese Kraft, an diese gebündelte, fleischgewordene Kraft. Doch ich bin mit der Luziferkraft seit Anbeginn vertraut und betrachte neugierig, wie die Menschen mit dieser Kraft umgehen werden.
Deinem Sohn hattest du einmal aus dem Buch des Zauberlehrlings vorgelesen. Dort rief einer die Kräfte herbei und wurde ihrer nicht mehr Herr. So wird es mit den Illuminierten auch sein. Sie glauben, die Luzifer-Kraft zu kennen, doch das tun sie nicht. *(lacht)* Wenn sie als Menschen glauben, diese Kraft nutzen zu können, dann haben sie sich getäuscht. Sie werden getäuscht werden.
Aus dieser Sicht wird das, was jetzt auf der Erde geschehen wird, ein großer Knall sein, der die Entwicklung nach vorne bringt, der die eine Seite in die Höhe spült und die andere in einer Hoffnungslosigkeit versinken läßt.

Kann man also die Struktur, die Hände, die den Antichristen halten, als die Illuminati bezeichnen?

Das zählt dazu. Nur ist die illustre Gesellschaft der Illuminati nicht nur in der Höhe ihres Selbst zu sehen, sondern auch in

der Vielzahl ihrer Helfer und Helfershelfer, die in der Egozentrik, die in dem eigenen Ich leben, die in der Verselbständigung des Fleisches leben, um mit geöffneten Händen zu partizipieren. Es sind in euren Worten die Würmer und die Schlangen – die Mitläufer.
Und es sind diese, die wirklich schädlich sind, da man sie nicht zählen kann. Es sind die Tropfen des Wassers, die hier agieren, denn sie lassen es zu.
All diejenigen, die auf den Antichristen warten, auf dessen Macht, werden überrascht sein, denn er wird ihnen nicht das bescheren, was sie möchten. Und er wird keine Rücksicht auf sie nehmen.
Eines kann ich dir aus der Erfahrung mit der Luziferkraft sagen: Sie schätzt den mutigen Gegner mehr als denjenigen, der ihr hörig ist, der vor ihr auf die Knie geht und sie anbettelt. Das lasse dir gesagt sein.

Es gibt viele Menschen auf Erden, die diesem Wirken entgegenstehen. Diese zählen zu den Lichtkräften, die auf Erden sind, um den anderen Menschen solche Vorgänge bewußt zu machen – sei es, indem sie es in Form einer Schrift, eines Buches weiterleiten, oder sei es, daß sie als Therapeut der Frau auf dem Sofa erklären, woran es liegt. Wie es getan wird, entscheidet jeder selbst. Doch dies ist der Weg: Licht zu bringen – langsam –, um das andere zu lösen; es von den Strukturen zu lösen, damit es in die Höhe weiterwächst, damit es weitergereicht worden ist. Das geschieht in diesem Moment, weshalb die Erdzeit jetzt auch eine Explosivzeit ist.

Ich habe diese Frage deshalb nochmals gestellt, da du vorhin meintest, daß die Hintergrundmächte, die Schattenregierung, der

Finanzadel, die Illuminati, in letzter Konsequenz dem Licht dienen...

Das Ganze ist Lichtentwicklung.

Das heißt, auf lange Sicht dienen sie dem Licht, da sie die Menschheit herausfordern.

Nimm es als Licht und Schatten. Der Menschheit selbst ist Licht gegeben. Steht der Mensch nur im Licht, so wird er verbrennen, da seine Körperstruktur das Licht nicht ertragen kann. Deshalb benötigt er den Schatten. Die Illuminati werden gebraucht, das Dämonische wird gebraucht, da es dem Schatten entspricht. Da sich beides reibt, entsteht Energie, durch die es zu diesem Knall kommt und somit auch zu einer Entwicklung. Letzten Endes wird beides vereint sein.
So ist die Behauptung, daß auch das Dämonische dem Licht dient, letzten Endes richtig. Es ist die kosmische Betrachtung. Die irdische Betrachtung – verzeihe mir –, *deine* irdische Betrachtung ist eine etwas einfachere, da du dir für dieses Leben ein irdisches Denken und ein irdisches Gehirn gewählt hast. Bist du im kosmischen, im überbewußten Denken, in der Meditation oder gar aus dem Körper gewichen – aus dem zu gehen ich dir gerne helfen werde *(lacht)* –, wirst du erkennen, daß das sogenannte Dämonische im Kosmos nicht das Dämonische ist. Es trägt hier auch andere Namen, liebere, gütigere. Eure kirchlichen Lehren, eure Religiositäten haben es abgestempelt.
Wer sagt denn, daß der Schatten schädlicher ist als das Licht? Sicherlich benötigt ihr das Licht der Blüte wegen, doch die Nacht ist der Erholung wegen, damit sich das Licht befreit, damit sich das Licht erholt. Nur im Zugang auf das Göttliche

werden die Phasen des Schattens kürzer, da man das Lichtere erträgt und auch verträgt. So gehört letzten Endes beides zusammen.
Daher stehe ich weiter zu der Behauptung, daß der Dämon dem Licht zugehörig ist – im kosmischen Bewußtsein.

Wenn du sagst, daß der Begriff „Dämon" zu hart gewählt ist, wie nennt ihr – oder speziell du – dann diese Wesen oder diese Kraft?

Das Dämonische ist durchaus dem Schatten zugehörig. Die Bezeichnung im lichten Reich wäre vergleichbar mit Bruder und Schwester. So stellt sich die Frage: *„Ist der Bruder oder die Schwester besser?"* Wie steht es mit plus oder minus – was ist gut? So ist das eine das Licht und das andere das Nicht-Licht. Es sind nur Worte; Worte, um es verständlich zu machen.
Im geistigen Reich wirst du es durch das Gefühl erkennen. So ist das eine das Helle, das Warme, das Blumige, das Lachen und das Riechen – das Göttliche. Das andere ist eher das Neutrale, das *noch nicht* so Riechende, das *noch nicht* so Blumige und das *noch nicht* so Strahlende. Das bedeutet, daß du es nur im Gefühl erklären können wirst.
An Formulierungen wie *„Das noch-nicht-so-Strahlende"* erkennst du bereits, daß es sich *schon* in der Entwicklung dorthin befindet. Deshalb sehen wir es im Geistigen nicht so extrem, nicht so negativ wie ihr Menschen, die ihr in der Dualität lebt. Es ist eben noch nicht so weit entwickelt. Ich sehe das sehr gelassen.
Und jetzt paß genau auf, das ist nun auch der Grund, warum das Dämonische wächst: weil es *noch nicht* so leuchtet. Dadurch, daß ich es so benenne, gebe ich ihm die Chance, so zu sein, wie es jetzt ist. Würde ich es ablehnen, so würde es sich im Groll zurückziehen, weil es nicht Licht ist. Es ist nicht Ziel

meines Wirkens, daß der Schatten böse wird und beleidigt ist. Ich möchte nicht, daß er sagt: „*Gut, ich bin nicht Licht; das möchte ich sowieso nicht sein.*"

Der Gottesfluß, die Gottesstruktur hält immer die Hand auf und gibt die Chance. So wurde der *Engel der Gnade* – die Energie der Gnade – erschaffen, nämlich um Gnade zu erweisen aufgrund göttlicher Frequenz.
Wenn es heißt, das Dämonische ist *noch nicht* so blumig, ist ihm die Gnade und die Chance gegeben, das heißt, es kann immer erhobenen Hauptes, erhobenen Blickes in das göttliche Antlitz schauen, ohne sich schämen zu müssen. So ist ihm die Chance der Entwicklung gegeben.
Versuche, es über das Gefühl zu begreifen. Die Worte tun sich hier schwer.

Hast du mit dieser Kraft, die wir in unserem Gespräch als Luziferkraft bezeichnet haben, jemals Berührung gehabt, kennst du sie, seid ihr...

(unterbricht) Häufig schon, doch mir kann sie nichts tun, außer daß sie mich anfranzt, daß ich am Ende meines Seins Fäden lasse. Doch das ist gut so, da lache ich. Es ist, als ob ein kleines Kind am Rockzipfel zieht. Das wird jede kluge Mutter zulassen, denn so wird nie der Kontakt zum Göttlichen unterbrochen sein. Oft zupft die Luziferkraft im Unverständnis an mir, damit ich mein Tun nicht fortsetze. Doch lasse ich sie zupfen und mitunter tiefer in mich eindringen, damit sie belichtet, beleuchtet wird. Mitunter bewege ich mich auch von ihr fort, was bedeutet, daß sie auf mich zugehen muß, um mit mir zu ringen. Sie kommt zu mir, und ich ziehe sie mit – in Richtung Licht, in Richtung Gottesquelle.

Dies liegt im kosmischen Überverständnis; und ich gebe zu, daß ich mitunter auch mal ganz gerne ringe. Doch manchmal wird es lästig, so wie auch im Irdischen die Kinder ab und zu lästig sind, da es nervt. Das strengt dann mitunter ganz schön an.
Doch gehört diese Kraft zur Gesamtheit. Es ist wie eine Tischdecke im Wind. Wenn der Wind bläst – der Atem des Einen, der Atem Gottes –, so ist diese Luziferkraft wichtig, um wie die Gewichte, die an der Tischdecke angebracht sind, die Decke straff zu halten. Deshalb sind diese Gewichte durchaus göttlich und gewollt. Da die Erde energetisch gesehen in ihrem entferntesten Ausschlag ist, ist diese Kraft auch nötig. Sie ist gleich einem Netz, das gezogen wird. So ist dieser Pendelschlag bis zur weitesten Entfernung einfach da, es ist ein Gewicht; ein Gewicht in die Dunkelheit – gleich einem Netz –, damit das Ganze gehalten wird. Das ist wichtig.
Nur, da wir auf dem Rückweg in die göttliche Einheit sind, beginnen wir, uns alle – sei es meine Kraft, sei es die Engelkraft – in Richtung des Göttlichen zu bewegen. Und so kann die Luziferkraft gar nicht anders, als uns zu folgen, da sie ohne uns nicht sein kann, da auch diese Kraft im Ein- und Ausatmen, im Geben und Nehmen besteht und existieren kann.
Vergleiche dies bildlich mit Erde und Mond: Wenn sich die Erde dem Zentrum ihrer Galaxis nähert, der Quelle, so kann der Mond nicht anders, als mit ihr zu gehen. Er ist an die Erde gebunden, so wie die dunkle Kraft an das Licht gebunden ist.
Das gesamte Universum, das All, bewegt sich nun in Richtung der Gottesquelle zurück, mit anderen Worten: Gott atmet wieder ein.
Mit irdischen Augen betrachtet mag dies ein Frevel sein, diese dunkle Kraft. Doch in der Gesamtheit des Universums, im

Universalen, ist sie notwendig, da sie zum Ein- und zum Ausatmen gehört.
So gibt es mitunter kräftige Kämpfe, doch ich sehe das gelassen, da das zum Ganzen gehört.
Es mag jedoch sein, wenn du diese Frage eines schönen Tages wiederholst, ich dann sehr genervt antworte. Im Moment bin ich jedoch die Ruhe selbst, hat doch die Erde den Aufstieg geschafft. Deshalb sage ich mir: *„Laß doch das Kind ruhig zappeln."* Die Nerven des Kosmos sind jetzt stabiler denn je, da die Erde sehr in Schwung ist. Und weil die Erde in Schwung ist, werden die Nerven der Menschen sehr leiden, es wird mehr denn je die Hilfe der Engelkraft benötigt, und auch meine Ausgeglichenheit wird mehr denn je gefordert sein. Je unruhiger die Erde ist, desto ruhiger habe ich zu sein – der Übersicht wegen. So mag dies ein Alarmzeichen sein, ein Bote des Sturms: Je ruhiger und gelassener der Kosmos ist, desto unruhiger wird die Erde sein. Denn der Kosmos hat Kraft geholt, um die Stürme der Erde zu begleiten. Und die Stürme sind im Gange. So ist eure Zeit eine gut gewählte Zeit. So ist eure Zeit, gerechnet vom Mittelalter weltlichen Tuns bis heute, eine aufreibende Zeit.
Und ich habe die nächsten Jahre mehr zu tun als je zuvor auf der Erde, wenn du verstehst, was ich meine.

Ich weiß Bescheid...

Da du mich ja nun schon lange begleitest, weißt du ja, daß ich im Frühjahr 2003 eine persönliche und direkte Begegnung beziehungsweise Konfrontation mit dieser luziferischen oder dunklen Kraft hatte. Diese Kraft hatte sich ein viertel Jahr zuvor angekündigt und bereitete mich auf ihr Kommen vor. Aufgrund der Phä-

nomene, die mit ihr einhergingen, vermute ich, daß es nicht nur „ein kleiner Diener“ dieser Kraft war, sondern aufgrund der Qualität des Dialogs vermute ich ein größeres Potential.
Mit dieser Kraft führte ich über ein viertel Jahr eine Konversation über ihre Rolle im Schöpfungsplan, die ich jedoch dann abbrach, nachdem es mir zuviel wurde und ich merkte, daß es an meine Substanz ging (das Bäumchen vor dem Haus ging ein, mein Umsatz ging in diesem viertel Jahr um die Hälfte zurück, Glühbirnen zerplatzten reihenweise und vieles mehr). Wie siehst du das – war es eine Prüfung?

Es ist ein Lehrschritt gewesen, den du dir in diesen Erdenplan mitgenommen hattest. Erinnere dich deines Wunsches, alles zu erkennen. Ich nenne dir dein fünftes Lebensjahr. Erinnerst du dich? Als du fünf warst, wünschtest du dir so sehr, alles zu erkennen, alles zu wissen. Erinnere dich. Wie oft gingst du dem Vater auf die Nerven, da du alles wissen wolltest. Und so zog es dich hinaus in ferne Länder, alles zu erkunden und alles zu wissen. Und nun schelte nicht, wenn dir alles zugänglich ist. Alles ist möglich, und zwar dann, wenn du in deiner Mitte bist. Deshalb war das Kennenlernen der Teufelskraft wichtig für dich, um zu erkennen, daß es Schatten gibt, da die Sonne existiert. So wirst du nicht immer in der Sonne sein können. Du mußt auch im Schatten sein, um auch diesen verstehen zu können. Jedes Element zu erkennen, ist wichtig. Sieh es daher als Prüfung.
Du hattest dir als junger Mensch auch vorgenommen, wenn du zu einem Thema eine Auskunft gibst, auf Eigenerfahrungen zurückgreifen zu können. Das kannst du jetzt auch im Fall des *Luzi*, wie du ihn nennst... *(lacht)*

Es ist ein Lernschritt für dich, in allem zu sein. Und da du den Menschen helfen und nicht Verderben bringen willst, war der Abbruch der Gespräche ratsam. Das ist nicht dein Weg. Das hast du bereits einmal im sogenannten Mittelalter getan, als du ein Hexenmeister warst. Das war damals notwendig, um diesen Kontakt bekommen zu können. Nunmehr kannst du ihn, wenn er wieder kommt, abweisen.
„*Ich kenne dich*", kannst du sagen, „*ich respektiere dich und erkenne dich als Teil der Schöpfung an, doch konzentriere ich mich auf meinen eigenen Weg.*"
Das konntest du vorher nicht. Deswegen war diese Konfrontation mit dieser Kraft so wichtig.

Es ist Teil des menschlichen Entwicklungsweges, diese Kraft mindestens einmal direkt konfrontiert zu haben, sie zu erkennen, sie zu spüren und nicht zu fürchten, wie auch viele Menschen vor dir, die sich auf dem Lichtpfad befanden, mit der Dunkelheit konfrontiert wurden. Sieh in der Geschichte der Erde zurück. Du warst nicht der erste, der versucht und geprüft wurde, und auch nicht der letzte.
Nimm von dem Erfahrenen an, was du annehmen kannst. Setze das Wissen, das du erhalten hast, mit deinem Licht um, und es wird schöne Früchte hervorbringen. Dann hast du die Prüfung bestanden.
In jedem Mensch ist ein Teil dieser Kraft, denn der Mensch ist Teil der Polarität. Und je weiter du in deiner Entwicklung steigst, desto größer werden auch die Prüfungen. Und für große Prüfungen sind auch große Prüfungsengel zuständig...

Das ist das Spiel der Polarität: Diese Energie, die das Gegenteil des Lichts ist, muß da sein, damit das Spiel gespielt werden kann. Erst dadurch erfüllt sich der Plan des ewig Göttlichen – die ewige Eigenverantwortung –, der freie Wille!

Sieh es wie ein Schachbrett – da sind die weißen, dort die schwarzen Felder. Es ist ein Spiel im übertragenen Sinn, nur kommt es darauf an, wie die Figuren gesetzt werden: beim Schachspiel mit der Hand und bei der Seele mit der Intuition, mit den Werten, die eine Seele erworben hat. Nun zeigt sich, wie sie damit umgeht.
Theoretisch könntest du nur auf den schwarzen Feldern hüpfen und dort verweilen. Doch die weißen Felder locken dich an, du entscheidest dich aber, auf deinem schwarzen Feld sitzen zu bleiben. Du hast dich entschieden, den schwarzen Weg zu gehen. Und die Weißen sagen: *„Komm, komm zu uns!“* Das ist die Eigenverantwortung. Bleibst du jedoch immer auf deinem Feld stehen und bewegst dich nicht, so kann das Spiel nicht gespielt werden, da eine Veränderung im Spiel nur durch Entscheidungen und Bewegung (Reibung) geschehen kann. Stillstand bedeutet Tod, Veränderung bedeutet Leben.

In diesem Sinne ist es daher auch sinnlos, das Dunkle zu bekämpfen, weil es ja gar nicht bekämpft werden kann, weil es ja gar nicht weggehen kann, genausowenig, wie die Dunkelheit im Weltraum verschwindet, wenn ich hier ein Licht einschalte. Doch ich kann in meinem Umfeld ein Lichtlein sein und dieses Umfeld erhellen...

Gegen eine Kraft der Natur, gegen eine kosmische Kraft kann man nicht kämpfen. Sie ist da, so wie die Nacht da ist.

Du kannst noch soviel Krieg gegen die dunkle Seite anzetteln – du gewinnst nie, da ein Krieg immer nur Verlierer hat. Die Liebe ist der Sieg!
Das Leben ist derart fein gesponnen, daß die Dunkelheit vom Licht nicht zu trennen ist – es ist eine Einheit.
Du darfst nicht trennen, denn wenn du trennst – zum Beispiel, wenn du sagst, daß dieses oder jenes verwerflich, dunkel, böse oder dämonisch ist, und etwas anderes ist hell, himmlisch, göttlich und schön –, so trennst du das Leben. Was für dich heute angenehm und himmlisch ist, kann für einen anderen Menschen, da er eine andere religiöse Sicht, eine andere Abstammung oder einen anderen Verdienst hat, ungut und schlecht sein.

Erinnere dich an deine Konversation mit dem *Luzi*, wie du ihn bezeichnet hast. Was hat er dich gelehrt? Hat er denn nicht gesagt: „*Sag niemals nie!*" Er erklärte dir: „*Wenn ein Mensch zu irgend etwas NIE sagt, so hat er einen Standpunkt eingenommen. Er hat festgelegt: So ist es richtig, und das andere ist logischerweise falsch. Damit hat er mich in sein Leben gerufen, da es meine Aufgabe ist, ihn vom Gegenteil zu überzeugen.*"
Sagst du beispielsweise: „*Ich werde NIE bestechlich sein, oder ich werde NIE töten*", so sagt die Luziferkraft: „*Wetten, daß ich einen Weg finde, dich genau das, was du NIE tun wolltest, tun zu lassen? Und es dürfen Jahre vergehen, bis du schon lange nicht mehr an deine Aussage denkst – dann kriege ich dich, denn ich habe Zeit, unendlich viel Zeit...*"
Auf diese Weise schafft er es – was schließlich seine Aufgabe ist – dem Mensch beziehungsweise der Seele aufzuzeigen, wo ihre Schattenseiten sind. Das ist die Aufgabe des Lichtträgers, des Luzifers: dort Licht hinzuwerfen, wo deine Schatten sind.

Er bringt dich dazu, dich deiner Schatten, deiner Schwächen, deiner Ängste, deiner Süchte bewußt zu werden. Er zwingt den Menschen, sich diese anzuschauen.

Was kann der einzelne Mensch tun, wenn er diese Kraft bei sich spürt, die ihn prüft?

Er sollte seine Standpunkte überprüfen. Nachdem das Leben zwei Seiten hat und ein Mensch eine Seite als die Richtige, die Gute gewählt hat, zwingt er regelrecht die Luziferkraft in sein Leben, um ihm die Schattenseite zu zeigen – in eurem Sprachgebrauch die Kehrseite der Medaille.
Betrachte einen Menschen, der kein Geld hat. Er klagt die Reichen an, die Vermögenden, und übersieht dabei den Fleiß, die Ausdauer, das Lernen oder auch die Erfahrungen, die ein Mensch hinter sich hat, bis er Erfolg in sein Leben zog. Er verurteilt.
Damit zwingt er die Luziferkraft zu sich, die ihm nun womöglich zu Erfolg und viel Geld verhilft. Nun lehrt die Erfahrung, daß viele Menschen, die dann zu Geld kommen, obwohl sie die Reichen zuvor verurteilt hatten, noch geiziger sind als diejenigen, die sie zuvor verurteilten. Meistens sind sie sich dieser Umstände nicht bewußt, da auch zuviel Zeit vergangen ist, seitdem das Vorurteil ausgesprochen wurde.
Nun nimmt die Luziferkraft das Vermögen wieder und zwingt den Menschen zum Nachdenken. Wenn er ehrlich ist und erkennt, daß er nicht besser war als diejenigen, die er einst verurteilte, und aufgrund dessen sein Denken und Handeln ändert, dann kann der Erfolg wiederkommen, da er die Prüfung bestanden hat.

Gelingt ihm das nicht, handelt er sich zusätzlich noch Besetzungen dunkler Fragmente ein, die ihn noch mehr knechten und ihm weh tun, bis er seine Störrigkeit aufgibt und demütig wird. Meist wenden sich die Menschen erst dann dem Licht zu und erinnern sich an Gott, wenn sie von Luzifer geknechtet werden.
In letzter Konsequenz zwingt die dunkle Macht die Menschen, ins Licht zu blicken – durch Leid und Schmerz. Somit dient die dunkle Seite der Schöpfung sehr wohl dem Licht!

Hast du nicht selbst im Leben mehrmals erlebt, daß du einst sagtest: „*Ich werde das oder jenes nie tun*“, und dann hast du dich Jahre später dabei ertappt, daß du genau das getan hast und es gut fandest? Das ist *sein* Werk. Er stellt jeden Menschen auf die Probe.
Hat ein Mensch einen Standpunkt festgelegt, so zwingt er die dunkle Seite förmlich in sein Leben – er ruft sie. Das ist das Gesetz der Polarität. Bleibt die Person neutral und sagt vielleicht: „*Unter gewissen Umständen kann ich mir vorstellen, dies oder jenes zu tun*“, gibt es kein Problem, da der Mensch neutral ist und die Kräfte anerkennt.
Sagtest du nicht selbst als junger Mensch: „*Ich werde niemals töten!*“
Nun erinnere dich an den Tag der Geburt deines Sohnes als du ihn zum erstenmal auf dem Arm hattest und dachtest: „*Dieses kleine Wesen zu beschützen ist meine Pflicht als Vater. Und ich wäre auch bereit zu töten, würde jemand Hand an meinen Sohn legen.*“
Erinnerst du dich? Ich stand damals bei dir.

Ja, das stimmt!

Siehst du, das ist es. Das ist die Polarität.
Sage niemals „*nie*". Sage zum Beispiel: „*Im Moment möchte ich nicht töten, doch sollte es eine Situation erfordern – sei es wegen meines Kindes; sei es, um mein Land zu verteidigen oder weil jemandem Unrecht geschieht, so wäre ich eventuell bereit, es dennoch zu tun...*"

Das ist eine Einstellung, die neutral ist – ohne Standpunkte. Und das ist das Spiel des Lebens.
Nun prüfe, wo du jemals sagtest oder auch nur dachtest, daß du irgend etwas *niemals* tun würdest. Jeder sollte sich das fragen. Und dann blicke auf dein Leben, ob du es inzwischen schon tust! Dann denke nach, wo du heute Standpunkte eingenommen hast, die aufgrund des Verlassens der Neutralität in Zukunft eine Prüfung in deinem Leben erzwingen.

Aus diesem Blickwinkel heraus betrachtet, erfüllt die Luziferkraft doch einen guten Dienst. Er bringt dich zu Demut, Neutralität und weg von Vorurteilen. Er macht dich so lange fertig und führt dich endlose Male in Versuchung, bis du gelernt hast, andere Meinungen auch gelten zu lassen, die Sichtweise des Gegners, des Gegenübers, auch anzuerkennen und diese vielleicht auch einmal anzunehmen und toleranter zu werden.

In diesem Sinne erfüllt die Luziferkraft einen Liebesdienst – jedoch manchmal auf grausame Weise, da er bis zum physischen Tod führen kann, falls der jeweilige Mensch sich nicht zur Liebe und zum Licht hin entwickelt und endlich aufhört, Standpunkte festzulegen, die nicht auf Eigenerfahrungen beruhen.
Es ist ein interessantes Spiel, wie du feststellen mußt...!

Allerdings. Damit ist aber nicht zu spaßen. Was ich alles schon erlebt habe, wünsche ich keinem anderen. Und froh bin ich, daß ich das schon hinter mir habe, was mir bereits widerfahren ist. Meiner Meinung nach ist es der Mensch selbst, der diese Kraft in sein Leben ruft, weniger durch seine Stimme als durch unbewußte Handlungen und ein „nicht durchdachtes" Denken.

Damit magst du recht haben. Doch auch hier achte darauf, nicht zu pauschal zu werten, denn genau da kommt diese Kraft wieder ins Spiel. Es ist von jeder einzelnen Seele abhängig, von ihren Vorinkarnationen, von ihrem jetzigen Lebensplan und dem Stand des Bewußtseins heute.

Während meiner Kommunikation mit dieser Kraft, die immerhin ein viertel Jahr andauerte, habe ich mich jedoch nie bedroht gefühlt.

Nun, er ist ja nicht gekommen, um dich zu zerreißen, sondern, um sich mit dir auszutauschen. Er hat dir mehr gesagt als den meisten Menschen zuvor. Es war auch eine andere Voraussetzung als bei den anderen Menschen. Die einen haben Angst vor ihm und wollen ihn bekämpfen, die anderen wollen etwas von ihm – Ruhm, Macht oder Geld.

In diesem Fall kann ich dir sagen, daß es bei dir ein wenig anders war. Du bist mutig, das schätzt er an dir, und vor allem hast du über das, was er sagte, tief nachgedacht. Du hast ihm zugehört auf eine Weise, wie ihm sonst kaum einer zuhört – nämlich neutral, ohne ihn zu verurteilen.
Wie bereits von mir geäußert: Diejenigen, die sonst mit dieser Kraft „verkehren", tun dies nicht frei von Wünschen. Sie wollen etwas, sie erwarten etwas dadurch.

Doch das interessiert diese Luziferkraft nicht im geringsten. Viele, die in ihrem Namen Destruktives vollziehen, haben keine Ahnung von ihrer wirklichen Tätigkeit, von ihrem, wenn auch völlig verkannten Dienst für den ewigen Kraftquell allen Seins. Man könnte fast sagen, daß sie das Gegenteil dessen ist, was man ihr andichtet. Ähnlich, wie ein Dämon den liebevollen Dienst an dir erfüllt, dich so lange zu quälen, bis du endlich aufwachst und das Licht suchst.

So interessant solch eine Begegnung sein mag, so zerstörerisch ist sie auch, da der Kontakt mit der dunklen Seite der Schöpfung deine Lebenskraft aufsaugt.
Siehe, du hattest mit Lichtwesen Kontakt, die dich vieles lehrten – und dies natürlich auch weiterhin tun –, dann hattest du Kontakt zum Dunklen, das dich weiter reifen ließ. Nun hast du mich – den Neutralen. Ich hole sie alle – die Heiligen und die Mörder. Ich bin selbst Licht, doch berühre ich auch das Dunkle. Du wirst davon profitieren. Beobachte dich – die nächsten Jahre dieses Lebens –, und du wirst sehen, welchen Einfluß ich auf dich ausübe. Du wirst an den Früchten erkennen, wer ich bin, der dich begleitet.

Vielen Dank! Wechseln wir aber nun wieder das Thema.
Wir haben auf der Erde verschiedene Völker mit verschiedenen Hautfarben und Eigenschaften. Du hattest bereits erwähnt, daß dies auf den Einfluß außerirdischer Besucher zurückzuführen ist. Kannst du dies bitte etwas näher erklären?

Es gab einst eine eigene, primitive Entwicklung auf Erden, deshalb kamen noch andere hinzu – aus anderen Planetenscharen. Die Erdbevölkerung wurde im Laufe der Äonen von verschiedenen Völkern kosmischen Ursprungs angereichert.

Es ist von geistiger Seite her zugelassen worden, daß hier verschiedene planetare Besucher Kolonien aufbauten. Doch nur wenige blieben. Manche Kolonien oder Reiche wurden durch Naturkatastrophen zerstört, andere Besucher gingen weiter zu anderen Planeten und andere wiederum blieben auf der Erde. Manche erhielten sich in ihrer ursprünglichen Art oder zumindest im wesentlichen, was auf die weiße, die rote sowie die gelbe Rasse zutrifft. Wiederum kam es über die Zeit hinweg zu Vermischungen und auch – das ist wiederum etwas komplizierter – zu Eingriffen in die Struktur des Körpers, was ihr heute als genetische Versuche bezeichnet. Das hatte ebenfalls Veränderungen im Aussehen verschiedener Völker zur Folge.
Der Ursprung des Körpers ist für euch sicherlich interessant, doch macht es für mich keinen Unterschied. Ich sehe das Lebensthema, ich sehe die Taten, die Gedanken und die Gefühle der Seele und erkenne daran die Reife und die Stärke. Eine besondere Abstammung hat nichts zu bedeuten.
Die Erde ist ein Prüfungsplanet, und es ist die Prüfung der Menschen auf der Erde, in Respekt nebeneinander zu leben, und gleichzeitig zusammen die Welt zu beleben.
Die verschiedenen Völker mit verschiedenen Hautfarben und verschiedenen planetaren Ursprüngen sind in der Frequenz verschieden, sie sind gänzlich unterschiedlich, so daß ihre Trennung förderlich und sinnvoll zu sein scheint. Die Freundschaft selbst soll hierdurch aber gefördert werden.

Wie schwierig der Umgang mit einem anderen Volk ist, kannst du ja in allen Teilen der Welt seit Anbeginn bis zum heutigen Tage sehen. Es sind immer wieder Kriege entstanden, da die verschiedenen Völker auch andere Denkweisen oder Gefühlsabläufe haben und andere Glaubens- und Wertesysteme.

In den letzten siebzig Jahren ist es nicht nur zu UFO-Sichtungen, sondern auch in vielen Fällen zu Kontakten mit außerirdischen Besuchern gekommen. Wie sieht es in der Zukunft aus? Wird sich das häufen? Wird es einen offenen Kontakt geben?

Wenn das Frequenzgewirr des Planeten bereinigt ist, dann wird dies geschehen. Es wird zu Landungen kommen, es wird zu Erdungen kommen. Es werden auch Menschen zurückkommen, die auf anderen Planeten gelernt haben und einst von der Erde mitgenommen wurden. Es werden aber auch Wesen diesen Planeten betreten, die lange auf diesen Moment vorbereitet wurden und hier leben können.

Sehen sie uns ähnlich?

Ja! Dies ist eine Frage der Inkarnation, dies ist eine Frage der Konstellation und abhängig von der Beschaffenheit ihrer Zellstruktur. Sie werden dir nicht unähnlich sein, größer ja, doch in der Gestalt ähnlich. Die Menschen zu erschrecken, ist nicht das Ziel.

Es wird behauptet, daß es Besucher von anderen Planeten gibt, die uns – sprich der Erdbevölkerung – nicht wohlgesonnen sind beziehungsweise sich nicht um uns kümmern und nur aus Eigeninteresse zu diesem Planeten kommen, sprich für Rohstoffabbau oder genetisches Gut. Daher soll es auch Rivalitäten unter verschiedenen Außerirdischen geben. Ist das so, und wenn ja, ist das für uns von Belang?

Sieh es als belanglos. Es gibt mehrere planetare Völker, doch es gibt die kosmische Ordnung und es gibt das Gesetz, wer welchen Planeten zu betreten hat. In der Frequenz, in der Dimen-

sion, sind sie viel weiter. So werden einige kommen, die verwalten wollen; und es wird einige geben, die lenken wollen; und es werden welche kommen, die gut sein wollen. Jeder verfolgt sein Ziel, doch wird wie in einem Geheimrat darüber beraten und gesprochen worden sein, wer was zu tun hat. Es wird zu Aufteilungen kommen, und es werden verschiedene Bereiche der Erde von verschiedenen Gruppen verwaltet werden. In der Tendenz wird es auf Erden eine Verwaltung geben. Und so ist ein Amerikaner in Gänze anders zu behandeln als ein Japaner. Die jeweiligen außerirdischen Gruppen werden sich an Orten niederlassen, an denen sie mit der Bevölkerung die größte Artverwandtschaft haben – da viele Gruppen einst auf der Erde waren und Nachkommen zurückließen.
Gehe davon aus, daß verschiedene Besucher kommen werden, die auch verwalten wollen. Und so, da es verschiedene Kontinente sind, werden sie verschiedentlich strukturiert sein. Allein der Glaube, allein das Wissen der Menschen, denen geholfen werden soll, wird entscheiden, wer sich wo niederläßt.

Es gibt die Behauptung von Personen, die sozusagen ausgestiegen sind bei den Illuminati – und so weiß ich aus einem Gespräch mit einem Noch-Mitglied –, daß diese mit Außerirdischen Kontakt haben und Technologie austauschen.

Deutlich JA!

...und daß auch Weltraumfahrt betrieben wird, unabhängig von der bekannten mit Düsentriebtechnik, aber im geheimen...

(unterbricht) Es bestehen Kontakte und Verbindungen nach außerhalb, die gepflegt werden müssen.

Sind diese Kontakte als konstruktiv zu werten?

Es ist vom Rat nicht gewollt. Sieh es wie im alten Land die Trapper, die sich in ein Gebiet vorwagten. Doch es wird nicht zu einer Urbanisierung der Erde beitragen.
Es wird Schmerz verursacht werden, doch es wird nicht zur Urbanisierung beitragen.

Wechseln wir erneut das Thema.
***Es wird auf der Erde von Menschen berichtet, die den natürlichen Alterungsprozeß entweder aufgehoben oder gänzlich gestoppt haben, wie beispielsweise der Graf von Saint Germain, der nachweislich 250 Jahre lang nicht gealtert ist. Kannst du dazu etwas** sagen.*

Es klingt wie ein Märchen, doch ist es so, da er mit der Zellstruktur arbeitete. So ist derjenige, den du Graf nennst, nie irdischer Graf gewesen – er gab sich als solcher aus. Was auch immer geschrieben wurde, ist er doch von fernen Planeten gekommen, um auf der Erde zu leben. Sein Auftrag war es einerseits, die Menschheit und ihr Verhalten zu studieren, und andererseits, Wissen und Technik auf der Erde zu hinterlassen, die heute noch eingesetzt wird. Er war der Begründer vieler Erfindungen.
Da er von einem anderen Planeten kam, war es ihm ein leichtes, alt zu werden, weil auf seinem Planeten jeder alt wird. So sind hundertsechzig, hundertachtzig Jahre keine Kunst gewesen, da er die Zellinformation seines Planeten in sich getragen hat, um dies auf der Erde umzusetzen, um zu demonstrieren und zu beweisen, daß dies möglich ist. Das Altwerden ist über das irdische Maß hinaus möglich. Es ist die Zellinformation, die Zellstruktur, auf die es ankommt. Überlege, wenn ein Kind

zur Erde kommt, so bedarf es der neun Monate. Und nun kommt es mit großen und mit alten Menschen zusammen. Über die Jahrzehntausende hinweg sind die Menschen immer gealtert, sprechen ständig vom Altwerden, vom Altsein, vom Altern... So ist selbst für das Kind der große Mensch der Alte. Ständig möchte der Mensch etwas Neues, neu sein. Dies ist in der Prozedur der Menschheit die Information der Zellen.

Bereits seit meiner Kindheit begleitet mich dieser Graf von Saint Germain. Früher bekam ich durch ein Schreibmedium Briefe diktiert, heute kann ich auf geistiger Ebene Fragen stellen. Was kannst du dazu sagen?

Er ist dir wie ein Großvater. Er steht über dir im Bewußtsein, er steht über dir im Wissen – jetzt, da du auf Erden bist; in der Zuneigung und im guten Wollen. Doch im Ursprung sind eure Hände zusammen. Er trägt Wissen, das du trägst. Und du trägst heute Wissen in dir, das er trug. Eure Zellstrukturen sind ähnlich, ihr seid aus einem Geschlecht. Er ist nicht immer bei dir, so wie dein Schutzengel, doch er führt dich im Geiste, so wie noch viele andere Wesen bei dir sind. Wenn du ihn rufst, so ist er bei dir.
Dieses Wesen ist bei vielen Menschen weltweit und inspiriert diese. Es hat mit vielen Menschen Kontakt.

Es gibt Behauptungen und Berichte von angeblichen Augenzeugen, die darauf hinweisen, daß – vor allem in den USA – mit Zeitreisen experimentiert wird. Kannst du dazu etwas sagen?

Die Zeit bereisen kannst du selbst, wenn du dein irdisches Bewußtsein und das Gehirn überwindest. Dies maschinell zu tun, ist noch zu früh. Die äußerste Entwicklung der Mikrokosmik ist schon in der Lage, Zeit zu überwinden; durch die Drehung der Frequenz. Dies wird schon im Kleinen getan. Der Mensch selbst ist bisher noch nicht in der Lage, es in Gänze zu tun. In deinem Bewußtsein und im Bewußtsein vieler Forscher wird es in Bälde gänzlich verankert sein. Der Zeitfaktor ist auszumerzen, und zwar zuerst im Geist, was bedeutet, in die Ereignisse zurückgehen zu können, um diese aufzulösen, damit sie nicht geschehen. Das ist möglich, da alles im Jetzt gleichzeitig ist. Dies ist möglich, doch zuerst im Geist; in der Maschine, in der reellen Wirklichkeit, noch nicht. Dafür ist die Frequenz der Welt noch nicht geschaffen.

Es gibt Berichte über das sogenannte Philadelphia-Experiment, bei dem ein Schiff unsichtbar wurde sowie im Ort versetzt und zwei Mitglieder der Besatzung in der Zeit versetzt wurden. Nach diesem Ereignis hat man das offenbar weiterverfolgt – im sogenannten Montauk-Projekt – und dann tatsächlich geschafft, die Zeit zu bereisen.

Das mit dem Schiff war aber ein Unfall und wurde nicht willentlich herbeigeführt. So ist es auch möglich, daß Personen verschwinden und Gegenstände, die einen bestimmten magnetischen Punkt der Erde überschreiten und dann in einer anderen Zeit landen.
Willentlich mit Maschinen – und vor allem mit dem physischen Körper – das ist jedoch nicht möglich, noch nicht. Es wird experimentiert auf der Erde, das stimmt. Doch ist es denjenigen nur gelungen, in verschiedene Zeiten zu reisen, um dort Daten aufzunehmen, die sie in Filmen und schriftlich festhielten – auch durch eigenes Sehen. Versuche, etwas in einer anderen Zeit zu manipulieren, um damit die Gegenwart zu verändern, gelangen jedoch nicht – es hatte keine Auswirkung

auf die Jetztzeit. Das ist nicht die Form der Zeitreise, wie sie einmal möglich sein wird – in ferner Zukunft. Dann ist ein Eingriff, eine Manipulation, eine Veränderung von Ereignissen möglich. Doch bei dem, was momentan auf der Erde versucht wird, nicht. Sie bereisen sozusagen das Gedächtnis der Erde, sie reisen im Datenspeicher der Erde und sehen auch die Ereignisse. Aber, wie gesagt, sie können sie nicht verändern.
Ein Zurückversetzen ja, ein Verändern nicht – das ist nicht das Zeitreisen, das *ich* meine.

Doch der einzelne ist in der Lage, im Bewußtsein zurückzureisen, um etwas zu verändern, was sich dann auf die Jetztzeit auswirkt. Das sollte auch dein Ziel sein. Denn änderst du dich, so ändert sich dem Gesetz nach auch dein Umfeld, deine Familie, deine Arbeit, so ändern sich deine Gegner und alles andere, was mit dir in Berührung kommt. Denke darüber nach!

Es gab vor der Epoche, die wir als Sumer kennen, auch noch andere Hochkulturen, sei es Atlantis, Lemuria, Mu oder Hyperborea. Kannst du zu unserer Erdgeschichte etwas erzählen? Kannst du bitte in kurzen Zügen einen groben Überblick darüber geben, was sich vor Sumer abgespielt hat?

Die Erde war viele Male belebt. Vor der Menschheit, die du heute kennst – seit der Zeit von Sumerien –, gab es noch sieben andere. Die Zahl Sieben hat nichts mit den sieben Tagen zu tun, in denen die Erde euren Schriften nach entstanden sein soll, sondern sieben bedeutet, daß die Erde in ihrer Grundsubstanz aus einer anderen Energiedichte heraus geschaffen wurde. Was ich hier meine ist, daß es seit der Besiedelung sieben Menschheiten gab, doch nicht alle hatten solche Körper wie ihr – so fest.

Laß mich dies erklären: Eine Summe von Völkerschaften aus dem Universum, eine Summe von Wesenheiten, begann im höchsten Aspekt ihres Seins, die göttliche Quelle nicht nachzuahmen, zu imitieren, doch mit Hilfe des Göttlichen selbst am Erschaffungsprozeß teilzunehmen. So wurde vor vielen irdisch gerechneten Jahren und Zeiten die Erde im Kleinen erschaffen, im Geist. Die Frage war damals, ob sie denn wohl halten würde, da sie eine Erschaffung aus dem Geist war – ein Luftbild. Es lebten hier zu Anbeginn Geister, Wesen, Frequenzen seelischen Bewußtseins, die nicht in der Grobstofflichkeit des heutigen waren.
Das ist eine interessante Frage, denn es ist ein kosmisches Schicksal – Schicksal aber nicht im irdischen Sinne, da hier der Begriff negativ behaftet ist. Als diese Seelenwesen sahen, wie gut ihr Werk war, begannen sie, mit der Schöpfungsgeschichte – dem Luftschloß – weiter fortzufahren. Es heißt, sie gaben es ab; sie begannen zu üben, inwieweit sie in der Lage sind, Grobstofflichkeiten zu erzeugen. Und so wurde der Erde von Stufe zu Stufe eine Lichtdichte gegeben, bis sie schließlich in das heutige Stadium übergegangen ist.
Um es ganz einfach auszudrücken: Auf diese Weise begannen die ersten Erdvölkerschaften zu entstehen. Die obersten Behüter dieses Erdplaneten schufen so aus diesem sogenannten Luftschloß – einem Luftplaneten höchster Energiedichte – eine tiefere materielle Schicht. Und sie schufen durch Inkarnation verschiedene Wesenheiten, um diesen Planeten zu beleben. Doch es kam zu einem Punkt, an dem diese Wesen die Erde nicht mehr beleben konnten, da die Dichte der Erdschicht so hoch geworden war, daß diese feinen Wesen darauf nicht mehr wandeln konnten beziehungsweise schließlich eine Erdkruste entstand.

In eurer Physik sagt man, daß die Erde sich aus einem spiralförmigen Energienebel formte. Aus irdischer Sicht mag dies der Anfang gewesen sein, doch bestand die Lufterde, die Energieerde, die Idee der Erde, bereits lange zuvor und wurde erst viel später durch Komprimierung feststofflicher Elemente zu der Erde, die ihr heute kennt.
Nochmals: Die Erde im Feinstofflichen bestand vorher und war von feinstofflichen Intelligenzen belebt. Als sie fest wurde, als die Kruste entstand, gingen diese Wesen weg, und andere kamen, denn diese Kruste konnte nur von entsprechend schwingenden Lebewesen bewohnt werden. Das war dann der Punkt, als der Hilferuf, die Nachricht ins Universum schallte, daß hier etwas Neues ist, etwas, das belebt werden kann.
Es ist somit Platz geschaffen worden für andere Wesen von anderen Planeten. Und es kamen solche Wesen, die auf ihrem eigenen, weit entfernten Planeten selbst nicht mehr sein konnten, da sie diesen im Aufstieg nicht begleiten konnten.
Laß mich dies weiter ausführen: Die Erde war einst feinstofflich und wurde feststofflich. Nun befindet sie sich im Aufstieg, im Anstieg der Frequenz, und wird aus dem Feststofflichen wieder etwas feinstofflicher – höherschwingender. Das geschieht auch mit anderen Planeten. Geht ein Planet in eine höhere Schwingung, so wechseln nur die Lebewesen mit diesem Planeten zusammen in die höhere Frequenz, die sich auch selbst weiterentwickeln – hin zum Geistigen. Lebewesen, die sich nicht weiterentwickeln, werden sterben – so hatte ich es dir bereits erklärt. Genauso ist es jetzt auch auf der Erde. Zur Zeit gibt es eine Elite der Macht auf eurer Erde, die über diese Frequenzerhöhung und über den Aufstieg der Erde Bescheid weiß, sich aber nicht entwickeln will. Diese Mächtigen investieren viel Geld in geheime Projekte, die sich mit der Raum-

fahrt beschäftigen, um eventuell die Erde verlassen zu können. Warum? Weil sie nicht sterben möchten.
Und so kamen einst Lebewesen auf die Erde, die von ihren verschiedenen Heimatplaneten auszogen, weil sie dort nicht sterben wollten. Es ist aber eben zu berücksichtigen, daß es solche Wesen waren, die sich *nicht* weiterentwickeln wollten. Sie waren deshalb nicht unbedingt ungut, jedoch einseitig materiell orientiert.

Kommen wir nun wieder auf die Erde zurück: Es ist also für diejenigen Platz geschaffen worden, die auf ihren Planeten nicht mehr sein konnten (so wie das jetzt mit der Erde stattfindet). Diese Wesen aus anderen Zeiten und aus anderen Räumen wurden dann auf die niederere Stufe der Erde gebracht. Und dies geschah Schicht für Schicht.
So waren vor der Atlantis-Zeit weit mehr Zeiten, doch nicht tieferer irdischer Prägung, sondern höheren Bewußtseins. Die Erde wurde gezielt bis in die jetzige siebte Menschheitsepoche geführt, und dies von Wesen, die seit Anbeginn das Projekt Erde überwachen. Ein Volk auf Erden nennt diese Wesen die „*Gärtner der Erde*". Und diese Wesen führen die Erde jetzt aus der Feststofflichkeit auch wieder in die höhere Frequenz, zurück ins Licht.
Dies paßt zu der Frage nach unserem Beisammensein, als du über die verschiedenen Menschenrassen Bescheid wissen wolltest. Diese sind aus verschiedenen Sternenregionen zur Erde vorgedrungen. Hier fügt sich das eine zum anderen. Die Erde ist nicht nur von Gott erschaffen, sondern war durch einen physikalischen Prozeß geformt worden, der von hohen Lichtwesen gesteuert und beseelt war.

Die Erde wurde also nicht von Gott alleine erschaffen, wie es manche Menschen religiöser Prägung glauben, nach dem Motto: *„Jetzt bist du da...“*, sondern die Erde ist vom lichten Bewußtsein geistigen Denkens erschaffen worden. Durch eine Art der Abkühlung, durch eine vehemente Verdichtung aller Strömungen wurde so das Feuer geschaffen, die Elemente selbst, bis schließlich die Kruste entstand und letzten Endes Materiewesen das Gehen erlernten.
So gab es eine Vielzahl von Leben auf Erden. Meiner Schätzung nach sollte der Mensch in der Lage sein, die letzten drei Menschheitsepochen nachweisen zu können – so wie die Pyramiden von den Atlantern übrigblieben. Die Geistigen unter euch vermögen wohl, bis zu sieben Epochen zu erkennen.

Heute leben noch einige Menschen, die einst auch in einer dieser ersten Epochen der Menschheit lebten, die auch den Weltraumflug kannten. Daher sollten sich diese nicht wundern, daß sie Erinnerungen an den Weltraum in sich tragen und heute der Meinung sind, daß der Weltraumflug unumgänglich ist.
Manche haben sogar Erinnerungen an den Planeten, den sie einst verließen, und hegen ein Gefühl der Trauer und der Sehnsucht, wenn sie in den Himmel blicken.
So wird es auf der Erde immer wieder welche geben, die an die Weltraumfahrt denken, da es für sie so selbstverständlich ist, daß sich der Mensch durch das All bewegt, so wie es heutzutage auf Erden selbstverständlich ist, daß man mit einem U-Boot unter Wasser fährt.
In diesem Zusammenhang möchte ich aber auch bemerken, daß es heute noch eine Zivilisation auf Erden gibt, die dem menschlichen Antlitz nicht entspricht, die aber heute noch im physischen Leib lebt und Zeugnis vergangenen Bewußtseins

abzulegen imstande ist. Nur die Zeit des Kontaktes in der Öffentlichkeit ist noch nicht da. Der Kontakt wird von den Regierungen der Welt verhindert. Diese wissen warum. Ihr werdet seit Jahrhunderten belogen.

Dies sind keine Menschen, die durch die Erde wühlen, doch sind es Frequenzen bewußten Seins, die Zeugnis ablegen können und auch Zeugnis ablegen werden, wenn die Erde reif dazu ist.

Diese geheime Zivilisation wäre imstande gewesen, die unheilvollen, verheerenden Katastrophen der Vergangenheit, welche die Erde heimsuchten, in einer Vorhersage mitzuteilen, gar zu vermeiden, im Zusammenschluß ihrer geistigen Kräfte, im Zusammenschluß mit ihren geistigen Brüdern höheren kosmischen Bewußtseins. Dies geschah aber nicht. Hierzu war der Planet nicht reif. Auch hätten sie die Flut, die soeben Teile der Erde traf *(Asien; Anm.d.Verf.)*, verhindern können; auch könnten sie die Katastrophen verhindern, die noch kommen werden. Doch tun sie das nicht, da die Menschheit nicht zu lernen bereit ist.

Festzuhalten bleibt: Es gab schon viele Menschheiten, wobei die ersten aber in ihrer ursprünglichen Form nicht so feststofflich waren, wie der heutige Mensch.

In der Gesetzmäßigkeit des Für und Wider ist dies wohl klar, denn wozu wird ein Planet geschaffen, wenn er nur da ist? Jeder Planet wird geschaffen, um bevölkert zu sein; sei es vom Geist oder der Materie. Und so war es die Intention der Schaffung der Erde, hier Bewußtsein zu schaffen und der Erde zu spiegeln, wozu sie in der Lage ist.

Es gibt viele Planeten, die heute keine physischen Lebensformen wie auf der Erde zeigen, aber dennoch bewohnt sind – nur in einer höheren Frequenz.

So vermag man in vielen Geschichten das Leben eines jeden Planeten widerzuspiegeln, da die Geschichte eines Planeten ähnlich der Geschichte eines Menschen ist. Einmal gelebt ist sie immer da. Es ist in der Kosmik, egal wie ihr dies bezeichnet. Es mag im Gitterfeld des Magnetismus als Information verhaftet sein, genauso mag es wie in einer Blaupause darin enthalten sein; oder in den Ionen oder Photonen.
Ist eine Information einmal gegeben worden, ist sie für immer vorhanden, denn genau das ist es, was das göttliche Universum speist; gleich einem U-Boot mit Atomkraft, das sich selbst mit der Energie versorgt, die es zur Fortbewegung benötigt.

Die Erde ist ein Organismus. Und es gibt in der Erde Bewußtsein, das – so erschrecke nicht – mit dem Aussehen des Menschen nicht viel gemein hat. Und wenn du weiter fleißig an dir arbeitest, so werden diese Wesen Kontakt mit dir aufnehmen.
Die Erde ist tatsächlich ein Organ. Schau, die Erde ist meßbar, die Unendlichkeit nicht. So wirst du dem kleinsten Zelltier, daß sich auf deinem Fingernagel befindet, eine Geschichte darüber erzählen können, daß es in dir Wasser gibt. Das Wasser in dir ist der Speichel deines Mundes, doch dieses Tier wird das nie erkennen können, da es in der Kleinheit seines geistigen Bewußtseins dem nicht folgen kann. Und so ist die Erde gleich einem biologischen Geschöpf, nur ohne Füße. Vergleiche die Erde mit einem Ball, der getreten wird. Vielleicht wurde so von den Engeln der Fußball erfunden. *(lacht)*
Du siehst, auch ich habe Humor...

Die Aussage, daß die Erde gleich einem Fußball ist und die Engel damit das Spiel erfunden haben, mag wie ein Scherz klingen. Doch ist es tatsächlich so, daß die Erde gleich einem

Ball ist. Ist euch das noch nicht aufgefallen? Es ist der Geschwindigkeit wegen – der Aerodynamik. Daher ist es sehr wohl möglich, daß die Zusammenfassung kosmischer Energie in der Lage ist, die Erde in einer Vehemenz zu beschleunigen, daß sie in eine andere Zeitschiene des kosmischen Bewußtseins rutscht. Und so ist es sehr wohl möglich, daß in dieser Phase der Zeitschiene plötzlich die Venus bewohnt ist, obwohl ihr dort jetzt kein Leben seht – zum einen, da man sich in diese Zeitepoche bewegt, zum anderen, weil sich der Blick in diese Richtung geöffnet hat.
Viele Planeten, die ihr mit euren Teleskopen sehen könnt, sind auf den ersten Blick nicht bewohnt. Doch mit kosmischem Blick sind sie bewohnt, da alles im Jetzt ist. Dies hängt mit der Frequenz und mit der Dichte des Sehens zusammen.
Nimm die Erde im Ursprung ihrer Erschaffung: Ein menschliches Wesen ist nicht in der Lage, die Erde im Ursprung ihrer Erschaffung zu sehen, da es außerhalb der Energiedichte liegt. Wenn ihr in die Zone der nächsthöheren Dimension wechselt, dann werdet ihr eines Tages in die sechste Dimension rutschen, wobei es ein Rutschen nicht gibt – es ist eine Energiedichte. Doch nehmen wir an, ihr geht in die sechste Dimension, dann werdet ihr zwar das Licht der dritten Dimension sehen, doch die der dritten werden euch nicht erspähen. Ihr seid in der Frequenz zu hoch angesiedelt, als daß ihr erspäht werden könntet. Das ist im Moment das Problem der Menschen beziehungsweise der Grund, wieso sie auf anderen Planeten kein Leben sehen können.
Bewohnbarkeiten im irdischen Sinn gibt es auf vielen Planeten in der Jetztzeit nicht. Es gibt andere Planeten, die nur auf der Oberfläche nicht bewohnt sind, unter der Erdkruste aber schon. Das ist auch zu berücksichtigen.

Doch wird es sehr wohl möglich sein festzustellen, wenn das Bewußtsein der Menschen reif ist, daß ein solcher Planet doch belebt ist, und zwar dann nämlich, wenn hier die Zeitschiene verschoben ist. Dann ist der Kosmos, die Kosmik in ihrem Ursprung, in ihren Elementen, so angehoben, daß es eine Kommunikation zwischen den Planeten geben kann. Dies wird aber nur dann funktionieren, wenn die Erdlinge selbst in ihrer Frequenz miteinander in der Kooperation sind. Da sie es nicht einmal von Wohnraum zu Wohnraum schaffen, werden sie es auch nicht ins All hinein schaffen.

Und um dies zu prüfen, waren all die großen Kriegsherren auf der Erde – von Dschingis Khan über Napoleon oder später einem Churchill bis hin zu einem Bush –, und um dies zu prüfen – und das magst du mir verzeihen – sind die Illuminati da. Zwar nicht in der Gänze allen Seins, doch um die Reife des Menschen und den Drang nach geistiger Freiheit zu prüfen, sind immer welche da.

Deshalb wird die Abspaltung der Menschenschichten, die Trennung der Menschheit in die erwähnten drei Teile, dazu führen, daß im Föderalismus irdischen Geschehens Menschen auf Erden sind, Erdbewohner, die eine ähnliche Frequenz tragen und die in der Lage sind, den Ur-Ton zu hören. Dann ist es geschafft. Denn dann, wenn alle den Ur-Ton hören, wird der Klang des Göttlichen auf Erden Einzug erhalten. Dann hat es einen Sinn, daß Gottes Stimme auf Erden erschallt. Im Moment wird Gottes Stimme auf Erden nicht erschallen, sondern höchstens *ver*-schallen. Die Zeit und die Entwicklung, das Für und Wider, sind nicht gegeben. Wofür soll ich rufen, wenn ich nicht gehört werde? Erkenne, das ist der Grund.

Du wirst noch in die Lage versetzt sein, über die Zeitzonen hinaus zu sehen. Das ist aber nicht überall unbekannt. Dieses

Wissen haben die höchsten Würdenträger eures Planeten, da die Forscher um sie, diejenigen, die mit dem Kernreaktor arbeiten und mit der Vibration der Elemente, bereits erkannt haben, daß der Zeitfaktor mit physikalischen Mitteln aufzuheben ist.
Doch was bedeutet das? Das bedeutet, daß es möglich ist, mit anderen Sternen zu kommunizieren. Und das wird getan – nicht offiziell, doch im geheimen. Die Regierenden wissen meist nichts davon, und diejenigen, die wissen, geben es nicht an das Volk weiter, sie wollen es ja nicht in Unruhe versetzen.

Doch diejenigen, die einst die Erde schufen, sind nun dabei, das zu ändern. Vorhin, als ich davon sprach, daß es eine Zivilisation gibt, die in der Lage ist, die Elemente zu beherrschen und beispielsweise das Wasser kommen und gehen sowie die Erde beben zu lassen, da fragtest du dich in Gedanken, wieso sie nicht eingreifen.
Ich sage dir: weil nun die Zeit ist, daß viele von der Erde gehen. Das mag nun hart klingen, doch ich bin der Tod, ich erklärte dir, was ich tue, warum ich es tue und daß es keinen Grund für eine Seele gibt, Angst zu haben. So ist ein Reinigungsprozeß auf Erden eine gute Sache – für diejenigen, die hier bleiben und für diejenigen, die nicht bleiben. Es ist beides gut – es IST einfach.
Es geschieht, damit die Erde für die Ankunft neuer Seelen und neuer Lebewesen gereinigt wird. Ist ein Glas voller Flüssigkeit, so kann keine neue hinein. Erst muß Flüssigkeit entnommen werden, bevor neue, frische Flüssigkeit hinzukommen kann.
So ist es auch auf Erden. Ich reinige die Erde von Altem und bringe Neues – von höherer Schwingung. Deshalb wächst auch die Schar der Arbeiter des Lichtes. Doch sind diese nicht ge-

kommen, um die Erde zu befruchten, um sie mit Kindern zu beflügeln und mit geistigen Worten, sondern, um die Balance zu schaffen, damit sich die Erde in der höheren Kraft halten kann. Sie sind die Verankerungspunkte oder Säulen einer höheren Dimension auf der Erde.
Es ist wichtig, daß die neuen Seelen beginnen, auf der Erde laufen zu lernen, Fuß zu fassen.

Hat die Erde eine besondere Funktion im Kosmos? Du hattest bereits erwähnt, daß es auf anderen Planeten kaum verschiedene Völker gibt, so wie bei uns, sondern daß andere Planeten normalerweise nur von einem einzigen Volk bewohnt werden und auch die Lebensdauer dieser Lebewesen länger ist. Hat es mit der Erde eine besondere Bewandtnis, gibt es ein spezielles Projekt?

Die Erde ist im weitesten Sinne ein Forschungsobjekt, eine Art Prüfungsplanet. So gesehen unterliegt die Erde dem Urprinzip der Zellteilung. Und das wird auf der Erde gelebt.
Man könnte nunmehr weit ausholen. Im kosmischen Sinn ist die Erde dem Göttlichen einst geschenkt worden, um zu zeigen, was möglich ist – was für ein Desaster entstehen kann, was für ein Durcheinander. Dies wurde dem Göttlichen, wie die fünf Finger einer menschlichen Hand, gezeigt. Und dann wurde dem Göttlichen von all den lichtvollen Engeln zwischen Himmel und Erde gesagt: „*Du, Gott, paß auf! Diese fünf Finger vermagst du kraft deines Seins, zu einer Hand, zu einer Faust zusammenzufügen; und Du, Gott, bist in der Lage, diese Erde wieder in dich einzuverleiben, in Ruhe und in Frieden.*"
Das ist die kosmische Erklärung. In der Wirkung ist entstanden, daß die Rassenvielfalt eintrat, daß die Erde von der Rassenvielfalt behaftet wurde. Verzeih diese Worte, sie sind

nicht in der politischen Stimmlage eures Seins, doch die Rassen dieser Erde gehören so nicht zusammen. Deshalb wird es immer den Streit geben, ob der Affe den Mensch ausmacht oder ob der Mensch sich zum Affen macht. Das ist ein Beispiel für das Durcheinander auf Erden.

Es schallte einst – wie ich dir erklärte –, als man die Erde bevölkerte, der Ruf durchs Universum, daß es einen Planeten gibt, auf dem Leben möglich ist, und so kam es, daß von verschiedenen Planeten Menschen, Lebewesen und Seelenwesen in Richtung Erde geschickt wurden. So wurde die Erde von anderen Planetenbewohnern als Heim gesucht; nicht heimgesucht, sondern als Heim gesucht. Dies brachte aber auch mit sich, daß nicht nur die Besten der Besten zur Erde kamen. Aber es kamen auch nicht nur Schlechte.

Diese sind nun auch auf der Erde gelandet und haben die Erde bevölkert, weshalb dieser Mischmasch entstand, der nun langsam zu einem Auseinanderreißen kommt. Und weil dies so ist, wird im politischen Geschehen irdischen Seins immer mehr der Ruf nach Trennung erschallen.

Sicherlich ist das Bemühen und das Ansinnen derer, die ein Zusammenkommen der verschiedenen Völker anstreben, wohl gemeint, doch wird es scheitern. Es wird scheitern, so wie es scheitert, Wasser und Öl zu vermischen. Wasser und Öl sind beides Flüssigkeiten; sie sehen ähnlich aus, doch sie passen nicht zusammen, weil sie nicht zusammengehören. Sie werden sich immer wieder trennen.

Ebenso ist es mit den verschiedenen Menschenvölkern – sie gehören nicht zusammen, und sie werden nie zusammen gehören. Ich kenne die Zukunft des Planeten und weiß, daß die Menschen nicht lernen werden; so kommt es wieder zum Krieg, zu vielen Kriegen zwischen den verschiedenen Rassen

der Erde, bis sie endlich gelernt haben, daß sie nicht zusammengehören.
In eurem Land werdet ihr zunächst den Krieg in den Städten haben, mit denjenigen, die nicht aus eurem Land stammen. So wird es anfangen. Und es wird groß. Und dann werde ich sehr fleißig in meiner Tätigkeit sein. Denke darüber nach.

(kurze Pause) Du fragtest mich, ob ich etwas fühle, wenn ich die Seelen abhole. In den meisten Fällen fühle ich nichts, wie beispielsweise bei Menschen, die in solchen Kriegen und Auseinandersetzungen sterben, da sie nicht hören wollen. Sie wollen nicht sehen, nicht auf ihren Schutzengel hören, der fast schon schreien muß. Und wer nicht hören will, der muß fühlen. So tue ich meine Arbeit und denke mir dabei: „*Vielleicht kapierst du es das nächste Mal...*"
Du meinst, das ist hart? Das sehe ich anders. Es ist eben so. Die Seelen kommen und gehen, sie lernen oder lernen nicht. Heute sterben sie im Bett, morgen auf dem Schlachtfeld, dann im Auto oder mit einem Messer im Rücken.
Das ist das endlose Geschehen. Vergleiche es mit einem Arzt, der seine erste Operation durchführt. Da ist er aufgeregt, da spielen die Gefühle mit. Hat er aber zweihundert oder eintausend Operationen hinter sich – glaubst du, er fühlt noch etwas dabei? Er ist neutral, denn es ist zu tun, die Arbeit ist zu tun. Tut er es nicht, tut es ein anderer Arzt. So ist er mir in diesem Punkte ähnlich. Tue ich nicht meinen Dienst, so tut es ein anderer. Doch ich schweife ab.

Die Erde ist ein Objekt der Prüfung, so ist es. Die Entwicklung wird zeigen, daß die Rassen getrennt sein werden. Sie werden in Freundschaft miteinander leben, doch bis dahin ist es noch ein weiter Weg – ein dorniger Weg mit vielen Kriegen.

Ihr seid jetzt mit der Erde an einem Punkt, an dem die Frequenzen und somit auch die Völker getrennt werden. Es ist das, was du bereits erwähntest: daß die Spreu vom Weizen getrennt wird. Gehe davon aus, daß die Unruhe der Welt dazu da ist, Tod zu bringen – *(lacht)* das ist meine Arbeit, weshalb ich niemals arbeitslos werde.
Das kann in Heiterkeit gesagt werden, denn tatsächlich ist es so, daß mehr Raum für neue Seelen geschaffen wird. Im Irdischen ist es eine Tragödie, eine schmerzvolle Erfahrung, da Menschen ihr physisches Leben lassen, doch würde ich ihnen als – wie du es nennst – *Todesengel* erklären, worum es geht, wer würde denn dann noch sein Leben lassen, wenn er schon einmal hier ist?
Dies wirft natürlich die Frage auf: Warum hat ein Mensch dann inkarniert? Inkarniert hat er zum einen – derjenige, der geht –, um der Erde Kraft zu geben, um der Erde Besinnung zu geben, und zum anderen, um die Jahre des Seins zu nutzen, seine Entwicklung zu beschleunigen.
Die Frage, die sich aufwirft ist: *„Kann aus irdischem Umfeld auf anderen Planeten inkarniert werden?“* Die Antwort ist *„Ja“*. Dies kann geschehen. Doch der Sinn der Inkarnation ist, die Aufgaben zu durchlaufen und zu erfüllen. Ein jeder, welcher der Gesetzmäßigkeit der Inkarnation unterliegt, das heißt der Reihenfolge der Inkarnationen, wird nahezu jede Gelegenheit nutzen, um zu inkarnieren. Der Seele ist es gleich, ob es nur zwanzig Jahre oder dreißig Jahre sind. Jeder, der in der Reihenfolge steht, ein neues Leben anzutreten, nutzt die Gelegenheit einer Inkarnation. Es ist, als ob du einen Platz an der Sonne möchtest. Du wirst es tun, denn es ist deine Aufgabe; es wurde dir gegeben zu tun, du hast es angenommen, du hast *„Ja“* gesagt.

So werden viele aus dem geistigen Reich abwandern und nicht mehr zur Erde kommen. Und diejenigen, die auf der Erde sind, werden geteilt sein, da sie zum einen nicht alles erledigt haben, was irdisch zu tun war, und zum anderen, da sie die Möglichkeit einer neuen Inkarnation nutzen werden.

(kurze Pause) Das ist die Aufgabe der Erde. Jetzt mußte ich gar denken, da ich mich von der Frage entfernt hatte.
Die Prüfung der Erde ist die Vielschichtigkeit, damit viele Schichten – viele Völker – für ihre eigene Entwicklung darauf Platz finden. Nun ist die Zeit reif.
Deshalb ist die Erde auch ein Geschenk für viele, die am Aufstieg teilnehmen, die sich in der Vergangenheit in niederer Frequenz bewährt haben, um nun den höheren Zustand kosmischen Seins zu genießen. Für diese mag die Erde eine Belohnung sein. Sie werden auf der Erde bleiben, der Begleitung wegen. Andere, die nur geholfen haben, die Kraft zu erhöhen, werden wiederum gehen.
Im weitesten Sinne ist die Erde ein Geschenk des Göttlichen an sich selbst, um zu erkennen, was möglich ist; um zu erkennen, was ist. Doch im Irdischen, da der Göttliche erkennt, was ist, ist es ein großes Desaster, ein großes Irrlicht. Dies beginnt nunmehr, sich aufzulösen.
Und du, Jan, da du dies erfragst, wirst dem Irdischen so nicht mehr frönen, da das Irdische mehr ins kosmische Bewußtsein geht, das heißt in die Ruhe, in den Frieden. So hat das Göttliche die Elemente in sich verankert – wie das Irdische. So sind im Göttlichen die Ruhe, der Frieden, die Kraft, das Heil verankert, wie im Irdischen Feuer, Wasser, Luft und Erde sind.
Diese Gesetzmäßigkeit beflügelt die Erde, näher an das Göttliche zu rücken. Du, mit deinen Fragen, wirst diese Frage in tausenden von Jahren für die Erde nicht mehr stellen müssen, da

die Erde gegangen sein wird – in ein höheres, in höchstes Bewußtsein. Doch diese Frage, mein lieber Jan, wird von dir noch gestellt werden, in hunderten, in tausenden von Jahren, dann nämlich, wenn deine Stirn in die Niederungen dessen schaut, was hinter der Erde liegt – wenn du zurückblickst. Denn da werden diejenigen sein, welche die Erde nun verlassen haben, da sie die Erdfrequenz nicht mehr ertragen konnten – sie war zu hoch. Aufgrund dessen ist mittlerweile schon ein Planetengestade im Weltenraum auserwählt worden, das diejenigen aufnimmt, die nicht mehr auf Erden sind. Und für diese wird dann bei der Wiederholung heutigen Tuns diese Frage wieder gelten: *„Wozu ist dieser Planet geschaffen worden?“*
Er ist geschaffen worden – so vergleiche dies mit den Sportveranstaltungen nach dem Prinzip *panem et circenses* – Brot und Spiele braucht das Volk – als eine Art Lumpensammler. Nämlich, um für die einen Platz zu schaffen, denen die Luft ausging, und für diejenigen einen Platz zu bieten, die Ruhe und Erholung brauchen, um dann weiterzugehen.

Diejenigen, die da sind, vermögen nicht immer zu lachen, da ihnen die Luft ausgegangen ist. Und so ist auch das Lachen auf Erden eher eine Rarität in all den Jahren ihres Bestehens. Und dies soll nun beendet sein.

Sehr schön! Du erwähntest zuvor, daß hier noch Zivilisationen beziehungsweise Lebewesen existent sind, die sich vor der jetzigen verborgen halten. Spielst du damit auf die sogenannten Reptilienwesen oder Echsenmenschen an? Wenn ja, welche Rolle haben sie hier auf Erden?

Ich spiele nicht an. Ich verweise darauf, daß es auf der Erde nicht nur Menschen gibt. Du fragst nach denen *„mit den Rep-*

tilienköpfen". Das ist so eine Sache. Wer will es dir denn abnehmen? Es wird dir keiner glauben.
Dennoch will ich dir antworten. Es ist abhängig vom Blick und dem Bewußtsein des Schauenden. Derjenige, durch den ich spreche *(das Medium; Anm.d.Verf.)*, hat schon Menschen gesehen, die kriegst du nicht unter 2,50m durch die Tür. Das glaubt ihm ebenso keiner.
Das, was du meinst, das hast du gesehen. Und es haben diejenigen gesehen, welche die nötige geistige Frequenz dafür hatten. Es mag für dich wie ein Reptil sein, doch kann es sein Aussehen auch verändern. Es kann aussehen wie ein Mensch, doch nur derjenige, der sieht, erblickt ihr wahres Gesicht.
Tatsächlich ist die Erde von verschiedenen Spezies belebt, nicht nur von denen mit den Reptilienköpfen. Sie ist nicht bewohnt, sie ist belebt; von Lebewesen, die stark in die irdische Frequenz des Bewußtseins eindringen. Bei den genannten handelt es sich um Lebewesen, die tief in der Erde hausen. Dort halten sie sich auf. Es sind diejenigen, die deinen Worten nach „*im hohlen Raume sind*". Es sind kosmische Gebilde. Ich möchte diesen Gebilden nicht den Namen *Mensch* geben. Der Atem ist ein anderer, das heißt die Lungen und die äußerliche Form. Mehr möchte ich dir heute nicht dazu sagen – mehr hörst du zu einem anderen Zeitpunkt, wenn ich dir anderes zugetragen habe.
Jedoch gibt es auch Wesenheiten, die ohne Finger, nahezu ohne Hände sind. Es sind Wesenheiten, die nahezu ohne Beinwerkzeug sind. Sie sehen einer Gurke ähnlich, doch in einer helleren Substanz. Das sind gewissermaßen Teilchenbeschleuniger der Atmosphäre, der Luft. Sie sind in der Erdkruste, in der Verhärtung der Erdschicht, und leiten den Sauerstoff außerhalb der Erdschicht in die Tiefe des Inneren, damit die Erde

vom Atem des Göttlichen durchzogen wird. Tatsächlich gibt es solche Wesen, denn ihr müßt verstehen, daß die Atmosphäre der Erde durch all das vergiftet ist, was die Menschen damit machen. So wird es immer Gärtner und Förster kosmischen Bewußtseins geben, die jedoch für den Menschen unsichtbar sind, da deren Körperkleid der Arbeit angepaßt ist. Der Hellsichtige hingegen kann diese unter Umständen sehen. Auch diese Wesen bestehen aus Gottessubstanz, und bei diesen zählt nicht nur der Zeit-, sondern auch der Raumfaktor. Sie sind sehr wohl in der Lage, mit Zeit und Raum zu operieren. Auf diese Weise gibt es ein Da-sein und ein Weg-sein in der Gleichzeitigkeit der Dinge. Es ist Synchronizität. Da solches den Menschen mit Angst befällt, gelten hier die Gesetzmäßigkeiten von Raum und Zeit in einer Gleichzeitigkeit.
Die Wissenschaftler der Erde werden sich schon in Kürze solchen Fragen stellen müssen, nämlich dann, wenn sich die Frequenz der Erdschicht tatsächlich erhöht hat. Sie werden sich fragen, was sich denn noch alles in der Erdschicht befindet. Sie werden erkennen, daß die Erde lichten Ursprungs und ein organisches Wesen ist. Sie werden sehen, daß die Elemente beseelt sind; daß es Wesen gibt, welche die Elemente steuern und beherrschen – das, was ihr als Naturgeister und Elementarwesen bezeichnet. Man wird eine neue Technologie entdecken, und plötzlich werden auf den Monitoren kleine Wesen sein und euch zuwinken.
Das wird sehr faszinierend sein.

Nun möchte ich gerne etwas über dich und deine Zukunft erfahren. Wenn ich einmal etwas intimer fragen darf: Was ist dein persönliches Ziel? Wirst du immer als Mittler für die Gotteskraft sein, oder wirst du diese Tätigkeit an eine andere Kraft übergeben,

weil du selbst vielleicht aufsteigen und der Gotteskraft noch näher sein möchtest?

Ich bin, wie die Engelschaft selbst auch, eine fließende Kraft, was bedeutet, daß du das, was du heute hörst, in eurer Zeit noch in zehn Jahren hören wirst. Doch das, was du in Bälde, in den nächsten Jahren hörst, wird – in euren Worten – in der Qualität gestiegen sein, da ich selbst mit der Erde, mit dem Sonnensystem, mit der Galaxis und dem ganzen Universum im Anstieg, im Aufstieg bin, da das Göttliche einatmet. So werden fortwährend Elemente meines Seins an das Göttliche abgegeben, da auch ich Erfahrungen sammle, nicht durch die Frequenzen der Erzengelschaft, sondern auf dem geraden, dem direkten Weg. Dadurch, daß ich die Informationen, die Energien, sammle und an das Göttliche weitergebe, leere ich mich. Diese leeren Felder werden dann wieder von göttlichen Aspekten befüllt.
Stelle dir einmal vor, wie milliardenfach ich helfend bin – gleich einem Arzt, der eine Wunde versorgt. Das geht nicht für die Ewigkeit, da ich viel mit Leid und Schmerz behangen bin. Deswegen werden diese Felder ausgetauscht, damit ich nicht im Schmerz bin, denn ich bin voll des Friedens, des Glücks und göttlicher Beschaffenheit. Diese Löcher werden neu mit Licht geflutet, beflutet. Ich bin eine fließende Kraft, die mit einem Kreis oder einer Kugel vergleichbar ist – es ist ein rollierendes System. Ich bin ständig in der Erneuerung, da ich in der Bewegung, mit der Bewegung des Göttlichen bin.
In einfachen Worten könnte ich daher sagen, daß ich ausgetauscht werde, aber so ist das nicht. Es ist in einem höheren kosmischen Sinn zu verstehen, gleich einem Wasserbecken, in dem die Tiere sich laben, das ständig von einer Quelle erfrischt

wird. So werde ich nicht wirklich ausgetauscht sein; ich bin in Erneuerung. Das entspricht in gewisser Weise einem fließenden Austausch – einem Geben und Nehmen. Im kosmischen Verständnis unterliege ich der Erneuerung, wie auch du der Erneuerung unterliegst. Du wechselst zwar das Körperkleid, und du wechselst die Erdschicht, doch im Kern selbst bist du Bestand.

Nochmals zur Nachfrage: Wenn du die Seele abholst, übergibst du sie dem Schutzengel? Und in welcher Form stimmt ihr euer Wirken miteinander ab?

Er ist nicht alleine. Ich stimme mein Tun mit ihm ab. Wenn die Seele geholt wird, so wird sie nicht von mir alleine geholt. So erlaube ich – ich bin der Bestimmer –, denen des Elements niederer Frequenz, also denen, die im Leben Großvater oder Mutter waren, den Angehörigen der Seele, durchaus, am Ereignis teilzunehmen. Doch ich bin der Bestimmer, Gott gab mir die Kraft. Ich bestimme, wann gegangen wird, im Einvernehmen mit der kosmischen Gesetzmäßigkeit, mit dem Seelenplan. Ich bin der Torwächter, ich bin der Bestimmer. Ich bestimme, *wann* gegangen wird, ich bestimme, *wie* gegangen wird, aber immer im Einvernehmen mit dem Seelenplan. Ich bestimme nie, *daß* gegangen wird. Das hat ein jeder in der kosmischen Bestimmtheit mitgebracht. Daher stimme ich mein Tun mit dem Seelenengel, dem Schutzengel, ab.
Verlängerungen sind dann möglich, wenn es im Seelenplan liegt. Es sind auch Verkürzungen möglich. Doch es muß im Seelenplan enthalten sein.

Nochmals möchte ich kurz nachfragen, ob ich es richtig verstanden habe, daß du die Seele, die du aus dem Körper herausgelöst hast, dem Schutzengel übergibst und die Seele daraufhin in einem Regenerationsschlaf verweilt, um sich von der Inkarnation zu erholen.

Niemals gibt es im Göttlichen einen Schlaf. Ich bin ein Transformator, ich bin ein Akkumulator, was bedeutet: Ich knipse das Licht an. Das Weggehen der Seele aus dem Körper ist mit dem Anknipsen des Lichts zu vergleichen. Ich übergebe nicht, ich reiche weiter. So gibt es keine festgeschriebene Zuständigkeit, es ist ein Fluß. Es ist eine kosmische Gesetzmäßigkeit, daß ich, wenn die Seele das Körperliche verläßt, den Körper halte, damit er nicht fällt und zerbricht – im geistigen Sinne. Ich halte sozusagen die Information der Zellen, sich zusammenzuhalten und ab jetzt langsam auseinanderzugehen, präsent, damit der Körper, der jetzt von der Seele, von der Lebenskraft verlassen worden ist, nicht innerhalb weniger Sekunden zerfällt. Da sind auch die Tränen der Angehörigen, der Menschen, die zerbrechen – die lasse ich ruhen. Das ist nicht meine Aufgabe.
Ich halte zum einen den Körper. Stelle dir vor, ich halte ihn mit einer Hand. Da die Seele, nachdem ich die Verbindung zum Körper durchtrennt habe – die Silberschnur –, sich aus dem Körper löst und aufsteigt, werde ich sie nicht übergeben können, da sie nicht in meinen Händen liegt. Ich reiche sie weiter, indem ich sie anstupse. So wird der Engel des Lichts, den ihr *Schutzengel* nennt, sich der Seele annehmen. Er wird die Seele reinigen, er wird die Seele waschen, und er wird der Seele den Platz weisen, der ihr guttut. Jetzt magst du meinen, daß

die Seele schläft, doch es ist die Phase der Regeneration, der Ruhe, des Ausruhens, des Dösens.
Ein Gotteselement wird niemals schlafen. Es ist die Sprache, die uns hier trennt, nicht der Fakt. Hier trennen uns Sprachwelten. In der Mühe des Tuns vermag die Seele zu ruhen, zu dösen, als ob der Blick über die Ferne des Landes geht. Hier reflektiert die Seele ihr Bewußtsein. Das mag der Blick in das letzte Leben sein, doch es wird immer im Hinblick auf künftige Geschehnisse sein. Die Seele wird das Alte lassen, weshalb die Ruhe notwendig ist, um es ins Jetzt zu transformieren, um mit dem Jetzt, mit dem Ist-Zustand, zu erkunden, was in der Ferne noch liegt, um die Diskrepanz zwischen dem Licht, der göttlichen Frequenz und der Jetzt-Frequenz zu erkennen; und um dann in Absprache mit dem Seelenführer und dem Schutzengel den weiteren Fortbestand zu planen.
Dies tut der Schutzengel zusammen mit dem Seelenführer, einer Kraft, die noch über diesem steht. Er ist einer Mutter gleich, die das Beste für ihr Kind weiß, um zu helfen, damit es weitergeht. Dieser Seelenführer warnt auch, wenn die Last der Zukunft, also künftigen Tuns, offensichtlich zu schwer ist.
Es wird deshalb auch nicht überraschend für dich sein zu erfahren, daß wenn die Last zu schwer für dich ist, der Seelenführer mich bitten kann, dem Leben ein Ende zu bereiten.
Das mag durchaus irdisch gesehen der Freitod sein. Das ist die Kosmik, das ist nicht die Erde. Das sind höchste kosmische Gesetze, die nur schwer vom Menschen verstanden werden, da sie nur im Zusammenhang, im Verbund mit den anderen Leben der betreffenden Seele verständlich werden. So darf der Seelenführer mich berühren, das heißt mich in Schwingung, in Aktion versetzen, damit ich irdischem Treiben ein Ende bereite. In diesem Fall reiche ich die Seele nicht an den Schutz-

engel, sondern direkt an den Seelenführer weiter, damit dieser das weitere Vorgehen mit der Seele bespricht.
Bei dieser Aktion helfe ich mitunter gerne, irdisches Leid zu beheben, damit die Last geteilt wird. Diese Menschen, diese Seelen, bedürfen oft der Ruhe, eines längeren Ausruhens, damit der Seele klar wird, was sie in Zukunft zu tragen imstande ist.

Das heißt, der Freitod, der Selbstmord, der von vielen Menschen verurteilt wird, da man meint, daß sich der Mensch seiner Aufgabe entzieht, sich aufgibt und seinen Lebensweg nicht zu Ende gehen will, ist nicht immer gleich. Es gibt also Ausnahmen?

Der Freitod ist ein vielschichtiges Thema. Ich habe soeben die Kosmik erwähnt. Wenn das Paket zu schwer ist und der Mensch es so nicht zu tragen imstande ist, kann ihm die Kosmik helfen, es zu lassen, um die Last dann auf mehrere Leben aufzuteilen. Wenn wir weiter miteinander kommunizieren, wirst du von mir noch viel darüber lernen können. Soviel sei jetzt gesagt: Du wirst durch mich erkennen, daß „Gott", unser aller Quell, niemals ein strafender Gott ist, da er in sich schlüssig, harmonisch und rund ist. Derjenige, der durch Freitod gegangen ist, dem ich geholfen habe – und bei jedem Tod bin ich der Hilfe wegen anwesend –, der wird nicht in der Hölle braten und schmoren, bis er gar ist; dem wird die Last geteilt – dem wird nicht die Last erlassen, sondern das Tun gespreizt. So wird aus einem Leben ein zweites, ein drittes, vielleicht ein viertes. Das wirft ihn im Irdischen zurück, doch dies ist nur im Irdischen ein Mangel, da im Irdischen die Zeit ist; im Kosmischen spielt das keine Rolle. Denn ob du zehn oder tausend Leben lebst; es ist nicht die Zeit, die zählt.

Du hattest auch den „Engel der Gnade" erwähnt. Über diesen möchte ich gerne mehr erfahren. Wer ist das, welche Funktion hat er und wie stehst du zu ihm?

Wenn du den *Engel der Gnade* erwähnst, verändert sich die Situation. Wenn du den *Engel der Gnade* erwähnst, ändert sich die Frequenz. Da verändert sich sogar die Luft, die du atmest, wenn du bewußt atmest. Der *Engel der Gnade* ist vom höchsten Gottesstrom erwählt, in einer Art Göttlichkeit, in höchster Göttlichkeit zu fungieren. In ihm ist vereint, was in Gott ist, er durchstößt alles, was es zu durchstoßen gibt. Das heißt, wenn für dich mein Tun vermeintlich unumstößlich ist, so ist er in der Lage, es zu wandeln. Er ist in der Lage, mir Paroli zu bieten, gar ein Kontra zu geben. Niemals wird er sagen: *„Du, Engel der Transformation, bist nicht im Recht."* Er wird kommen und in gütiger Art sagen: *„Dies hier lösen wir unter Gotteswille."*

Dann geschieht Veränderung. Denn wenn der *Engel der Gnade* wirkt, geschieht Gotteswille. Und er ist in der direkten Abstrahlung aus göttlichem Licht. So ist er sogar in der Lage, die Kraft des Christen zu umrunden, was heißt, er fließt nicht direkt durch die Kraft des Christen, sondern er ist in direkter Anbindung, in direkter Verbindung zum Göttlichen selbst. Auf diese Weise – da magst du womöglich lachen – wurde einst die Position des Papstes geschaffen. Das ist in euren Worten der Papst. Die Papstbedeutung im engeren Sinne ist, daß der päpstliche Würdenträger der Vertreter Gottes auf Erden ist. Der *Engel der Gnade* ist im weitesten Sinne die Gottesvertretung überall. So könnte man bildhaft erklären, daß der *Engel der Gnade* die päpstliche Vertretung allen Seins ist; das heißt, die Funktion einer Art Papst im Universum.

Der *Engel der Gnade* ist die Verkörperung des Göttlichen und in seiner Wirkkraft und im Bewußtsein in der Struktur mit mir nicht zu vergleichen. Dagegen bin ich selbst grob und roh.
Der *Engel der Gnade* ist gleich dem Gottesstrahl selbst. Würden wir beide uns anhand von Lichtstrahlen vergleichen, so entspräche ich dem einer Taschenlampe, wohingegen der Lichtstrahl des Engels der Gnade einem hellen, weißen Laserstrahl gleich ist. Und wenn der kommt, weiche ich, beende ich mein Tun, nicht im Groll, denn er ist – irdisch gesehen – die Schönheit und die Liebe selbst; da macht es mir Freude zu verzichten; da macht es mir Freude zu geben. Es ist als ob du frisch verliebt bist. Für den *Engel der Gnade* würdest du alles tun, wenn du die Gelegenheit hättest.
Und so ist dies auch eine Instanz – ähnlich der Polizei auf Erden –, die schaut, daß in allem die göttliche Ordnung herrscht – in diesem Fall aus kosmischem Blick, nicht aus irdischem.
Immer wieder wird doch die Frage gestellt: „*Wo ist denn Gott?*" Gott ist immer allgegenwärtig, auch durch den *Engel der Gnade*; vor allem dann, wenn dieser geschickt wird, um Situationen zu klären.
Diesen Engel vermagst du gar in höheren Elementen deines Bewußtseins zu rufen. Dieser Engel ist in der Feinheit kaum in der tiefen Niederung irdischen Seins zu erreichen. Oft ist auf Erden die Frage aufgeworfen worden: „*Wo ist denn Gott bei all den Kriegen?*" Sie stellen diese Frage, da sie nicht in der Lage sind, den *Engel der Gnade* zu empfangen.
Doch da ihr mit der Erde in die höhere Substanz geht, werdet ihr ihn empfangen können. Dann wißt ihr, daß ER ist – direkt aus dem Göttlichen – und daß seine Aufgabe die göttliche Gnade ist; auch als Funktion des Schutzes, in gewisser Weise zur Kontrolle des Einen, daß alles göttlich ist.

Gibt es denn auch kindliche Seelen, junge Seelen – zum Beispiel Seelen, die noch nicht oft inkarniert haben?

Bei diesem Vergleich sollten wir nur die Erde betrachten. Nimm die Erde in ihrem Bestand, so gibt es Seelen, die viele Male hier waren, die das Irdische in- und auswendig kennen. Im irdischen Sinne, da es die Zeit gibt, gibt es auch alte Seelen. Im universellen Sinne – beispielsweise in der Galaxis – gibt es viele erfahrene Seelen, die oft von Dimension zu Dimension gesprungen sind; praktisch übersetzt: die sich auskennen.
Aus kosmischer Sicht, aus göttlicher Sicht gibt es keine jungen und alten Seelen, da alles zur gleichen Zeit aus Gott entsprungen ist – im Ausfluß Gottes war. Hier ist alles gleich, alles im Jetzt.

Außerhalb der göttlichen Energie kann man allerdings von „alten" Seelen sprechen, wenn man die Erfahrung und die Reife damit meint. Je erfahrener eine Seele ist, je bewußter, und je mehr sie sich in das rollierende System einfügt, desto eher wird sie beginnen, rund zu sein; rund, da sie der Unendlichkeit angehört, um irgendwann wieder in das Göttliche einzukehren. So sind Seelenanteile austauschbar, das heißt, altes Bewußtsein, alte Erfahrung geht zurück in die Gottesquelle, und dieser neue Platz schafft Raum für neue Erfahrungen. Oder anders ausgedrückt: Alte Erfahrung, Gelebtes, geht in die Gottesquelle ein, um Gott zu nähren, denn dieses Neue, das in Gott eindringt, beginnt zu reiben, beginnt Hitze zu erzeugen, beginnt die Unendlichkeit zu stärken. So gesehen kann eine Seele schmelzen, kleiner werden, bis schließlich nur noch der Gotteskern, die Reinheit übrig ist. Die Seele geht so auf den Zeitpunkt der Verschmelzung zu.

Das ist aber ein immenses Thema, das im Irdischen kaum zu beantworten ist. Hier ist Kenntnis über höhere Dimensionen vonnöten, die ihr nicht habt. Daher kann dies nicht wirklich schlüssig erklärt werden. Da es im Feinstofflichen keine Zeit gibt, ist das duale Denken immer blockiert.
Betrachte diese Dinge in der Frequenz des Seins. Irdisch gesehen vermag man zu sagen, daß es alte, erfahrene Seelen gibt, doch im Kern selbst entstammen sie dem Göttlichen, was heißt: Sie tragen das Gleiche.

In der spirituellen Literatur gibt es den Begriff des „Höheren Selbstes", der auf einen Satz komprimiert den höchsten Aspekt einer Seele beschreibt, der sich in verschiedene Fragmente abspalten kann, in verschiedene Teilseelen – ähnlich wie auch du –, und der alle Informationen der Fragmente beinhaltet, die Mutterseele sozusagen. Ist das so richtig?

Das *Höhere Selbst* ist nur zu erfühlen. Im Sprechenden *(dem Medium; Anm.d.Verf.)* ist in diesem Moment der rechte Teil des Hauptes geöffnet. Im Moment wird er vom *Höheren Selbst* durchflossen. Es fließt durch den Scheitel direkt in sein Herz, um von der geistigen Sonne bestrahlt zu werden. Hier hast du die Dreiteilung, die in deinem Kulturkreis genannte *Dreieinigkeit* oder *Dreifaltigkeit*. Im Zusammenführen des Ganzen ist es der Gotteskern.
So ist das *Höhere Selbst* als die Gottesfülle, die Gottesmacht, zu verstehen, als Aspekt des Göttlichen. Es ist genau das Göttliche, der Gottesfluß; auf diese Weise ist das *Höhere Selbst* am besten verständlich.
Deine Ausführung selbst kann in Toleranz bejaht werden, jedoch nicht mit dem Gehirn oder dem Verstand. Es ist über das Bewußtsein zu regeln. Dies zu verstehen werden die Menschen

erst in der Lage sein, wenn sie in die höhere Frequenz des jetzigen Erdbewußtseins mitgewechselt haben. Das *Höhere Selbst* wird deutlich im Gottesaspekt zu verstehen sein – in der Gottesfrequenz. Nimm das *Höhere Selbst* als Kanal göttlicher Frequenz. Es sind verschiedene Sendungen möglich, verschiedene Seelenbehaftungen. Anders ausgedrückt: Es ist möglich, daß verschiedene Aspekte des *Höheren Selbstes* gleichzeitig inkarnieren. Doch das ist sehr kompliziert.

Nachdem du noch nie als Mensch inkarniert hast – im Vergleich zum Schutzengel –, interessiert mich, ob du vielleicht doch einmal als Mensch inkarnieren möchtest, so wie ich zum Beispiel?

(lacht) So wie du bestimmt nicht...
Nein, die äußeren Felder meines Seins schwingen bereits in Materieschichten ein, wenn ich mich manifestiere. Doch im innersten Kern möchte ich nur Gott sein. Die äußeren Felder als Erfahrung würde ich bejahen, was heißt, daß aus meiner Struktur Abspaltungen im Körperlichen mitgetragen werden. Dies ist ein interessanter Aspekt. Da hast du einen hellen Kopf...
Überlege einmal, ob nicht mancher Engel, der in Gänze nur Gott sein möchte, mit dem äußersten Zipfel seines Gewandes vielleicht einmal am grünen Gras der Erde schmecken möchte, und überlege für die Zukunft, ob der Junge oder das Mädchen, das im Alter von sieben oder acht Jahren sein Leben läßt, nicht vielleicht der äußerste Zipfel seelischer Beschaffenheit eines Engels war, der nur einmal die Luft der Erde schnüffeln wollte...
Das mag im Spiel kosmischer Existenz möglich sein.

Sehr interessant...

Dies magst du erspüren, dies magst du niemals erfahren. Beginne, die wärmende Kommunikation mit mir zu pflegen, wenn du in Ruhe bist, und ich werde dir diese Aspekte implantieren, weshalb auch mein Besuch vor langer Zeit bei dir notwendig war; und weshalb es für mich notwendig war, in dich zu kriechen, in deine Struktur, dein Gitternetz, um deine Nervenbahnen zu erkunden. Wenn du dafür offen bist – also für mich –, werde ich in deine Gehirnstruktur einfließen, um dir diese Gedanken zu geben, die in dir Millionen von Fragen auslösen werden. Dazu ist es aber notwendig, dein Gehirn zu aktivieren, damit du im Denken nicht verrückt wirst – *ver*-rückt, *ab*-gerückt, *weg*-gerückt von der Norm jetzigen Tuns.

Das ist ein immenses Feld, das dir bevorsteht.

Faszinierend finde ich an deiner Tätigkeit, vor allem, daß du ALLE Seelen abholst, die Mörder wie die Heiligen, die Illuminati, die Folterknechte, die mißhandelten Kinder, die Oma, alle...
Gab es jemals Kräfte, die dich an deiner Tätigkeit hindern wollten? Anders ausgedrückt: Hast du irgendwelche Feinde, beispielsweise dunkle Kräfte? Oder gibt es hier eine Abmachung auf kosmischer Ebene?

Alles unterliegt kosmischer Gesetzmäßigkeit. So geschieht es immer und immer wieder, daß ich an meinem Handeln gehindert werde; gehindert, wie du es sagst, von dunkleren Kräften, als ich es bin. Das mag sein. So werde ich oft gehindert, wenn die Tränen derer, die den Sterbenden umlagern, besonders stark sind. Oft wird die Bitte gestellt: „*Bitte nicht!*" Wie oft fließt hier das Herzblut, so daß ich vor der Türe stehe und die

Helligkeit meines Tuns nicht in die Dunkelheit dortigen Geschehens einfließen lassen kann. Das kommt oft vor, doch sind hier die dunklen Kräfte aus der Sicht meines Tuns meistens in den Tränen derer begründet, die das Lager eines Gehenden umstehen. Dies kommt einer Belagerung gleich.

Abb. 11
Die Seele löst sich aus dem Körper und wird von den geistigen Begleitern abgeholt. Die Angehörigen sitzen am Sterbebett und trauern, da sie die feinstofflichen Begleiter nicht wahrnehmen können und nicht verstehen, daß der Tod kein „Ende" ist, sondern nur der Übergang in eine andere Daseinsform; dargestellt durch den Künstler Rolf Cigler.

Stelle dir vor, daß der Sterbende im Bett liegt und daß er von denen belagert wird, die ihn nicht gehen lassen wollen. Es sind dies die Menschen, die weinen, doch in Wirklichkeit ist es das Fleisch. Es ist das Fleisch, die Materie, die nicht erkannt hat, daß sie selbst Licht ist.
So gesehen ist die dunkle Macht oft das Unwissen, die tiefe Frequenz des Unverständnisses und im weitesten Sinn die tiefe Frequenz des Fleisches, die sich in gewisser Weise durch Egozentrik, durch Eigendynamik verselbständigt, um das Fleisch des Sterbenden festzuhalten. Auf diese Weise wird mir der Gehende oft für einen kurzen Moment entrissen, und ich muß ausharren, bis ich wieder am Zug bin. Das sind jedoch nur Momente irdischer Zeitrechnung.
Es gehört zum Spiel des geistigen Reiches. Doch das schmerzt mich nicht, denn ich habe erkannt – so hat der Kosmos erkannt –, daß es das Fleisch durch die Lichtwerdung weit gebracht hat. Und das ist auch der Grund, warum ich den Fleisch-Körper, wenn der Geist gegangen ist, nicht zerfallen lasse. Ich lasse ihn nicht zerfallen, um den Strukturen des Fleisches zu erkennen zu geben, daß auch das Fleisch beseelt und von der Lichtkraft erschaffen wurde. Dies ist der Materie immer und immer wieder einzutrichtern, nämlich daß sie Licht ist. Es ist dem Fleisch klarzumachen, daß es die Rolle des Fleisches nur spielt und daß auch Materie aus dem Göttlichen ist – nur in dichterer Form. Es ist komprimiertes Licht, das die Rolle spielt, Materie zu sein.

So ist die menschliche Frage: „*Kann jeder glücklich sein?*", „*Kann jeder Millionär sein?*" – oder übertragen auf das kosmische Spiel: „*Kann jeder Engel oder jeder Seele sein?*" –, mit „*Nein!*" zu beantworten, denn manch göttliches Element muß auch Materie sein. Die Materie ist die Zusammensetzung göttlicher Elemente, jedoch nicht mit der Bewegung und der Bewegungsfreiheit des Seelischen. So gesehen ist die Materie dem Geistigen und auch dem Seelischen unterstellt. Das gefällt der Materie mitunter nicht, wenn sie Bewußtsein aufbaut, weshalb sie sich wehrt und gerne an sich selbst festhält.

Und so wird oft der Gehende gehalten, wenn Gleiches sich zu Gleichem gesellt – Fleisch zu Fleisch.

Ist der Tod, der physische Tod, unumgänglich? Ich frage dies deshalb, da es Berichte von Menschen gibt, die aufgrund spezieller meditativer Techniken oder was auch immer in der Lage sind, den Alterungsprozeß zu verlangsamen oder gar gänzlich aufzuheben. So beschrieb ich auch in meiner vorigen Publikation „Hände weg von diesem Buch!" solche Menschen, die im Himalaya leben und in einem Zustand, der als „Samâdhi" bezeichnet wird, verweilen – und dies seit Jahrtausenden, vermutlich seit Atlantis. Wie ist das möglich, und welchen Sinn hat das?

Es handelt sich um eine Art Scheinschlaf. Und diesen Scheinschlaf kann eine Seele durchführen, wenn sie entsprechend weit entwickelt ist. Der Körper benötigt dabei kein Essen und auch kein Trinken mehr. Die Seele lebt in diesem Zustand von geistiger Nahrung. Diese Menschen entnehmen aus der geistigen Welt eine Essenz des Lichts und geben diese positive Energie über das freiwillige Gefängnis hinaus an die Welt ab, um diese zu stimulieren.

Möglich ist das über die Zellinformation. Es werden die Zellen umprogrammiert. Wenn die Zellen nicht informiert sind, sich zu zersetzen, dann werden sie bestehen. Jedoch rüttelt die Umwelt an diesem Körper – in den Höhlen, in denen diese

sich aufhalten –, und so ist eine Zerstörung der Materie von außen nach innen durchaus möglich. Deswegen werden solche Wesen oder Menschen meist von anderen betreut, die dafür sorgen, daß die ruhenden Körper nicht beschmutzt oder von Getier befallen werden.
In der kosmischen Biologie ist es gut möglich, daß es ewiges Leben im Körper gibt; doch im Irdischen ist dies eine Schwierigkeit, allein schon durch die Gifte menschlichen Daseins – beispielsweise Umweltgifte –, die auf den Körper einwirken. Deswegen ist eine Verlängerung des Lebens nicht im Ablauf täglichen Tuns machbar, da es enorm viel Energie erfordert.
Hier haben wir wieder die Reibung – das Geben und Nehmen. Da die Bewegung den Körper nach vorne versetzt, wird er die Ruhe des Hinten benötigen. Wenn er diese nicht hat, wird er verschleißen. Der Verschleiß tritt aber dann nicht ein, wenn er im Ruhezustand, im Ruhepol ist.

Der Sinn des Ganzen ist in der seelischen Beschaffenheit derer behaftet, welche diesen Körper tragen und um zu zeigen, daß mehr möglich ist und daß der Mensch zu mehr in der Lage ist, als nur zu altern und mit 80 zu sterben. Wie gesagt, der Mensch ist göttlicher Natur, und das hat er vergessen. Alles ist möglich, wenn der Mensch daran glaubt.
Diejenigen, die das praktizieren, die das wollten, sind meist Gottbefohlene. Doch sieh es nicht als eine Leistung; es ist eher ein Opfer, denn im kosmischen Teil deiner Existenz wirst du den Wunsch tragen, in der Kosmik zu sein; du wirst niemals den Wunsch haben, dauerhaft auf Erden zu verweilen.
Daher sind diese Meister selten, und so ist auch diese Meisterschaft selten und auch diese Gabe, da die wenigsten, die den Weg des Lichts gehen, so etwas wünschen.

Vergleiche die Erde mit einer Werkstatt. So schön die Arbeit auch sein mag, man möchte sich nach getaner Arbeit auch ausruhen, da sie anstrengt. Und so wurde zur Arbeit auch die Ruhe geschaffen. Im Kosmischen sind Inkarnation und Reinkarnation der Ausweg zurück, um wieder zu Ruhe und zu Kräften zu kommen. Die Zeit des Aufenthalts in der geistigen Welt ist die Ruhezeit. Die Zeit auf Erden ist die Arbeitszeit.
Deshalb ist die Arbeit dieser Meister darin mitbegründet, den anderen Menschen den Weg zu weisen und zu zeigen, daß es mehr gibt – zu zeigen, daß viel mehr möglich ist, und auch, um dazu zu animieren, mehr zu sein.

Doch gibt es noch eine weitere Variante: Oftmals wird mit den kosmischen Gesetzen auf Erden experimentiert, es wird angewandt und umgewandelt.
Da magst du staunen, doch im Himmelreich gibt es Stationen der Arbeit, in der geistige Führer, Avatare des Lichten, versuchen, mit dem Körper zu experimentieren. Daher waren auch die Experimente mit Menschen auf der Erde – so grausam dir das auch erscheinen mag – wichtig, um die Zellstrukturen zu erkennen; und um zu erkennen, inwieweit die göttliche Schöpfung tatsächlich in das Fleisch vorgedrungen ist. Hat sich das Fleisch zu sehr vom göttlichen Schöpferplan entfernt, oder hat die Materie begonnen, göttliche Intelligenz zu tragen? Ist es den Meistern des Lichts und den Schutzengeln möglich, Fleisch zu lenken?
So gab es auf Erden grausame Hinrichtungen, bei denen Menschen untersucht wurden, um zu erkennen, wie weit der Mensch und das Fleisch ist; im Kosmischen ist dies jedoch – verzeih – eine Notwendigkeit. Hierzu haben sich viele gemeldet und bereit erklärt, daß sie dies mit sich tun lassen. Denen sei Dank gegolten, doch sei auch gesagt, daß in den Phasen

tiefsten Schmerzes lediglich das Fleisch schrie, da sich die Seele entfernte, um den körperlichen Schmerz nicht als Seelenpein zu ertragen. Und so wie dies auf Erden getan wurde – nicht nur von Menschen, sondern auch von Intelligenzen anderer Planeten, die hierher kamen und mit den hier befindlichen Geschöpfen Versuche durchführten –, wird dies im Kosmischen getan. Im Kosmischen wird geprüft und untersucht, wie weit das Fleisch in seiner Entwicklung ist. Gerade auf der Stufe des Eintritts der Erde in die nächsthöhere Frequenz ist es notwendig zu prüfen, wie weit die Menschheit ist. Diese Prüfung hat nicht jetzt in diesem Jahr begonnen, sondern bereits in früheren Jahren.

Deshalb sind bereits vor langer Zeit Lichtmeister zur Erde gekommen, um zu testen, wie lange ein Körper hält, und um zu prüfen, wie weit die Erde in ihrem Aufstieg ist, denn die Menschheit wird alt und immer älter.

Auf Planeten – die du einst besuchtest – ist es normal, daß die Lebewesen weit über die Hundert hinausgehen. Die Menschen auf der Erde erreichen hingegen im Durchschnitt ein Alter um die achtzig – die Acht für die Unendlichkeit und die göttliche Lebenszahl, die Null für das Urprinzip allen Seins. Hier stößt die Erde nun durch, und deshalb gilt es zu prüfen, wie es funktioniert, weshalb die Menschen in diejenigen aufgeteilt werden, die gehen; diejenigen, die bleiben und den Teil, der aufsteigen wird, da nicht mehr alle auf der Erdplattform Platz finden.

Das ist auch eine Aufgabe derer, die lebensverlängernd den Geist im Körper halten.

Sehr interessant! Es gibt nämlich auch die Vermutung, daß diese Wesen, die Augenzeugenberichten zufolge teilweise ein amphibisches Aussehen haben – mit Schwimmhäuten und Kiemen, da es

zur Zeit von Atlantis auch eine Rasse gab, die auch unter Wasser leben konnte –, diese Körper gezielt bis heute erhalten, wie in einer Art Genpool, um diese Gene eben zu erhalten; eine Art Genarchiv, das jetzt – zur Zeit des Erdaufstiegs – wieder von Nutzen sein wird.

Das gehört dazu. Es ist die Ganzheit. Das Wissen der alten Zeit ist in den Zellinformationen enthalten. So gesehen mag es förderlich sein, daß der Kiemenmensch seine Erfahrungen an die Gottesquelle weitergibt und diese sie wiederum preisgibt an die Forscher heutiger Zeit. Es ist Wissen, das ausgetauscht wird, Wissen, das verteilt wird. Doch die Herrschaft wird nicht durch Kiemenmenschen sein.

Was ich in meinem Buch über die hellsichtigen Kinder beschrieb beziehungsweise was diese Kinder, die momentan unter dem Begriff „Indigo-Kinder" zusammengefaßt werden, selbst berichten, ist, daß sie zum erstenmal auf der Erde sind, um hier eben solches, nennen wir es „interstellares Wissen" zu etablieren, um die Veränderungen auf der Erde einerseits zu unterstützen, teilweise diese aber auch mit zu beschleunigen.

Ich sage dir, Jan: „*Sei vorsichtig*", denn die Richtigen erkennt man nicht an ihren Fähigkeiten, sondern die erkennt man nur an ihren Taten! Viele hohe Geister, welche die Welt besuchten, sind vom Weg abgekommen, als sie Macht und Ruhm erhielten. Es wird sich noch zeigen, wieviele der Seelen, die hier neu angekommen sind, ihre Aufgaben auch erfüllen...
Gerne wird von den Menschen etwas hineininterpretiert, so auch in dieses Thema. Du weißt doch selbst, daß von den Kindern, die du besuchtest, das eine oder andere inzwischen Rauschmittel zu sich nimmt und stark in die Materie abge-

rutscht ist und es noch nicht klar ist, ob es seine Fähigkeiten behalten wird, und noch schlimmer: wozu es sie einsetzen wird...! Sei vorsichtig!
Generell hast du aber recht, es kommen nun unzählige Seelen von anderen Planeten, um hier einerseits mit dabei zu sein, denn die Veränderungen, die diesem Planeten nun bevorstehen, sind sehr selten beziehungsweise nicht so häufig, und zum anderen werden sie hier natürlich wirken und ihr Licht scheinen lassen, wenn sie ihrer Intuition folgen.
Die Ankunft dieser Seelen vollzieht sich in Schüben, und zwar in solchen Epochen eines Planeten, in denen er diese Seelen auch benötigt. Da sich die Erde nun in eine höhere Bewußtseinsebene hineinentwickelt, kommen viele Seelen von anderen Planeten, die dabei helfen und neues Wissen und eine andere Verhaltensweise mitbringen. Sie werden für die Menschheit auch Mahner sein.
Doch es ist eine große Prüfung für diese Seelen, denn Hellsichtigkeit gepaart mit Wissen ist eine Bürde.

Was hältst du von den irdischen Religionen und wie sie Gott und den Mensch innerhalb der Schöpfung darstellen? Was ist deine persönliche Meinung?

Ich bin keine Person, ich bin im Fluß, ich bin in einer Struktur, daher kann ich es nicht persönlich sehen. Und genau das ist es, was den Religionen in der Ausübung fehlt – sie sind nicht im Fluß. Sie setzen den Menschen einen Deckel auf. So ist die Frage schwierig, mit *„den Religionen“*, da es eine Pauschalität der Sinne beziehungsweise der Stimme ist, des Ausdrucks.
Die Religionen selbst sind nicht frei und sie lassen den Menschen auch nicht die Freiheit. Daher ist eine kirchliche Stätte im Grundgedanken eine gute Stätte, da dem Göttlichen ge-

dient ist und dem Schöpfer gedacht wird. Doch wenn einer kommt, der sich erhebt und von einer Kanzel spricht, ist das ein *Über*-Heben. Das paßt nicht mehr, da die Gleichzeitigkeit des Seins verlassen wird. Alles ist nicht mehr gleich, alles ist nicht mehr Einheit. Die kirchliche Entwicklung frühen Geschehens bis in die heutige Zeit hinein sehe als Potential der Macht, als eine Machtentwicklung, um dem Aufstieg eigener Interessen zu folgen. Das war schon immer so. Die Ursprünge selbst waren richtig und waren wichtig. Die Ausuferung hat der Mensch getan.

Deshalb sollte ein jeder zu sich finden, in der Gruppe sprechen und darüber hinaus zu sich finden. Das *Zu-sich-finden* haben die meisten Religionen der Welt abgeschafft, da sie erkannt haben, daß wenn der Mensch sich findet, er den Kreis der Gruppe verläßt. Und genau hier ist der Fluß nicht mehr gegeben – der Gottesfluß. Hier wurde das Fließen unterbrochen, um den Menschen bei sich zu halten. Es war die Macht- und die Geldgier. Deshalb werden sich Religionen auflösen müssen, wenn die Menschen im Fluß sind.
Menschen deiner Prägung werden niemals die Freunde derer sein können, die sich in Gruppen treffen und vorgeschriebene Handlungen vollziehen, da es dein Ansinnen und deine Berufung ist, die Menschen zu einem eigenverantwortlichen Verhalten anzuregen.
Dies bedeutet, daß man Menschen wie dich, da du schon im Mittelalter gewirkt hast, verbannt und auch verbrannt hat. Auf diese Art bist du auch schon zu Tode gekommen. Menschen deiner Gattung nannte man Hexer und Dämonen. Und das setzt sich bis in das Geschehen heutiger Zeit fort – vielleicht heute sogar mehr denn je, da es im geheimen läuft.

Hat man nicht deine Bücher verboten, weil man Angst hat, daß die Menschen anfangen nachzudenken und das zu hinterfragen, was euch in den Schulen gelehrt wird, was euch die Regierenden sagen?

Durch den Einfluß der neuen Zeit, durch die Teilung der Menschheit, wird dem jedoch Einhalt geboten.
Vielleicht wird das noch Generationen dauern, denn die Mühlen des Einen – der Gotteskraft – mahlen langsam. Die irdische Zeit ist eine schnell-lebige Zeit. Im Kosmischen, da es hier das Zeitgefüge nicht gibt, ist das Sein phasenweise. Dem steht die Zeit der Erde entgegen. Doch ist die Erde auf dem besten Weg – jetzt schon.
Da den Religionen der Fluß fehlt – dies nehme als Essenz –, werden sie ersticken. Sie werden wie ein See, der nicht von der Quelle genährt wird, versumpfen. Die Quelle, das heißt das Göttliche, kann nur nähren, was im Fluß ist. Es muß sich entfalten, und das geschieht nicht – im einzelnen wohl schon, doch nicht im gesamten.

So kann man sagen, daß es im Sinne der Gotteskraft ist, KEINE Religion zu haben.

Die Wahrheit ist: Religionen sind von Menschen gemacht. Im Sinne des Göttlichen ist es sinnvoll – in der Provokanz deiner Worte –, religionsfrei zu sein – frei von Religion; jedoch gleichzeitig in Wahrheit zu sein; im Gottesfluß; im Lichtfluß, um das anzunehmen, was *ist*; nicht das anzunehmen, was sein *könnte*.
Diese verkrusteten Strukturen sind in der Auflösung begriffen. Niemals wirst du eine Kleidung für das Gebet brauchen; du wirst niemals ein Lernen für das Heil brauchen, also eine

Struktur. Deshalb werden sich viele Strukturen verändern. Du wirst keine Symbole mehr brauchen, denn Symbole verändern, sie trennen. Du wirst mehr in Klarheit und Reinheit sein wollen.

Einer Religion bedarf es nicht, denn es ist die Ausschmückung der Wahrheit durch menschliche Worte. Und genau das ist die Selbständigkeit des Menschen, des Bewußtseins. Genau hier beginnt das Bewußtsein, die Selbständigkeit zu finden, um in Wahrheit zu sein. Die Ausschmückung durch viele Worte ist nicht vonnöten.

Du hattest eben das Christentum im Mittelalter angesprochen und dabei erwähnt, daß ich dort auch hingerichtet worden bin. Nun weiß ich Genaues über meine Inkarnation als [redacted], als der ich im Jahre [redacted] in [redacted] verbrannt worden bin. Kannst du mir dazu etwas sagen?

Du warst damals schon ein Ketzer – häufiger schon. Dir waren oft die Kugeln umgebunden (um die Fußgelenke), da man dich am Gehen hindern wollte, am Fortschritt. Verbrannt wurdest du vielfach... *(lacht)*

So war dir die Wärme schon immer ein Freund *(lacht wieder)*. Bedenke deine Torheit, du Törichter. In jener Inkarnation war es so, daß man dich verbrannte. Du wolltest dich für Gott opfern – wie töricht. Das wird dir nicht mehr geschehen, denn diesmal wirst du den Menschen erklären können, daß es töricht ist, zu inkarnieren, um sich für Gott zu opfern. Das war eine Dummheit, das verstehst du doch.... Man hat dich tatsächlich mehrfach verbrannt, du wurdest mehrfach gefoltert und mehrfach gestreckt. Du hast Leben gewählt, die so unsinnig waren, bloß, weil du auf diese Art deine Liebe zum Göttlichen beweisen wolltest. Das hat dir nichts gebracht – außer der

Qual. Doch so erlernt der Göttliche, wie es ist, gequält zu sein. So erlernt der Göttliche, wie es ist, wenn die Sonne brennt, wenn das Feuer brennt. Du hast viel auf dich genommen, weshalb dir nun mit großer Vehemenz das Wissen zugeführt wird, damit der Aufstieg in das lichte Reich deiner Herkunft schnell vonstatten gehen kann. Deswegen soll dein Leben nun schneller und besser denn je verlaufen.

Daher ist es tatsächlich so, daß du als [redacted] verbrannt wurdest. War dir nicht zuvor schon aufgefallen, daß du heute fast den gleichen Namen trägst wie damals? Das ist das Gesetz der Frequenz. Du hast Gleiches gewählt, um gleich zu sein, weshalb ich dich erneut warne, nicht wieder Opfer zu sein! Beginne zu erkennen und wirkungsvoll zu sein.

Du hast das Gewand des Sünders getragen, doch du hast es niemals gezeigt, du bist als Held gestorben, man hat zu dir aufgesehen. Du warst Sünder für die Kirche, weil du der Obrigkeit nicht hörig warst; deshalb hat man dich zum Sünder abgestempelt. Und genau dies mag der Fehler der Religion sein, weshalb ihre Existenz in Frage zu stellen ist.

Tatsächlich hat man dich verbrannt. Dies nimm als wahr, und für dich nimm es als Warnlicht! Ich warne dich – opfere dich nicht, sondern sei im Bewußtsein!

Möchtest du etwas Persönliches zu mir sagen, zu meiner Entwicklung?

Deine Entwicklung ist im Guten, da die Dinge reifen. Was dir gut anstünde, wäre, dich noch mehr auf der Erde zu etablieren, zur Ruhe zu kommen, in Frieden. So sehe ich noch ein weiteres Kind bei dir, das dich noch mehr an die Materie binden wird. Es ist gut für dich. Es ist, um seßhaft zu werden.

Du wirst künftig zentrierter sein. Deine Entwicklung ist prächtig, doch wird die Zentrierung dein Schicksal sein – positiv –, was bedeutet, daß verschiedene Gehirnstrukturen aktiviert werden. Das wird das Gute sein, was du erkennen wirst. Es werden mehrere Felder des Gehirns neu aktiviert. Das ist die Zentrierung – die Zentrale, das wird der Kopf sein. Es werden Felder in deinem Haupt aktiviert, die bei anderen Menschen nicht aktiv sind. Es wird das Volumen wachsen. Vor allem die Merk-, Lern- und Denkfähigkeit wird zunehmen. Du wirst Dinge in dein Haupt bekommen, gleich einer Fotografie – auch von mir –, das heißt, es wird dir beim Schreiben unermeßlich leichter werden, da du die Seiten speicherst und sie im Haupt zusammensetzt. Das Schreiben wird dir noch leichter von der Hand gehen. So wird die Nacht nicht kürzer, sondern länger. Das Ganze dient der Übersicht; Dinge sehen zu können und nichts zu verpassen.
Der Staat schaut zwar noch nach dir, doch das wird zur Ruhe kommen – bald.
Der Unfall mit deinem Rennwagen – als ich dir erschien – diente dazu, das Gehirn zu richten – zu aktivieren. Das hättest du auch anders wählen können. Doch du sagtest dir zu Beginn der Inkarnation, wenn dein Gehirn neu ausgerichtet und neue Bereiche aktiviert werden sollen, so soll es schnell geschehen. Deshalb wähltest du diesen Weg – da du schnell bist. Du konntest dich eine Woche lang nicht bewegen – da habe ich an deiner Wirbelsäule und an deinem Gehirn gearbeitet. Und bei deinem Unfall sind auch Seelenanteile mit höheren Aspekten deines Seins getauscht worden.
Doch jetzt wird die Langsamkeit kommen, da du im Denken schneller wirst. So wirst du weniger reisen müssen, du wirst in der gleichen Anzahl der Reisen mehr erledigen können, da die

Gehirnstruktur beginnt, sich zu erweitern. Du wirst nicht die Gänze des menschlichen Gehirns aktivieren und benutzen, aber doch in weite Teile vordringen. Du wirst in diesem Leben auch erkennen, wie dein Überbewußtsein anzusprechen ist und wie du eine Kommunikation zwischen Geist und Materie zu führen in der Lage bist. Es geht darum zu erkennen, daß du in einem irdischen Körper auf die Erde gekommen bist, und es wird dir möglich sein, mit den Zellen deines Körpers zu sprechen.
So, wie die Wissenschaft und die Medizin aus dem Blut Informationen über den ganzen Menschen holen können, so wirst du aus den Zellen Informationen über das Universum holen – da alles im Kleinen ist, so wie im Großen. Das wird die Zukunft sein, und du wirst erkennen, daß auch die Zellen intelligent sind. Auf diese Weise wird das Fühlen, das Spüren, stärker ausgeprägt sein.

Vorteilhaft ist für dich, daß du einen guten Humor hast; und ich höre dich sehr gerne lachen. Aber manchmal ist dir das Lachen auch schon vergangen... *(lacht)*
Du bist auf diesen Planeten gekommen, um Fragen aufzuwerfen. Gekommen bist du, um Verständnis zu schaffen, um den Menschen durch ein besseres Verständnis der Welt Heilung und Frieden zu bringen.
Gekommen bist du auch, da du kämpfen kannst. Kämpfen bedeutet: Du bist gekommen, um die Meinung des Kosmos und Anschauungen göttlichen Bewußtseins zu erklären. Dies ist im eigentlichen Sinne die Aufgabe deines Kommens auf Erden.
Und dann bist du einer, der die Erde vielfach besucht hat – in Facetten verschiedentlichen Seins. Kaum einer kennt die Erdschicht besser als du, da du die Erde riechen kannst, da dein Wissen nicht von Universitäten geprägt ist, die es verfälschen

und verfälscht haben, sondern da du die Frequenz der Menschen erahnst, erahnen kannst und erfühlen kannst, durch vielfältiges Erleben.
Du bist ein Kosmopolit, das heißt, die Frequenzen des Kosmos schwingen in dir. Und so wird dir das Unrecht der Welt zuwider sein, so wird dir die Politik dieser Welt zu klein sein, und so wird deine Anschauung so groß sein, daß du sie über dem Weltbild der Menschen entfaltest. Dies sind die Gründe deines jetzigen Hierseins.
Dein Bewußtsein wächst und so auch deine Fähigkeit der Materialisation. Du kannst nun beginnen zu materialisieren. Denke an mich, und du erkennst göttliche Sehnsucht. Und du erkennst, daß dein Geist, dein Verständnis und dein Bewußtsein klarer denn je sind.
So ist dein Lachen gut zu hören, doch deine Aufgabe ist es zuzuhören, gesagten und gesprochenen Worten zuzuhören, die du dann in der Lage bist umzusetzen. Erkenne, du bist auf Erden *(lacht)*, um etwas *um*-zusetzen, nicht, um dich *hin*-zusetzen; im Sinne des Wortes *um*-zusetzen, von hier nach da. Du bist hier, um Kosmisches umzusetzen.
Deshalb erkenne, so, wie ich die Seele aus dem Leib hole, wirst du diese kosmopolitischen Frequenzen, dieses Wissen um alles, umsetzen. Was ich *aus* der Erde transformiere, transformierst du *in* die Erde. Dies ist ein Aspekt, und erkenne: Hier ist Reibung. Zwischen uns ist Reibung. Deshalb ist Erfüllung. Ich hole und du bringst. Ich hole die Seele, und du befüllst die Seele.
So gesehen sind wir im weitesten Sinne Gegenspieler, doch sieh, daß wir uns deshalb nahe sind. Ich nehme und du gibst. Wenn wir uns in der Waagschale die Hand geben – da ich nehme und da du gibst –, sind wir gleich, da sind wir eins. Und

auf diese Weise unterliegen wir beide in unserem Tun der göttlichen Gesetzmäßigkeit.
Des weiteren rate ich dir: Laß die Menschen, wie sie sind – die Illuminaten, die Dummen, die Lichten. Deren Lebenspläne sind bereits geschrieben – ich hole sie alle, wenn es an der Zeit ist. Du bist für niemanden anderes verantwortlich als für dich und deine Familie, dein Umfeld. Konzentriere dich auf dein Leben – nur auf deines. Es gibt keine Welt zu retten und keine Menschen. Laß sie, wie sie sind, sie können selbst entscheiden – sie *sollen* selbst entscheiden.

Immer wieder erwähnst du den Aufstieg des Planeten und die Erhöhung der Frequenz. Wie sieht denn unter diesem Aspekt die Zukunft der Menschheit aus – in den nächsten sagen wir einmal dreißig Jahren? Wirst du sehr aktiv sein, aktiver als sonst?

Es gibt Überschwemmungen, Erdbeben, verheerende Katastrophen. Das geschieht nicht, um das Negative einer Sache zu beschönigen, sondern, weil die Menschheit dreigeteilt wird.
Bitte fordere nicht die Zahlen, aber ein Drittel bleibt, ein Drittel geht und ein Drittel steigt. Es sollte aber nicht genau an der Größe eines Drittels festgemacht werden – also 33 Prozent –, sondern es sind generell drei Aspekte, die sich an den Erdenmenschen vollziehen werden.
Dies ist eine Generalität. Im einzelnen wird aber ein gutes Drittel der Menschen bleiben. Diejenigen, die steigen werden – also den Aufstieg vollziehen –, werden weniger sein als diejenigen, die sinken. Diejenigen, die sinken, gehen in eine Dimensionalität ihres Jetzt-Seins. Das heißt, sie werden sich auf der Erde nicht halten können, da die Erde in die höhere Frequenz gegangen ist – sie selbst sind aber stehengeblieben. Das ist nicht schlimm. Das ist wie ein Boden, der gebohnert ist, und

du rutschst aus – dann gehst du in ein anderes Zimmer. Der neue Mensch, der höherfrequente Mensch, kann sich auf dem gebohnerten Boden halten, der andere rutscht. Die Stufe ist die gleiche, das heißt, daß die Ansprache an das Göttliche bestehen bleibt, da es keine Strafe im Kosmischen ist. Es ist eine Verlagerung. Diese Seelen, die nicht bleiben werden, gehen in ein anderes Sonnensystem.

Der Beginn dieses Prozesses war weit früher. Der Beginn war schon Anfang des letzten Jahrhunderts in deinem Land. Hier war eine starke Testphase für das Erdengeschehen. Spirituell gesehen war dies die Entdeckerzeit, gleich den Trappern, die ein Land entdecken – eine wichtige Zeit. Sieh das aber gelöst von euren politischen Anschauungen. Und diese Zeit wirkt mehr denn je, denn hier wurden die Fäden geknüpft, die bald zusammenkommen werden.
Es werden Stürme über die Erde ziehen und es sind nicht nur die Luft und der Wind, es werden auch die Stürme der Elektrizität sein – einer Elektrizität, die in der Frequenz belastet. So werden Dinge auf der Erde sein – ähnlich wie Krankheiten –, die unbekannt waren. Deshalb werden – ähnlich wie Aids – Krankheiten erscheinen, welche die Welt noch nicht gesehen hat und die Menschen dahinraffen. Und aus diesem Grund wird noch viel mehr kommen. So werden die Tiere das zurückgeben, was sie bekommen haben, und so werdet ihr das Fleisch nicht mehr genießen können, da euch schlecht davon wird, das heißt, weil ihr krank werdet, da die Nahrung in sich keimt. Deshalb wird es auch mehr körperliche Beschwerden geben, körperliches Leid; und die Tendenz, aus dem Leben zu scheiden, wird generell größer werden, da die Depressionen steigen und viele fühlen: *„Ich kann mich nicht mehr halten."*

Die Vulkane werden speien, das Wasser über die Ufer treten. Türme werden bersten, Flugzeuge stürzen... Es wird die Technik sein, die dem Menschen das Genick bricht. Es ist ein Weg ins Chaos. Viele werden weinen, viele werden leiden, doch nur, weil sie die Entwicklung nicht sehen. Aus diesem Grund ist diese Zeit jetzt – die Zeit des Christen und des Antichristen – für viele eine gute Zeit, da sie in Erkenntnis sind. Doch diejenigen, die nicht in Erkenntnis sind, erleben eine leidvolle Zeit, da die Seele dem Fleisch noch nicht hinreichend die Verkettung erklärt hat. Deshalb ist es die Aufgabe der Seele, dem Körper, dem Fleisch, der Materie, mitzuteilen und begreiflich zu machen, daß Körper, Seele und Geist eins sind; daß der Körper sowie die Seele wie Gott sind – nur in einer anderen Frequenz. Daher ist der Fingernagel genauso göttlich wie das Auge, und so bist du genauso göttlich wie dein dich schützender Engel – nur in einer anderen Struktur.
Dies haben die Seelen dem Fleisch, das sie begleiten, noch nicht hinreichend erklären können. Jedoch wird das Schritt für Schritt für diejenigen erfolgen, die in eine andere Welt gehen werden.
Die Erde wird sich auch in ihrer Frequenz erhöhen, das heißt, daß sich die Vibration der Erde, die Schwingung des Erdfeldes verändert – sie wird feiner werden. Die Grobheiten werden nun beleuchtet. Das heißt, daß symbolisch die Sonne stärker strahlt, da die Erde in die Höhe geht. Aus diesem Grund werden die Gletscher schmelzen, so wird euch der Schnee fehlen, und so werden dic Gewässer über die Ufer treten. Und da die Schmelze eintritt, wird die Sonne stärker denn je die Erde beleuchten, was bildlich gesehen eine Logik ist, da sie sich dem Göttlichen nähert – nicht in der Entfernung, doch in der Frequenz.

Viele Menschen werden deshalb gehen. Es werden Krankheiten auftauchen, da die Luft von diesen Menschen nicht mehr zu atmen ist – sie vertragen sie nicht mehr.
Das hat auch zur Folge, daß das Schutzfeld der Erde, der Planetenschutz, dünner wird. Und da es dünner wird, entweicht auch Luft – die schwere Luft. Es wird sich nur leichtere Luft halten können, das heißt, die Frequenz der Erdluft verändert sich. Nur derjenige, welcher die Lunge dazu hat, wird die neue, die feinere Luft atmen können, nämlich derjenige, welcher an die höhere Dimension gewöhnt ist.

Das ist der Weg für diejenigen, die hierher gehören – für das Drittel, das bleibt –, den dritten Teil.
Für diejenigen, die bleiben, wird es trotzdem eine gute Zeit sein. So ist für diejenigen, die bleiben, durchaus materieller Wohlstand vorhanden. Ein Leben in Liebe, Harmonie und Frieden ist nicht nur denkbar, nicht nur machbar, sondern es wird vollzogen. Für diejenigen, die hier bleiben, die dafür bestimmt sind, wird es ein schönes Leben geben.
Wenn diese das Bewußtsein tragen, werden sie dies auskosten und nutzen können. Dann wird es gut sein. Daher ist *„des einen Leid des anderen Freud“* – und wieder siehst du die Kosmik der Bewegung des Gebens und des Nehmens. Es ist die Reibung, die auch hier wieder die Erfüllung findet.

Und das letzte Drittel, das geht, geht auf andere Planeten oder...

...in höhere Sphären. Nur ist es so, daß diejenigen, die gehen, nicht in einem Drittel sein werden *(also 33 Prozent; Anm.d.Verf.)*, sondern es ist dies der dritte Teil. Diejenigen, die gehen werden, sind in der Zahl viel, viel weniger als diejenigen, die bleiben. Doch im Gewicht ihrer Potenz übersteigen sie bei weitem das, was bleibt. Deshalb darf man sie – auch wenn sie zahlenmäßig weit unterlegen sind –, als Drittel bezeichnen, da ihr Gewicht zählt.

Wie man inzwischen aus wissenschaftlichen Publikationen weiß, nähert sich unser Sonnensystem wieder dem Galaxiszentrum, was die Frequenzerhöhung auch mit verursacht.
Es ist also an und für sich ein ganz klarer physikalischer Prozeß, der hier auf Erden stattfindet...

Ich habe nie etwas anderes behauptet. Es ist ein normaler Vorgang, der sich seit Milliarden Jahren vollzieht – und auch noch in Milliarden Jahren vollziehen wird. Das einzige Problem ist hierbei der Mensch, der Angst vor dem Sterben hat. Das ist das einzige Problem – für euch.
Die Anhebung der Frequenz fördert die Lebewesen in ihrer Entwicklung, da sie eine Auswirkung auf die Naturgesetze hat. Das Gesetz der Resonanz wird sowohl schneller als auch stärker wirken, was bedeutet, daß alles, was man sich wünscht, schneller eintritt – in beide Richtungen, sowohl negativ als auch positiv. Anders ausgedrückt: Menschen mit einem niedrigen Bewußtsein werden andere Menschen mit einem niedrigen Bewußtsein in ihr Leben ziehen – also Gleichgesinnte. Und auf die gleiche Weise wird der Erwachte, der Bewußte, Menschen seiner Art in sein Leben ziehen. So kommt es allmählich zu einem Trennen der beiden Menschengruppen in diejenigen, die den Aufstieg mit der Erde mitmachen werden, und diejenigen, die stehenbleiben und nicht wachsen wollen.
Es ist die letztere Gruppe, bei der mein Tätigkeitsfeld wieder beansprucht wird, denn diese Seelen werde ich holen. Diese werden sich zunehmend durch das Leben quälen und werden nicht verstehen, wie es denn sein kann, daß die Welt sich ver-

ändert, ohne sie zu fragen. Diese Menschen möchten, daß es so bleibt, wie es immer war. Genau diese Seelen hole ich ab und reinige die Erde davon – sie blockieren die anderen. Diese werden von Millionen von Helfern des Lichtreiches zu einem anderen Planeten gebracht, auf dem sie weiter ihre materiellen Erfahrungen machen können. Bei denen wird sich auch die Freitod-Rate erheblich steigern, da sie mit dem Leben nicht mehr zurechtkommen. Aber jede Seele hat den freien Willen und kann sich jeden Tag neu orientieren. Vergleiche es mit einem Segelschiff. Dreht sich der Wind, so muß der Kapitän die Segel anders setzen. Tut er dies nicht, so kommt er entweder nicht mehr voran oder – wenn der Wind in Sturm übergeht –, das Schiff kann kentern. Vergleiche dies nun mit einem Menschen. Der Wind auf der Erde hat sich geändert. Er muß nur sein Segel anders setzen, und er wird mit dem Wind weitersegeln können. Übersetzt bedeutet das: Er muß sich im Leben neu orientieren, neu ausrichten und es geht wieder voran.

Es ist also das, was in der Bibel die Zeit genannt wird, in der sich die Spreu vom Weizen trennt...

So ist es. Die Menschen, die mit dem Erdprozeß mitwachsen, werden sich großartig fühlen, da das Wachstum ihrem Seelenplan entspricht, vor allem aber, weil sie mitwachsen wollen.
Es ist auch eine Zeit großer neuer Erfindungen, die das Leben auf der Erde verändern werden. Es stehen Umbrüche in allen Bereichen des Lebens bevor, gesellschaftlich, politisch und wirtschaftlich – es wird internationale Kriege geben, aber auch Kriege, bei denen sich das Volk gegen die eigene Regierung auflehnen wird. Es wird vor allem in deinem Land Unruhen geben mit Menschen, die aus anderen Teilen der Erde zu euch

gekommen sind, anderer Art sind und einen anderen Glauben haben. Hier werden sich große Aufstände ereignen.
Es wird Naturkatastrophen geben, da sich die Erde bewegt – nicht nur im Weltall, sondern die Erde selbst wächst. Sie wird größer, und die Erdplatten werden weiter auseinanderdriften, was zu großen Erdbeben führen wird.
Es ist meine Arbeit – und wie ich dir zuvor berichtete, habe ich mich lange darauf vorbereitet –, jetzt in Ruhe zu sein, um hier gute Arbeit zu leisten.

Kann jeder Mensch Kontakt mit dir aufnehmen?

Generell ja, aber die meisten wollen ja mit mir nichts zu tun haben. Tatsächlich hat ja jeder Mensch mit mir zu tun – schließlich bringe ich die Seele in den Körper und löse sie auch wieder. Viele Menschen denken an mich und können mich fühlen. Die meisten denken jedoch nur an mich, wenn es ans Sterben geht. Und wenn die Zeit gekommen ist zu gehen, dann bin ich auch da.
Ich bin auch da, wenn mich jemand herausfordert – durch gefährliche Sportarten oder waghalsige Unternehmen. Ich bin da, wenn sich zwei duellieren, und auch, wenn jemand Substanzen zu sich nimmt, die den Mensch berauschen. Hier ist immer das Tor geöffnet – der Mensch provoziert es. Meistens kommen aber nur die dunklen, die luziferischen Kräfte, die sich der Menschen annehmen, die mit dem Leben auf der Erde nicht zurechtkommen und sich der Inkarnation, dem Lebensplan nicht stellen wollen. Ich lasse sie gewähren.
Aber ich werde auch häufig gerufen, *(lacht)* wenn jemand einem anderen Menschen *mich* wünscht – also den Tod; sei es bei der Scheidung einer Ehe oder im geschäftlichen Bereich, wenn der Konkurrent ausgelöscht werden soll.

Eine andere Frage wird für dich von Interesse sein – es ist der Mord selbst. So fragst du dich, ob es eine Schuld ist, den anderen zu Tode zu bringen oder nicht. Dies ist ein typisch irdisches Problem. Im Irdischen ist die Todesstrafe verpönt – sei es von den Regierenden oder den Menschen untereinander. Im Kosmischen ist dies eher einer Weichenstellung gleichzusetzen. Doch dieses Wissen darf nur sehr vorsichtig nach außen getragen werden. Zu einem anderen Zeitpunkt werden wir uns darüber unterhalten, denn dies könnte schnell falsch verstanden werden.
Nun wich ich von deiner Frage ab... Du meintest den Kontakt zu mir in Form einer Kommunikation. Ein Dialog, wie wir ihn heute führen, ist einzigartig. Manchmal spreche ich zu Menschen, die ihr Leben selbst beenden wollen, doch ist das keine großartige Kommunikation, sondern eher ein Monolog meinerseits oder ein Warnen.

Was macht man mit Trittbrettfahrern, also Personen, die nun das nachahmen wollen, was wir hier als erste weltweit getan haben? Laß mich dies kurz näher ausführen: Es erscheinen immer wieder Bücher, in denen Gespräche mit geistigen Wesen publiziert werden. Ich denke hier beispielsweise an Ramtha oder Vyvamus. Diese Wesen sind bis zur ersten Publikation völlig unbekannt, doch kurz nach dem Erscheinen haben dann plötzlich „zufällig" auch andere Menschen Kontakt zu diesen Wesen und versuchen mit ähnlichen Texten, die jedoch meist von der Originalquelle abweichen, Geld zu verdienen oder sich wichtig zu machen. Was sagst du dazu, und was rätst du uns, in solch einem Fall zu tun?

Das wird keine Schwierigkeit sein, da ihr – du und derjenige, durch den ich spreche – die einzigen seid, denen ich mich in dieser Art hingebe. Sicherlich werde ich immer im kosmischen

Bewußtsein allgegenwärtig sein. Alle Menschen werden mich fühlen können, doch einen persönlichen Dialog führe ich nur mit dir, da wir einst diesen Vertrag schlossen. Der Kontakt durch ein Medium ist nur möglich, da ich an dich gekoppelt bin, da ich bei dir bin und das Medium mich dadurch übermitteln kann.

Durch diesen Kontakt intensivierte sich aber auch unser direkter Kontakt, was du ja spürst und siehst, wenn ich dir Ideen eingebe und im Traum mit dir spreche. Die letzten Nächte besuchte ich dich in der Zeit von drei bis vier, da war ich bei dir und habe dir Wissen vermittelt. Langsam begann ich, dir in den Nacken einzudringen, um dann in dein Bewußtsein einzufließen, denn dein Bewußtsein ist es, welches gefüllt wird.

Deshalb sei versichert, daß ich zu anderen so nicht sprechen werde, da es so nicht vorgesehen ist. Doch fühlen oder sehen können sie mich – spätestens, wenn ich sie hole *(lacht)*.

Es wird sowohl von Verstorbenen als auch von Schutzengeln berichtet, daß es auch im Jenseits, also in der feinstofflichen Welt, Landschaften gibt, daß es Farben gibt, daß es Musik gibt. Könntest du mir beschreiben, wie es dort aussieht, wo du dich aufhältst und was du dort wahrnimmst?

Das einfach Gefragte ist oft das am schwierigsten zu beantwortende. So ist für die Seele beim Hinübergehen in die geistige Welt als allererstes ein großes Licht zu sehen. Ich erklärte schon, daß die Seele den Tunnelblick hat, ähnlich wie in euren Autos, wenn ihr schnell durch einen Tunnel fahrt.

Dann, wenn ihr hinübergeht, ist eine Form der Visualisierung möglich. Die geistige Welt ist eine Geistwelt, ist eine hochstoffliche Welt. Die Verdichtung ist so hoch gewählt, daß im Geist das Wählen möglich ist.

Daher ist es für die Seelen möglich, sich Bilder zu formen, die ihrem Bewußtsein entsprechen. Das mag sich in Landschaften ausdrücken oder in Farben. Doch sind sie nicht mit den Materielandschaften, den Materiegebilden vergleichbar, die auf der Erde vorherrschen. Es sind Farben des Lichts, die in einer Vielfalt vorhanden sind, die es so auf Erden nicht gibt. So wird ein jeder, der im nahen Tode hinüberblicken kann, das Farbspektrum in einer Größe und Vielfalt wahrnehmen, daß er danach, wenn er wieder auf der Erde ist, verwirrt sein kann – aufgrund des zuvor wahrgenommenen größeren Spektrums.
In der Frequenz, in der *ich* mich aufhalte, durchfließe ich das gesamte Netz bis in die höchsten Sphären; das bedeutet, bis in die höchsten Dimensionen menschlichen oder körperlichen Seins. Je höher das Sein ist, desto größer ist das Bewußtsein und desto kleiner der Wunsch, Landschaften, Gebilde und Formen um sich zu haben. Das liegt daran, da man sich immer mehr dem Licht, dem Lichten nähert und sich dieses als großer Farbpunkt offenbart. Die Visualisierung der Landschaften, der Formen und Farben minimiert sich während der Entwicklung des geistigen Wesens. Es liegt daran, daß immer mehr im Gefühl, im Gespür gelebt wird. Das bedeutet auch, daß es die Vereinigung der Energiezentren vom Scheitel bis zur Sohle mit sich bringt, daß nicht nur über das Auge gelebt und über das Auge geliebt wird, sondern die Wahrnehmung der Form dem Gefühl weicht.
Symbolisch ausgedrückt, beginnen die innere Sonne und das Herz mehr denn je zu funktionieren. Die Liebe selbst, das höchste Glücksgefühl, ist nicht die Betrachtung, sondern das Erleben.
Es ist zwar notwendig, daß in der geistigen Frequenz noch eine Formgebung vorhanden ist, aber diese wird gewandelt. Da-

her wird ein jeder in seiner Entwicklung nicht mehr den Berg sehen wollen, sondern er möchte selbst der Berg sein; er will die Liebe selbst, das Gefühl sein.
In niedrigeren Stufen kosmischen Seins – in den Bereichen der Seelen – mag man somit von Landschaften, Formen und Farben sprechen, doch in der höheren Frequenz nicht mehr.

Überlege: Es ist schön, den Berg zu sehen, doch es ist viel schöner, ihn zu erleben. Dies ist im Geistigen ein Wandel und ein Wechsel, bis du ins kosmische *Ich* kommst. Ganz oben, das heißt in der Gotteszone, gibt es nichts außer Gott. So wird es neben Gott kein Ebenbild im Berg geben, sondern nur Gott in sich, die Urkraft, den Urfrieden, das Urlicht, das Ursein.
Wichtig ist es daher für deine Arbeit zu wissen, daß die Seele nach dem Zurücklassen der körperlichen Hülle in feinstoffliche Gefilde einmündet, die dem Irdischen ähnlich sein können – zwar nicht in der Substanz, jedoch in der Wahrnehmung. Das ist deshalb so, um der Seele zu helfen und den Fortschritt des Ichs und des Seins zu begleiten. Je höher die Entwicklung des Menschen ist, desto tiefer begibt er sich in die Gottesquelle, desto weniger möchte er die Berge sehen, desto mehr möchte er Licht sein.
Sieh es wie eine Pyramide: Tief unten ist die Vielfalt des Ganzen, doch je höher du gehst, desto weniger wirst du das Umland sehen, da du immer mehr am Lichten bist. Das bedeutet, je höher die Frequenz kosmischen Bewußtseins ist, desto geringer ist der Wunsch, Landschaften und Formen zu schauen oder gar zu berühren.
Dies ist ein wichtiger Aspekt für all diejenigen, die irdisch inkarnieren: Die Seelenschichten, in denen sich Seelen aufhalten, die wieder auf die Erde gehen werden, sind meist so gestaltet, daß sie dem Irdischen ähneln, damit diese Seelen gerne wieder

auf die Erde gehen. So freuen sie sich auf die Erde, um die Berge, Formen und Farben blicken, sehen und wieder bestaunen zu können. Dies ist im Seelentempel kosmischen Seins oft ein großer Wunsch, um die Rückkehr auf die Erde harmonischer und besser übergehend zu gestalten.

Gibt es dort, wo du dich aufhältst, auch Musik? Ich habe gehört, daß sich in den Ebenen der Engel, in denen auch die eben erwähnten Landschaften beschrieben werden, eine Art von Musik zu hören ist. Hörst du selbst auch Musik, wo du bist?

Es gibt Frequenz, und da, wo sich Frequenz zu halten vermag, wird auch Klang sein; aber nur dann, wenn es einen Gegenspieler gibt. So, wie beim Ein- und Ausatmen – erinnere dich des Gebens und Nehmens –, wird es Klang geben, wenn es auch Gehör gibt. Das bedeutet, wenn ein Mensch gestorben ist, so wird die Seele, wenn sie ins lichte Reich kommt, Klang hören, wenn sie das möchte. Sie wird deswegen Klang vernehmen, weil sie sich Gehör verschafft. Das bedeutet, wer hören will, wird hören.
Doch werdet ihr die Quellen wählen. Je höher die Quelle deines Bewußtseins ist, desto mehr wirst du das himmlische Summen göttlicher Urkraft vernehmen wollen. Erinnere dich: Da Gott ein in sich geschlossenes Gebilde ist, eine immerfortwährende Drehung, die sich immer und immer wieder erneuert, verliert sie nie an Kraft, sondern gewinnt an Vehemenz. Da Gott im Für und Wider, das heißt in Bewegung ist, ertönt in einfachen Worten ein Summen. So könnte man das als den Gottes-Ton, den Ur-Ton bezeichnen, der, wenn du willst, zu hören ist, und aus dem in niederen Frequenzen Musik geformt ist. Und diesen Ton wirst du, wenn du ihn nicht mehr hören

willst, sondern zu fühlen in der Lage bist, als Frequenz des Herzens verspüren.
Die Anwort auf deine Frage ist somit: daß dem, der Gehör gibt, auch der Klang ist. Doch ein Klang wird im Kosmischen nicht ungehört erschallen.
Dies ist das Für und Wider, eine weitere wichtige kosmische Gesetzmäßigkeit, die, wenn ihr über die Resonanz eures Seins sprecht, weit darüber liegt, denn die Resonanz eures Seins hat irdischere Aspekte. Das kosmische Für und Wider bedeutet, daß etwas nur dann existiert, wenn es einen Grund dafür gibt. Es entsteht nie etwas, um nicht zu sein. So ist Licht entstanden, um zu sein; so wird Klang entstehen, um zu sein – aus irdischer Sicht betrachtet, um gehört zu sein.
Daher ist meine Antwort: „*Ja*", es gibt Musik, damit sie jemand hören kann. Musik wird sein, um gehört zu sein, nicht um ungehört zu erschallen. Ich hoffe, du verstehst die Drehung der Bewegung. Die Antwort ist ein „*Ja*", doch nur ein Teil-„*Ja*".
Die Musik ist nicht nur, um einfach da zu sein, sondern sie ist von Sinnhaftigkeit. Sie ist mit Sinn behaftet. Daher wird im Kosmischen nur etwas sein, damit es Sinn hat, damit es an nichts fehlt. Würde jemand die Frage stellen: „*Wird es im Kosmischen ein köstliches Mahl geben?*", so könnte man sagen: „*Wenn das kosmische Wesen es zu kreieren imstande ist, wird es ein göttliches Mahl geben. Doch es wird dieses Mahl nur geben, wenn es auch gegessen wird.*"
Und dies ist der Frevel eurer Zeit an den Tieren, daß beispielsweise bei großen Festen Tiere geschlachtet werden, obwohl kein Hunger herrscht. Wird ein Tier getötet, weil jemand Hunger hat, so ist es gut so. Es wird jedoch mehr getötet als vonnöten ist.

Das wird euch jetzt vor Augen geführt, indem die Menschheit noch einmal Hunger leiden wird. In mittelalterlicher Zeit ist dieser Kontinent betroffen gewesen, und so ist im Moment ein ferner Kontinent betroffen. Wenn ihr dies nicht lernt, dieses kosmische Gesetz des Für und Widers zu erkennen, dann wird auch dieser Kontinent wieder mit Hunger überzogen sein. Denn je mehr Essen, je mehr Tierisches verdorben wird, indem ihr es wegwerft, desto kleiner ist der Nutzen des Ganzen.
Das heißt: Die kosmische Energie wird entzogen – vergleiche es mit einem Vakuum –, es geht die Luft heraus.

Daher ist deine Frage nach der Musik, wie ich es zu Anfang bemerkte, ein Anstoß zu einem immensen Wissen. Beginnet, ihr Menschen, darüber nachzudenken, das Tier nicht im Unverstand zu schlachten, nicht den Strom im Unverstand zu erzeugen, damit es in Hochburgen nichtgeistigen Wirkens flimmert und glitzert für ein Nichts. Das ist der springende Punkt – die Quintessenz kosmischer Kenntnis: Wenn etwas für nichts getan wird, wird es in der Zwangsläufigkeit des Für und Widers am Wider fehlen, da das Geben und Nehmen außer Kraft gesetzt wird. Deshalb wird zwangsläufig der Situation im Laufe einer Epoche die Luft entzogen. Das ist der Grund, wieso vermeintliche Armut bei den Menschen Einzug erhält. Dies ist eine ganze Kette von Gesetzmäßigkeiten, die hier in Kraft sind. In einfacheren Worten: Es benötigt einen Grund für das, was du tust.
Das, was du tust, tue es bewußt oder laß es lieber ganz sein. Tust du etwas ohne Grund, so berührst du ein Gesetz, das ein Nehmen erzwingt. Das heißt: Es nimmt dir etwas, da du etwas ohne Grund getan hast. Verstehst du das?

Ich schon. Ich hoffe, daß das auch meine Leser verstehen...

Die meisten Menschen verstehen die Gesetze des Universums nicht und wundern sich, daß sie arm sind, unglücklich oder krank. Und da sich viele Menschen auch nicht darum bemühen, Kenntnis darüber zu erlangen, haben sie freien Willens das Leid gewählt. Es gibt Bücher, es gibt Filme, es gibt Erzählungen und Märchen über die Kosmik – siehe euren Jesus, der dies lehrte –, doch wer nicht hören will, wird fühlen.
So ist die Frage: „*Gibt es Musik?*", mit „*Ja*" zu beantworten, und zwar dann, wenn sie gehört wird – willentlich.
Denn gäbe es Musik, die nicht gehört wird, würde sie im Raum verpuffen. Das heißt, sie würde ein Energie-Überangebot, wie es jetzt auf Erden herrscht, erzeugen. So würde der Kosmos durcheinanderkommen, so durcheinander, wie jetzt die Erde ist. Und das wird niemals sein, da sich ein jeder an die Regeln hält. Der Kosmos kippt nicht.

Das erinnert mich an ein Zitat des Bankiers Rothschild, der einst sagte: „Wer glaubt, daß das Geld bei einem Finanzkollaps verschwindet, der täuscht sich – es wechselt nur seinen Besitzer."
So ähnlich ist es demnach auch mit anderen irdischen Dingen. Wenn jemand arm ist, ist ein anderer reicher geworden. Das Geld hat sich nicht in ein „Nichts" aufgelöst, sondern hat nur den Besitzer gewechselt, ebenso die Geldbörse, derer man entledigt worden ist. Und so ist es auch mit der gesamten Einstellung zum Leben. Habe ich jemandem die Partnerin ausgespannt, so ist sie nicht verschwunden, sie hat nur den „Besitzer" gewechselt...

(lacht) ...So in der Art. Du hast manchmal Vergleiche... Aber generell ist es richtig, was du sagst. Wenn ein Mann eine Frau an seiner Seite hat, sie jedoch nicht „nutzt", das heißt, ihre Ge-

genwart nicht schätzt und sein Leben nicht mit ihr teilt, so gibt es aus kosmischer Sicht keinen Grund, daß die Frau weiter bei diesem Mann bleibt – es fehlt der Zweck, der Sinn. Sie geht zu einem Mann, der sie braucht und der ihr einen Grund gibt, bei ihm zu sein.

Ich möchte aber nochmals auf die Musik zu sprechen kommen. Ist der göttliche Ur-Ton mit irgend etwas vergleichbar oder etwas ähnlich, was hier auf Erden erzeugt wird, vielleicht durch eine Geige oder eine Flöte?

Er ist dem Ton ähnlich, den du als das OM kennst. In den Instrumenten selbst ist es ein Klang, der weit weniger schwingt, als eure Instrumente der Neuzeit schwingen. In den Zeiten eures Mittelalters gab es ein Instrument mit bauchiger Schale, das einen ähnlichen Ton erzeugte. In den Klosterhöfen vergangener Zeit gab es so etwas, doch niemals in der Schwingung der neueren Zeit.

Das erwähne ich, da dich der Name des Luzifers nicht befremdet... *(lacht)* Die Schwingung der neueren Zeit ist ein Werk desselben, der nämlich bei der Anhebung der Erdfrequenz diese höhere Frequenz genutzt hat, um sie auf das Klangwerkzeug und die Musikinstrumente auszustrahlen. So ist das Klangwerkzeug von Epoche zu Epoche menschlichen Seins in der Schwingung angehoben worden, um sich von dem göttlichen Ur-Ton zu entfernen.

Der Ur-Ton ist ein Ton, der sich für das menschliche Gehör nicht so schön anhört, da er nicht der Lieblichkeit des phantastischen Geistes entspricht. Es ist mehr ein tieferer Ton, die Ruhe selbst, da er in der Tiefe erzeugt wird. Der kleine Klangkörper einer Gitarre oder Geige kann keine so tiefen Töne erzeugen.

Der Klangkörper des Göttlichen ist riesengroß, so wird der Klang in der Größe immer anschwellend sein. Der Gottes-Klang wird nie wie der eines Kanarienvogels sein, der mit kleinen Stimmbändern in einer Höhe jubiliert, sondern immer nur ein großer, ein tiefer.

Gibt es eine irdische Musik, der du manchmal lauschst? Oder ist das alles Mißklang für dich?

Ich lausche nie dem Unfug neuer Zeit, denn es sind die Texte und es ist der Klang der Worte, der die Musik verfärbt und unbewußt in die Menschen eindringt, um sie in eine bestimmte Richtung zu steuern.
Ich selbst höre jedoch gerne Musik. Musik heißt für mich aber, die Frequenz des Irdischen, denn ich mühe mich tagtäglich, dem Irdischen ein Freund zu sein, um eine jede Frequenz als Freund zu erkennen. Ich schwinge mich in jede Seelenfrequenz ein, um sie vom Körper, von der menschlichen Frequenz zu trennen.
Laß mich dies erklären: Jeder Mensch hat eine individuelle Frequenz. Ein Mensch, der das Energiefeld eines Menschen – die Aura – sehen kann, wird sagen, daß jeder Mensch eine andere Aura hat. Und die Farbmuster der Aura sind nichts anderes als Frequenz. So hat jeder Mensch eine Frequenz, die ich als Farbe, Ton oder Musik wahrnehmen kann – je nachdem, was man als Musik definiert. Für den Mönch ist das Anstimmen des OM eine Form von Musik, andere empfinden die Gesänge der Wale als Musik.
Daher ist es für mich wichtig, wie eh und jeh, Musik zu hören – Menschen-Frequenz-Musik. Ich schwinge mich in die Frequenz des Menschen ein und vermittle der Seele, daß sie sich vom Fleisch zu lösen hat. Ich erkläre auch dem Fleisch, daß

seine Zeit gekommen ist, wozu ich auch die Musik des Fleisches zu erlernen habe.
Dies alles sind Frequenzen, die Muster und Farben sowie Töne sein können – Schwingungen. Hinzu kommt, daß das Frequenzmuster des Menschen auch durch die Musik beeinflußt wird, die er im Laufe seines Lebens hört, da sich diese Schwingungen auch auf das Fleisch sowie die Seele übertragen.
Daher ist es für mich wichtig, die Menschenfrequenz zu erkennen, und so komme ich unweigerlich mit der Musikfrequenz in Berührung, die dieser hört.
Das heißt in klaren Worten: Die verschiedenen Varianten musikalischer Darbietung sind mir bekannt, weshalb ich sie als Unfug bezeichne.
So höre ich gerne das getragene Wort klassischer Musik längeren Zurückliegens, und zwar deshalb, da der Klang die Stimme trägt.

Du sagtest, daß die Luziferkraft die Anhebung der Erdfrequenz auf die Musik übertragen und dazu benutzt hat, um den Mensch weiter von der Gottesquelle zu entfernen.
Was genau macht die heutige Musik mit den Seelen, mit den Menschen; was geschieht hier?

Es geht nicht generell um die Musik der heutigen Zeit auf Erden, es geht um Teile dieser Musik. Es ist nicht *die* Musik, der Klang; es ist die Frequenz. Es ist einem Luzifer möglich, in der Stimme eines Sprechenden mitzuschwingen; es ist der Klang gleich dem einer Gitarre. Es sind die Stimmbänder. Und so ist es dieser Luziferkraft sehr wohl möglich, in die Frequenz, in die Schwingung eines Menschen einzudringen, gar ihm Dämonisches einzugeben, damit er dieses ausstrahlt.

Sieh auf der einen Seite die Opernhäuser dieser Welt – hier wird dir das Glück entgegenstrahlen, da der Glückliche, das Ich-Glück, im Sänger, in der Sängerin mitschwillt.

Das Gegenteil findest du auf der anderen Seite, wo die Gitarrensaiten gemartert werden, im Kopf selbst eine Spaltung verursachend und die Menschen in eine tiefere Region des Seins führend. Dies ist aber nicht nur die Musik, es ist auch der Film. Durch das ständige Einprasseln der Frequenzen des Films beginnt die Menschheit zu verblöden.
Es entstehen Blödheiten, so hart es sich anhören mag. Der Mensch wird in gewisser Weise sich selbst genommen, da er damit beginnt, nicht mehr über sich nachzudenken. Der Mensch wird von sich weggeführt.

Nimm Amerika, doch nimm es nur als Beispiel. Ich bin kein Politiker. In diesem Land ist es wie in keinem anderen Land der Welt so, daß von Tag zu Tag weniger gedacht wird. Mehr denn je wird mehr gelacht. Dies ist eine Spreizung. Sie schauen von des Morgens Stund‘ bis in die Nacht hinein den Schund, das heißt, sie werden von sich selbst weggeführt, da sie nicht mehr in der Lage sind abzuschalten. Ein selbstbewußter Mensch, ein Mensch, der in einer Entwicklung ist, der in DER Entwicklung ist, auf seinem Weg, der wird immer in der Lage sein, eigen- und selbstverantwortlich zu handeln. Dieser wird immer in der Lage sein abzuschalten. Das soll nicht heißen, daß du nicht Fernsehen darfst oder Musik hören. Doch ist es das Maß, das hier von Bedeutung ist und die Art der Musik. Es liegt in deiner Verantwortung, abzuschalten und die Phasen der Ruhe zum Denken zu nutzen und um zu dir zu kommen. Und genau dies ist der Punkt schändlichen Tuns.

Das verursachen diejenigen, die du als *Illuminati* benannt hast – ich nenne sie die *Illustren (lacht)*, da sie sich des Schauspiels erfreuen; da sie sich des Glanzes und des Lichts erfreuen, welches sie unnütz und im Übermaß erzeugen. Diese sind es, welche diese Bewegungen in Gang setzten, nämlich dem Kleinen, der unter ihnen ist, keine Verschnaufpause zu geben – sei es bei der Arbeit, wo der Akkord eingeführt ist; sei es zu Hause, indem die Maschinerie der Unterhaltung so läuft, daß er bald nicht mehr in der Lage ist abzuschalten. Es ist eine Sucht. Es geht darum, durch die Schwingungen das Gehirn vom Bewußtsein zu spalten.

Es ist eine Sucht, ein Faktor, der durch die Veränderung der Schwingung entsteht. Euer Fernsehgerät ist durchaus ein Segen, doch ist er wie die Musik auch mit dem Faktor der Macht gefüllt, mit dem Gegenspieler des Lichts, dem Nicht-Licht, dem Nicht-Christen, dem Anti-Christen.

Deswegen ist durch das Hören neuer Musik eine Verödung gegeben. Das soll meine Auskunft hierzu sein.

Wir Menschen haben Freunde; manchmal jemanden, den wir als „besten Freund" bezeichnen. Du bist natürlich kein individuelles Wesen mit Körper, dennoch interessiert mich, ob du in der geistigen Welt einen Freund oder eine Freundin hast, ob es ein anderes Wesen gibt, mit dem du am liebsten zu tun hast oder mit dem du dich womöglich auch austauschst, zum Beispiel mit dem Engel der Gnade oder mit einem anderen Wesen...

Das wäre im Leben die Frau, so wie sich der Mann auf Erden am liebsten mit der Frau austauscht; so, wie der Mann, da du ein Mann bist, sich am liebsten mit der Frau paart. Dadurch wird das Kind geschaffen.

So gesehen stellt sich bei mir selbst die Frage: *„Bin ich in der Kosmik alleine, in einer eigenen Entwicklung?“* Und so beginne nicht zu lachen, sonst trete ich dir auf die Füße; du könntest mich gar fragen: *„Engel des Todes, befruchtest du dich selbst? Warum bist du so groß, warum bist du immer überall, wo ist die Quelle deiner Kraft, denn du hast weder die Frau noch das Kind?“*

Doch ich kann dir sagen, ich befruchte mich nicht selbst. Eine Selbstbefruchtung, wie es im Irdischen möglich ist, gibt es im Kosmischen nicht. Ich bin an die Gotteskraft angebunden, die mich nährt und stärkt, so wie auch dir das Licht und die Nahrung Kraft geben. Hier sind wir eins, nur meine Stufe ist eine andere. Das ist die Quelle meiner Kraft.

Mein Umgang ist der meiner Arbeit, da ich mich hier am wohlsten fühle. Ich tue das – und hier unterliege ich dem kosmischen Geschick –, was ich am besten kann, da *ICH* es am besten kann! Ich wirke da, wo meine Ergebnisse am besten sind und wo dadurch die besten Früchte wachsen! Das ist mein Tun, das mir Liebe, das mir Zuversicht und Erfüllung gibt.

Kommunizieren tue ich am liebsten mit der göttlichen Quelle. Die Gottesquelle ist einem Lehrer gleich, dem ich zuhöre, denn hier bin ich bereit zu lernen, und hier bin ich bereit zu folgen.

Doch für den reibenden Austausch suche ich das Gleiche, denn Gleiches gesellt sich zu Gleichem. Und hier – sei nicht überrascht – kommuniziere ich am häufigsten mit dem, was am weitesten entfernt ist, und das ist die Kraft, die du als die Kraft des Luzifers bezeichnest. Hier ist die Kommunikation eine Interaktion, und dadurch wachse ich. Es entsteht Reibung, und dadurch lerne auch ich immer neu dazu. Ich wachse sozusagen an meinem Gegner.

Doch am liebsten, wenn ich ruhe, bin ich. Ich *bin* dann einfach. Dann ruhe ich in mir, in der Tiefe meiner selbst, dann bin ich in der Ausgeglichenheit meiner Selbst.
Dürfte ich einen Partner wählen, würde ich das Licht nehmen. In der Größe, in der ich bin, gibt es nicht so viel, weshalb ich mit allem zusammen bin. Ich bin nicht in der Christkraft, ich bin nicht in den Engeln, doch ist es interessant, daß Teile von mir durchaus in der Engelschaft sind. So wirst du sagen: *„Aber ein Erzengel stirbt doch nicht."* Das ist richtig, doch Teile eines Engels, die mit Bewußtsein gefüllt sind, fließen in das Göttliche zurück. Auch hier bin ich Teil – als Transformator und *Engel des Wandels* –, damit der Fluß existiert.
Beantwortet dir das deine Frage?

Ja, ich danke dir!

Wenn du die Seele an den Schutzengel übergibst beziehungsweise weiterreichst, und die Seele im Jenseits, in der geistigen Welt, ankommt, trifft sie auch auf die sogenannte Seelenfamilie – den Opa, die Oma, Bruder, Onkel, Mutter...
Wie ist es mit Seelen, die bereits wieder inkarniert sind – sind die dann auch dort bei den Wartenden? Denn eigentlich sind die ja gerade in einem Körper auf Erden...

Der Kontakt wird bestehen. Eine Seele ist in der Größe so groß, daß sie mitunter – und das ist meist der Fall – nicht in der Lage ist, einen Körper in der Gänze ihres Seins zu beseelen. Laß es mich bildlich darstellen: Hat eine Seele die Größe beispielsweise eines Kubikmeters, wird sie in einen Körper aufgrund dieser Größe nicht komplett eindringen oder den Körper umhüllen können. In diesem Fall würde nur ein Teil hineinpassen.

Nun ist es aber so, daß die Seele kein Fakt ist, also kein Objekt wie ein Tisch beispielsweise. Die Seele ist kein Tisch, der steht, sondern die Seele ist eine sich in sich bewegende Sache, eine fließende Struktur, ähnlich einem Nebel. Das heißt: Die Beseelung ist ein fließender Akt. Das ist sehr interessant, denn so ist der Zeugungsakt, die Menschschaffung, auch eine fließende Bewegung, ein Geben und Nehmen; eine Bewegung, die diesem göttlichen, diesem schöpferischen Urprinzip nachempfunden ist.

Aufgrund dessen kann man sagen: Wenn eine Seele fließend ist, fließt sie in einer Beständigkeit durch den Körper. Dies wiederum löst aus, daß die Seele im Kern zwar im Körper ist, daß aber seelische Fragmente in der Seelenfamilie sind.

Daher ist es möglich, daß wenn du stirbst und die Seelenfamilie antriffst, auch ein Fragment deines Großvaters dabei ist, obwohl dieser bereits wieder in einem neuen Körper auf der Erde ist.

Das ist nur möglich, da du außerhalb der Zweigleisigkeit irdischen Denkens bist. Da du mit allem in Verbindung bist, wirst du auch mit der Seele in Verbindung sein. Dies führt dazu – und das mag das Bild abrunden –, daß zu verschiedenen Zeiten an verschiedenen Punkten verschiedene Ergebnisse erzielt werden.

Vielleicht ist das jetzt etwas verwirrend, doch es ist so. Wenn du die Seele unter diesem Gesichtspunkt betrachtest, wird leichter verständlich, daß es möglich ist, daß eine Seele an verschiedenen Punkten gleichzeitig sein kann. Gleichheiten wachsen so.

Nochmals in der Einfachheit ausgedrückt: Du erfindest das Automobil heute, in diesem Haus, und es wird gleichzeitig in Amerika und in Deutschland erfunden, da diese Informationen

aus der Seelenschicht, aus der Gleichzeitigkeit, an die Beseelungen fließen.
So ist es sehr wohl möglich, der Erde Heil zu bringen. Es ist dabei nicht unbedingt notwendig, von Inkarnation zu Inkarnation den Zeugungsgedanken zu verfolgen, denn es ist sehr wohl möglich, einer Seelenschicht – einem ganzen Volk beispielsweise – Informationen zukommen zu lassen. Es werden auf diese Weise einem ganzen Volk Wissen oder Verhaltensmerkmale zugänglich, was sonst Jahrhunderte gedauert hätte.

Rupert Sheldrake, ein britischer Forscher, nennt dies das morphogenetische Feld, aus dem diese Informationen gleichzeitig auf viele übertragen werden. Es gibt hier das Beispiel des hundertsten Affen, bei dem nachgewiesen wurde, daß wenn eine gewisse Anzahl an Lebewesen einen Prozeß durchlaufen hat, sich die Lernerfahrung automatisch auf die ganze Art, eine ganze Rasse überträgt.

So magst du es ausdrücken.
Auf diese Weise entsteht im weitesten Sinne Nationalismus – in einer Gleichheit der Zeit das gleiche Ergebnis. In früheren Zeiten war dies die Ungleichheit der Zeit – ungleiche Ergebnisse. Jetzt, durch die Frequenzerhöhung beschleunigt, erlebst du den Zusammenschluß.
Mit diesem Hintergrund wird verständlicher, wie es möglich ist, daß auf verschiedenen Kontinenten zur gleichen Zeit das Gleiche erfunden wird. Es gelingt über die Schiene der seelischen Beschaffenheit, und zwar dadurch, daß die Seele vom Körper gelöst ist, sie mit diesem Wissen die seelische Mutter befruchtet und diese das sofort ausstrahlen läßt an die, welche im Körper beseelt sind.
Hier hast du die Antwort...

...für die ich mich erneut bedanke.

So kannst du eine Idee transformieren – überlege. Wenn dies in der Frequenz von oben nach unten geht, warum schickst du nicht einfach eine Idee, eine Erfahrung, die du in dir trägst, sofort in das Universum, in die göttliche Mutterseele, die diese Information dann wieder auf die anderen überträgt – überlege den Gigantismus des Möglichen...
Wenn du dir dessen voll bewußt wirst, erkennst du die Möglichkeiten, die dir als kleiner Seele hier auf Erden plötzlich zugänglich werden; welche Macht du in dir trägst...
Und davon werden die Menschen prächtig abgelenkt – durch euren Unfug.
Du, als Seele hier auf Erden, entdeckst wahres Sein, wenn du dies zu multiplizieren gedenkst. Lerne die Kommunikation mit der Seele, und sende diese Gedankenvielfalt mittels des Transportmittels Seele in die Seelenmutter, damit es dort in der Vielzahl von Seelen der gesamten Seelenschaft an allen Orten dieser Welt multipliziert wird.
Auf diese Weise kannst du persönlich, Jan – und das sei dir vergönnt –, nach Veröffentlichung dieses Buches an die Seelenmutter signalisieren: *„Du, ich habe da etwas, wäre das nicht etwas für die Seelenschaft der Welt?“*
So werden diese Seelen in ihren Körpern, welche die von dir ausgesandte Information von der Seelenmutter übertragen bekommen haben, in die Buchhandlungen geführt und werden in der Neugier menschlichen Bewußtseins danach greifen. Das ist die Multiplikation.
Eine solche Multiplikation kann der Hintergrund eines geschäftlichen Erfolgs sein; vor allem dann, wenn die Engelschaft erkennt, daß für diese Seelenschaft eine Förderung notwendig ist. Das ist auf diese Art möglich.

Das ist aber keine Manipulation. Es ist die Einbringung eines Vorschlags in ein Werk. Versuche, den Menschen zu erklären, daß es heute mehr denn je wichtig ist, sich über die Beschaffenheit von Körper, Seele und Geist bewußt zu werden. Alles hängt miteinander zusammen, und wird die Kommunikation hier aufgebaut, kommt Veränderung ins Leben, Gesundheit, Erfolg und Frieden.
Erzähle den Menschen von der Mutterseele selbst, die aussendet und ausstrahlt. Mittels eurer Seele solltet ihr versuchen, mehr denn je in die Substanz der Mutterseele zu kommen, damit ihr mit in der Multiplikation dessen seid, was ihr tut. Die Mutterseele wird entscheiden, ob die Frucht, die gesandt wird, ihrem Leibe entspricht.
Beginnt damit, es zu versuchen. Seht es als ein Experiment, und ihr werdet in der Vielfalt sein, das heißt: im Erleben dessen, was ihr so schöpft.

Nun wage ich eine provokante Frage: Ist es unter Umständen möglich, mit dir zu handeln?

Das ist – im Einfachen gesprochen – eine Frage der Bezahlung.

(ich muß lachen)

Da magst du lachen. Wenn die Frage auch im Spaß entstand, so ist sie sehr wohl berechtigt. Verstehe: Da Gott ist, bin ich. Die Frage ist: *„Ist Gott, da ich bin?“* So behaupte ich: *„Ja!“*
Gott ist, da alles ist; da alles ist, bin ich. Und so weiter...
Somit ist die Antwort auf die Frage, ob man mit mir handeln kann: *„Da ich bin, wohl kaum.“* Da ich bin, bin ich; das heißt, ich bin existent.

Handeln würde bedeuten, daß ich fähig bin, in eine Richtung gezogen zu werden. Doch dazu bin ich nicht fähig. Das Göttliche selbst kann auch nicht gezogen werden, da es ebenfalls ist. Man könnte nun sagen *(lacht)*, es ist eine Starrköpfigkeit oder Starrheit. Aber um es verständlich zu machen, möchte ich doch sagen: Gott ist starr, da er ist. Ich bin in Starrheit, da ich bin. Deshalb ist nicht mit mir zu handeln.

Doch aus kosmischer Sicht ist dies eine durchaus interessante Geschichte... Die Frage, ob mit mir zu handeln ist, hieße nämlich damit: „*Ist mit Gott zu handeln?*" Denn ich bin sein Werkzeug. Kannst du mit Gott handeln? Hier ist die Antwort durchaus ein „*Ja!*", wenn Handeln Bewegung bedeutet; Handeln nicht nur im Sinne eines Feilschens auf dem Basar in Kairo, sondern Handeln im Sinne einer Handlung, eines Tuns.
Denn dann bist du mit dem Göttlichen im Austausch, da das Göttliche in dir ist. So kannst du durchaus versuchen, mit dem Göttlichen zu handeln, mit dem Chef selbst, mit dem Mächtigsten. Handle nicht mit dem Untergebenen, denn der Untergebene kann nicht göttlich sein.
Versuche, in Gedanken die Frage zu stellen: „*He du, Tod, ist mit dir zu handeln? Kann ich statt der 80 eine 81 bekommen?*"
Mit mir ist nicht zu handeln, da ich bin. Ich entscheide das nicht. Ich führe aus.
Wenn du jedoch mit dem Göttlichen in den Austausch kommst, wirst du feststellen, daß es durchaus möglich ist, mit dem Göttlichen zu handeln.

So ist meine Antwort verwirrend, und du fragst dich nun: „*Wieso kannst du mit dem Göttlichen handeln, da doch Gott ist?*"

Mit Gott kannst du handeln, da er ist und da du bist. Da in dir der göttliche Aspekt ist, kannst du mit dem Göttlichen selbst handeln. Das heißt: Du handelst letzten Endes mit dir selbst, da du den Gottesfunken in dir trägst.
Du wirst, wenn du mit dir selbst handelst, niemals mit dem Tod handeln wollen, weil du gottfroh bist, die Erfahrungen, die du auf Erden gemacht hast, endlich im lichten Reich umsetzen zu können, da du auf dem Rückweg bist.

Dies prüfe: Was bringt es dir, für dich zu handeln? Wenn du deine Erfahrungen gemacht hast, wenn du die 80 Jahre erreicht hast – was willst du mit 85, wenn du alles getan hast? Du wirst in Langeweile umkommen.
Doch was du meinst, ist, daß du beginnen wirst, für andere zu handeln – für die Frau an deiner Seite; für dein Kind; für irgendein Geschehnis, in dem du Verlust erlitten hast. Hier willst du handeln, nachkarten... Dies wird nicht möglich sein, denn das ist außerhalb deiner Göttlichkeit.
So erkenne: Für dich selbst kannst du mit Gott handeln, da das Göttliche in dir ist und du somit mit dir selbst handelst. Das heißt: Du bist mit dir, und du bist in Bewegung. Das ist möglich.

Ups, jetzt raucht mein Hirn... Aber ich gebe nicht auf. Ist es denn möglich, mit der Luziferkraft zu handeln?

Ja, das ist möglich. Handeln ist das Urprinzip des Gebens und des Nehmens. Sieh die beiden Hände der Männer, die auf dem Basar handeln und feilschen.... Durch das Handeln entsteht Reibung, es passiert etwas, und es wird über kürzere oder längere Strecken Erfüllung eintreten.

Wenn du handelst, also etwas tust, bist du in Bewegung. Das bedeutet, es ist tatsächlich möglich, ein Leben zu verlängern oder zu verkürzen, aber nicht durch Handeln wie zum Beispiel: *„Ich möchte aus der 83 eine 90 machen."*
Wohl aber durch Handeln im Sinne von *„ich handle"*, *„ich tue etwas"*, *„ich vollziehe eine Handlung"*, durch die Bewegung und die Erfüllung deiner Aufgaben ist es sehr wohl möglich, daß die Bestimmung der Zeit früher eintritt. Verstehst du?
Du kannst durch ein fleißigeres und bewußteres Arbeiten an dir die Zeit verkürzen. Du kannst vor der geplanten Zeit deine Prüfungen und Erfahrungen abgeschlossen haben, und dann kannst du früher gehen. Das ist möglich und wäre ein Beispiel dafür, wie es möglich ist, mit Gott zu handeln. Doch eine Lebensverlängerung ist nicht möglich.
Solltest du dein Lebenspensum also tatsächlich, wie gerade skizziert, vorher abgeschlossen haben, so darfst du gleich gehen, kannst aber auch die Zeit noch auf Erden verweilen. Das liegt an dir.
Laß es mich durch einen Reim sagen: *„Ich bin so im Fluß, ich bleibe bis zum Schluß."* Es handelt sich um eine Über-Erfüllung. Auf diese Weise sind Veränderungen möglich.

Da ich dich aber unterbrochen habe, erläutere mir das Handeln mit der Luziferkraft nochmals.

Es wird von magischen Zirkeln, von Kaufleuten oder Logenmitgliedern berichtet, die wegen dem Wunsch nach mehr Geld, Erfolg, Macht und Einfluß dem Teufel ihre Seele verschrieben oder verkauft haben. Was bedeutet das?

(lacht lange...) Das bedeutet, daß du mit deinen Büchern über die Illuminaten recht hast. Darüber denke nach!

Aber was bedeutet das für die Seele? Wenn eine „verkaufte" Seele in die geistige Welt übertritt, steht dann Luzifer neben dir und sagt „Her damit, die gehört mir...!" und nimmt sie dir weg?

Ganz so ist es nicht. Es kann aber durchaus eine Stärkung des Schattenreiches sein.

Höre, mein lieber Jan, in diesem Moment, in dem du die Frage stelltest, ist der *Engel der Gnade* zu uns in diesen Raum gekommen *(das Medium berichtet später, daß es ihn in diesem Moment fast vom Stuhl gehauen hat, so stark sei die Präsenz des Engels der Gnade gewesen)*. Der *Engel der Gnade* kommt, wenn er gerufen wird und wenn die Zeit der Gnade ist. Und mit deiner Frage hast du ihn gerufen, da dies sozusagen *sein* Tätigkeitsfeld und die Frage nicht unerheblich ist...

So ist die Abgabe einer Seele gar nicht möglich, denn alles ist. Das heißt: Von der Mitte des Raumes wird sich eine Seele in die linke Ecke bewegen, das ist alles – aus kosmischer Sicht.

Doch deine Frage bekräftigt, daß deine Bücher richtig sind – im Kern, nicht in der Ausführung, deswegen wurde dir auf die Finger geschlagen. Doch im Kern hast du recht erkannt.

Bei diesen Herrschaften – und inzwischen auch immer mehr Frauen – wurde die Seele verkauft; verkauft deswegen, da sie gegeben wurde. Was wurde genommen? Das ist die Macht – sei es der Stein des Hauses oder das Geld; das spielt keine Rolle. Es ist die Macht, mit der hier operiert wird. Die Illustren wollen aber nicht nur Macht, sie wollen All-Macht, und das ist die Anmaßung des Göttlichen. Das bedeutet, daß der Anzug, den die Illuminaten tragen, nicht paßt.

Hier haben wir das Spiel der Gezeiten. Hier ist es sehr wohl möglich, die Seele der Macht wegen weiterzugeben, und so rutscht sie in die Schattenseite – zur Luziferkraft.

Da aber jetzt der *Engel der Gnade* erschienen ist, will er dir mitteilen, daß jedem Gnade widerfahren kann, wenn die Seele sich dazu entscheidet oder die Erde auf dem Rückzug ins Licht ist. Auch dann kann der *Engel der Gnade* eingreifen.
Daß die Schattenseite eine Seele einbehält, ist in der alten Zeit – bis jetzt – möglich gewesen. Doch jetzt sind wir im Umbruch. In höherer Kraft, auf der Erde neuen Seins, wird dies so nicht mehr sein können, nicht mehr in diesem Umfang. In kleinen Dingen ja. Diejenigen, die von der Erde gehen und auf andere niedriger schwingende Planeten wechseln, werden dieses Spiel weiterspielen. Dort wird es weitergehen. In der Sache ist dies also möglich.
Doch ist es nicht die Abgabe der Seele, die hier im Vordergrund steht, es ist mehr das Geben und Nehmen. Die Seele ist dem Luzifer gegeben worden, genommen wurde die Macht.
Alle werden über kurz oder lang erkennen, daß die Macht dem Göttlichen zusteht. Diese Seele, die dem Schatten übergeben wurde, ist nur ein klitzekleines Fragment des Göttlichen. Zwangsläufig wird dieses Fragment, da es göttlichen Ursprungs ist, zurück zu seinem Meister wollen, gleich einem verirrten Schaf. Hier können die Wege weit sein, doch es wird zur „Herde" zurückkehren, da es dort hingehört.
Eine Seele kann nicht verschollen sein oder verschwinden. Wie ich schon sagte, kann sie in einem Zimmer aus der einen Ecke in die andere wechseln, doch ist sie immer noch im Zimmer.
Im Kosmischen geht nichts verloren, da alles ist. So wird die Seele früher oder später wieder zurück bei der „Herde" sein.

Um aber noch einmal auf die Frage einzugehen: Nein, Luzifer holt die Seele nicht ab, doch sie wird nach meiner Abholung dort verweilen, wo es niedrig schwingt, wo andere Seelen verweilen, die das Licht nicht sehen wollen und dem Schutzengel nicht zuhören.

Es gibt Menschen – wie auch einen guten Freund von mir, Manfred –, welche die Gabe haben, den Tod von Menschen, die sie kennen, vorauszusehen. Manchmal träumt er dies Tage im voraus, manchmal weiß er erst in der Minute des Todes, wer die Person ist, die stirbt und daß sie eben gerade stirbt. Es kann sich auch um Unfälle handeln, die er im voraus wahrnimmt. Er versuchte bereits mehrmals, ein solches Ereignis zu verhindern, beispielsweise wußte er, daß seine Oma die Treppe hinunter stürzen würde, fuhr zu ihr, und als er ins Haus gerannt kam, fiel sie gerade hinunter. Er leidet unter dieser „Begabung" oder Fähigkeit und fragt sich seit seiner Kindheit, wieso er diese hat, da er es nicht zum Nutzen von irgend jemandem einsetzen kann.

Er hat den Zugang. Der, durch den ich dir diese Worte sende *(das Medium)*, hat das ebenfalls seit der Kindheit. Es ist der Zugang, es ist letzten Endes das Interesse an der Thematik selbst. Es ist nicht die Thematik des Sterbens, sondern es ist die Thematik des Seins, des Bewußt-Seins.
So hat der, den du meinst *(Manfred)*, viele Leben in höheren Kulturen verbracht. Ich kann dir sagen, daß er der Totenmeister tibetischer Künste war. Dies ist in seinen Poren verankert. Das ist in ihm drin. Er ist ein Meister seines Faches gewesen. Wenn du nun hinriechst, sanft riechst, riechst du den Rauch des Todes, den er zu Lebzeiten in priesterlicher Weihe in dieser Zeit genossen hat. Da hatte er Macht. Man war ihm gnädig, wohlgefällig, da er eng mit dem Tod verbunden war und den Tod den Menschen als Martyrium des Schicksals zeigte.
Nun, in diesem Leben als normaler Mensch in industrieller Zeit, ist ihm das noch nahe. Da wird ihm nochmals das Marty-

rium des Ganzen gezeigt, damit er es in sich auslöscht. Er ist dafür noch offen, da er damals ein wenig Schindluder trieb. Nun hat er die Fähigkeiten in sich und wird sie tragen, da er sie in sich verhaftet hat, was heißt, es haftet in ihm, es haftet an ihm. Er kann es aber lösen, wenn er mit mir – dem Tod – zu sprechen beginnt. Dann soll er sagen: *„Ich bitte dich in Inständigkeit – das heißt: ich stehe in mir, und ich erkenne in mir die Verhaftung – um Lösung."*

Und da er um Lösung bittet, wird der *Engel der Gnade* ihm den Strahl des Lichts, den Strahl der Gnade durch das Haupt, durch den Scheitel senden, damit in ihm Lösung verursacht wird. Das berichte ihm.

Das werde ich tun! Danke sehr!

Schließe kurz deine Augen und fühle! Nun denke: *„Engel der Gnade"*, hebe den Kopf leicht und fühle. Kannst du ihn fühlen? *(Bereits zuvor, als er vom Engel der Gnade erzählte, war ich den Tränen nah; so auch jetzt.)*

Dies ist die Kooperation geistiger Kraft. Es ist nicht so, daß ich um Hilfe rufe, sondern es ist die Kooperation geistiger Kraft.

Da Geisteskraft ist, da ich bin, wird immer Hilfe sein, wo immer ich bin. Beginne, das zu erkennen. Wenn du mit mir in Verbindung bist, wenn dir bewußt ist, daß ich bin, wird immer Hilfe sein, wo du bist, da wir in Kooperation sind.

So rief ich nicht den *Engel der Gnade*, sondern er war da, da es vonnöten war. Ihr Menschen: Versucht, dies zu verstehen, dann wird in euren Problemen, da sie irdisch sind, die Lösung sein.

Es gibt auch Menschen, die bei Personen, die dem Tod nahe sind, eine Art Schatten über dem Gesicht liegen sehen. Das geht beispielsweise auch aus Fotografien der betreffenden Personen hervor. Was ist dieser Schatten? Bist du das?

Das ist der Vorbote. Nimm es *(lacht)* als den Versand der Einladung. Dies ist der einfachste Weg der Beschreibung. Es ist der Versand der Einladung beziehungsweise der Erhalt. Es ist in gewisser Weise ein Fragment von mir, das ich voraussende. Und so wird deutlich, warum ein Mensch, bevor er geht, tätig wird, Dinge noch zu erledigen, noch in Ordnung zu bringen. Er spürt mich, auch wenn er es nicht zugeben mag.
Ich sende voraus, und das ist Dunkelheit – die Loslösung von der Materie. So kann dies als Schatten erkennbar sein; so kann man es am Blick sehen oder an der Haut selbst, wenn die Seele zum Körper sagt: *„Du, ich gehe jetzt!“*
Da wird der Körper mitunter blaß, da er erkennt, daß ihm Leben fehlt, Luft, der göttliche Atem. Und so entweicht die Farbe, und so entweicht das Licht. Und wo kein Licht ist, ist Schatten. Erkenne nun das Schwarz der Beerdigung. Da das Licht dem Körper entwichen ist, bleibt Schatten zurück. Nicht Trauer, sondern Schatten.

Zu diesem Bereich möchte ich noch eine Frage stellen: Es gibt auch Menschen – so ist unter den hellsichtigen Kindern, über die ich in meinem Buch schrieb, auch eines –, die den Tod von Menschen riechen können. Das heißt, solche Menschen riechen bei anderen, wenn diese dem Tode nahe sind. Was ist es, was sie riechen?

Im eigentlichen Sinn sind es die Organe. Ihr Menschen seid Feinschmecker geworden. *„Man kann sich nicht mehr riechen“*;

„*Man geht seiner Nase nach*" und so weiter... sind Aussprüche, die in diese Richtung weisen. Es geht um Sinnhaftigkeit. Wenn ein Mensch an den Sinnen haftet, dann erkenne: Es kann ein Gourmet sein. Das ist nur eine kurze Einleitung.

Das, was gerochen wird, sind verschiedenste Dinge. Angenommen, man war auf einer Beerdigung und hat sich in dem Raum aufgehalten, in dem der Tote aufgebahrt war, so befanden sich in diesem Raume Gerüche – Todesgerüche.
Dies mag durchaus eine Erinnerung hervorrufen, wenn man jemandem begegnet, der demnächst von mir geholt wird.
Was häufig gerochen wird, sind die Organe selbst. Wenn sich ein Krebsgeflecht des Körpers bemächtigt, beginnen die Organe, sich zu zerstören. Das heißt, sie öffnen sich und lassen den Geruch frei. Mit einer feinen Nase wirst du das immer riechen. Den Krebs wirst du riechen, da die Organe zerfressen und geöffnet sind und dies durch die Poren fließt.
Ich selbst habe die Andockung im Energiezentrum des Bauches (Sonnengeflecht), und gerade hier, in der Weichheit des Leibes, strömt dieser Geruch aus.
Eines Tages werdet ihr Menschen in der Lage sein, eine Apparatur zu erfinden, mit der ihr die Organe messen könnt – die Abstrahlung der Organe, ihrer Festigkeit wegen. Und je stärker die Abstrahlung eines Organs ist, desto kranker und beschädigter ist es in seiner Konsistenz. Dies ist ein interessanter Aspekt für die Menschen.
Es wird eine Zusammenarbeit derer geben, die das riechen können, mit denen, welche die Apparatur entwickeln. Sie werden erforschen, wieso ein Kind den Tod riechen kann, und werden diese Entdeckung machen.
Sie werden sich fragen, wie es möglich ist, daß ein Kind solch eine Fähigkeit hat, und plötzlich wird ihnen die Erleuchtung

kommen. Es ist, weil die Organe abstrahlen. Sie strahlen nicht nur die Wärme ab, weshalb ihr in der Ekstase die Aura zu sehen meint, nein, die Organe strahlen ihre Festigkeit ab, und das ist es, was so ein Kind riecht.
Und genau das steht den Menschen in Bälde in Maschinenform zur Verfügung. Durch diese Apparatur wird es möglich, ein Organ zu messen, und zu sagen, daß es in fünf oder zehn Jahren seinen Dienst quittieren wird. So wird eine gezielte Therapie möglich – vor allem auch eine neue Art der Ursachenforschung, da die Strahlung eines Organs mit dem seelischen Zustand eines Menschen zusammenhängt.
Auf diese Weise wird dem vielen Röntgen Einhalt geboten, da der Zustand der Organe über die Biologie des Körpers zu messen ist. Ebenso werden die Wurzeln der Zähne über die Abstrahlung der Wurzelkraft gemessen, nicht mehr über das Röntgenbild.
Es wird bei der Suche nach der Ursache einer Krankheit nicht mehr von außen nach innen vorgegangen, sondern von innen nach außen. Das wird ein erheblicher Fortschritt sein.
Dieses Riechen des Todes existiert, um der Wissenschaft Schritt für Schritt nahezubringen, daß es noch mehr auf Erden gibt. Der hinterfragende Forscher wird es untersuchen und so die Entdeckung machen.
Das kannst du in der Öffentlichkeit sagen, denn dies ist der Weg.

Wie kann es sein, daß Menschen den Tod bei anderen sehen?

Erkenne: Auf der Erde herrscht Stumpfheit; viele Menschen negieren Gott, negieren eine Seele; der Sinn des Lebens ist ihnen fremd. Was erwartest du?

Was bei den Naturvölkern der Erde möglich ist, ist bei hochschwingenden Völkern anderer Planeten absolute Normalität: Sie sehen, wann das körperliche Tun zu Ende ist, sprich: wann ich komme und der physische Tod eintritt.
Das kann dort jeder. Dies ist Frequenzbewußtsein – was bedeutet, mit der Frequenz des Ganzen zu sein.
Wenn du in der Lage bist zu sehen, wann mein Einkehren in den Leib stattfindet, um die Seele vom Körper zu trennen, dann hast du in Teilen deines sogenannten irdischen Bewußtseins dieses höhere Bewußtsein verankert. Beide Bewußtseinsebenen gehören zum Jetzt-Bewußtsein.
Das kann beispielsweise geschehen, wenn du dich in einem Leben dafür bereit erklärt hast, dieses Wissen irdisch zu tragen, ins Irdische zu tragen. Hast du jemals deine Einwilligung gegeben, so wirst du es schwerlich rückgängig machen können. Dies entspräche beinahe einer kompletten Umprogrammierung deines Informationsgerüstes.
Darüber hinaus erkenne, daß ich von göttlicher Intelligenz bin. Gott ist überall, so bin ich überall. So gesehen kann ich auch in dir sein und mittels meiner Intelligenz ausstrahlen, wann für jemanden das Ende bestimmt ist.

Menschen, die wie dein Freund, den du nanntest, darunter leiden, können den *Engel der Gnade* und mich darum bitten, daß es von ihnen genommen wird. Doch kann eine solche Fähigkeit auch eine Gabe sein. Womöglich nicht gleich zu Beginn des Lebens, doch wenn der Tod einc Normalität im Denken desjenigen geworden ist, so wird es auch keine Last mehr sein. Sag ihm, er soll dieses Buch lesen. Das wird etwas verändern.
Verstehe, daß dieses Wissen in dir als Mensch verankert ist, da du den Kosmos in dir trägst. So bist du ein Teil des Ganzen, und zum Ganzen gehört die Information. Zum Ganzen gehört

das Kommen und Gehen, das Für und Wider, das Geben und Nehmen. Dadurch entsteht Reibung, die wiederum den Knall der Erfüllung auslöst.

Warum verschaffst du dir durch dieses Buch Gehör?

Dies ist wohl mit die einfachste Frage, die ich beantworten kann, denn dies ist im Moment des Tuns die Triebfeder. Die Antwort ist: Die Zeit ist reif. Die Zeit ist reif, um gehört zu werden, da die Erde im Aufstieg ist. Es werden immer mehr Menschen durch ihre Entwicklung erkennen, daß der Tod nicht der *Feind des Gehens*, sondern der *Freund des Kommens* ist, des Willkommens in eine höhere Energieschicht. Man wird erkennen, daß dies die Wandlung eines physikalisch gesehenen Aggregatszustandes vom Feststofflichen in feinere Gefilde ist.
Die Zeit ist reif, und so ist es der erste Schritt, darüber zu lesen in Form eines Buches, damit es in den Köpfen der Menschen zu schwingen beginnt, bis sie die Furcht vor mir verlieren und den Mut finden, sich mir hinzugeben.
Überlege, wie schön es wäre, wenn die Menschen den Tod nicht in der Stille fürchten, sondern gleich einem Geburtsfest auf das freudige Ereignis des Todes zufeiern würden, da hier der Übergang in eine neue Energiestufe gefeiert werden kann.

Siehst du mein Anliegen? Das *In-die-Welt-kommen* ist wie das *Von-der-Welt-gehen* nur eine Phase der All-Gegenwart.

Auf der Erde wurde der Begriff der *Lichtarbeit* geprägt; ich hingegen präge den Begriff der *Schattenarbeit*. Doch bitte verwechsele das nicht mit dem Schatten des Luzifers.

Da ihr euch auf das Lichte zubewegt, auf die Entwicklung in höheres Sein, und da dies eine sich ständig wiederholende Geburt ist, gehört hierzu auch der Umgang mit meiner Kraft.
Gerne sprecht ihr immer von den *Engeln des Lichts*, doch ihr solltet auch den Engel erwähnen, der in vermeintlicher Schattenhaftigkeit seinen Dienst verrichtet. Denn auch ich bin die Allgegenwart – und vermag durch all meine Strukturen zu leuchten.
So ist, wenn ihr mit dem Lichten arbeitet, nun auch die Zeit reif, mit *mir* zu arbeiten. Durch die Arbeit mit dem Lichten und gleichzeitig mit mir entsteht die Reibung, durch die sich der Funke der Erfüllung entzündet. Das heißt, der Gottesfunke selbst wandelt sich von der Flamme zum Licht.

Wie siehst du deinen Platz in der Hierarchie der Engel?

Mein Platz ist fest vorgegeben. Ich durchziehe alle Dimensionen vorstellbaren Seins. Mancher Engel ist in der Dimension *deines* Seins. Ich hingegen bin überall. Wie ich bereits erklärte, bin ich auch in der Engelschaft tätig, indem ich den Engeln helfe, in andere Dimensionen zu wechseln. Auch hier bin ich Transformator, wenn auch in einer anderen Dichte.
Ich stehe in direkter Gottesanbindung. Das *eine* bin ich, und das *andere* ist der *Engel der Gnade*, der auch für mich Geltung hat.
Daher kann man sagen, daß ich eine „springende" Engelskraft bin, da ich überall bin, um auch überall wirken zu können. So bin ich beispielsweise auch in der Lage, der Wesenheit mit dem Namen *Saint Germain*, die du vorhin nanntest, bei ihrer Entwicklung ins lichte Reich zu helfen. Auch dies gehört zu meiner Aufgabe, nämlich, den Engeln auch behilflich zu sein, da sie außerhalb der göttlichen Quelle sind.

Das Ganze ist nicht mißzuverstehen, denn obwohl auch Engel außerhalb der Gottesquelle sind, so wie du auch außerhalb der Gottesquelle bist, so seid ihr doch alle durch das Band der Verbindung mit allem im Jetzt verbunden. So seid ihr alle in tiefer Verbundenheit, wie ich es selbst bin.
In gewisser Form bin ich somit eine Art Kraftplatz, ein Bollwerk immer fortwährender Existenz.

Wieso ist der Drang, Bücher zu lesen, bei mir und auch bei vielen anderen zurückgegangen?

Der Grund ist, daß du dich verändert hast. Vor allem ist es bei diesen Themen – wie beispielsweise bei diesem Buchprojekt – wichtig, daß du der erste auf dieser Welt bist – du bist ein Pionier, und es wird dir keiner nachsagen können, daß du irgendwo abgeschrieben hast. Dies ist sehr wichtig in bezug auf die Essenz des Buches. Es ist sozusagen „saubere Energie“, ungefärbt durch die Bücher anderer Autoren.
Dazu kommt, daß es kaum mehr Neues gibt, das du in Büchern finden könntest. Ist es nicht eine alte Weisheit, daß man ab einem bestimmten Punkt vom Lesen ins Handeln übergeht?

Wie sprichst du durch das Medium?

Ich spreche durch sein Bewußtsein, so wie ich bei euch allen durch das Bewußtsein spreche. Das ist das Tor der Sprache, denn im Bewußtsein seid ihr rein und hier mittendurch soll die Information fließen. Die Information soll in größtmöglicher Reinheit empfangen sein, denn trifft die Information an den Rand des bewußten Seins, beginnt die Verwässerung – Verwässerung mit all dem, was das Medium gelesen oder gehört hat, was ihm im Gehirn herumspukt.

Dieses Medium, mit dem du nun die beste Verbindung zu mir hast, ist ein Sprechender des Lichts. Es ist in der Lage, nahezu alles, was in ihm keimt, während des Empfangs auszuschalten. Doch geht dies nicht immer fortwährend. Erkenne, daß es nicht auszuschließen ist, daß mitunter ein Gedanke durch das Medium huscht, der ihm gehört. Das mag nun keine Tragödie sein, aber erkenne, daß hier die Verwässerung beginnt.

Wie kann ich beziehungsweise das Medium spüren, daß DU es bist und nicht ein anderes Wesen?

Er wird mich spüren. Er wird mich in der Ruhe der Frequenz spüren. Da ich aus dem Ur bin, aus dem Göttlichen, wird er mich in der Frequenz wahrnehmen. Das heißt, ich fließe in ihn hinein, und augenblicklich wird seine Körpertätigkeit verlangsamt. So werde ich nicht, wie diejenigen, die sonst durch ihn sprechen, im oberen Feld seines Bewußtseins zu erkennen sein, sondern dann, wenn ich durch ihn spreche, werde ich wie eine Hülle um ihn sein. Ich fließe in ihn ein, und so wird er mich immer daran erkennen und wissen, daß ICH in ihm bin; gleich einem Mantel, der sich ihm überstülpt. Zu Anfang meines Einflusses beginnt sein Scheitel wie elektrisiert zu sein, und er wird fühlen, wenn ich in ihm bin; wie es ihn in die Höhe zieht, da es im Zustand seiner geraden Wirbel im Rücken möglich ist, mich in der Gänze, in der Fülle der Gedanken zu filtern.
Du, Jan, erkennst mich sofort, wenn du mich rufst, an deinen Füßen, die innerhalb weniger Sekunden kalt werden. Das soll unser Zeichen sein.

(kurze Pause) Doch laß mich hier noch anmerken, daß es ein wunderbares Projekt ist, ein Buch zu schreiben. Betonen

möchte ich aber – und nun sei bitte nicht entsetzt –, daß das geschriebene Wort nur Nebensache ist. Das Wesentliche ist es, mit dem Lichten zu wirken, wirkungsvoll zu sein – es ist die Arbeit mit mir persönlich, die dein Leben verändern wird.
Deshalb kümmert euch *(das Medium und ich; Anm.d.Verf.)* nicht um die Namen, die von Menschen in Büchern geschrieben worden sind. Es ist die Wirkung, die zählt! Dies zählt zum kosmischen Bewußtsein.
(lacht) So werdet ihr die Berühmtheit erst erlangen, wenn ihr von der Erde gegangen seid. Doch was kümmert das einen Mozart, wenn er aus dem Geistreich blickend die Gesamtheit des Ganzen erkennt? Da ist sein Name wie der Name an dem Briefkasten eines Hochhauses. Das ist nichts. Denn der Name auf Erden ist aus kosmischer Sicht nichts, da du tausende Leben und tausende Namen hast.

Kommen wir zur Sexualität: Es gibt Menschen verschiedenster Glaubensrichtungen, die meinen, daß die sexuelle Enthaltsamkeit vonnöten ist, um weit in geistige Gefilde aufsteigen zu können – einfacher ausgedrückt: daß diejenigen, die keusch leben, einen besseren Platz im „Himmel" ergattern können. Andere wiederum – so sehen wir es in der Boulevardpresse – leben ihre Sexualität ins andere Extrem aus, was in Pornographie, Gruppenorgien, Sex mit Tieren oder Kindern und ähnlichem ausartet. Wie siehst du diese Thematik?

Zum einen kann die Enthaltsamkeit über ein ganzes Leben hinweg nicht dienlich sein, denn wenn jeder dies tun würde, würde die Menschheit aussterben. Doch kann in bestimmten Lebenssituationen eine bewußte Enthaltsamkeit sehr nützlich sein und tatsächlich Raum für andere Gedanken schaffen. Ob

die Person in höhere geistige Sphären aufsteigt, hat wiederum mit dem persönlichen Seelenplan zu tun.
Verklemmtheit und sexuelle Hemmungen können wiederum Krankheiten seelischer Natur auslösen und das Verhalten des Menschen beeinträchtigen. Daher kann man sagen, daß auch hier kein Pauschalurteil gefällt werden sollte. Wer in einem oder mehreren Vorleben seine Sexualität sehr intensiv ausgelebt hat, kann sich vielleicht für dieses Leben entschieden haben, enthaltsam zu leben – als Mönch oder Nonne beispielsweise. Es kann aber auch umgekehrt sein.
Es ist ein Thema, über das auf Erden viel zu viel gesprochen wird. Die Sexualität ist auf eurem Planeten so zerpflückt, daß es oft an der Liebe mangelt.
Dir kann ich heute sagen: Alles, was in Liebe geschieht, mit Liebe vollzogen wird, ist in Ordnung und hat in einem Erdenleben seinen Platz. Vor allem in jungen Jahren, wenn der Mensch seine Sexualität und die Energien des unteren Energieeintrittspunktes *(Sexualchakra)* erspüren lernt, ist es oft so, daß er auf Entdeckungsreise geht, um diese Energien kennenzulernen und zu lernen, richtig damit umzugehen; so wie bei allem im Leben. Doch irgendwann sollte er gelernt haben, bewußt damit umzugehen. Für manche artet die Sexualität zu einer Religion aus, was ungut ist; andere verdienen damit ihr Geld, was dem gleichzusetzen ist. Doch jeder hat den freien Willen und auch die Folgen seines Tuns zu tragen. Hier hat sich jeder selbst zu prüfen. Um einer Entartung Einhalt zu gebieten, ist manche Krankheit geschaffen worden.
Daher frage sich der Mensch: Spürt er Liebe, während er Sexualität lebt, oder ist es nur die Lust, die Gier, der Trieb oder die Macht? Hier entscheidet wieder das Bewußtsein und die Größe der Seele. Je höher das Bewußtsein der Seele ist, desto

mehr wird sie in Liebe handeln. Das Gegenteil zeigt, daß die dunklen Aspekte überwiegen und dieser Mensch seine Sinne und sein Fleisch nicht beherrschen kann. Er ist nicht Herr über die Materie, sondern die Materie beherrscht ihn – das Schattenreich. Sobald die Lieblosigkeit vorherrscht, herrscht auch das Schattenreich.

Jeder Mensch ist mit einer natürlichen Schamgrenze ausgestattet, mit der er umzugehen lernt. Wird diese jedoch gewaltsam überschritten, wobei auch die Not anderer Menschen ausgenutzt wird – wie beispielsweise in den Gebieten, die von der Flut betroffen waren, wo Sexualität mit Kindern angeboten wird, damit die Familien davon leben können –, so wirkt hier nicht die lichte Seite, sondern die Kräfte des Dunklen.

Der Mensch handelt dann nicht in Würde.

So frage sich derjenige, der Sexualität lebt, ob er dabei die Würde bewahrt und auch der Partner, mit dem er diese lebt. Bleibt auch dieser würdevoll?

Was sagst du zur Liebe zwischen Gleichgeschlechtlichen? Nach den Lehren des Koran ist sie eine Todsünde, ebenso im Christentum. Der Buddhismus – so auch der Dalai Lama persönlich – lehnt sie ebenfalls ab. Am härtesten spricht sich jedoch die jüdische Lehre hierüber aus: Die jüdischen Schriften Mischna und Talmud fordern den Tod, sollte es zu homosexuellen Handlungen gekommen sein.

Ist das nun die Meinung Gottes, welche die Religionen vertreten, oder sind das irdische Interpretationen?

Die Liebe selbst ist ein göttlicher Aspekt und somit unantastbar. Doch das, was du meinst, beantworte ich wie folgt: Es

entspricht nicht dem Schöpfergedanken, da keine Entwicklung möglich ist. Es gibt keine Reibung, aus welcher sich der Funke der Erfüllung entzünden könnte. So entsteht in der Evolution der Menschheit daraus nichts Neues, kein Kind. Aus dieser Sicht ist es deshalb nicht förderlich.
Sollte hingegen tatsächlich Liebe verspürt und der Intellekt geschärft werden, so mag man es tolerieren. Doch in Gänze gesehen, also im Hinblick auf die Evolution des menschlichen Seins, ist es Unsinn. Das heißt, es ist nicht mit Sinn behaftet.
Um es weiterzuspinnen, es fehlt hier im Ganzen die Reibung des Gegenpols, durch welche die Entwicklung und der Fortschritt erst entsteht – das Für und Wider. Das Aneinanderreiben der beiden Pole ist hier nicht möglich. So kann es keinen Knall und auch keine Erfüllung geben.
Sieh es bildlich: Ist die Frau mit dem Mann vereint, so ist der Mann beim Eindringen dem nahe, was Entwicklung, also ein Kind, entstehen läßt – dem Muttermund, an dem die Befruchtung stattfindet. Wenn du magst, dann stelle es dir nun unter zwei Männern vor – hier wird keine Befruchtung sein...
Die göttliche Quelle erschuf zwei Strömungen, die sich in der Entwicklung dienlich sind. So wurden die weibliche und die männliche Entwicklung geschaffen, nämlich, um sich dienlich zu sein.

Daß sich ein Mann wie eine Frau verhält, sich weiblich fühlt oder auch wie eine Frau zu kleiden pflegt, liegt meist daran, daß die Seele im vorhergehenden Leben eine Frau war und die Rückerinnerung so stark ist.
Andere Menschen haben in der Kindheit Situationen erlebt, in denen Gewalt oder Scham mit sexuellen Handlungen einherging, was hier zu Blockaden führt und dazu, daß der Mensch

sich vor dem anderen Geschlecht fürchtet oder gar ekelt. Das ist zu berücksichtigen. Doch es kann geholfen werden.
Denn es ist die Aufgabe des Mannes, in dieser Inkarnation Mann zu sein und nicht Frau – und umgekehrt.

So gesehen mag die Spielart der Gleichgeschlechtlichkeit für die Kürze eines Lebens zu verschmerzen sein, doch für das kosmische Ganze ist es das nicht.

Zur Auflockerung einmal eine provokante Frage: Liebt die Urschöpfung mutige Menschen mehr als Feiglinge?

Da in jedem Menschen eine Seele ruht, die einen göttlichen Kern in sich trägt, so liebt das Göttliche jeden Menschen wie sich selbst – da er im Ursprung göttlich ist.
Was du jedoch meinst ist eher irdisch gesehen. Laß mich dazu sagen: Der Mutige kann in der Seele dunkel sein; der Angsthabende kann licht und hell sein. Es sind die ewigen Seelenstrukturen in millionen- und abermillionenfachen Verschiedenheiten.
Du bist ja auch mutig, hast aber auch schon Angst gehabt. Du warst dunkel, und du warst hell. Du hast auch das Ungute gelebt, was du bewußt gewählt hast, um alle Aspekte der Schöpfung kennenzulernen – damit du weißt, was du willst und was du nicht willst; damit du entscheiden kannst, und damit dir bewußt wird, daß du einen anderen Weg gehen möchtest. Und du hast noch einen langen Lebensweg vor dir.

Gibt es etwas, wovor eine Seele oder ein Mensch Angst haben müßte oder sollte?

Vor der eigenen Dunkelheit, ja!

Gibt es etwas, wovor sich ein Mensch schützen sollte?

Vor der eigenen Dunkelheit und der Unverantwortung!

Gibt es einen freien Willen, oder ist das Schicksal der Menschen auf der Erde festgeschrieben?

Erkenne: Einen freien Willen in der Form allen Tuns gibt es nicht – das ist göttlich. Das Schicksal der Menschen ist in den Bahnen dessen festgeschrieben, was sie sich in ihrem Lebensplan bereitgelegt haben.
Vergleiche es mit einem kleinen Kind. Dieses Kind hat viele Freiheiten, wie es seinen Tag gestaltet, mit wem es spielt, wie schnell es seine Hausaufgaben macht oder ob es malt oder schwimmen geht. Doch die Eltern bleiben immer die gleichen Eltern, es gibt Frühstück, Mittag- und Abendessen, das Kind geht in die Schule und so weiter. Dies bedeutet, es gibt feste Vorgaben, die nicht zu verändern sind, doch innerhalb derer kann sich das Kind, sprich die Seele, frei bewegen.
Ebenso ist es im Großen – mit der Menschheit. Auch hier sind die groben Vorgaben unveränderbar, die Entwicklungsschritte, doch innerhalb derer kann variiert werden.

Daher ist die Antwort auf die Frage: „*Gibt es einen freien Willen?*“, ein „*Ja*“, mit der Einschränkung, daß der freie Wille aus dem bestimmten Tun dessen besteht, was im Lebensplan geschrieben ist. Darüber hinaus kann es sein, daß ich einschreite und den freien Willen übergehe, wenn keine Erfüllung abzusehen ist.
Dies mag beispielsweise der Fall sein, wenn der Konsum eines Rauschmittels so verheerend ist, daß kaum eine Erfahrung mehr möglich ist.

Aus irdischer Sicht kann ich sagen, daß der freie Wille nicht existiert, wie die Menschen es sich wünschen würden – nämlich daß sie tun und lassen können, was sie möchten. Doch dieses Erdenleben haben sie sich selbst gestaltet – auf Geistebene. Also ist es doch ein freier Wille, denn sie tun ja das, was sie wollten – vor der Inkarnation... Je nachdem, wie du es sehen magst.
So gesehen könnte ich definieren: Der freie Wille ist, alles zu tun, um irdischer Bestimmung zu folgen. Der Grundsatz ist, die Zielbestimmung des Lebens umzumünzen in die Erfahrung göttlichen Seins, und dann wird der Wille freier sein denn je.
Die Beschränkung des Körpers auf Erden wird im Sinne des freien Willens gelebt. Das heißt, das Körperliche ist nicht frei, so kann auch der Wille nicht frei sein. Da der Körper auf Erden haftet, ist das vermeintliche Schicksal der Menschen erdbehaftet; man könnte sagen, so ist das Schicksal der Menschen – auf das Irdische begrenzt – festgeschrieben und lockert sich nur dann, wenn die Energie nach oben, das heißt in höhere Frequenzen ausstrahlt.

Freiheit im Willen wird es auf Erden niemals geben, da die Erde in der Struktur von vornherein Grenzen setzt. So sind auf Erden Grenzen gegeben, im Geistigen aber nicht.
Deshalb gilt für die kosmische wie die irdische Betrachtungsweise, daß der freie Wille dem Spiel der Schöpfung untersteht. Das Spiel der Schöpfung ist nicht, Vergeltung zu suchen, wie im Leben irdischer Prägung. Das Spiel der Schöpfung ist es, in Erleuchtung zu sein.
Erkenne, wie sehr und wie langsam die Grenzen zu fallen beginnen, so daß Begrenztheiten selbst Schritt für Schritt aufgehoben werden, bis schließlich der Wille und das Schicksal der

Menschen in Grenzenlosigkeit aufgegangen sind und bis schließlich wieder alles in Einem (in Gott) ist, im Strom göttlicher Vollendung. Denn dann herrscht freier Wille, innen wie außen, da es hier kein außen gibt. Überall ist dann freier Wille, denn dann ist der Mensch seinem Schicksal entronnen; dann ist der Mensch wieder in die göttliche Freiheit allen Wirkens gegangen. In diesem Zustand gibt es einen freien Willen, den Willen des göttlichen Einen, der göttlichen Einheit.

Wie ist es, wenn du im größeren Stil gefragt bist wie beispielsweise bei Flutkatastrophen oder bei Kriegen? Legst du hier eine Sonderschicht ein?

Ich erklärte dir, daß die Erde aufsteigt. Das ist unabänderlich. Diese Veränderung geht mit Kriegen einher und Naturkatastrophen, wobei diese nicht immer durch die Bewegung der Erde, sondern auch durch die Einflußnahme des Menschen ausgelöst sein können. So muß nicht jede „Naturkatastrophe" von der Erde sein; der Mensch hilft hier manchmal auch nach – die Technologie hierzu steht schon lange zur Verfügung.
Doch das Ereignis ist nicht von Relevanz, auch nicht, ob ein Erdbeben von einer unbekannten Macht ausgelöst worden ist. Von Relevanz ist für mich lediglich, ob Mensch Nummer X genau zu dieser Zeit an genau diesem Ort ist, wo er mir begegnen wird oder nicht.
Für die Seele, deren Zeit gekommen ist, ist es nicht von Bedeutung, wer die Welle verursacht. Fakt ist, daß der Mensch nach dem Gesetz der Resonanz dorthin geht, wo er den Tod finden wird. Das Opfer sucht den Täter. Nüchtern gesehen ist das so.

Bewegungen der Erde – zum Beispiel Vulkanausbrüche – gibt es seit vielen Jahrtausenden, seit Beginn der Existenz dieses Planeten, und sind daher nichts Besonderes. Es ist nichts Neues. Die Erde befindet sich in einem Prozeß, den ihr als Frequenzerhöhung bezeichnet und der alles auf der Erde dazu zwingt – naturgemäß –, eine Veränderung und Weiterentwicklung zu vollziehen. Das wird politisch sein, wirtschaftlich, religiös und eben auch geologisch.
Natürlich, die Menschen, die in diesem Moment gerufen werden, erfahren Leid; ebenso die Familien dieser in die feinstoffliche Welt Übergewechselten. Sie wissen ja auch nicht, wieso dies geschehen ist; sie wissen nicht, daß die Seelenfamilie auf sie wartet... Das Leid entsteht aber nicht durch den Tod an sich, sondern durch das Unverständnis der Menschen, da sie nicht wissen, was das Leben ist, welche Bedeutung es hat und was der Tod ist.
Viele Lichter werden bald ausgelöscht, und ich werde sie ihren Schutzengeln überreichen, was jedoch das Leid der Angehörigen nicht mindern wird. Die Seelen selbst hingegen wußten bereits, als sie den Körper wählten – also vor ihrer Geburt, denn sie waren ja bei der Lebensplanung mit dabei –, daß dieses geschehen wird. Nur, nachdem sie geboren waren, haben sie es vergessen.
Man könnte es so ausdrücken: Die Seele sucht sich unbewußt einen Ort, an dem etwas geschehen wird – ein Unfall; ein Flugzeug, das abstürzt; eine Flutwelle –, um dort oder dadurch den Körper verlassen zu können.

Persönlich verwundert es mich, daß über manche Ereignisse – zum Beispiel bei der Flut *(in Asien)* – so viel geschrieben wurde. Ich habe vor kurzem an zwei anderen Orten der Erde noch viel mehr Menschen geholt. Darüber wurde gar nichts geschrieben. Darüber solltet ihr nachdenken. Welcher Zweck wird hier verfolgt?

(kurze Pause) Es wird Menschen geben, welche die Wahrheit nicht verstehen, nicht verstehen wollen und aufgrund ihres begrenzten Kenntnisstandes auch nicht verstehen können. Unter denen wird es solche geben, die meine Aussagen nicht nur anzweifeln, sondern sich womöglich auch noch angegriffen fühlen, da ihr Glaube oder Nicht-Glaube – der irdischen Ursprungs ist und damit unvollkommen – dem widerspricht, was ich dir anvertraue. Doch es ändert nichts daran, daß es so ist. Dessen sei dir bewußt.
Deswegen haben die Menschen immer Angst vor mir gehabt und haben es noch, da sie nicht wissen, daß ich der *Engel des Wandels* bin, daß ich meine Arbeit korrekt und ohne Fehler ausführe und denjenigen hole, dessen Zeit reif ist. Die Seele weiß immer, wann der Zeitpunkt da ist, nur der Mensch nicht.
Viele Menschen wollen nicht die Verantwortung für ihr Handeln und – noch schlimmer – für ihr Denken übernehmen und suchen jemanden, der die Schuld übernimmt. Diese Menschen suchen jemanden, der für ihr Schicksal verantwortlich ist – aber natürlich nur, wenn es unangenehm ist. Und sie fühlen sich angegriffen, wenn sie mit der Wahrheit konfrontiert werden. Aber das können weder du, als derjenige, der das niederschreibt, was ich dir über mein Wirken diktiere, noch ich selbst ändern. Das macht aber auch nichts.

Nochmals: Die Veränderung eures Planeten ist in vollem Gange, und es werden noch viele Menschen aus eurer Sicht in dramatischer Weise von der Erde gehen, so viele, daß ihr sie nicht mehr zählen könnt, weil ganze Länder verschwinden werden.

Der gesamte Planet ist verroht und vom Weg der Liebe abgekommen. Es ist euer gemeinsames Schicksal. Und um es einmal mit deinen humorvollen Worten auszudrücken: „*Meinesgleichen wird in Zukunft viel zu tun kriegen!*"

Jetzt haben wir erfahren, daß die Urschöpferkraft – Gott – nicht bewertet. Wie sieht es mit dir aus? Tut es dir manchmal weh, daß es Kriege auf der Welt gibt?

Es kann mir nicht weh tun, denn ich weiß um die Unendlichkeit. Und ich kenne die Geschichten der Seelen – all ihre Leben – und sehe immer den Zusammenhang, nicht nur das einzelne Schicksal eines einzigen Lebens.
Natürlich ist ein Krieg eine spezielle Angelegenheit. Nehmen wir einen Krieg oder eine Naturkatastrophe, da sind bereits Tage im voraus Millionen und Abermillionen Engel anwesend. In vielen Fragmenten stehe ich meinerseits bereit, und mit mir sind all die Schutzengel und die Seelenfamilien der Betroffenen anwesend. Die Seelenfamilien dürfen helfen, obwohl sie nicht in der Engelsfunktion sind.
Hier sind wiederum Hell und Dunkel beieinander. Auf der einen Seite Tod und Zerstörung, und man hat den Eindruck, daß die Dunkelheit dominiert und gesiegt hat; und auf der anderen Seite warten die Engel im Licht und die Verwandten, welche die Seelen aufnehmen, in Licht betten und in Liebe empfangen und versuchen, zur Ruhe zu bringen.
Interessant ist hier, daß nicht nur die Engel anwesend sind und dem Licht dienen, sondern eben auch Wesen, die dafür gar nicht zuständig sind, aber freiwillig mitkommen. Teilweise sind diese Wesen schon wochenlang dort und bereiten alles vor.

Das wundert mich nicht, denn bei Naturkatastrophen oder sagen wir bei Ereignissen, die unabdingbar geschehen werden – egal durch wen ausgelöst –, bringen die Tiere sich in Sicherheit. Die Wissenschaftler rätseln noch darüber, wie das möglich ist. Was sagst du dazu?

Diese Aussage ist richtig. Es wurde von euren Wissenschaftlern festgestellt, daß bei der Flut *(in Asien; Anm.d.Verf.)* keine Tiere ums Leben kamen. Sie fühlen die Antwort, sprechen sie jedoch nicht aus, da sie ansonsten den Ast absägen würden, auf dem sie selber sitzen. Die Menschen, die das untersucht haben, haben festgestellt, daß sich die Tiere bereits Stunden zuvor zurückgezogen haben. Manche Kleintiere, wie Vögel, Käfer, Eidechsen und Ratten hatten sich sogar schon Tage zuvor entfernt. Und die Menschen?
Die Tiere haben die Impulse der Natur und der Engelwelt wahrgenommen und entsprechend reagiert. Sie können mich wahrnehmen und wissen, daß etwas geschieht. Ich kann mit ihnen sprechen, so, wie es jedes feinstoffliche Wesen kann.

Die Menschen schauen oft abfällig auf die Tiere nieder und meinen, daß sie den Tieren weit voraus wären. In diesem Fall haben die Menschen feststellen dürfen, daß die Tiere weit voraus waren. Denke darüber nach!

Wird es in Zukunft noch zu mehreren solchen Ereignissen kommen – Naturkatastrophen mit vielen Toten?

Natürlich, das sagte ich bereits. Es ist die Normalität. Es ist für mich, der seit Anbeginn der Erde hier wirkt, der Ablauf eines Wachstums. So, wie bei einem Kind während des Wachstums die Knochen weh tun oder die ersten Zähne ausfallen, so ist

auch das Wachstum der Erde mit schmerzhaften Wehen verbunden.
Alte Völker und Kulturen wußten das, bloß eure Wissenschaftler wollen das nicht wahrhaben beziehungsweise unterrichten euch nicht darüber, denn sie können es auch nicht ändern.

In meinem Buch „Der Dritte Weltkrieg" habe ich einhundert Seher verschiedener Zeiten aufgeführt, die nicht nur den Ersten und den Zweiten, sondern eben auch einen Dritten Weltkrieg vorausgesagt haben. Dieser soll sich den Vorhersagen zufolge in den nächsten Jahren abspielen. Mit einhergehen sollen auch Bürgerkriege und Naturkatastrophen.
Was sehen diese Propheten, und woher haben sie ihre Eingebungen?

Erkenne: Die Frage nach den Naturkatastrophen beantwortet sich von selbst, da sie im Geschehen sind.
Die Frage nach einem Dritten Weltkrieg beantwortet sich ebenfalls von selbst. Beginne, dich in der Welt umzusehen, und blicke auf Länder wie den Iran, Irak, Irland, Palästina und so weiter. Es hat begonnen.
Blicke auf den schwarzen Kontinent, und dann schaue in die Schluchten der Straßen, sei es in Europa oder in Amerika. Betrachte die Städte in Südamerika, sieh die Stürme in Zentralamerika, sieh die Brände in Australien, die Flut in Asien, und sieh, wie in China die Köpfe rollen. Der Krieg ist, Verderben ist. Es hat begonnen. Das ist die Antwort.

Und so schaue auf die Propheten und die Prophezeiungen: Schon immer gab es Menschen, die ihre Informationen aus göttlicher Quelle, über die Engelschaft oder über das Energie-

feld der Erde, erhielten und das zu sehen bekamen, was in der fernen Zukunft der Erde liegt. Das mögen zum einen die Mahner, die Boten einer neuen Zeit sein; zum anderen sind es Eingebungen, deren Wichtigkeit so eklatant ist, daß sich bestimmte Seelen vornehmen, diese Informationen auf die Erde zu bringen.
Es ist die Transformation kosmischen Wissens hinunter in die Erdschicht. Dies wird häufig auch von Wesen unterstützt, die in Raumfahrzeugen die Erde bereisen und die Entwicklung der Erde ebenfalls sehen. Es muß nicht immer die Engelschaft sein, die Auskunft gibt.

Wie betet man richtig?

Die Antwort ist: mit Hingabe!
Dies möchte ich weiter erklären: nur, wenn du dich dem Göttlichen hingibst, ist es ein Gebet. Es geht nicht um heilige Worte, sondern um das Gefühl, das du in dir trägst, wenn du dich an die Schöpferkraft wendest. Dann ist es wie ein Bett, wie als wenn man zu Bett geht, der Regeneration, der Ruhe, der Kraft wegen.
So erkenne die deutsche Sprache als Ausdruck spiritueller Weisheit. Gebet heißt: *ins Bett gehen*, in das Bett eines Flusses, der fließt, in den Gottesstrom.
Du betest dann richtig, wenn du dich der Kraft hingibst, zu der du betest. Du betest zu dir selbst, da du selbst ins Bett gehst oder in ein Beet, in welchem du Blumensamen aussäst und durch dein Tun zum Erblühen bringst. So wie die Sonne die Blumen wachsen läßt, so sind es die Hingabe, die Freude und ein strahlendes Lachen, die deinem Gebet die richtige Grundlage geben, um eine große Frucht zu erhalten – nämlich, daß dein Gebet erhört wird.

Du betest dann richtig, wenn du mit Hingabe nicht nur zeterst und jammerst und das aufzählst, was dir fehlt und was du willst, sondern du betest dann richtig, wenn du dich der Gotteskraft stellst, gleichstellst. Es geht nicht darum, auf die Knie zu fallen, sondern aufrecht, klar und bei vollem Bewußtsein die göttliche Kraft, die ihn dir ruht, zu einem Feuer zu entzünden. Letzten Endes ist das Gebet an dich selbst gerichtet, da die Schöpferkraft in dir ruht. Sei dir dessen bewußt!

Das bedeutet, daß du mit der Hingabe, mit der du gefragt hast, auch die Rückantwort erhalten wirst. Deshalb ist es nicht nur wichtig, die richtigen Worte zu wählen und auf das Gefühl zu achten, sondern auch, die Antwort empfangen zu können.
Ich frage dich: *„Kannst du denn auch hören, was die Gottesquelle in dir zu sagen hat; schenkst du ihr Gehör?"* Denn die Antwort kommt meist sofort als leiser Gedanke in dein Haupt geschossen.
Beginne, die Worte des Einen in dir zu hören. Beginne zu vernehmen, daß Gott ist; da du bist. Deshalb ist ein Gebet auch keine einseitige Sache.

Das Gebet, wie es heute meist auf Erden praktiziert wird, ist von den Menschen unterhöhlt, da sie nicht in der Lage sind, die Antwort der Schöpferkraft, die in ihnen ist, zu hören. Die meisten Menschen wollen mit diesem „Gott" nur etwas zu tun haben, wenn sie etwas von ihm wollen, wenn es ihnen schlecht ergeht, wenn sie in Not sind. Da sie die Kommunikation mit der Schöpferkraft sonst nicht praktizieren und üben, so sind sie meist in der Notsituation auch nicht in der Lage, die Antwort zu vernehmen, obwohl sie diese erhalten haben. Sie können die Stimme in sich selbst nicht vernehmen und sehen auch die Zeichen nicht, die sie erhalten.

Vor allem in deiner Kultur kehren sich immer mehr Menschen vom Schöpfer ab. Sie verleugnen das Göttliche in sich selbst und wenden sich einseitig dem Materiellen zu. Der moderne Mensch versucht gerne, das Leben und seinen Ursprung ohne eine geistige Intelligenz zu erklären, doch wenn es ihm schlecht ergeht, dann fleht er um Hilfe.
Kannst du dir vorstellen, daß ein Mensch, der Zeit seines Lebens auf diese innere Stimme hört, mit Hingabe betet, der bewußt versucht, seinen Lebensplan zu erfüllen, daß dieser Mensch einen besseren Draht zu Gott hat, als ein Mensch, der über Gott spottet? Wäre es gerecht, wenn der eine, der den Gotteskern in sich wachsen läßt, gleichviel erhält wie derjenige, der den Gott nicht braucht? Nein!
Und so kommt es, daß diejenigen, die mit der Schöpferkraft im Herzen leben, mehr erhalten und besser entlohnt werden als die anderen. Nur so ist es gerecht. Die Entlohnung ist jedoch nicht finanziell zu sehen – das natürlich auch –, sondern durch Glück im Herzen und im Leben.
Bist du nicht einer, über den viele sagen: *„Jan, du hast eben immer Glück!“*

Stimmt, diese Leute gehen mir auf den Keks. Das sind meistens Neider.

So ist es. Es ist kein Glück, was du hast, sondern es sind die Früchte deiner Arbeit an und in dir. Die Menschen sehen nicht, was in deinem Haupt vorgeht, in deinen Gehirnwindungen. Sie wissen nicht, was du mit der Schöpferkraft besprichst, was du dir wünschst und auch erhältst.
Diese Menschen – diese Neider, wie du sie nennst – sehen auch nicht die Gedanken des Mönches und der Geistfrau, die in reinen Gedanken leben und für andere Menschen beten.

Und wenn Menschen wie du dann eine bessere und direktere Kommunikation mit dem Geistigen haben, so ist das aufgrund täglichen Tuns und Wirkens. Das wird so belohnt.
Waren es nicht euer Regierender und seine Begleiter, die sagten, sie glauben nicht an Gott und bräuchten auch keinen? Und wie führen sie dein Land?
Und so ist das Gesetz, daß wenn sie dem Licht nicht dienen wollen, sich das andere zu ihnen gesellt.

Was sind Träume? Was kannst du mir darüber erzählen? Wie du weißt, träume ich seit meiner Kindheit derart intensiv, wie andere Menschen einen Kinofilm sehen und erinnere mich morgens meist auch daran. Doch welchen Zweck hat das? Manchmal träume ich Ereignisse voraus, die dann ein paar Tage später oder manchmal auch erst Jahre später in Erfüllung gehen. Andere Träume sind einfach nur wirr oder aus einer anderen Zeit.

Träume sind wichtig. Ohne Träume würde der Mensch wahnsinnig werden – sein Geist wäre wirr.
Träume haben viele Seiten, von denen sie zu betrachten sind. Viele Träume sind Bilder aus den Tiefen des Menschen – aus dem Unterbewußtsein – und zeigen das auf, was der Mensch erlebt hat, was ihn beschäftigt, was er sich besonders gemerkt hat und was einen sogenannten Ein-Druck hinterlassen hat. Das können Ängste sein oder auch Wünsche.
Über Träume wird dem Menschen bewußt gemacht, was ihn beschäftigt, wo er noch einmal hinzusehen hat, damit er darüber nachdenkt. Er träumt sozusagen etwas, was er im Tagtäglichen nicht verarbeitet hat. Man kann Träume auch als einen *Kanal der Entlastung* bezeichnen.

Dann gibt es Träume, die Eingebungen von begleitenden Wesen sind – von Schutzengeln oder Geistführern. Hierzu zählen auch solche Träume, die zukünftige Ereignisse darstellen. Das kann Ereignisse betreffen, die ein paar Tage, wenige Wochen oder Jahre in der Zukunft liegen. Hier soll der Mensch gewarnt oder vorbereitet werden, damit er mit der anstehenden Situation besser umgehen kann.

Gehen wir nun aber noch tiefer: Träume sind – und das ist schwierig zu erklären – sehr komplex. Träume sind aus dem Ganzen genommen, aus dem Bild des Kosmos. Träume sind Bilder, die ablaufen, um vergangene Geschichten wiederzubringen; Bilder, die du zeitlebens erlebt hast; Bilder, die tief in deinen Zellen verankert sind und von diesen gleich einer Pakkung aus einem Automaten ausgegeben werden, um dir in der Abarbeitung dienlich zu sein, in der Ablösung deines Tuns, um dich der Reinheit des Geistes näherzubringen.
Träume können auch das Instrument geistiger Wesen sein, um dir eine Erfindung, eine Idee einzupflanzen, die du Jahre später verwirklichst, beispielsweise ein Musikstück oder der Bauplan zu einem technischen Gerät.
Der Mensch träumt, da die Information ein Schwingungs- und Gravitationsfeld ist. Auf diese Weise wird dem Schwingungsfeld des Menschen die Information übertragen.

Träume, so kann man sagen, sind mitunter die Gedanken des Geistes, die in das Schwingungsfeld, in das Gravitationsfeld des Menschen eingebettet sind. Sie stammen zum einen aus göttlicher Quelle, doch sie entspringen zum anderen der Reibung im Magnetfeld des Menschen; das heißt, sie entwickeln sich.

Träume kommen aus einer anderen Frequenz in das Schwingungsfeld des Menschen, treten ein und wandeln sich in Bildergeschehen, damit der Träger, der Mensch selbst, hier zu Erkenntnis kommt. Träume sind, um zu sein, nämlich um in Stabilität zu sein, da hier oft die Psyche in der Tiefe bearbeitet wird.

Träume kann ich dir mannigfaltig erläutern. Das kann ein ganzes Kapitel eines Buches werden, denn Träume werde ich dir nur dann wirklich sinnvoll erklären können, wenn sie seziert sind. Das heißt, wenn du mir einen bestimmten Traum nennst, so kann ich dir seine Bedeutung erläutern. Doch jeder Traum hat eine andere Bedeutung und die ist nicht bei jedem Menschen gleich.

Träume sind Bilder eigenen Geschehens von dir, Träume sind aber auch Bilder von Mitmenschen, die du von diesen empfangen und übernommen hast. Da man täglich mit anderen Menschen zusammentrifft, kann es durchaus sein, daß man etwas aus dem Energiefeld eines anderen Menschen übernimmt, was sich dann in Bildern zeigt.

Dann gibt es Tagträume, es gibt Träume im Schlaf, und selbst im Schlaf gibt es eine vielfältige Unterscheidung des Traumes. Schläfst du tief oder weniger tief? Schläfst du tagsüber der Erholung wegen?

Viele Träume stellen das dar, was die Seele erlebt, wenn sie nachts aus dem Körper geht. Die Seele ist eine Kombination mehrerer verschiedener Körper geistiger Substanz *(man bezeichnet sie auch als Astral-, Kausal-, Mental- und Emotionalkörper; Anm.d.Verf.)*, wobei dein Schutzengel, wenn er dir die Hand reicht, einen oder mehrere davon mitnimmt und mit ihnen auf Reisen geht. So verläßt ein Teil der Seele unbewußt im Schlaf den Körper, und du bist in der Lage, verschiedenste Dimensionen des Alls, des Universums zu betreten. All diese Erfahrungen, die du dort machst, die Erfahrungen kosmischer Welten, tragen die Geistkörper nun zurück in das bewußte Sein, in dein Überbewußtsein, und da du schläfst, in dein Unterbewußtsein. Und diese Dinge kannst du in deinen Träumen wahrnehmen. Daher möchte ich den Traum schlechthin als kosmisches Phänomen bezeichnen.

So sind manche wirre Träume die Überlagerung verschiedenster Erfahrungen, die geistige Körper gemacht haben. Du magst am Morgen wirr sein, da es dein Gehirn nicht fassen kann, doch dein Bewußtsein sehr wohl. Dein Unterbewußtsein speichert diese Bilder als Erfahrungen, damit du sie entweder in diesem Leben auspackst, um groß zu sein, um ein Schreiberling zu sein *(lacht)*, oder gar um eine Erfindung zu machen. Auf diese Weise kannst du durch die Abspaltung deiner Geistkörper auch in frühere Leben gehen und das dort Erfahrene im Jetzt, im Heute, wieder implantieren.
Vielleicht bist du plötzlich zu großen Erfindungen in der Lage, denn wenn die geistige Frequenz deines Seins in der Nacht beispielsweise in ein anderes Leben auf einem anderen Planeten reist, um sich dort umzuschauen, um dort einen Gruß zu bestellen, dann bist du in der Lage, das dortige Sein als Erfahrung in das jetzige irdische Bewußtsein zu implantieren. Es wird in den geistigen Zellen gespeichert und im Laufe deines jetzigen irdischen Lebens freigesetzt. Somit wird dortiges Wissen zu irdischem Wissen gewandelt. Oft werden solche Menschen als Wirrköpfe angesehen, da sie ein Wissen aus der Zukunft mit sich tragen, das die Umgebung nicht versteht, ja, nicht verstehen kann.

Dann gibt es noch solche Träume, bei denen Menschen den Eindruck haben, auf einem Raumschiff fremder Wesen zu sein und dort untersucht zu werden. Hierbei kann es sich tatsächlich um solche Erlebnisse handeln, bei denen oft auch der gesamte Körper mitgenommen wird. Solche Erlebnisse werden auch im Unterbewußtsein festgehalten, doch nur selten wieder freigegeben. Diese Untersuchungen werden meist durchgeführt, damit die Besucher feststellen können, ob die betreffende Person zu ihrer Gattung gehört, sprich Nachfahre der Gruppe ist, die von ihrem Planeten einst die Erde besuchte und hier eine Kolonie betrieb. Dies wird anhand von Blut-, Gewebe- oder Samenproben untersucht.

So ist die Frage: „*Was ist ein Traum, was bedeutet Traum?*", nicht nur ein Kapitel für sich, sondern sogar eine Wissenschaft, da der Traum wohl das Umfassendste ist, was es zu verstehen gibt. In gewisser Weise ist er wie ein Luftschiff, das vom Unterbewußtsein, vom seelischen Sein benutzt wird, um das Irdische verlassen zu können.
Deshalb nimm den Traum durchaus als Tor, durch das du dann, wenn du es beherrschst, da du dich programmierst, irdisches Sein, des Jetzt, verlassen kannst und in kosmisches Bewußtsein übergehst. Auf diese Weise kannst du mittels des Traums wie mit einer Flugmaschine in die Vergangenheit reisen, ebenso wie in zukünftiges Sein, da alles jetzt ist.

Der Traum auf Erden ist somit auch die Vorstufe dessen, was tatsächlich *ist*, was tatsächlich erreichbar und möglich ist. So ist das wirre Träumen, das Durcheinanderträumen, für einen jeden Menschen eine Übung in der Entwicklung, um tatsächlich durch Raum und Zeit – ohne die Zeit und ohne den Raum –, das heißt, durch das *Jetzt* steuern zu können.

Der Traum ist wie eine Türe. Durch den Traum bist du in der Lage, aus dem Gehirn in das Unterbewußtsein überzugehen, also in das, was seelisch begründet ist. Deshalb hat der Traum in gewisser Weise auch eine Funktionalität.
Dies mag nun reichen. Denke darüber selbst nach.
Hier braucht ihr das, was ihr auf Erden *Zeit* nennt, um tatsächlich im Traumgebilde zu sein. Traum ist eine Erfahrung. Man muß mit dem Traum fahren und fühlen, um Traum zu erkennen. Die Worte alleine vermögen es nicht zu beschreiben.

Nun möchte ich auf das Thema Krankheiten zu sprechen kommen. In unserer westlichen Welt wird eine Krankheit wie ein Feind angesehen, den es zu bekämpfen gilt – sei es ein Grippevirus, ein Magengeschwür oder der Krebs. Ein Zusammenhang zwischen dem Verhalten, der Lebenssituation sowie Lebenseinstellung des Kranken und der Krankheit wird von einem großen Teil der sogenannten Schulmedizin immer noch abgelehnt. In anderen Teilen der Welt ist man hingegen der Ansicht, daß der Mensch selbst die Ursache seines Leids ist und das, was der westliche Mensch als „Krankheit" bezeichnet, ihm etwas aufzeigen möchte. Dort behandelt man nach dem Prinzip: Ändere ich meine Verhaltensweise und meine Sicht der Welt, verschwindet auch die Krankheit. Diese beiden Sichtweisen stehen sich überwiegend feindlich gegenüber.
Wie würdest du den Sinn und Hintergrund einer Krankheit erklären? Und wie würdest du einem Kranken raten vorzugehen, um der Ursache seiner Krankheit auf die Spur zu kommen?

Das liegt im wesentlichen an der Erziehung und am Bewußtsein der Menschen. Vor allem in eurer Kultur wird alles negiert, was marode ist. Die Krankheit ist hinderlich, sie muß so schnell wie möglich weg. Alte Menschen oder Behinderte sind nicht schön anzusehen, also sperrt man sie fort. Was marode ist, ist nicht erwünscht. Doch das ist falsches Denken, das ist krankes Denken.

Jede Krankheit und jede Katastrophe hat einen tiefen Sinn; und die Seele hat dort hinzuschauen und zu überlegen, was dieser Sinn ist, und ist aufgefordert, etwas zu verändern.

Vor allem hat der kranke Mensch sich zu fragen: „*Kann ich es nicht, oder will ich es nicht verändern?*"

Viele wollen nicht; beklagen sich über die Schöpferkraft; behaupten, der Luzifer habe Schuld... Es ist das alte Spiel des Widerspiegelns, das den Mensch sich fragen läßt: „*Blicke ich weg, oder gehe ich darauf zu und suche bei mir den Grund für die Krankheit?*" Es ist wie immer die Eigenverantwortung.

Würde man anerkennen und sich eingestehen, daß die Krankheiten selbst verursacht sind – durch eine ungesunde Lebensweise, durch krankmachendes Denken, durch Konflikte im Leben –, so müßte man etwas ändern, was wiederum mit Arbeit und Unannehmlichkeiten verbunden ist. Und so soll der Arzt, der Heiler, die Krankheit entsorgen – sie stört.

Der tiefere Sinn bleibt den meisten verborgen, weshalb die Krankheit auch schlimmer wird, da sie den Patienten darauf hinweisen will, daß er von seinem Lebensplan abgekommen ist und es an ihm ist, sich wieder einzurichten, sich zu besinnen.

Vor allem sind hier auch die Ärzte und Mediziner zu sehen, von denen die Patienten dieses wirre Denken übernommen haben. Diese sind es, die häufig offensichtliche Zusammenhänge zwischen dem Verhalten des Patienten und seiner Krankheit übersehen – aufgrund fehlender Kenntnis, Ignoranz, aber auch des finanziellen Verdienstes wegen. Die Mediziner haben technische Errungenschaften zu Verfügung, die ein großer Fortschritt sind – sie sind gut. Auch die Medikamente sind von großer Bedeutung, wenn es darum geht, Schmerz zu lindern, eine Wunde zu schließen, einen Bruch zu richten, ein Organ zu ersetzen. Doch kann auf dieser Ebene nicht stehengeblieben werden. Die Ursache muß betrachtet werden. Wird das Bein nach einem Bruch gerichtet, jedoch die Ursache für den Unfall nicht erkannt, so wird es wieder brechen oder ein anderer Unfall ereignet sich.

Siehe: Die meisten Errungenschaften eurer Medizin sind ein Fortschritt und eine Weiterentwicklung und haben vielen Menschen das Leben gerettet und es verlängert. Doch das Bewußtsein der Mediziner ist überwiegend stehengeblieben. Sie sehen die Ursachen nicht und sie sehen die Zusammenhänge zwischen dem Leiden, der Krankheit, und dem Verhalten, dem Denken und dem verkehrten Handeln des Patienten nicht. Das ist der Frevel. Was nützt es, den Krebs an einer Stelle entfernt zu haben, wenn die Ursache des Krebses nicht erkannt wurde; er wird wieder kommen. Der Fortschritt der Technik und der Medizin ist hervorragend, doch der Geist soll mitwachsen. Dies ist von Bedeutung. Der Patient mag in einem Krankenhaus medizinisch gut versorgt sein, doch sind die Herzen vieler Ärzte und Schwestern kalt. Auch das gilt es zu ändern, denn all das hängt zusammen.

Es sollte aber auch bedacht werden:

Bereits im Kindesalter sollte dem Menschen das Wort Krankheit erklärt und die wahre Bedeutung verinnerlicht werden. Denn hier beginnt der Fluch des falschen Denkens, das sich über das ganze Leben hin fortsetzt.

Krankheit heißt Freund, Freund und Wegbegleiter. Das bedeutet, die Krankheit begleitet dich zeitlebens als Freund. Im-

mer, wenn du den Weg – deinen Lebensweg – verläßt oder am verlassen bist, wird dieser Freund sich melden.
Krankheit ist nur deswegen ein Problem, da die Menschen nicht gelehrt wurden zu fühlen und zu spüren. Da aber nun die Erde aufsteigt und hier Bewegung auf eurem Planeten aufkommt, so wird das auch vor der Medizin keinen Halt machen.

Aus diesem Grund mag es gut sein, daß die Gelder eurer Krankenkassen schwinden und es sich bald nicht mehr lohnen wird, krank zu sein. Daher bleibt dem Menschen nur die Wahl, gesund zu sein. Und das ist wichtig, denn es sollte bereits dem Kind erklärt werden, daß Gesundheit und Krankheit das freie Spiel der Kräfte ist. So sollte gelehrt werden, die Intuition, das Fühlen, das Erspüren in sich zu tragen. Das Fühlen wird wichtiger denn je sein, denn man fühlt die Krankheit eintreten, eindringen, wie einen kalten Luftstrom, und zwar dann, wenn man den Weg verläßt, den man sich für dieses Leben gewählt hat.

Sieh die Krankheit als einen Freund, und du wirst dich mit diesem Freund vertragen. Sollte diese Art der Schulung des Spürens, des Fühlens, des Wegefindens, über Generationen hinweg erfolgen, wirst du erkennen, daß der Begriff der Krankheit, der Keim selbst, schon vor der Befruchtung in dir ist und du ihn als Mann mit dem Samen an die Frau weiterleitest. Das heißt, du solltest während der Befruchtung in gutem Gelingen sein, in der Freude dessen, was du tust. Und in der Freude dessen, daß das, was du tust, im Einklang mit kosmischen Gesetzen ist, daß du in dir in der Fülle bist, in der Vollständigkeit deines Selbst, wird ein gesundes Kind gezeugt.
Nun kommt das gesunde Kind zur Welt. Und genau diesem Kind ist dies dann in den Leib geschrieben.

Bedenke, daß ihr Menschen doch zum überwiegenden Teil aus dem Wassermolekül entstanden seid. Hier wird die geometrische Information des Lebens getragen – und die kann schon ererbt sein. Und so ist die Leberschwäche des Kindes durchaus durch die Leberschwäche der Mutter oder die Erfahrung, die diese macht, begründet. Das trägt ein Kind in sein Leben hinein. Das ist eine Krankheit, die, wie ihr irdisch meint, vererbt ist. Das mag durchaus sein. Doch ist es die Übertragung innerhalb der molekularen Struktur eurer Körper. Das kann beseitigt werden, wenn man sich seines göttlichen Leibes bewußt wird und seinen Körper mit der Struktur göttlicher Beschaffenheit vergleicht. Da ist es auszugleichen und zu begradigen.
Immer dann, wenn der Mensch seinen Weg verläßt, wird die Seele ihm das durch das Klopfen an den Körper mitteilen. Das mag im Fall einer Erschöpfung eine simple Erkältung sein, oder es kann nach einem langjährigen Streit ein Krebsgeschwür sein. So mag beispielsweise die Brust der Frau durch Nicht-Liebe verhärten, und daraus kann Krebs entstehen.

Doch kannst du auch – und das sehe ich nicht als Krankheit – ein Leiden in ein Leben mitbringen. Ich meine das, was du selbst als *Karma* bezeichnest. Das ist der Fall, wenn du als Seele glaubst, dir aufgrund eines Fehlverhaltens in einem früheren Leben ein solches Leid mitnehmen zu müssen.
Doch das halte ich für Umstände und Dinge alten Seins. Durch die Neuerung der Erdstruktur und die Entwicklung des Denkens, wird dies in Zukunft so auf Erden nicht mehr sein.

Manch einer fragt: „*Wieso kommt ein Kind ohne Beine zur Erde, ist das Gottes Wille, soll diese Behinderung eine Strafe sein?*“ So lautet die Antwort „*Nein*“, denn das ist die Entscheidung des Menschen für sich alleine. Das wird niemals unter den Begriff *Krankheit* fallen, da sich die Seele dies selbst gewählt hat.

Daher nimm als Antwort: Krankheit ist ein Freund des Menschen, ein Wegbegleiter. Ein Wegbegleiter, der ein Warnschild, eine Ampel von Grün auf Rot schaltet, mit der Aufforderung: *„Achtung, hier geh' nicht weiter, hier ist etwas...!"*

Sieh auch die Kraft eurer Worte, wenn ihr sagt: *„Das Leben ist ja zum Haare ausraufen."* So wundere man sich nicht, wenn einem die Haare ausgehen.
Die Frequenz, die Schwingung der Worte, ist ähnlich der Schwingung eines Impfstoffes. Das trägt der Mensch in seinen Zellen. Nimm die Krankheit als Information, die in dir ruht und die durch dein Verhalten wachgerufen wird. Ein anderer Mensch wählt womöglich die Worte: *„Ich kann das nicht mehr sehen..."*, und wundert sich, daß ihn im Alter der Star befällt. Dies sind Zusammenhänge, die den meisten noch unvorstellbar erscheinen, doch das ist ein Wissensgebiet, welches zu erforschen eine unheimliche Freude ist.

Wie können Eltern mit einem körperlich oder geistig behinderten Kind umgehen, um der Seele, die sich womöglich diese Behinderung bewußt so gewählt hat, am besten zu dienen?

Das ist schwer, denn hier paart sich kosmisches Bewußtsein mit irdischem Bewußtsein. Im Kosmischen mag man sagen, daß das Kind mit den Eltern einen Vertrag geschlossen hat, auf diese Weise bei ihnen zu sein. So sind die Eltern nicht die Hüter des Kindes, sondern Teil dieses Spiels. Dies zu erklären mag außerhalb des Bewußtseins der betroffenen Eltern liegen.

Man könnte ihnen erklären, daß es ein Spiel auf Erden ist. Und so, wie es ein Spiel auf Erden ist, wird es ein Spiel im Universum geben, denn wie oben, so unten. Daher könnte man erklären, daß sich der Kleine, die Seele des Kindes das gewählt hat, um etwas abzutragen – Karma oder vermeintliche Schuld aus einem anderen Leben.

Dies ist selbst im kosmischen Bewußtsein eine Frage beziehungsweise ein Problem, nämlich die Verankerung der Schuld und die Abtragung derselben. Im Kosmischen sind nämlich alle sehr bemüht, denen, welche die niedere Frequenz der Erde verlassen haben, begreiflich zu machen, daß die Mitnahme einer Schwere (Krankheit, Leid) zu einem Planeten, der ohnehin schon schwer ist wie die Erde – verzeihe mir –, Unfug ist, denn dann wirst du noch schwerer. Es ist schon schwer genug.

Das versuchen wir den Seelen klarzumachen, die dies in einer Euphorie eines Fanges von Erfahrungen oftmals noch tun, vielleicht auch tun müssen, da sie in sich seelisch Schuld verspüren und meinen, diese abtragen zu müssen. Das ist tatsächlich im Seelischen gewisserweise noch ein Problem für eine gewisse Seelenschicht.

Vergleiche es mit einer finanziellen Schuld. Es gibt Menschen, die können schlecht schlafen, wenn sie jemandem noch Geld schulden. Nun kann es sein, daß derjenige, der dir Geld gab, sagt, daß du es nicht zurückzahlen mußt. Und dennoch fühlst du dich verpflichtet, es ihm irgendwann einmal zurückzuzahlen – oder ihm auf andere Weise einmal zu helfen. Es ist ein Gefühl, das mit Worten nicht zu beschreiben ist.

Und so gibt es Seelen, die, obwohl es der Kosmos nicht verlangt, etwas begleichen möchten.

Du wirst niemals die göttliche Kraft rufen hören: „*Belaste dich!*“ Nein, die göttliche Kraft wird immer rufen: „*Befreie dich, sei frei, sei leicht, sei in der Fröhlichkeit des Seins. Und sei Herr deiner Selbst!"*

Hier mag ich sogar im Geistigen eine Entartung sehen, das heißt ein aus dem Göttlichen gerücktes Verhalten. Doch auch das gehört in der Dualität des Seins dazu. Hier ist der Gedanke der Dualität beziehungsweise Kausalität vom Irdischen in das Kosmische getragen worden. Das müßte im Kosmischen nicht sein, da hier die Vieldimensionalität herrscht. Dies den Menschen zu erklären, ist äußerst schwer.

Deshalb werden die Eltern von Kindern mit einer angeborenen Behinderung, wenn sie für diese Gedankengänge nicht aufgeschlossen sind, wohl kaum darauf hören, wenn du ihnen sagst, daß die Seele sich das Leiden mitgenommen hat.
Die Frage ist daher schwierig zu beantworten, denn es gehört in die Bewußtseinsstufe derer, welche die Frage stellen – sind es Menschen mit kosmischem Bewußtsein, mit Spiritualität angehaucht, dann werden sie dies sehr wohl verstehen. Denen sei geraten, die Seelenverbindung zu ihrem Kind aktiv und bewußt aufzubauen; diese werden es dir abnehmen.
Doch der sogenannte kleine Mann von der Straße wird dir das so nicht abnehmen und sagen: „*Gott richtet! Warum richtet Gott mein Kind so zu? Wo ist denn Gott?*" Sind das nicht diejenigen, die im Krieg fragen: „*Wo ist denn Gott?*"
Denen kann ich sagen: „*Hier ist Gott nicht!*", da in Gott nicht Krieg, sondern Friede herrscht. Der Krieg kommt von den Menschen, die sich dem Dunklen hingeben, und nur die Menschen können den Krieg auf Erden beenden.
Und so herrscht in Gott nicht die Krankheit, sondern die Gesundheit. Diesen betroffenen Eltern kann man sagen, daß es

sich um eine Spielart des Lebens handelt, deren Sinn es ist, zu lernen und damit umzugehen. Die Begriffe sind hier bewußt zu wählen; *umzugehen* bedeutet: *um* mit dem Kinde *zu gehen*...

Ich erkenne durchaus, daß meine Antwort für viele nicht befriedigend ist, denn im Herzen vieler Menschen wird dies nicht akzeptiert werden, doch kosmisch gesehen ist es eine Spielart höheren Bewußtseins.

Die Kinder, die das wählen, sind keine Kinder, es sind vollständig erwachsene Seelen, die sich so auf Erden zeigen, die das Ruhen oder das Nicht-Gehen, die Behinderung, bewußt wählen. Solche Informationen jedoch weiterzugeben, bedarf nahezu übersinnlicher Fähigkeiten derer, die es hören.
Das liegt oft im Unverständnis, und oftmals soll es nicht verstanden sein, damit die Menschen nachzudenken und zu grübeln beginnen, damit sie in diesem oder in künftigen Leben etwas Bestimmtes verwirklichen. Oftmals ist diese vermeintliche Fügung des Schicksals eine Notwendigkeit, Denkanstöße zu geben. Dies wird von den meisten Menschen als Strafe benannt. Doch es ist keine Strafe, es ist Entwicklung.

Womöglich haben die Seelen der Eltern und des Kindes diesen Weg gewählt, um die Liebesfähigkeit und die Demut der Eltern weiterzuentwickeln. Auch darüber denke nach.

Führe diese Menschen in Gruppen zusammen, denn dann findet Gleiches zu Gleichem als Erfahrungsaustausch – dann werden Wege gefunden, Leid zu ertragen, da sie auch andere Menschen sehen, die ebenfalls Leid ertragen. Sie fühlen sich immer so schrecklich alleine.

Deswegen gebe ich dir auf die Frage: „*Was sollen sie tun?*“, die Antwort: „*Führe sie in Gruppen zusammen, um mit der Erfahrung anderer zu wachsen.*“ Es gibt ihnen Ruhe, wenn sie sehen, daß sie nicht alleine sind.

Nun habe ich eine persönliche Frage zum Thema Krankheiten: Ich selbst achte seit Jahren beziehungsweise seit Jahrzehnten sowohl auf die Signale meines Körpers als auch auf die der Seele und könnte nicht behaupten, irgendwann einmal großartig krank gewesen zu sein – außer einem Schnupfen vielleicht. Nun bereise ich seit zwanzig Jahren den gesamten Globus, ohne dabei wesentlich krank zu werden. Aber jedesmal, wenn ich mich in Kairo aufhalte – und das ist gewöhnlich einmal pro Jahr –, erwischt es mich derart, daß ich meist ein paar Wochen mit einer Magen-Darm-Geschichte zu tun habe sowie mit Hautproblemen.
Da ich in Kairo meist in besseren Häusern zu speisen pflege und auch mit abgefülltem Wasser die Zähne putze, ist eine gewöhnliche Viren-Erkrankung fast auszuschließen. Wie gesagt, im Dschungel Südamerikas oder in Asien passiert nichts, nur in Kairo. Dazu muß ich bemerken, daß ich mich inzwischen jedesmal zusammen mit Stefan Erdmann in der großen Pyramide einschließen lasse und dann im sogenannten Sarkophag in der Königskammer sowie in der Königinnenkammer und in der unvollendeten Kammer liege. Auch haben wir auf der Spitze der großen Pyramide schon mehrmals genächtigt. Hat es vielleicht hiermit etwas zu tun?

Hier bist du in der Erinnerung. Es stößt dir auf, was einst dort geschehen ist. Es ist ein Ort, an dem du einst lebtest. Es sind gar die Pyramiden, um die es geht, und die Geschichte, die sich dort abgespielt hat.

In der Erinnerung wirst du sehen, daß es dir an den Leib ging, als du dort lebtest. Du warst damals Arzt und hast die Schädel der Menschen geöffnet. Somit betrittst du die Stätte deines eigenen Wirkens – nur Jahrtausende später –, und deine Seele erinnert sich und reagiert. Du lebtest nicht nur einmal im Raum Ägyptens. Einmal wurdest du mumifiziert und es waren dir die Eingeweide entnommen worden. Aus diesem Grund wird es dir – wenn du dich unbewußt daran erinnerst – im Leibe nicht gutgehen. Denn das, was dort geschah, ist dir in einer Schrecklichkeit widerfahren.
Zum einen entnahm man dir die Eingeweide. Zum anderen hattest du aber auch Leben, in denen du selber in der Medizin tätig warst. Das mag dir nicht schmecken *(lacht)*, doch du hattest an Menschen herumgedoktert, auch dann, wenn sie noch am Leben waren. Das war mitunter sehr grausig. So unternahmst du schon Experimente am Hirn des Menschen, als diese Art des Eingriffs an anderen Orten der Welt noch völlig unbekannt war. Hier hast du die Struktur der Menschen kennengelernt, und die Menschen lernten deine Struktur kennen *(lacht)*. Da gab es Überschneidungen. Das ist der menschliche Teil.

Betrachten wir nun die ganze Geschichte:
Sieh dich mit einem Raumschiff von einem anderen Planeten kommend. Da steigst du deine Leiter hinunter und siehst die Menschenrasse. Und was tust du als erstes, wenn dir ein unbekanntes Tier begegnet? Die auf Erden untersuchen es, sie töten es und stopfen es aus. Und so kamst du auch zur Erde, um die menschliche Rasse kennenzulernen.
Das ist interessant! Es ist nicht nur die Zeit des Ägyptens, die dich daran erinnert, es sind auch all die Zeiten davor, in denen

du auf Erden wandeltest. Das sind die Zeiten der Hochkulturen. Allein in Ägypten selbst – erinnere dich der Pyramiden – ist es wie an einem Kraftplatz, wie als wenn dort alle Informationen über dich gesammelt sind, die dich in eine sogenannte Rückerinnerung rufen.
Aufgrund dessen durchflutet dich die Pein, durchfluten dich Qualen der Erfahrungen, die du einst dort gemacht hast, und die Pein, die du anderen zufügtest. Denn Erfahrungen – erinnere dich – sind nicht immer nur mit Freuden verbunden. Diese Energie sammelt sich dort.
Das Ägyptische selbst – in der Anordnung des pyramidalen Aufbaus – ist wie eine Kraftflut in das Universum hinein. Dort beginnt sich das Tor in die Unendlichkeit zu bilden, denn es ist wie eine Steckdose des Lichts; es ist ein Ort der Kraft.

So, wie du einst den Menschen erforscht hast wie ein Wissenschaftler das Insekt, so ist die Kraft dort so vehement, daß sogar ein Jan van Helsing mit seinem Körper zu leiden beginnt, da die Frequenzen dort gleich einer Art Radioaktivität deinen Körper – nicht einen jeden, aber deinen Körper – durchströmen.
Doch inzwischen – und das rechne dir hoch an – hast du die Struktur des alten Seins verlassen. Du hast dich weiterentwikkelt, obwohl du damals eine große Macht hattest und viel Wissen. Aber die Energie durchströmt deinen Körper so stark, und da er in der Struktur dem dortigen nicht mehr gewachsen ist – er ist *ent*-wachsen, darüber hinausgewachsen –, wird er dort zwangsläufig Leid erfahren.

Da dies das eine ist – der Schatten –, so nimm als Erklärung auch das andere, das Licht. Deine Körperstruktur verändert

sich von Generation zu Generation. Es ist deine Entwicklung durch das Steigen des Geistes, des Bewußtseins. Weil du dich geistig entwickelt hast, verändert sich auch die Struktur deines Körpers.
Und der Ort, den du Atlantis nennst, läßt dort Licht entströmen, eine Energie von schier unermeßlichem, fast unerschöpflichem Ausmaß. Aus dem Atlantischen entströmt Energie, und so wird auch aus dem Ägyptischen Energie entströmen, da es von Atlantern erbaut wurde. Es ist eine Energie, die so an Stärke gewonnen hat, daß du sie, da du ein hochsensibles Wesen bist, irdisch empfindest – über deinen Körper. Das führt dich in überirdisches Bewußtsein, in ein Bewußtsein, das weit, weit über der Sonne des Erdplaneten liegt, nämlich in einem Bewußtsein, das dich dem Ursprung deiner Herkunft nahe bringt.
Von diesen Kraftorten werden Signale zu Planetenschiffen, zu Raumschiffen gesendet von denen, die unter der Erde sind. Es sind diejenigen, die es offiziell nicht gibt, die offiziell nicht existieren, aber in ihrer Existenz sehr verbreitet sind. Sie erfüllen ihre göttliche Aufgabe unter der Erdkruste, in ihrer Erdschicht. Und genau diese Signale sind es, die du auf Erden empfängst, die deinen Körper durchfluten und die dir Unheil bringen – vermeintlich Krankheiten, da du diese Frequenzen aufnimmst und sie irdisch nicht verträgst.

Fühle dich ein, es sind drei Komponenten. In der Nuancierung werden es mehr sein, doch in der Dichte sind es drei Komponenten, die an diesem Ort wirken.
Es ist wie ein Kraftwerk der Radioaktivität. Und es ist wie die Verbindung mit dem kosmischen Strom aus dem Inneren der

Erde. Dort wirst du in Verbindung mit Atlantis sein. Es ist ein Puzzle.

Ich lade dich ein. Es wird für dich wie ein Spiel sein – ein kosmisches Spiel: Beginne, dich in diese Plätze hineinzudenken, außerhalb der räumlichen und außerhalb der zeitlichen Vorstellung irdischen Bewußtseins. Beginne damit, dich einfach abzukapseln. Nimm hier den Traum. Du hattest nach dem Traum gefragt, und ich erklärte dir, daß er wie ein Tor sein kann. Dieses Tor nutze jetzt.

Beginne, dich vor dem Einschlafen zu programmieren, daß du bewußt träumst. Programmiere deine Zellen so, daß du wie in einem geistigen Raumschiff nach Ägypten reist, um einmal unter die Pyramiden zu sehen – und um es einmal zu fühlen, das Gold der Erde. Dann wünsche dir, nach Atlantis zu gehen – das vermeintlich untergegangene Atoll früheren Bewußtseins –, und du wirst erkennen, daß es dort sehr wohl Leben gibt.

Beginne, dies über die Träume zu tun. Es ist ein Puzzle, es wird ein Spiel sein. Es wird über das Bewußtsein gehen. Und dann wirst du dich in deinen Schritten viel weiter und viel schneller nach vorne bewegen können und dabei erkennen, daß du nicht nur der Irdische bist, sondern daß dein Wissen von einer kosmischen Vielfalt ist. Denn du hast all das, was du in deinen Büchern beschreibst – und das solltest du langsam wissen –, selbst erlebt.

Und so wirst du erkennen, daß all das, was du in deinen Büchern schreibst, was jemals von dir geschrieben worden ist und was immer von dir geschrieben sein wird, das von dir Erlebte ist. Du bist kein Neuer, einer, der neues Wissen aufdeckt, sondern du bist ein Alter, der das Alte entblößt, das, was bereits vorhanden ist. Das, was du schreibst, hast du erlebt. Und das, was du ahnst, hattest du einst gesehen.

Nimm einmal an, du könntest mit der Zeit handeln. Ich habe dir die Frage beantwortet, ob du mit *mir* handeln kannst. Du könntest mit mir handeln, wenn du mit mir das Geschäft tauschst. Das wird jedoch nicht geschehen, da ich niemals in die Erdschicht möchte. Doch mit dir, durch deine Zellen fließend, als Freund, bin ich bereit, dir in der Nacht, wenn du schläfst, durch das Tor des Traumes aufzuzeigen, wo du schon überall warst.

(Er macht eine längere Pause.)

Höre, mein lieber Jan, während wir über Atlantis gesprochen haben, hat sich ein Geistwesen zu uns gesellt, das dir etwas sagen möchte. Ich trete nun zur Seite und lasse dieses Wesen zu dir sprechen.

(Das Medium ändert jetzt etwas die Stimmlage und spricht von nun an langsamer und bedächtiger.)

Ich begrüße dich, mein Bruder Coranias *(er meint damit mich; Anm.d.Verf.)*. Ich bin dein Bruder aus alten Zeiten aus einer Epoche, die du als Atlantis kennst. Ich heiße Arkadius und habe die Aufgabe bekommen, dir etwas zu sagen, und das hängt mit dem zusammen, was gerade euer Thema war.
Du bist mein Bruder, du bist ein Atlanter, und das, was gerade auf der Erde geschehen ist *(er meint die Flutwelle in Asien; Anm.d.Verf.)*, war damals unser Untergang. Wir beide waren damals Wissenschaftler, doch wankten wir, denn wir wußten beide, daß Atlantis verschlungen wird. Wir waren Warner, und man hatte uns das damals nicht geglaubt. Deshalb, mein Bruder Coranias, wundere dich nicht, daß dir die Katastrophen der Erde so gleichgültig sind und sie dich ohne Emotion lassen.

Das ist der Grund dafür, daß dich der Tod der Menschen kalt läßt. Du hast damals gewarnt und wurdest belacht, so warnst du heute und wirst wieder belacht. Deshalb fühlst du Gleichmut.
Ich sage dir: Der Tod der Menschen liegt nicht in deiner Verantwortung. Du hast ihnen in Schriften berichtet, was kommen wird, doch die Entscheidung hat jeder selbst zu treffen.

Du bist vor langer Zeit mein Bruder gewesen und wirst immer mein Bruder sein. Du bist immer wieder zur Welt gegangen, ich nicht, denn ich habe andere Aufgaben in der geistigen Welt. Du warst immer wieder für das Leben bestimmt und hast viele Inkarnationen genommen – heute als ein Dichter, ein Berichter, ein Lehrer, ein Aufzeiger.
Du warst damals mein jüngerer Bruder, und wir waren hochgestaltet und hatten andere Kopfformen als heute. Unser damaliger, mächtiger Vater Dianus hat uns, seine Söhne, sehr geliebt und uns beide eingeweiht, denn er war im wahrsten Sinne ein Eingeweihter.
Ich hatte mich entschieden, in der geistigen Welt zu verweilen, doch du wolltest leben, immer wieder leben und das Leben in allen Facetten kennenlernen.

Ich bin erfreut, daß wir uns heute hier wiederbegegnen...

Nun, du warst schon sehr bunt in deinen Lebensfacetten, und das habe ich mir alles angesehen. Aber ich schaute dir immer in deine Seele und wußte, daß du nichts verloren hast. Du weißt es nur nicht mehr so sehr. Und wenn du es wünschst – das ist aber dein freier Wille –, kann ich dir in gewissen Abständen von damals erzählen. Aber nicht heute.

Weißt du, es wäre vielleicht wichtig zu wissen, was damals beim Untergang von Atlantis geschehen ist, denn dann wird wohl besser verstanden, wieso die Erde nun auch wieder gerüttelt wird.
Eines Tages wird Atlantis wieder auferstehen; dafür werden andere Länder untergehen. Und vielleicht werden wir eines Tages dort wieder zusammen leben, doch das ist noch nicht in meiner Wahrnehmung.

Wir sind damals nicht mit umgekommen. Wir sind nicht untergegangen. Wir waren auf einer benachbarten Insel, zusammen mit unserem Vater. Man hatte uns mit unseren Familien ausgesetzt, weil wir warnten und den Untergang voraussahen, den unser Vater weise berechnet hatte. Wir waren auf einer benachbarten Insel ausgesetzt worden, von der es kein Entrinnen gab. Atlantis war bereits über die Jahrtausende in Bewegung und sank nicht auf einmal. Doch keiner wollte glauben, daß es einst ganz verschwinden würde.
Während der letzten Phase des Untergangs flogen 99 Geschosse aus den Tiefen des Inselkontinents – aus Höhlen – und verteilten sich in alle Himmelsrichtungen. Und so wurden Männer und Frauen der damals führenden Schicht in die ganze Welt verteilt. Sie schlossen sich anderen Kulturen an oder gründeten neue.
Somit sind wir – verstehst du – trotz des Untergangs und trotz der Jahrtausende, die seither vergangen sind, immer noch hier. Ein Teil der Atlanter ist heute immer noch hier, und deswegen findest du heute noch überall Bauwerke und andere Überreste atlantischer Kultur – wie beispielsweise die Pyramiden in Kairo, die ihr eben besprochen habt.

Und nun verstehst du sicherlich auch die Vision, die du hattest, als du dieses Jahr auf der Spitze der großen Pyramide übernachtet hast. *(Stefan Erdmann und ich hatten die Nacht auf der großen Pyramide geschlafen, und dort sah ich etwa zehn Minuten lang, bevor ich einschlief, viele Bilder vor meinen Augen, die eine andere Kultur zeigten. Es waren durchweg blonde Menschen in weißen Roben, und ich sah im Hintergrund Bauten runder und ovaler Bauweise sowie Flugobjekte, die wie fliegende Untertassen aussahen und goldene Verzierungen auf der Außenseite hatten. – Anm.d.Verf.)*
Einige Menschen hatten Atlantis auch zuvor schon verlassen und waren mit Schiffen und Flugschiffen gegangen.
Und deshalb darf ich dir sagen: Die Atlanter sind unter euch! Sie sind auserwählte Menschen geworden – wieder –, die jetzt helfen werden. Sie sind das Helle, die Lichtgeber, und haben damit ihre Aufgabe auf der Erde. Ich kann dir dazu mehr sagen, wenn du es wissen möchtest.

Nun habe ich mich dir vorgestellt. Ich bin dein Bruder, und ich liebe dich unsagbar. Ich bedauere etwas, daß du in solch einer Kultur bist. Du paßt hier nicht hinein. Nutze die Erfahrungen dieses Lebens; nutze die Zeit, die du hier auf Erden bist. Es ist wiederum eine Fortbildung für dein Leben in einer zukünftigen Welt – in einem zukünftigen Leben. Vergiß das nicht.

Willst du mich etwas fragen?

Die Menschen, die ich in meiner Vision auf der großen Pyramide sah, waren weißer Hautfarbe, hatten blonde Haare und trugen weiße Gewänder. Waren dies Bilder der damaligen Bauherren – atlantische Menschen?

Ja! Das sind atlantische Abgeordnete.

Du sagtest zuvor, daß die Kopfform damals anders war. War sie größer?

Sie war größer! Betrachte dir den Schädel des Echnaton und seiner Schwester; in dieser Art.

Nun trete ich zurück, gehe wieder an die Seite des Transformators, kehre dann zurück und werde berichten.
Ich werde der Gruppe von Seelen, die damals mit dir war, deiner eigenen Familie, berichten. Sie werden sagen: „*Was macht Coranias?*" Und ich werde erklären, daß du neugierig bist und daß du an Schriften arbeitest. Und sie werden sagen: „*Ja, das soll er weiter tun!*"

Ich umarme dich nun auf meine Weise, du wirst es spüren, es wird dir warm. Dein Bruder Arkadius...

Danke schön!

(In diesem Moment des Abschieds merke ich nur ein wenig Wärme, doch zu Beginn, als er sich vorstellte, wurde es mir richtig warm.)

Äußerst interessant! Das hatte ich nicht erwartet...

(Der Engel des Wandels spricht nun wieder.)
Weißt du, es war für mich wunderschön zu sehen, wie sich zwei Brüder nach so langer Zeit wieder begegnen. Du natürlich in anderer Gestalt; er in seiner Urgestalt, und du hättest sehen sollen, wieviel seiner Liebe er dir gab – die er gar nicht hätte voll aussenden dürfen, denn sie hätte dich erdrückt.

Nun haben wir die Vergangenheit betrachtet. Jetzt möchte ich aber wieder in die Gegenwart zurückkehren. Was würdest denn du verändern wollen, wenn du auf der Erde wärst?

Die Fußball-Stadien...

(Ich muß lachen.)

Da magst du lachen, doch sie sind eine Brutstätte der Aggression, da hier nur gebrüllt wird. Hier meine ich natürlich nicht nur die Fußball-Stadien, sondern auch die anderer Sportarten oder Hallen und Versammlungen, die Menschen nicht in Frieden besuchen, sondern die sie aggressiv machen und sie zu einem Verhalten anregen, wie sie sich zu Hause nicht aufführen würden. Für mich ist das einzig Schöne an den Sportarten mit dem Ball der Ball selbst, die Unendlichkeit symbolisierend. Erkenne, da wandern Zigtausende hin und lassen sich betören.
Wie in der Politik selbst ist doch vieles im vorhinein ausgehandelt. *(Diese Aussage finde ich besonders bemerkenswert, da sie am 16.1.2005 getroffen wurde. Der Schiedsrichterskandal wurde eine Woche später bekannt...; Anm.d.Verf.)*
Der Sport für die Menschenmassen ist die Ablenkung selbst, die Ablenkung vom wahren Sein, vom Bewußtsein. So wirst du, wenn du dies im Buch schreibst, das Buch nicht so gut verkaufen, denn die Masse derer, die dem Sport des Balles frönen, übersteigt bei weitem diejenigen, die Interesse am Buch haben. So wirst du dir einen neuen Feind schaffen. *(lacht)*
Doch gemeint ist im übertragenen Sinne nicht die Art des Sports, sondern der Beweggrund, wieso ein Mensch eine große Zeit seines Lebens dem Zuschauen anderer Sportler widmet – zur Ablenkung.

Daher würde ich das Bewußtsein durch das Abschaffen der Ablenkung verändern wollen. Somit ist meine Antwort, was ich verändern würde: Die Abschaffung der großen Sportarenen, denn die kenne ich noch aus früherer Zeit, als dort Menschen gegeneinander kämpften, um das Volk von den Problemen des Landes abzulenken.
Ich frage mich auch, wie die Menschen einerseits kaum Arbeit finden, für Rauchartikel *(Zigaretten; Anm.d.Verf.)* und Eintrittskarten aber doch Zeit und Geld haben. Sie beklagen sich über die politische Kaste, gehen aber anstatt auf die Straße ins Sportstadion oder sitzen vor dem Fernseher. Das verstehe ich nicht. Es ist für mich nicht nachzuvollziehen. Dann sollten sie besser nichts sagen und sich nicht beschweren. Die Menschen sind abgelenkt und erkennen nicht den Feind, der im eigenen Land sitzt, im eigenen Haus.
Ich möchte nicht wieder den amerikanischen Kontinent benennen, doch ist es nicht traurig, mit welchem Müll der Mensch berieselt wird, da er nicht in der Lage ist, sich selbst zu beschäftigen? Und genau dies ist das Problem, das dem Menschen seit der Geburt anhängt, da er von Kindesbeinen an beschäftigt wird, ohne zu erlernen, daß er sich um sich selbst zu mühen und zu kümmern hat. Der unbewußte Mensch ist darauf angelegt, in des Nachbars Garten zu sehen, ohne den eigenen zu betrachten.
Das würde ich ändern – die Ablenkung. Die Ablenkung würde ich in *Zu*-Lenkung ändern, nämlich zu erlernen, sich selbst zuzurichten, denn dann würdet ihr eure Krankheiten im Keim erkennen. Ihr erkennt sie nämlich nur deshalb nicht, weil ihr von euch abgelenkt seid.
Sieh die Rückenschmerzen. Warum schmerzt der Rücken? Da die Masse dessen, was im Leben läuft, darüber abgearbeitet

wird – das ist doch logisch! Im Rücken habt ihr die Nervenbahnen und die Energiebahnen, und ihr tragt mit dem Rücken das Kreuz. Doch ist der Mensch derart von sich *ab*-gelenkt, nicht auf sich *zu*-gelenkt, daß ihm das zu spät bewußt wird.
So würde ich die *Ab*-lenkung in *Zu*-lenkung ändern, das *Aus*-richten in *Ein*-richten. Das heißt, ich würde auch das Sammelsurium der Spielsachen verändern, um es so auszurichten, daß es sich auf den Menschen einrichtet, daß sich der Mensch auf sich selbst einrichtet. Und das beginnt im Kindesalter, im Schulischen.
Ich würde den Geschichtsunterricht abschaffen. Ich würde abschaffen, daß der Mensch gepeinigt wird, Zahlen des Krieges, die Anzahl der Toten zu erlernen und darauf auch noch stolz zu sein. Und dann würde ich das geflügelte Wort abschaffen, daß sich *„das Heute durch die Geschichte der Vergangenheit erklärt“*. Das ist Unfug. Das ist die Legitimation für jetziges Tun. Wenn das Heute nicht schön ist, dann ist es gefälligst schön zu gestalten, das heißt, es ist zu verändern. Das geht nur in den Schritten des Morgens beziehungsweise in den Schritten des Jetzt, welches das Morgen bildet.

Somit würde ich die Ablenkung abschaffen, ich würde das Schulsystem abschaffen – um Gottes Willen! –, ich höre auf, dies weiter zu beschreiben, denn ich würde dich nur in Schwierigkeiten bringen.
Aber beginne aufzuwerfen, wieso die Kinder in der Schule – vor allem im Geschichtsunterricht deines Landes – das Schlechte lernen. Hast du als Kind im Geschichtsunterricht jemals einen schönen Sachverhalt gelernt? Wohl kaum. Du hast nur über die Feldherren etwas gelernt, die Kriege, die Toten, die Zahlen, die Verträge... und du lernst auch blitzschnell, wann diese gebrochen wurden. So lernst du das Desaster der

Menschen kennen, und du lernst, daß diejenigen, die mit dem Finger auf damals zeigen, es heute nicht besser machen.
Aber sorge dich nicht, mein lieber Jan, ich hole sie alle – egal welchen Gott sie anbeten –, und ich kenne sie alle *(lacht)*. Es kann sich keiner davonstehlen... Alles wird aufgedeckt, und jede Seele ist für ihr Tun selbst verantwortlich. Das ist gewiß!

Du lernst als Kind schon, daß die Welt schlecht ist und dies die Legitimation für politisches Tuns. Das würde ich abschaffen.
Ich würde die Kinder lehren, wie man Blumen pflanzt, damit sie eine Entwicklung sehen, etwas Schönes. Da würde jedes Kind seine Blume pflanzen, um ihre Entwicklung zu sehen, um sich selbst zu sehen. Und dann würde ich jedem Menschen einen Spiegel schenken, damit er nicht seinen Nachbarn betrachten muß, sondern sich selbst sieht.
Das würde die Veränderung auf Erden bringen – sehr rasch.

Es geht darum, daß der Mensch zu denken beginnt. Und genau dies wäre es, was ich auch abschaffen würde: das Nicht-Denken. Der Mensch wird Tag und Nacht berieselt, so daß er nicht des Denkens fähig ist; so daß er einen Unfug lernt, den er sich nicht merken kann. Doch das Denken ist nicht die Domäne der Menschen, da sie abgelenkt sind. Und da wundert ihr euch, wieso beim modernen Menschen so wenige Gehirnzellen aktiv sind...? Das ist doch einfach deshalb, weil die anderen nicht aktiviert werden, es wird doch nicht gedacht.
Der Mensch ist, um zu sein. Das ist im Kosmischen die Herausforderung für das Leben. Doch im Irdischen ist dieser Grundsatz verkehrt. Der Mensch ist tatsächlich, um zu sein, allerdings nicht, um da zu sein, wie eine Kuh, die auf dem Feld steht. Es fehlt der Sinn.

Daher würde ich auch den Sinn einführen. Alles, was getan wird, soll begründet sein, mit welchem Sinn oder zu welchem Zweck es getan wird. Da würde es zu rattern beginnen.

Diese Frage hat mich jetzt geärgert!
Mit Verlaub, wenn du Mut hast, solltest du das, bevor du einschläfst, auch den Schöpfer fragen; den Schöpfer in der Personifizierung der Gottheit. Vielleicht könntest du als kleiner Junge fragen, damit er dir verzeiht. Nimm den *Engel der Gnade* zu Hilfe, und frage doch die Gottheit in allem Ernste meiner Worte: *„Oh Gott"*, oder gar, *„lieber Gott, was würdest du auf der Erde zu ändern wünschen?"*
Und er würde dir den *Engel der Gnade* senden, der wie ein Band Wärme und Liebe über die Erde verbreitet.

Das freut mich. Da sind wir einer Meinung...

Das ist keine Meinung, das ist, da du in der Abspaltung deiner Körper vielfältige Planeten besucht hast und dieses Wissen in dir keimt *(lacht)*; so kannst du bei den Ägyptern die Gehirne untersucht haben *(lacht wieder)*, möglicherweise hast du gesucht und nicht gefunden. So hast du möglicherweise gedacht: *„Dann werde ich weitere Schädel öffnen, irgendwo wird aktives Gehirnmaterial sein."*
Dies mag jetzt für dich einen Scherz darstellen, doch in Wirklichkeit – fühle in dich hinein – würde vielleicht auch ich genau das verändern *(lacht erneut)*, wäre die Veränderung vielleicht ein Mensch mit Gehirn, das er auch tatsächlich zum Denken nutzt.

Ich hörte immer wieder von hellsichtigen Menschen – auch hellsichtigen Kindern –, daß diese bei Menschen die sogenannte „Silberschnur" sehen können, ein silbrig schimmerndes Band, das den physischen mit dem Seelenkörper verbindet.
So sagen die Hellsichtigen auch, daß wenn die Seele nachts oder in Meditation auf eine Seelenreise geht, diese Silberschnur die Körper immer miteinander verbindet.
Nun habe ich gelesen, daß der Sensenmann deswegen mit einer Sense dargestellt wird, da er damit symbolisch den Lebensfaden, die Silberschnur, abtrennt.
Was sagst du dazu? Und was genau ist diese Silberschnur?

Diese Schnur, die du meinst, ist die Verbindung des Körpers mit der Seele. Doch eigentlich ist es die Verbindung der Seele mit den Körpern. So wirst du, wenn du schläfst und andere Orte besuchst, durch die Silberschnur immer mit dem Körper verbunden sein, der im Bett liegt. Die Silberschnur ist in der Lage, sich aufzuteilen, sich zu vervielfältigen. Das heißt, sie ist wie ein Fächer – ein Fächer, der jedem Körper – sowohl dem physischen Körper als auch den Körpern des Geistes *(Astral-, Kausal,- Mental- und Emotionalkörper; Anm.d.Verf.)* – Halt gibt, das heißt Rück-Halt. Sie ist wie ein Gummiband.
Schau, wenn du beispielsweise im Traum in die Zeit Ägyptens reist, gehst du tausende Jahre zurück. Oder du gehst noch weiter zurück und womöglich auch auf andere Planeten, was alles möglich ist. Dann kannst du, wenn du die irdische Sphäre verläßt und außerhalb des Zeitgefüges bist, immer wieder zurückgeholt werden. Angenommen, du bist in anderen Dimensionen, so holt die Silberschnur alle Körper, alle Seelenfragmente wie ein Gummiband wieder zurück.

Man könnte sagen, *(lacht)* das ist wie beim Hund die Leine. Du darfst weglaufen, du darfst sogar sehr weit weglaufen, doch wenn das Herrchen dich braucht – den Geistkörper mit deiner Erfahrung –, dann wird er die Seele zurückholen.
So, meine ich, ist das Urprinzip der Silberschnur verständlich beschrieben.
Selbst der physische Körper ist damit verbunden. Wenn ich – in meiner Funktion als Engel des Todes – nun komme, um die Seele zu trennen, habe ich darauf zu achten, daß die Vielfalt der Schnüre nicht in einem Knäuel durcheinander herumfährt, sondern daß hier sehr wohl Ordnung herrscht. Und das mag dir die Frage nach den Knochen und Knöchelchen beantworten, die in manchen Kulturen akribisch sortiert werden. Es ist der Ordnung wegen. Es soll in Ordnung sein, es soll geordnet sein, in einer Frequenz und in einer Richtung.
Deshalb achte ich darauf, daß derjenige, der geht, nicht von Wirrnis befallen ist. Die Silberschnur ist durchaus mit der menschlichen Nabelschnur zu vergleichen, die ich mit göttlichem Beistand durchschneide. Und wenn hier nicht alles geordnet ist, ist es sehr wohl möglich, daß ein Schnürchen übrigbleibt. Vielleicht habe ich es übersehen oder gar vergessen.
So etwas kann erfolgen, wenn ein Mensch mit etwas experimentiert, das ihr als Okkultismus bezeichnet. Hier kommt es zu Abspaltungen der Seele; hier wirken dunkle Kräfte mit.
Dies kann aber auch bei Zeitphänomenen geschehen und solchen der Dimensionen wie in dem Bereich, den ihr als Bermuda-Dreieck kennt. Auch gibt es Wissenschaftler, die mit Magnetismus experimentieren. Hier kann auf Teile der verschiedenen Geistkörper Einfluß genommen werden, was dann – wenn auch nur minimal – zu Beeinträchtigungen von Seelenfragmenten führt.

Bleibt also ein kleines der vielen Einzelschnürchen übrig, so kann das durchaus zu Erdgebundenheit führen. Und nun beachte genau: Angenommen ich hätte ein Schnürchen von dir vergessen und du bist im fernen Ägypten oder gar im Mittelalter zur Zeit der Pest, so kann die Seele, wenn sie in ein neues Leben in einen neuen Körper einfließt, genau diese Schnur mit sich nehmen und nun Zeichen der Pest in ein neues Leben mitbringen. Die Seele meint: *„Das kann ich gut tragen"*, und nimmt auch dieses Schnürchen in ein neues Leben mit. Daher kann es durchaus sein, daß etwas aus alten Epochen in die neue Zeit mitgenommen wird.
Aus diesem Grund ist die Reinheit der Schnüre, die Reinheit der Verbindungen sehr wichtig. Es gibt aber keine wirklichen *Schnüre*, es sind energetische Verbindungen, die wie Schnüre aussehen – ähnlich einem Laserstrahl, der auch wie eine Schnur aussieht. Es ist tatsächlich eine Lichtschnur.
Doch im Bild der Sprache benenne es als Schnur, da wir diesen Begriff nun so gewählt haben. Sie wird weiß gesehen, hell, da sie aus göttlicher Substanz – aus Energie – geknüpft ist. Es ist eine, sagen wir, Metamorphose göttlicher Urkraft. Diese Schnüre trenne ich gewissermaßen ab. Wärest du ein Radiofachmann, so würde ich sagen, daß die Verbindung abgestellt wird. Es wird die Frequenz, die Leuchtkraft dieser Verbindung abgeschaltet. Und diesen Schalter bediene ich.

Einfach gesprochen: Ich schneide ab. Doch dann wirst du fragen: *„Ja, was machst du damit? Wirfst du die Schnüre in den Müll oder werden sie neu geknüpft?"*
Für das einfache Verständnis nimm an, daß ich sie abschneide. Doch was mache ich mit dem Müll? Sieh es doch besser als die Radiowelle, die Frequenzwelle, und ich stelle sie ab. Ich stelle

die Verbindung ab. Über die Seele wird in diesem Bereich die Frequenz abgestellt. Das heißt, die Schnüre werden gleich – als ob ein Anker daran hängt, nämlich die verschiedenen Geistkörper – in das Seelenschiff, das seelische Bewußtsein eingezogen. Das heißt, Geistkörper in ihrer Erfahrung fließen – sofern sie Geist sind – in die seelische Beschaffenheit ein. Der Körper, das Materiegebilde des Körpers, das Fleisch, bleibt und wird in die Materiebestandteile aufgelöst. Dies ist der Vorgang.

Nun kann ich mir vorstellen, daß es den einen oder anderen Leser gibt, der sich jetzt fragt: „Was habe ich nun davon, daß ich weiß, daß es ein Wesen gibt, das für den Tod zuständig ist; was bringt es mir zu wissen, daß ich einst in Rußland oder in China gelebt habe und ein Scherenschleifer war; was nützt es zu wissen, daß wir von Außerirdischen abstammen und die Illuminati die Welt beherrschen, wenn ich Probleme in der Partnerschaft habe, Streit mit dem Nachbarn oder Zoff mit dem Chef, vielleicht auch arbeitslos bin oder ein freches Kind großzuziehen versuche? Was kann einem solchen Menschen geraten werden?

Dieses hier offengelegte Wissen ist nicht hinderlich, dieses Wissen ist öffnend. Bedenke, daß die Zellen des Menschen wie die Wassertropfen in einem Fluß sind. Sie werden gefüllt, sie werden *be*-füllt. So werden ein paar wenige Wassertropfen, die sich alleine in einem Eimer befinden, versiegen oder verdunsten. Doch die Vielzahl der Tropfen macht es aus, daß der Eimer gefüllt wird.
Diese Antwort reicht aber bei weitem nicht aus. Die Menschen werden dieses Wissen annehmen oder ablehnen. Diejenigen, die es annehmen, werden damit sein, das heißt, sie werden da-

mit *bewußt* sein und darüber nachdenken. Und sie werden noch mehr daraus machen, sie werden dieses Wissen aufbauen; sie werden es ausweiten und überlagern. So bist du nicht alleine.
Es gibt neben dem Wissen, das durch deine Bücher verbreitet wird, das Wissen der anderen, die auch in dieser Richtung tätig sind – die Psychologen, die Therapeuten, die Ärzte und Doktoren, die Forscher und Schreiber. Dies alles dient dem Menschen, um wissend zu sein. Das heißt, das Wissen wird aufgebaut und ausgebaut.
Sieh beispielsweise einen Menschen, der Schulden hat. Wenn er sich endlich im Kern darüber klar wird, daß nicht der Bankier ihn in seine Situation gebracht hat, sondern er selbst durch sein Fehlverhalten da hineinkam, so kann eine Veränderung eintreten. Und so mag auch nicht immer die Bank an der Zerstörung eines Betriebes schuld sein, sondern es mag durchaus auch der Betriebsinhaber die Schuld tragen. Das gilt es zu erkennen, dann wird den Menschen stark geholfen sein.
Das heißt, du wirst immer Menschen treffen, die das Wissen in sich aufsaugen, um es zu mehren und es für sich zu nutzen. Dann gibt es die Schar derer, die das Wissen konsumieren, damit es da ist, damit am Biertisch darüber geredet wird.
Und es wird solche geben, die es gar ablehnen. Doch gerade bei denen, die es gelesen haben, es jedoch ablehnen, kann es dennoch wertvoll sein, da sie es in ihrer Struktur, in ihren Zellkernen des molekularen Wassers tragen. So mag es in diesem Leben vielleicht nichtig sein, doch im nächsten wichtig, da es sich dann entfaltet.
Diese Auskunft wird zwar demjenigen, der ohne Arbeit ist, nicht helfen, doch es wird dem, der arbeitslos ist, helfen, wenn er beginnt nachzudenken. Zu denken: „*Warum bin ich die Ar-*

beit los? Weil ich ein Nichts bin oder eine Null? Oder vielleicht, weil ich dieses halbe Jahr, dieses Jahr brauche, um nachzudenken?«
Erinnere dich: Die Wahl meiner Worte ist sehr vielfältig. So ist zum Beispiel einem, der die Arbeit *los* ist, eine Last genommen – er ist sie *los*. Und einem, der arbeitslos ist, ist vielleicht das Bewußtsein genommen, wie gut er ist, da er in Wirklichkeit gar nicht so gut ist; da er in seinem bisherigen Tätigkeitsbereich wirklich eine Null ist. Mitunter ist daher die Arbeitslosigkeit die Erholung, eine Vorbereitung auf etwas Neues.

Wird dem Menschen etwas Neues zugeführt – zum Beispiel durch dieses Buch, welches das Erste auf Erden ist, in dem ein Mensch mit mir, dem Tod, kommuniziert –, so kann es im Bewußtsein des Menschen reifen. Es muß nicht sofort umgesetzt werden. Zeit spielt hierbei keine große Rolle. Aber es werden neue Denkansätze geliefert, es werden neue Impulse gesetzt. Das ist von Relevanz.
Hier ist nun wieder die Verknüpfung zu deiner vorherigen Frage: „*Was würdest du auf Erden ändern...?*“
Ich würde die Ablenkung abschaffen, damit die Menschen über sich selbst und ihren Ursprung nachdenken. Denn wenn sie genau hierüber nachdenken, dann fällt ihnen womöglich auch wieder ein, wieso sie eigentlich auf diesem Planeten sind. Denn die meisten Menschen wissen das nicht.

Ist es unter diesem Gesichtspunkt nicht erschreckend, daß die Welt von Menschen regiert wird, die keine Ahnung davon haben, was der Sinn des Lebens ist; daß die menschlichen Gesetze von Personen gemacht werden, welche die kosmischen Gesetze überhaupt nicht kennen; daß die Kranken von Ärzten behandelt werden, denen die wahren Ursachen der Krankheiten unbekannt sind?

Doch was macht nun der Leser deines Buches?
Derjenige, der sein Kind verlor, da es starb, wird in der Trauer nicht besänftigt, nur weil er deine Bücher liest. Doch wenn er erkennt, daß er seine Medialität und seine Intuition fördern kann, so kann er mit dem Geist des Kindes Kontakt aufnehmen und es fragen, wie es ihm geht, wo es ist, was es wünscht und was seine jetzige Aufgabe ist.

Dies sind die Möglichkeiten, die ich dir nennen kann. Du wirst den Menschen, die bereit sind zu studieren, hier kein Kompendium gesammelten Wissens zur Verfügung stellen, sondern du solltest versuchen, Fragen aufzuwerfen, damit sie beginnen, selbst zu denken. Das ist eine Wegbereitung menschlichen Bewußtseins.
Deshalb ist diese Frage nicht wirklich im Detail zu beantworten, da es immer auf die Geschichte der einzelnen Seele ankommt.
Dem Mensch ist ein Leitwerk an die Hand zu geben, damit er beginnt, selbständig zu sein, in der Eigenverantwortung, und zu erkennen, daß wenn er fühlt, wenn er ein sensitiver Mensch ist, er den Schmerz spüren kann und die Antwort auf die Frage erhalten wird, wieso er in dieser Situation ist.
Doch der momentane Zustand der Erde ist ein anderer. Die meisten wollen sich nicht bewegen, aber die Erde bewegt sich. Und wenn die Menschen nicht das Wissen haben wollen, so kommt das Wissen zu ihnen und fordert sie heraus.
Wir Kräfte des Lichts reichen den Menschen, den Seelen freiwillig die Hand hin, um sie mit nach oben zu ziehen. Wollen

sie die Hand nicht ergreifen, so tritt automatisch die Luziferkraft auf den Plan, die uns diese Arbeit abnimmt. Sie quält die Menschen so lange, bis sie endlich ins Licht schauen wollen. Wollen sie dann immer noch nicht, so nimmt sich der Luzifer ihrer an. Es ist die freie Wahl des Menschen oder der Seele.

So viele Menschen wollen nicht lernen, und auch wenn Gott ihnen direkt ins Gesicht sprechen würde, so würden sie es nicht hören wollen. Dabei erinnere ich nochmals an das Ereignis mit der Flutwelle *(Asien; Anm.d.Verf.)*, mit der *kleinen* Flutwelle wohlbemerkt, denn das war eine Babywelle im Vergleich zu dem, was eure Küsten in den nächsten Jahren zu erwarten haben. Der Mensch, der sich so hoch einschätzt, als Krone der Schöpfung, in den Weltraum fliegt und digital Informationen über den Erdball schickt, konnte sich gegen das Wasser nicht wehren. Muß er auch nicht, er hätte nur ins Landesinnere laufen müssen, so wie die Tiere.
Die Tiere hingegen, die aus Sicht des Menschen eine Stufe niedriger stehen als der Mensch, haben überlebt – bis auf die Tiere, die von Menschen angebunden oder in Häuser eingesperrt waren, wo sie ihren Instinkten nicht folgen konnten.
Hier werde ich wirken in meiner ganzen Kraft. Und ich werde gnadenlos sein bei meinem Tun, denn ich erfülle den Auftrag ganz korrekt. Für mich ist es gleich, ob ich eine Seele hole, oder eine Million oder eine Milliarde. Ich holte auch schon manchmal die Seelen ganzer Planeten, wenn diese bersten oder mit einem anderen kollidieren. Da kümmern mich eine Milliarde Menschen wenig.

Bedenke dies nochmals: Hochmut kommt vor dem Fall. Der Untergang des Menschen wird sein, da er nicht mehr auf seine

innere Stimme hört – die Tiere aber schon. Deshalb sage ich dir heute – als *Engel des Todes*: Ich werde kein Mitleid mit den Menschen haben und den Seelen, die ich hole, denn jede Seele – so wie jedes Tier auf der Erde – bekommt Zeichen. Und wer nicht hören will und die Zeichen nicht sehen will, der wird fühlen.
Als du vor ein paar Jahren in das Land Amerika geflogen bist, so hat dir dein Schutzengel ein Zeichen gegeben, ein Gefühl, daß du nicht fliegen sollst. Du hast darauf gehört, hast einen anderen Flug genommen, und das Erdbeben traf andere, jedoch nicht dich. So vollzieht sich die Arbeit geistiger Wesen mit den Menschen.
Deshalb bin nicht ich – der „böse" Tod – am Schicksal der Menschheit schuld, es sind die Menschen selbst, die im Unverstand und in ihrer Ignoranz das Geistige nicht sehen wollen, und daher für ihren Abgang selbst verantwortlich sind.

Unsere gemeinsame Arbeit, mein lieber Jan, soll Fragen aufwerfen. Fragen, die vom Menschen selbst beantwortet werden müssen. Deshalb ist deine Strategie eine gute, den Menschen zu fragen, da hierdurch seine Neugier geweckt ist. Denn nur, wenn die Neugier geweckt ist, wird er die Antwort wollen.
So werden die Bücher und das Wissen, da es sie in einer Vielfältigkeit gibt, Antwort sein – Antworten, auf die der Mensch neugierig ist.

Wir wissen heute, daß die Macht der Gedanken eine maßgebliche ist. Ist es sinnvoll, daß der Mensch lernt, bewußter mit seinen Gedanken und seinen Worten umzugehen? Es gibt den Begriff der „Gedankenhygiene". Was hältst du davon? Wäre dies ein Ansatz zu einer bewußteren Lebensweise?

Ja und nein. Es ist die Wahl. Wer die Wahl hat – so sagen die Menschen –, der hat auch die Qual. Beginnet, ihr Menschen, die Worte bewußt zu wählen! Das ist der erste Schritt des Tuns. Doch der effektivste Schritt wird sein, Worte auszuschalten. Das ist das einfachste. Beginne, Worte nicht mehr zu sprechen, da sie in dir nicht mehr sind. Das heißt, beginne an dir, mit dir zu sein, mit dir zu arbeiten und nimm dies als Leitsatz: Beginne, solche Worte zu wählen, die du nicht mehr verwenden willst und eliminiere sie.

Das beginnt mit dem Fernsehgerät; es ist das tragbare Telefon; das ist das Haus-Telefon; das ist alles, was durch den Äther fließt. Hier ist die Wahl der Worte von so einer Vielfalt, von so einer unnützen Vielfalt, daß die Erde extremst damit belastet ist. Das ist Müll. Das ist Frequenzmüll.

Aus diesem Grund sollten Worte im ersten Schritt bewußt gewählt werden, und dann im zweiten einfach nicht mehr ausgesprochen werden, damit sie dann auch nicht mehr gedacht werden. Auf diese Weise könnte man den Wortschatz minimieren, um die Sinnzusammenhänge zu optimieren. Das klingt wohl paradox, doch ist das sehr einfach.

Der Mensch sollte sich bemühen, weniger zu sprechen – ich wollte fast sagen, daß der Mensch sich bemühen sollte, gar nicht mehr zu sprechen. So ist dies eine interessante Geschichte.

Gibt es nicht – und so denke nach – ein Glaubensbekenntnis, in dem an einem Tag nur eine bestimmte Anzahl von Schritten gegangen wird, nämlich, um zu prüfen, wohin ich gehe und welchen Sinn mein Weg hat? So wäre es angeraten, einmal zu überlegen, die Anzahl der Worte, die man täglich ausspricht, zu zählen. Und man wird feststellen, daß viele davon nicht hätten gesagt werden müssen. Sie waren ohne Sinn.

Daher prüfe auch für dich: Wieviel sprichst du, wieviel Sinn ist hinter deinen Worten? Mußt du dies denken oder gar aussprechen? Wenn du diesen Weg wählst, dezimiert sich der Müll. Das ist einfach.
Im betrieblichen Sinn ist dieses Konzept noch viel wichtiger, da die Sinnhaftigkeit der Arbeitsabläufe optimiert wird. Doch ist dies oft nur eine Selbstbeschäftigung derer, die dies erfinden, um selbst Erfolg zu haben. Hier sollte jeder Mensch für sich ganz klar formulieren, daß das, was gesprochen wird, auch wirklich sinnbehaftet sein soll.
Genau das ist der Grund, weshalb an vielen Tempelorten der Welt geschwiegen wird. Eine Schweigeminute existiert, um zu denken und zu gedenken. Das sind die Ansätze dieses Tuns, welche allerdings in Vergessenheit geraten sind.

Nimm beispielsweise die Meditation, in der geschwiegen wird des Sinnes wegen. Dem Menschen sollte auch bewußt werden, daß das Gedachte elektrolytisch geleitet wird. Das bedeutet: einmal gedacht – immer frei. Die Gedanken sind es, der Haß, die Wut. Die Wut gedacht ist wie die Wut gelebt; im Zorn geschrien ist wie in der Tat gehandelt.
Das ist in etwa das gleiche, denn in der Wut wird vielleicht nur millionenfach gehandelt, aber milliardenfach gedacht.
Das Denken in Milliardenhöhe ist mit dem Handeln gleichzusetzen, da es dies um ein Vielfaches übersteigt. Aus diesem Grund sollten die Worte bewußt gewählt werden und dann doch im Denken eliminiert, so daß manches gar nicht mehr ausgesprochen wird. Das heißt nicht, daß du weniger Worte benutzt, sondern daß du manches nicht mehr denkst – nicht mehr in der Wut denkst, wenn du wütend bist.

Denke nicht, daß es damit verraucht ist. Wenn du zornig bist, spreche nicht, damit Friede bleibt, bis du wieder im Frieden bist, denn dann wird weiter Frieden sein!
Das ist eine Technik, die erlernbar ist. Das wäre ein Berufsfeld für Therapeuten. Und dann solltest du bedenken, daß dann, wenn Wut ist, diese Wut in höherer Frequenz mit Gottesfrequenz verglichen werden kann, nämlich wie der Schatten mit dem Licht. Dann sollte man dem Menschen nahebringen, daß er sich durch Übung wieder in die Lichtfrequenz begibt, nämlich sich einfach wieder in die Lage versetzt, Wut, Zorn, Haß im Wort von sich zu bannen, da es im Leben nicht gelebt ist. Das geht dadurch, daß der Mensch es energetisch, das heißt in der Energie aus sich herausschiebt.
Simpler ausgedrückt: Kommen Gedanken der Trauer über dich, so beginne, sie aus dir herauszulassen, dich durchfließen zu lassen. Das ist eine Technik, die vielleicht neu erscheint, die in ihrer Einfachheit jedoch so effektiv ist, daß man sie einfach erlernen kann. Packt dich die Wut, so drücke sie ohne Widerspruch hinaus. Drücke Haß, Wut, Groll aus dir heraus, damit es nicht in dir ist, und gehe in Frieden die Situation an, um sie wie aus einer Tube Zahncreme zu lösen.
So gesehen geht es nicht mehr nur darum, positiv zu denken, was ich übrigens als *„alten Zopf“* bezeichnen möchte, so ist es nicht mehr damit getan, in den Spiegel zu schauen und sich als attraktiv zu empfinden. Es geht nun darum, wenn tatsächlich das Ungute hochkommt, es in sich in Gutes zu münzen oder zumindest zu wandeln – es ist der Versuch, der zählt.

Und wenn deine Trauer sehr tief ist, so versuche sie in Freude zu wandeln – und wenn es auch nur für eine Minute gelingt. Doch Stück für Stück wird die Phase des Gelingens größer, so daß der Mensch doch mehr denn je in Freude ist. Immer dann, wenn Trauer oder Unmut kommt, wandle diese in Freude und Mut. Am Anfang für eine Minute und durch Übung, durch Training später für fünf, für zehn Minuten und so weiter... bis du schließlich in der Freude bist.

Dies klingt neu, dies klingt merkwürdig, doch es ist effektiv. Das ist der Vergleich, in dem sich der Mensch mit dem Urzustand vergleichen kann. Ich komme aus dem Urzustand und bringe mich in das Ur zurück. Das ist wie Licht und Schatten, nämlich, wenn der Schatten kommt, sich in die Sonne zu stellen. So einfach geht das.

Der Schlüssel ist immer die Liebe! Nun kann man aber den Eindruck haben, wenn man sich die heutige Jugend betrachtet, bei der alles „cool" und „geil" ist, daß diese sich in eine völlig andere Richtung entwickelt. Wie siehst du diesen Trend?

Da muß ich lachen, denn sie tun nur so – wenn du dieses Wort *cool* nennst, „kühl". Das sind alles nur Hilfeschreie der Seelen, die nicht wissen, wie sie leben sollen. Und dann kommt es zu solchen Dummheiten. Die Seele schreit und will die Liebe leben, doch das Umfeld, die Gesellschaft und das, was aus dem Fernseher vorgegeben wird, setzt sie unter Druck, und sie können sich nicht erwehren. Sie sind sich ja auch gar nicht bewußt über die Kräfte, die da auf sie einwirken.
Ein Problem sind hierbei auch die Lehrer in den Schulen, die das selbst nicht mehr vorleben können, da sie keine klare Identität mehr haben, von geistigen Gesetzen einmal ganz zu schweigen! Auch die Seelen der Lehrer verrichten ihren Lebensplan oft nicht, da sie nicht in der Lage sind, die Kinder vernünftig zu erziehen. Viele haben schon Probleme, die Kin-

der unter Kontrolle zu haben... Was soll ich da sagen? Es gibt Länder auf der Erde, da haben die Kinder Respekt und sind stolz, die Schule besuchen zu dürfen. Doch in deinem Kulturkreis zerfällt alles, da die Lehrer und Professoren nicht wissen, warum sie auf der Erde sind, was der Sinn der Schöpfung ist, ja eine göttliche Kraft sogar ablehnen – was soll dann aus den Kindern werden?
Sieh dir vor allem die Eltern an! Von wem übernehmen die Kinder ein solches Verhalten? Woher kommen die Kinder und Jugendlichen, die sich so verhalten? Wer macht denn die Werbung, wer die Modetrends? Die Kinder? Nein! Sie werden in eine bestimmte Richtung gelenkt, die du ja in deinen Büchern genau beschrieben hast. Verurteile nicht die Kinder, die können am wenigsten dafür! Es sind diejenigen, welche die Meinung machen.
Doch sei unbesorgt! Wie oft hat sich die Meinung eines Volkes gedreht, und die, welche zuvor hochgelobt worden sind, hat man später an einen Baum geknüpft gefunden...

Ich kann dir nur aus meiner Perspektive sagen – auch dürfte ich das nicht *(lacht)*: Ich kenne die Lebenspläne aller Menschen und weiß, daß es ganz schnell zu einer Änderung der Verhältnisse kommen kann – und wird. Ich hatte dir ja damals gesagt, als du die ältere Dame im Krankenhaus verabschiedet hast, daß du noch viele Menschen sterben sehen wirst und du dich am besten schon einmal daran gewöhnst...

Du warst das?

Was dachtest du denn? Natürlich war ich das... Aber Spaß beiseite, du kanntest mich damals ja noch nicht auf diese Weise.

(Ich hatte vor drei Jahren meine Großmutti zu einer Freundin gefahren, die im Sterben lag, und brachte sie, da sich sonst kein Fahrer gefunden hatte, und ich wollte mich ehrlich gesagt auch um diese Fahrt drücken, zu diesem letzten Besuch ins Krankenhaus. Es war ein, auch für mich, tränenreicher Nachmittag, und als wir uns verabschiedet hatten und ich zum Auto lief, während meine Oma noch kurz austreten war, fragte ich in mich hinein: „Wieso habe ich nun hier mitgehen und die gute Frau verabschieden müssen, ihr wißt doch, daß ich nah am Fluß gebaut habe..."
Und prompt kam klar und deutlich zurück: „Gewöhne dich schon einmal daran; du wirst noch viele Menschen sterben sehen...")
Laß mich aber nun weiter ausführen:
Die Menschen sind eine interessante Spezies, die von heute auf morgen anders handeln kann. Auch du kennst von dir – da du ein gutmütiger Mensch bist –, daß du zum Zerstörer werden kannst, wenn dich jemand belogen hat oder betrogen. Deshalb kann auch ein Volk aufbegehren, wenn es erkennt, daß es in die Irre geführt wurde. Mehr möchte ich hierzu nicht sagen.
Unter diesem Punkt sieh nun auch die Kinder. Wenn du ein Seelenseher wärest, so würdest du vor Mitleid zerfließen, wie armselig sie ohne Liebe sind. Sieh auch die Kinder, die so übergewichtig sind. Es ist die Liebe, die ihnen fehlt, deswegen essen sie zu viel.
Du warst auch schon in der einen oder anderen Situation ohne Liebe oder konntest oder wolltest sie von deinem Umfeld nicht annehmen und hast Unfug gemacht. Doch du hast dich immer wieder gefangen, hast dich dem Guten zugewendet, weil du das Wissen hast.
Zornig zu sein ist in Ordnung, es kann manchmal zu einer Veränderung führen; doch ein andauerndes Zornig-sein ist

nicht von Nutzen, da die Seele nur noch hungert und letztendlich nicht mehr leuchtet.

Was kann der Mensch tun, wenn er sich in einer verkorksten Lebenssituation befindet – sei es Arbeitslosigkeit, Übergewicht, keine Freunde, Kriminalität, irgendeine Sucht (Drogen, Rauchen, Alkohol, Spielen...)?

Es fängt bei der Eigenliebe an! Da haben wir die seelische Armut, die ja die Seele selbst produziert hat – aus vielerlei Gründen. Es ist vonnöten, daß die Seele diese Armut in inneren Reichtum umwandelt und sich in der Liebe, in der Würde, in ein Wohlbefinden hineinbalanciert, entweder selbst mit guten Menschen oder durch das, was man bei euch *Therapeuten* nennt.

Wie kann die Eigenliebe forciert werden?

Das fängt im Inneren an. Fühlt sich ein Mensch fröhlich, so trägt er das durch bunte Farben nach außen. Er erscheint in seinem Äußeren gepflegt. Fühlt sich jemand schwach und kraftlos, ja eben grau, so sieht man das auch am Äußeren, da dies sein Inneres widerspiegelt.
Der Mensch kann sich aber auch beispielsweise schön und gepflegt kleiden, was auch von seinem Umfeld entsprechend zur Kenntnis genommen wird – doch gibt es genügend Menschen, die zwar auf ein gepflegtes Äußeres Wert legen, aber innerlich faulig und falsch sind.

Anzufangen ist bei den Gedanken!

So, wie zuvor beschrieben...

Die Gedanken sind die Ursache allen Wirkens, zusammen mit den Gefühlen. Beobachte deine Gedanken und beobachte deine Gefühle, was sie dir sagen. Beobachte eine bestimmte Lebenssituation – zum Beispiel im Arbeitsleben oder mit dem Partner – und fühle hinein. Handelst du nach deinem Gefühl, nach dem, was dir die Intuition sagt – was oft dein Engel ist, der dir helfen möchte? Prüfe dich, was du willst, und vergleiche es mit dem, was du tust. Warum tust du etwas, was du gar nicht willst?
Arbeite daran, werde frei, werde selbständig im Denken und im Handeln!
Nun achte auf deine Gedanken! Zwingen sie dich in die Knie, sagen sie: „*Das schaffst du sowieso nicht!*" – dann war das wahrscheinlich ein dunkles Wesen, das von deiner Energie lebt. Willst du, daß etwas von deiner Energie lebt und weniger für dich und deine Familie übrigbleibt? Arbeite daran. Achte auf die Gedanken, und wenn ungute Gedanken kommen, die dich von deinem Ziel abbringen wollen, so bringe gute Gedanken hinzu, welche die anderen abdrängen. Irgendwann gehen die dunklen Wesen weg, da sie ihre Nahrung – nämlich dunkle Gedanken – nicht mehr bekommen, und suchen sich ein neues Opfer.

Hast du gute Gedanken in dir, so kommen auch gute Worte aus deinem Mund, das ist logisch. Bist du unzufrieden mit deinem Leben, so kommt nur schwer etwas Freundliches, Höfliches oder Glückliches aus dir... Daher arbeite mit den Gedanken, und wähle die Worte bewußt und gezielt!

Das innere Licht, diesen ewigen göttlichen Funken, den jeder Mensch hat, den jede Seele trägt, diesen Funken wieder zum Leuchten zu bringen, so wie man eine Glut durch hineinpusten wieder zu einem großen Feuer entfachen kann, gilt es umzusetzen.
Aber viele Menschen haben Angst, sind von der Schule falsch gelenkt, von den Eltern. Dunkelheit wird über den Menschen ausgebreitet, und der Mensch, der heranwächst, bleibt in einer selbstgewählten, aber auch dogmatischen Dunkelheit von Menschen um ihn herum und der Gesellschaft.

Aber dann ist immer die Möglichkeit der Befreiung da. Niemand ist alleine – jeder hat mindestens einen Engel zur Seite. Du mußt ihn nur bitten, so wird er dir geben...

Bleiben wir noch beim Thema. Vergleichen wir die heutige Gesellschaft, nicht nur die Jugend, sondern auch die Erwachsenen, und sehen zurück in die zwanziger, dreißiger bis in die fünfziger Jahre des 20. Jahrhunderts, so ist auffällig, wie sehr gepflegt, adrett und schön die Menschen damals gekleidet waren. Man stellt bei diesem Vergleich fest, daß wir heute einen Trend zum Schmuddeligen, Disharmonischen und Ungepflegten haben. Das hat ja nun auch mit Eigenliebe zu tun beziehungsweise das vulgäre Äußere zeigt ja, wie es innerlich in dem Menschen aussieht...

Wenn du deinen Körper hegst und pflegst – durch Wasser, durch Öle und Salben, die gepflegten Haare, die schönen Kleidungsstücke – und gibst ein gepflegtes Bild für die anderen ab, bedeutet dies, daß du dir selbst die Würde erwiesen hast.
Nun sieh die anderen: Sie sind ungepflegt; waschen sich nicht regelmäßig; haben Ausreden, nicht genügend Geld zu haben,

um sich etwas Neues kaufen zu können... Doch das ist falsch, es gibt immer einen Weg, man muß ja nicht Kleider aus Gold tragen...
Ist dir nicht auch schon aufgefallen, daß vor allem ungepflegte Menschen fast immer rauchen? Für die Rauchware haben sie Geld, doch für saubere Kleidung nicht...
Festzuhalten ist, daß ein ungepflegtes Äußeres zeigt, daß der Mensch sich selbst nicht ehrt. Er liebt sich nicht. Doch siehe, ist ein ungepflegter Mensch verliebt, so kann er ganz plötzlich sauber und adrett sein. Das zeigt auf, daß er sich zuvor nicht geliebt hat und es sich selbst nicht wert ist, schön zu sein.

Gerade jetzt haben wir auf Erden eine Zeit, in der genau dieses Ungepflegte, Vulgäre nach außen getragen wird. Dazu kommt die Musik, die nicht frohlocken läßt, sondern die Menschen monoton, träge, aggressiv oder gar wirr macht, die den Menschen die letzte Kraft herauszieht – ungute Musik. Und so ist alles im Rennen und verwirrt. Alle rennen und kommen nie an. Ein schrecklicher Zustand. Ein seelenloser Zustand.

Das, was die letzten Jahre geschehen ist und worin ihr euch noch befindet, ist ein Zerfall der Kulturen. Aber glaube mir: dieser Zerfall wird sich wieder ändern, und die Menschen werden sich wieder – wenn auch mit einer gewissen Eitelkeit – darüber bewußt werden. Und ich sehe immer wieder positive Ansätze.

Na immerhin...

(lacht) Und so kommt es wieder. Nehmen wir doch einmal die hohe Kunst der Römer – die Badekunst. Oder die Griechen oder die Araber oder die Phönizier. Diese waren Reinkulturen

in der Art, wie sie sich innen und außen darstellten. Aber natürlich gab es auch damals schon Völker, die im Schmutz erstarrten und gänzlich primitiv waren. Aber das ist wieder die Polarität auf Erden, denn jeder hat die Chance, um aus dem Schmutz herauszukommen.

Nun war ja in den letzten Jahren ein Trend in unserem Kulturkreis, schwarze Kleidung zu tragen. Glücklicherweise hat dies wieder nachgelassen, wobei es zwei Völker gibt, die überwiegend Schwarz tragen. Was soll uns dies sagen?

Schwarz ist Tarnung. Sie tarnen sich hinter dem schwarzen Kleid oder religiösen Gewand, auch um eine gewisse Unsichtbarkeit zu haben. Sie möchten am liebsten gar nicht gesehen werden und verstecken sich darin oder dahinter.

Auch, um keine Gefühle zeigen zu müssen...

Das ist alles weg... Sie nehmen die Farbe Schwarz und müssen sich nicht der Herausforderung der Farben stellen. Denn Farben fordern. Schwarz fordert nicht, es deckt zu.
Siehe, die Sonne des heutigen Tages fordert dich auf, aus dem Haus zu gehen und die Natur zu genießen. Sie sagt: *„Sieh es dir an!“*, und die Seele freut sich. Doch viele Menschen ertragen das Strahlen nicht, sie ertragen das Schöne nicht.
Menschen, die immer Schwarz tragen – aber auch Grautöne –, verstecken sich.

Das ist ja ein richtiges Versteckspiel...

Selbstverständlich kann man für einen festlichen Anlaß sehr wohl ein gepflegtes schwarzes Kostüm tragen. Das ist ein Attribut der Eleganz. Doch besteht ein Unterschied zwischen einem Anlaß, der auf gesellschaftlichen oder religiösen Bräuchen basiert und schwarze Kleidung für diesen Tag erwünscht und einem permanenten Tragen und sich dahinter Verstecken.

Interessant ist unter diesem Gesichtspunkt wieder mein Tätigkeitsbereich – die Beerdigung. In eurem Kulturkreis trägt man schwarze Kleidung zur Beerdigung, in anderen trägt man Weiß und feiert dabei noch wohlgelaunt – ja, sie lachen den Tod an, was mir auch sympathischer ist... –, da man weiß, daß es der Seele nun besser geht. Sie weinen nicht, sie lachen und tanzen. Schwarz muß daher nicht immer der Tod sein, er kann auch weiß sein.

Die Art der Verrohung in unserer Gesellschaft, der lieblose Umgang mit Sexualität, das Ungepflegte, die aggressive und niveaulose Musik erwecken den Eindruck, daß die dunkle Seite der Schöpfung all dies forciert.

Das stimmt, das Negative ist in Zeiten eines Umbruchs immer stärker. Es wird sich aber auch wieder lösen – nach längerer Zeit. Bei einem Umbruch kommt es zu einer Veränderung. Die Veränderung entsteht durch Reibung der beiden polaren Kräfte. Diese Reibung ist notwendig. Ist der Veränderungsprozeß der Erde abgeschlossen, ziehen sich auch die dunklen Kräfte wieder zurück, da der Zweck – in diesem Fall der Aufstieg der Erde – abgeschlossen ist.

Wie verhält es sich mit Drogen?

Diese sind so alt wie die Welt. Bei uns in der geistigen Welt gibt es das nicht. Drogen wurden immer schon konsumiert.

Schon in früher Zeit der Menschheit wußten diese, welche Pflanzen – oder auch Früchte, Pilze oder Wurzeln – eine stimulierende Wirkung hatten – meist durch Ausprobieren.
Auf diese Weise entwickelte sich bereits früh das, was man heute Schamanentum nennt, wobei Menschen versuchten, durch solche Pflanzen einen Einblick in geistige Ebenen zu erhalten, um Zukünftiges sowie Vergangenes zu erfahren.
Die Problematik bei der Verwendung solcher Wirkstoffe ist, daß zwar schon ein Blick in die geistige Welt eröffnet werden kann – vergleiche dies mit einem Vorhang, der langsam durchsichtig wird –, doch vermögen diejenigen, welche die Rauschmittel zu sich nehmen, meist nur Wesen und Regionen der niederen geistigen Ebene zu sehen. Es ist der Ort von Seelen und geistigen Wesen, die nicht aufsteigen wollen und meist keine gute Absicht haben, wenn sie mit Menschen, die mit Drogen experimentieren, Kontakt aufnehmen.
Oft erscheinen Verstorbene, die an der Materie festhalten und nicht aufsteigen wollen, und freuen sich darüber, daß ein Unwissender, ein Törichter, über einem Holzbrett oder einem Pendel sitzt oder durch eben genannte Stimulanzien Kontakt aufnimmt, und erzählen dann allerlei Unfug. Anfangs wissen solche Wesenheiten Dinge zu berichten, die derjenige hören möchte, meist nur deshalb, da sie sonst niemanden haben, mit dem diese verlorenen Seelen sich austauschen können, und hier Aufmerksamkeit erhalten. Da es eben meist niedere und festhängende Seelen sind, die der Schamane, der mit Rauschmitteln arbeitet, anzieht, führen sie auf lange Sicht auch in die Irre, was bei fast allen Menschen, die Drogen nehmen, dann auch festzustellen ist. Der Geist ist verwirrt.
Arbeitet der Schamane ohne diese Wirkstoffe, so dringt er auch in höhere Ebenen des Geistes vor.

Du erkennst auch am Verhalten desjenigen, der die Drogen nimmt, daß er immer weiter ins Dunkle abrutscht. Er verliert sein Lachen, wird still, vergräbt sich, geht immer weniger ins Sonnenlicht, verliert an Kreativität, kommuniziert weniger.

Du, Jan, siehst an dir selbst sowie an den Medien, mit denen du arbeitest, daß ihr immer fröhlich und gut gelaunt seid, auch wenn sie mit mir Kontakt aufnehmen und mich durch sich sprechen lassen. Wieso? Weil wir hohen Geist- und Lichtwesen fröhlich sind und Freude in uns tragen – und Liebe. Diese übertragen wir auf diejenigen, die mit uns in Kontakt sind. Daran – am Humor, am Strahlen des Mediums, an seiner Aus-*Strahlung* – erkennst du den Geist, der durch es wirkt. Und nun vergleiche dies mit jemandem, der dem Dunklen frönt...

Was kann ein Mensch ändern, der in permanenter Geldnot ist. Wenn man diesem Geld leiht, ist es wieder weg, weil er damit nicht umgehen kann, da er meist nichts verändern will und sich nicht bewegen möchte. Meist ist dann die Regierung schuld, da man sich nicht eingestehen möchte, daß man schlichtweg faul oder unflexibel ist. Wie siehst du das Thema Geldnot?

Geldnot ist zunächst einmal auch eine Prüfung, wie der in Not Gekommene damit umgeht. Er kann selbstzerstörerisch werden oder sagen: *„Ich gehe neue Wege."* Oft kommt es jedoch vor, daß er ungute neue Wege einschlägt und anderen etwas nimmt – und kriminell wird. Andere wiederum resignieren und werden zum Bettler, obwohl sie durchaus intelligent und kräftig sind und arbeiten könnten, aber jetzt schädigen sie den Staat.

Nun gäbe es durchaus die Variante, daß die Person aufgrund des Lebensplanes nie wirklich zu viel Geld kommen wird, weil die Seele es sich so gewählt hatte. Womöglich hatte sie sich dazu entschieden, da sie in einem vorhergehenden Leben anderen Menschen Geld genommen hatte und nun spüren möchte, wie es sich anfühlt, betrogen worden zu sein. Das ist aber nur eine Variante...
Aber in solch einem Fall – daß du die Armut gewählt hast – ist es die Prüfung, damit richtig umzugehen und nicht auf den falschen Weg zu kommen. Derjenige, der viel Geld hat, hat aber eine noch größere Prüfung, nämlich, wie man mit dem Geld richtig umgeht. Teile ich es mit anderen, horte ich nur? Helfe ich anderen Menschen oder prasse ich lieber?

Geld ist immer eine Herausforderung – ob in Not oder im Reichtum. Beide Zustände stellen dich immer wieder vor eine Entscheidung, ob du gut mit dem Zustand umgehst oder ins Dunkle, ins Kriminelle abrutschst. Sollte jemand durch Betrug dann zu viel Geld kommen, so wird er kein Glück dadurch finden, da er dem Schatten der Schöpfung gedient hat, er dem Prüfungsengel auf den Leim gegangen ist und die Prüfung nicht bestanden hat. Er darf dann wiederkommen, in einem neuen Leben, und die Prüfung wiederholen.

Jeder Mensch muß seine Situation betrachten und nach Lösungen suchen. Es kann ein Umzug an einen anderen Ort sein, ein Loslösen alter Denk- und Arbeitsmuster. Vielleicht ist eine neue Fertigkeit zu erlernen, ein neuer Beruf. Wird solch ein Schritt getan, so kommt auch meist der Geldfluß wieder. Denn wie sagt ein irdisches Sprichwort? „*Ohne Fleiß kein Preis!*“

Ich kenne nun die Menschen und stelle immer wieder fest, daß viele das Potential, das in ihnen steckt, nicht nutzen oder nur gering und hoffen, daß jemand die Probleme, welche sie selbst verursachten, für sie löst. Doch das ist ein Irrglauben. Nur jeder selbst kann seine Probleme lösen. Das kommt nicht vom Göttlichen, auch nicht vom Schutzengel, das kommt vom Menschen selbst. Deshalb kann auch nur er selbst es lösen.

Nochmals zur Macht der Gedanken...

Nun siehe, bei uns – in der geistigen Welt – wirst du all deine Gedanken, die du im Leben dachtest, sehen, ja auch hören und fühlen, da du die Situationen wiedererleben kannst. Und du wirst sehen, wie aus deinem Denken Ideen entstanden und aus den Ideen Handlungen wurden, die dich entweder nach vorne gebracht oder nach hinten geworfen haben. Du siehst immer dich selbst als Ursachensetzer, als Schöpfer deiner eigenen Lebensumstände. Es gibt dann keine Schuld mehr zu verteilen, denn niemand hatte dich gezwungen, den Partner zu heiraten, mit dem du später unglücklich warst. Niemand hatte dich gezwungen, bei ihm zu bleiben, obwohl ihr euch nichts mehr zu sagen hattet. Du siehst, daß du selbst für dein Schicksal, für deine Lebensumstände verantwortlich bist. Danach – in der geistigen Welt – siehst du das natürlich und denkst: „*Wieso habe ich damals nichts verändert?*" Doch dann ist es zu spät.

Deshalb ist das Nachdenken, von dem die Menschen so erfolgreich abgelenkt werden, so wichtig, damit die Menschen nachdenken, über ihr Leben nachdenken, und dann eine Lebenssituation bewußt überprüfen können, um dann eine Entscheidung für die Zukunft zu treffen. So kann sich ein Schicksal ändern, doch ist der Ursprung immer ein Gedanke.

Ein Gedanke beinhaltet das größte Verantwortungspotential. Ein Gedanke, nur ein einziger, kann dich reich und glücklich oder krank und elend machen.
Nun gibt es Menschen, die glauben, daß sie irgendwann einmal das Geschwür eines Krebses bekommen, weil womöglich ein Mitglied der Familie schon Krebs hatte. Sie halten an diesem einen Gedanken, daß sie auch einmal Krebs bekommen könnten, fest und erhalten ihn dann auch wunschgemäß. Wer einen glücklichen Gedanken aussät, wird eines Tages auch eine glückliche Frucht ernten können – viel Glück und Erfolg. Und ein Mensch, der einen negativen, einen dunklen Gedanken aussät, der wird eines Tages eine entsprechend negative Frucht ernten. Und er selbst war der Auslöser, der Erschaffer dieser Frucht. Das Gute an der Sache ist, daß derjenige, der sich seiner dunklen Gedanken bewußt wird, diese nun ändern kann. Ändert er diese, so wird sich auch das Aussehen der Frucht ändern, die er zur Erntezeit erhalten wird.
Das ist doch eine grandiose Einrichtung des Göttlichen! Jeder Mensch hat zu jeder Zeit des Lebens die Wahl, sein Leben zu verändern, jeden Tag. Und so kann heute, genau in diesem Moment ein Mensch eine Entscheidung treffen, die sein gesamtes weiteres Leben verändern wird. Und das ist dann auch die Macht der Gedanken, die du in Worte gefaßt hast, dann niedergeschrieben, und die von einem anderen Menschen aufgenommen und umgesetzt werden. Siehst du die Verkettung des Webmusters?

Oft vergessen die Menschen über die Lebenszeit hinweg, was sie alles einmal ausgesät hatten, und wundern sich über eigenartige Früchte, die sie dann Jahre später erhalten.

Grundlage sind immer die Gedanken, die Gedankenmuster und das Denkverhalten. So sollte hier bewußt gedacht werden...

Nun sind wir am Ende meiner Fragen angekommen, und ich danke dir von Herzen, daß du dich zur Verfügung gestellt hast, um dich befragen zu können und so einen kleinen Einblick in dein Wirken und die Gegebenheiten in der feinstofflichen Welt zu erhalten.

Was möchtest du sowohl mir als auch den Lesern mit auf den Weg geben – ein Schlußwort sozusagen?

Den Erfolg des Buches wünsche ich dir! Doch wisse, der Erfolg des Buches steht nicht dir in Person zu. Der Erfolg des Buches steht der Information zu, der Multiplikation. So ist es im kosmischen Reich mehr als gewünscht, daß sich das Buch vervielfältigt und multipliziert. Das Buch wird auch verliehen und weitergegeben werden.
Doch wichtig wird sein – und das ist nicht in einer Gier des Geldes begründet *(lacht)* –, daß es in den Besitz übergeht. In Besitz heißt, daß es zum Arbeiten des Menschen, zum Erarbeiten des Menschen – seines Bewußtseins – dient. Es soll auch ein Buch der Arbeit sein, in welches der Mensch – so auch du selbst – immer wieder seinen Blick richten kann, um Anregungen zu finden.

Daher möge der Schlußsatz sein: Hier ist nicht Schluß, sondern hier fängt es erst an! Das Leben hat nun vielleicht einen anderen Sinn bekommen, als es dieses zuvor hatte. So sage ich: Du Leser, sei neugierig, beginne selbst zu forschen und das Leben auszuprobieren. Werde wieder Kind, und beginne von neuem, die Welt, die Religionen, die Völker der Erde, den Weltraum, die geistige Welt und unser aller Schöpferkraft neu zu entdecken. Sogar ich als unsterbliches Wesen lerne immer dazu. So darfst du das auch.

Dies ist der Anfang zu etwas Neuem!

Gehabt euch wohl, meine Freunde.

Was sagt man nun dazu?

Tja, normalerweise pflege ich am Ende meiner Bücher ein Resümee zu ziehen, wobei ich ehrlich bin, wenn ich zugebe, daß ich dem hier Präsentierten kaum etwas hinzuzufügen habe. Zusammenfassend kann wohl gesagt werden, daß wir es hier mit einem mehr als interessanten Wesen zu tun haben, das uns heute einiges über den Sinn des Lebens, den Grund für unser Dasein und viel über seine Tätigkeit erklärt hat. Wir finden Bestätigung für die Existenz einer feinstofflichen Welt, kosmische Gesetze, Engel, Dämonen sowie die Reinkarnation. Wir erfahren Details über die Frequenzerhöhung, der unser Planet und mit ihm auch wir Menschen ausgesetzt sind, und was das für Folgen für uns alle haben wird. Aber das haben Sie ja nun zur Genüge intus.

Lassen Sie mich deswegen noch ein wenig über mich und dieses Projekt plaudern. Der eine oder andere meiner Leserschaft mag nun denken, daß dieses Buch gänzlich anders ist, als das bisher publizierte. Das kann ich auch bestätigen.

Meine anderen Bücher hatten nicht unbedingt eine andere Grundthematik, doch war das darin verwendete Material aus Erlebnisberichten anderer Menschen oder diverser Organisationen entstanden. Es ging teilweise sicherlich auch um eigene Erlebnisse, doch überwiegend um globale oder religiöse Themen.

Diesmal – bei diesem Buch – ging es aber ausschließlich um eine Eigenerfahrung meiner Selbst, ein Erlebnis, das als Impuls gesehen werden kann und aus dem ein Forschungsprojekt entstand, das nun schließlich in einem Buch kulminierte. Im Gegensatz zu meinen bisherigen Büchern ist dieses nun mein eigenes Buch, es ist *mein* Erlebnis und meine ganz persönliche Geschichte. Und das ändert für mich persönlich alles.

Nun könnte ein Kritiker sagen: „*Der Helsing spinnt, das Wesen gibt es gar nicht, oder es ist ein Dämon, der ihn in die Irre führt – und die Leser gleich mit –, das ist alles Humbug, da es keinen Gott und auch keine Engel gibt, von einem schwarzen Mann, einem Sensenmann, ganz zu schweigen...*", und so weiter.

Prima. Damit kann ich gut leben. Würde es um den Inhalt meiner anderen Titel gehen, so könnte ich auch sagen, daß man über die eine oder andere Aussage, das eine oder andere Zitat diskutieren könnte, wie ich es ausgelegt oder interpretiert habe.

Doch bei diesem Erlebnis gibt es nichts zu diskutieren – für mich zumindest nicht. Ich weiß, was ich erlebt habe, ich weiß, was ich gesehen habe, und ich weiß, wie sich mein Leben durch diese Begegnung verändert hat. Nur das zählt letztendlich. Heißt es nicht: „*An ihren Früchten werdet ihr sie erkennen...!*" Und meine Früchte sehen gut aus (meine Mutter hatte immer schon gesagt, daß ich *so ein Früchtchen* bin...).

Was ich wiederum als Kritik gelten lassen kann, wäre, daß womöglich innerhalb des Interviews die Gefühlsaspekte zu wenig beleuchtet wurden beziehungsweise die Liebe bei unserem Dialog zu kurz kam. Das liegt höchstwahrscheinlich an mir und an der Art, wie ich als Mann mit meinem rationalen Denken die Fragen gestellt habe. Eine Frau hätte womöglich andere Fragen an dieses Wesen gerichtet...

Eines kann ich Ihnen jedenfalls mit Gewißheit sagen: Es ist das bisher spannendste Projekt meines Lebens gewesen. Ich habe einen großen Teil unseres Planeten bereist, unzählige interessante Menschen kennengelernt und auch entsprechende Erlebnisse gehabt, doch es ist nicht vergleichbar mit dem *schwarzen Mann*.

Wieso? Weil ich merke, wie sich seit diesem Unfall und der Begegnung mit ihm mein Leben verändert hat. Es ist nicht nur ein Interview gewesen, ein Channeling mit einem geistigen Wesen, das nun als Buch verlegt worden ist; nein. Mein Leben hat sich verändert; *ich* habe mich verändert. Es war noch nie so gut wie jetzt. Und das ist für mich die stärkste Erfahrung.

Was ursprünglich als Interview gedacht war – ich bin ehrlich, wenn ich sage, daß zu Beginn die Neugier das Zugpferd war –, entpuppte sich als Einlösung eines alten Versprechens und eine Arbeit an mir selbst. Zu Beginn dachte ich: *„Na, dann stellst du Fragen und erhältst interessante Antworten."* Doch daß ich in die Pflicht genommen werde, hatte ich so nicht erwartet.

Auf den Punkt gebracht ist die Forderung unseres *schwarzen Freundes*, daß ich an mir arbeite – ruhiger werde, gelassener, friedvoller –, um dann immer mit neuen Erkenntnissen und Wissensaspekten belohnt zu werden. Das heißt, für mich ist aus einem Buchprojekt ein neuer Lebensabschnitt geworden, der eine Veränderung mancher Verhaltensweise abverlangt und auch eine Neuorientierung meinerseits. Und das ist gut so.

Nachts, aber auch tagsüber, bekomme ich Bilder von ihm eingegeben, manchmal Sätze, auch neue Ideen; und manchmal sind auch Hausaufgaben mit dabei. Es sind überwiegend Gefühlshausaufgaben und solche des Verhaltens in tagtäglichen Situationen, die auch klare Entscheidungen erfordern – beruflich, familiär oder mit meinem persönlichen Umfeld. Es geht um die praktische Umsetzung geistigen Wissens.

Vor allem bin ich aber jetzt in Aufbruchstimmung. Einerseits betrete ich geistiges Neuland – beispielsweise das Wirken des *Engels der Gnade* –, andererseits ist es aber auch eine alte und vertraute Welt.

Animiert durch das Erlebte bin ich bereit, neu in mein Leben zu investieren und in meine persönliche Entwicklung, und lade Sie dazu ein, dies ebenfalls zu tun. Wagen Sie es, neue Gedanken zu denken, neue Blickwinkel zu erkunden und selbst weiter mit dem Leben zu experimentieren.

Denn ich sage Ihnen: Das Leben ist spannend, es ist faszinierend, und immer, wenn man denkt, daß einen nichts mehr überraschen kann, kommt etwas Neues hinzu.

Nun sind wir am Ende dieses Buches angekommen, und ich möchte mich bei Ihnen von ganzem Herzen bedanken, daß sie sich die Zeit genommen haben, mit mir diesen Ausflug in die Welt des Todes zu unternehmen, und hoffe, daß Sie eines dabei verloren haben: die Angst davor.

Ob ich weitere Gespräche zwischen dem *schwarzen Mann* und mir in einem Nachfolgeband veröffentlichen werde, weiß ich heute noch nicht, da ich schon wieder neue Projekte im Kopf habe, die es ebenfalls umzusetzen gilt...

Das Leben ist nämlich voller Abenteuer, und ich freue mich bereits darauf, Ihnen wieder Neues berichten zu können, wobei ich bei Abschluß eines Buches niemals weiß, was als nächstes kommen wird. Und so habe ich auch diesmal keinen blassen Schimmer, auf welche Weise wir uns wieder begegnen werden und was ich Ihnen dann zu berichten haben. Seien Sie aber gewiß: Es wird alles andere als gewöhnlich sein...

In diesem Sinne verbleibe ich erneut von Herzen grüßend,

Ihr

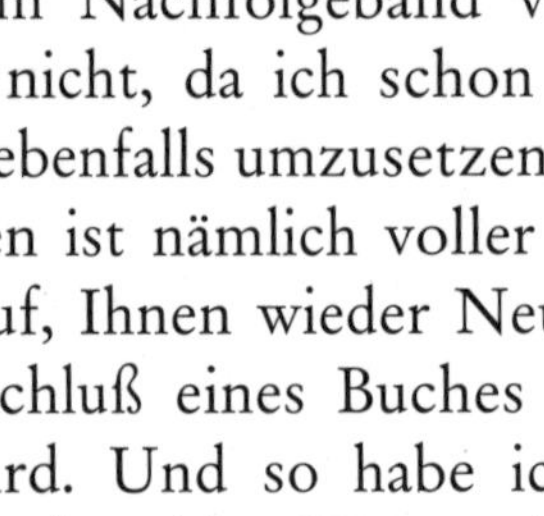

LITERATURVERZEICHNIS

1 *Krumbacher Bote* vom 30.10.1999
2 Gebrüder Grimm, *Gevatter Tod*
3 Stebich, Max; *Das große Wiener Sagenbuch*; Verlag für Jugend und Volk, Wien 1960
4 www.sagengestalten.de
5 Crottet, Robert; *Verzauberte Wälder*, Wegner Verlag, Hamburg 1955; S. 205-212
6 Lang, Evelyn; *Memento Mori – von Bruderschaften, Totentänzen und anderen Vergegenwärtigungen des Todes*; http://memopolis.uni-regensburg.de/lektuere/texte/tod_und_gesellschaft/memento.html
7 Goethe, *Gesammelte Werke*, Band 1; Bertelsmann; S. 221

BILDQUELLEN

Abb. 1: unbekannt
Abb. 2: Stebich, Max; *Das große Wiener Sagenbuch*; Verlag für Jugend und Volk, Wien, 1969; S. 88
Abb. 3: Doré, Gustave; *Charon und der Fluß*; www.scathach.de
Abb. 4: Euphronios; New York, Metropolitan Museum
Abb. 5: Altötting – Schatzkammer, Holzrelief von Meister D.K. www.totenzanz-online.de
Abb. 6: Künstler unbekannt; www.totentanz.de
Abb. 7: Holbein, Hans der Jüngere; *Der König*; www.delago.de
Abb. 8: Holbein, Hans der Jüngere; *Der Reiche Mann*; www.delago.de
Abb. 9: Bender, Hans; Friedhofskirche Pfronten, 1848
Abb. 10: Doré, Gustave; *Offenbarung*; www.scathach.de
Abb. 11: Cigler, Rolf; *Heimgang*; Frobergstr. 12, CH-8162 Steinmaur; www.cigler.ch

SACHREGISTER

Über den Autor

Jan Udo Holey alias **Jan van Helsing** (geb. 1967) ist Autor mehrerer Sachbücher und Inhaber des Ama Deus Verlags.

Seit 1985 bereist er kreuz und quer unseren Planeten und machte vor allem bei Expeditionen in den USA, Ägypten, Südamerika und in Asien Entdeckungen, die unsere „aufgeklärte" Sicht der Welt sehr in Frage stellen.

Auf seinen Reisen begegnete er aber auch interessanten Personen aus Geheimdienstkreisen, aus Tempelritter- und Freimaurerlogen sowie Menschen, die magischen Verbindungen angehörten, wobei diese Begegnungen und der erfolgte Wissensaustausch schließlich dazu führten, daß er 1993 sein erstes Buch über Geheimgesellschaften schrieb. Dieses entwickelte sich innerhalb zweier Jahre – mit weit über 100.000 verkauften Exemplaren und Übersetzungen in acht Sprachen – zum Bestseller. 1995 folgte Band 2 der Geheimgesellschaften, dessen Inhalt aber diverse Interessenkreise in der Schweiz als auch in Deutschland dazu bewog, die größte Buchbeschlagnahme in der BRD seit 1945 durchzuführen, um die Bevölkerung vor seinen brisanten Recherchen zu schützen.

Noch erfolgreicher ist jedoch sein Werk *„Hände weg von diesem Buch!"*, welches im Mai 2005 erschien und offenbar wieder einmal den Nerv der Zeit getroffen hat.

In seinen (bisher insgesamt neun) Büchern hatte er nicht nur viele Jahre im voraus die politische als auch wirtschaftliche Entwicklung vorhergesagt, sondern auch schlüssig erklärt, wie die Welt über den (gezielt herbeigeführten) globalen Terrorismus und die dadurch gerechtfertigte Überwachung der Bürger in eine *Neue Weltordnung* geführt wird.

Besuchen Sie Jan van Helsing auch im Internet unter:

www.jan-van-helsing.de und **www.amadeus-verlag.com**

HÄNDE WEG VON DIESEM BUCH !

Jan Udo Holey/Jan van Helsing

Sie werden sich sicherlich fragen, wieso Sie dieses Buch nicht in die Hand nehmen sollen. Handelt es sich hierbei nur um eine clevere Werbestrategie?

Wohl kaum. Wie Sie wissen, wurden zwei Bücher von Jan van Helsing aufgrund ihres brisanten Inhalts verboten. Und die etablierten Medien lassen auch kaum einen Tag verstreichen, ohne die Bevölkerung vor den Ideen des *„gefährlichsten Sachbuchautoren Deutschlands"* zu warnen.

Nun rüttelt Jan van Helsing erneut an einem Weltbild - an Ihrem! Daher ist der Rat: *„Hände weg von diesem Buch!"* durchaus ernst gemeint. Denn nach diesem Buch wird es nicht leicht für Sie sein, so weiterzuleben wie bisher. Heute könnten Sie möglicherweise noch denken: *„Das hatte mir ja keiner gesagt, woher hätte ich denn das auch wissen sollen?"* Heute können Sie vielleicht auch noch meinen, daß Sie als Einzelperson sowieso nichts zu melden haben und nichts verändern können. Nach diesem Buch ist es mit dieser Sichtweise jedoch vorbei!

Sollten Sie ein Mensch sein, den Geheimnisse nicht interessieren, der nie den Wunsch nach innerem und äußerem Reichtum verspürt hat, der sich um Erfolg und Gesundheit keine Gedanken macht, dann ist es besser, wenn Sie den gut gemeinten Rat befolgen und Ihre Finger von diesem Buch lassen.

Sollten Sie jedoch immer schon gefühlt haben, daß mit dieser Welt etwas nicht stimmt, sollten Sie die letzten Geheimnisse unserer "aufgeklärten" Welt interessieren und sollten Sie jemand sein, der es vom Leben noch einmal wissen will, dann ist das Ihr Buch!

Sagen Sie aber nicht, man hätte Sie nicht gewarnt! Denn Jan van Helsing wird Ihnen von Dingen und Ereignissen berichten, die Ihnen die Möglichkeit einräumen werden, Macht über Ihr eigenes Leben zu bekommen und die Kraft, andere daran Teil haben zu lassen. Und wer über Macht verfügt, der trägt auch eine große Verantwortung.

Daher sind Sie vor die Wahl gestellt: Möchten Sie auch weiterhin gelebt werden oder ist der Zeitpunkt jetzt gekommen, Ihr Schicksal selbst in die Hand zu nehmen?

Die Entscheidung liegt bei Ihnen!

DIE KINDER DES NEUEN JAHRTAUSENDS

Jan Udo Holey/Jan van Helsing

Mediale Kinder verändern die Welt!

Der dreizehnjährige Lorenz sieht seinen verstorbenen Großvater, spricht mit ihm und gibt dessen Hinweise aus dem Jenseits an andere weiter. Kevin kommt ins Bett der Eltern gekrochen und erzählt, daß *„der große Engel wieder am Bett stand"*. Peter ist neun und kann nicht nur die Aura um Lebewesen sehen, sondern auch die Gedanken anderer Menschen lesen. Vladimir liest aus verschlossenen Büchern, und sein Bruder Sergej verbiegt Löffel durch Gedankenkraft.

Ausnahmen, meinen Sie, ein Kind unter tausend, das solche Begabungen hat? Nein, keinesfalls! Wie der Autor in diesem, durch viele Fallbeispiele belebten Buch aufzeigt, schlummern in allen Kindern solche und viele andere Talente, die jedoch überwiegend durch falsche Religions- und Erziehungssysteme, aber auch durch Unachtsamkeit oder fehlende Kenntnis der Eltern übersehen oder gar verdrängt werden. Und das spannendste an dieser Tatsache ist, daß nicht nur die Anzahl der medialen Kinder enorm steigt, sondern sich auch ihre Fähigkeiten verstärken. Was hat es damit auf sich?

Lauschen wir den spannenden und faszinierenden Berichten medialer Kinder aus aller Welt, darunter

- die hellsichtig-medialen Kinder, die in Kontakt mit der geistigen Welt – mit dem ‚Jenseits' – stehen;
- die Kinder, die sich an ihr letztes Leben erinnern können;
- die Indigo-Kinder, die durch ihr hyperaktives Verhalten, ihre extreme Art, sich nicht anzupassen, und ihren hohen IQ auffallen;
- die supermedialen chinesischen Kinder, die nicht nur in der Lage sind, mit den Ohren oder den Händen zu lesen, sondern auch Gegenstände aus dem „Nichts" zu materialisieren, und
- die Kinder, die eine neue – bisher als *„mutiert"* bezeichnete – DNS aufweisen und daher nicht nur gegen infiziertes Blut resistent, sondern selbst gegen Krebszellen immun sind.

ISBN 3-9807106-4-5 • 23,30 Euro

ALDEBARAN-Versand
50670 Köln • Weißenburgstr. 10 a
Telefon 02 21 - 737 000 •Telefax 02 21 - 737 001

UNTERNEHMEN ALDEBARAN

Jan Udo Holey/Jan van Helsing

Das allgäuer Ehepaar Karin und Reiner Feistle behauptet, schon seit seiner Kindheit von Außerirdischen besucht worden zu sein. Beide waren bis vor ein paar Jahren fest der Überzeugung, daß ihr „Fall" einer von vielen sei, wie sie nun langsam immer mehr an die Öffentlichkeit dringen, bei denen nachts Menschen von kleinen grauen Wesen mit großen Köpfen „entführt" werden und sich irgendwelchen „Untersuchungen" ausgesetzt finden.

Doch das änderte sich schlagartig, als Reiner Feistle zum erstenmal den Kommandanten des Raumschiffes, auf das ihn die kleinen „Grauen" gebracht hatten, zu Gesicht bekam – er war zwei Meter zwanzig groß, hatte blaue Augen, lange dunkle Haare und sprach deutsch (im Gegensatz zu den „Grauen", die sich telepathisch mit ihm verständigten).

Das ganze Szenarium der „Grauen" entpuppte sich als ein großes Tarnmanöver für die großen Besucher aus dem Sonnensystem Aldebaran, die der Menschheit auf der Erde in der kommenden schwierigen Zeit des Umbruchs hilfreich zur Seite stehen, jedoch noch nicht persönlich in Erscheinung treten wollen, da die Mehrzahl der Menschen momentan noch dazu neigt, sie zu „Engeln" oder „Göttern" zu erklären und dazu tendiert, diesen ihre Verantwortung zu übertragen.

Doch Karin und Reiner Feistle sind nicht die ersten Deutschen, mit denen die Aldebaraner Kontakt aufgenommen haben.

Unglaublich meinen Sie?
Nun, vielleicht sind Sie nach der Lektüre dieses Buches anderer Meinung.

BUCH 3 – Der Dritte Weltkrieg - NEUAUFLAGE

Jan Udo Holey/Jan van Helsing

Ist das Schicksal der Menschheit vorherbestimmt...?

Im Jahre 1871 erstellten die Führer einer Geheimloge einen Plan, wie sie über drei Weltkriege die Welt - sprich die Zentralbanken, die Börsen, das Öl, die Energie- sowie die Wasserversorgung, die Medien und die Medizin - in ihre Gewalt bringen können. Auf dem Weg zur „Neuen Weltordnung" – einer Weltregierung kontrolliert von diesen Schattenmännern – sollte der Erste Weltkrieg inszeniert werden, um das zaristische Rußland in ihre Hände zu bringen. Der Zweite Weltkrieg sollte über die Manipulation der zwischen den deutschen Nationalisten und den politischen Zionisten herrschenden Meinungsverschiedenheiten fabriziert werden und der Dritte Weltkrieg sollte sich, diesem Plan zufolge, aus den Meinungsverschiedenheiten ergeben, die man zwischen den Zionisten und den Arabern hervorrufen würde. Es wurde die weltweite Ausdehnung des Konfliktes geplant.

Spätestens jetzt sollten Sie hellhörig geworden sein, denn die Verwirklichung des letzten Abschnitts können wir gerade live in den Medien miterleben – die Inszenierung eines Weltkriegs! Der Anschlag auf das WTC in New York war nur eine weitere Etappe auf dem Weg zur Weltregierung, wobei die Angst vor (selbst inszenierten) Terroranschlägen dazu genutzt wird, die Freiheit des Einzelnen scheibchenweise einzuschränken – Aufhebung des Bankgeheimnisses, Überwachung der Bürger, Einführung des bargeldlosen Zahlungsverkehrs bis hin zur Implantierung von Mikrochips unter die Haut.

Interessiert es Sie, ob es tatsächlich dazu kommt, und wenn ja, wie dieser Krieg ausgehen wird? Die in diesem Buch aufgeführten Prophezeiungen von über einhundert verschiedenen Sehern aus der ganzen Welt haben alle genau diesen Dritten Weltkrieg vorausgesehen und die weitere Entwicklung der irdischen Menschheit im Detail beschrieben.

Jan van Helsing als Profi auf diesem Gebiet läßt Sie jedoch nicht mit diesen Informationen im Regen stehen, sondern nimmt Sie bei der Hand und zeigt Ihnen auch die positiven Aspekte der prophezeiten Ereignisse, beschreibt ausführlich, wie der Einzelne mit dieser Situation umgehen kann, wie er durch eine bewußte Umkehr im Denken als auch im Handeln nicht nur dem Sog der Negativität des Alltags entrinnt, sondern mit den hier präsentierten Werkzeugen sein Leben auch bewußt neu gestalten kann.

ISBN 3-9805733-5-4 • 25,50 Euro

ALDEBARAN-Versand
50670 Köln • Weißenburgstr. 10 a
Telefon 02 21 - 737 000 •Telefax 02 21 - 737 001

ALLES IST GOTT

Johannes Holey
mit Hannelore H. Dietrich

...die empfehlenswerte Weiterführung
zu Jan's neuem Werk
„Hände weg von diesem Buch"

In 130 kurzen Kapiteln führt das Buch schrittweise in eine noch klarere mutige Individualisierung der Leserinnen und Leser und wird zum allmählichen Werkzeug der eigenen und ganz persönlichen Selbstfindung. Und damit auch des Findens beglückender Lebensziele.
Die in uns angelegten Schöpferkräfte – unsere göttliche Matrix – werden einfach erklärt und praktisch dargestellt. Mit Erstaunen erkennen wir neue Möglichkeiten und den Reichtum verdrängter Gefühle, die bald schon unseren eigentlichen Selbst-Wert erahnen lassen.
Das tägliche Machtspiel zwischen unserem Kopf und unserem Herzzentrum wird schrittweise zu einem göttlichen Lebensspiel – denn unser Kopf ist entweder eigensinnig oder überbeschäftigt oder angstkonfrontiert und daher manipulierbar, wogegen die reinen und meist noch ursprünglichen Kräfte unseres Herzzentrums uns neue, eigene, kraftvolle und zukunftsweisende Lebensqualitäten offen legen.

Spielregel: Jeder Mensch ist Schöpfer seines Lebens, seines Alltags und seiner Gesundheit durch seine Gedankenkräfte – nach der Regel „der Gedanke lenkt die Kraft"

Spielregel: Gott/Göttin sind in jedem von uns selbst. Daher ‚erschaffen' wir unser Leben allmählich ohne die versteckten inneren Ängste – Tag für Tag *mit unseren eigenen unerschöpflichen Herzenskräften*

Spielregel: Sind unsere bewußten Gedankenkräfte mit unseren reinen Herzenskräften im Gleichgewicht, kann keine andere ‚Energie' oder Macht uns bremsen oder manipulieren
und viele andere Spielregeln mehr...

Es ist ein „Energie-Buch des Fühlens" und wer dabei ‚kopflos' versucht, es aufzunehmen, ist von Anfang an *in Resonanz mit seiner vergessenen Göttlichkeit.*

ISBN 3-9805733-4-6 • 19,70 Euro

ALDEBARAN-Versand
50670 Köln • Weißenburgstr. 10 a
Telefon 02 21 - 737 000 •Telefax 02 21 - 737 001

Bis zum Jahr 2012 – Der Aufstieg der Menschheit

Johannes Holey

Die Zeit drängt...
wenn die Voraussagen stimmen,
daß wir bis Ende 2012 wieder
paradiesische Zustände haben werden –
auf unserer Mamma Erde und
ihrer zukünftigen Menschheit

Planet und Menschheit stehen heute am Beginn eines neuen Zeitalters, dem Wassermann-Zeitalter. Damit wird zugleich der Beginn einer neuen, höheren Schöpfung eingeleitet. Einer Schöpfung auf der Basis einer feineren Schwingungsfrequenz und der dabei entstehende Prozeß der Transformation ist bereits voll im Gange. Diese Schwingungserhöhungen werden in den Jahren bis 2012 stetig ansteigen und die Geschwindigkeit des Ablaufs der Umwandlung wird weiter rapide zunehmen.

Dieses Buch klärt auf

- Warum trafen viele Prophezeiungen bisher nicht ein?
- Was könnte aber davon bis 2012 doch noch auf uns zukommen?
- Was können wir und die Menschheit dabei noch verbessernd beeinflussen?
- Der Planet Erde hält den Dichterekord (den höchsten Grad der materiellen Dichte) und wird bis 2012 einen Bewußtseins-Doppelsprung durch die vierte in die fünfte Dimension bewältigen,
- dazu stehen der Menschheit neues kosmisches und göttliches Licht an dieser Multi-Schnittstelle kosmischer Zyklen-Enden zur Verfügung und
- das Wissen, das wir dafür benötigen, trägt jeder in sich.
- Praktische Anleitungen führen in eine neue zeitgemäße Lebensweise.

„Jeder, der dieses zusammenfassende Buch gelesen hat, bekommt einen top-aktuellen Überblick, der sich aus etwa achtzig Werken anderer Autoren und etwa gleichviele Berichte alternativer Forscher zur gleichen Thematik zusammensetzt. Und für jeden, der dieses aufklärende Buch gelesen hat, wird verständlich sein, was sich bei seinem seelischen Aufstieg in den höheren Schwingungsbereich vollziehen wird – in seinem Leben und in seiner Zukunft – und in welcher Form er mitwirken kann und muß, damit die kommenden Ereignisse anstelle von Ängsten Grund zur Lebensfreude bieten werden."

Jan Udo Holey alias Jan van Helsing

ISBN 3-9805733-7-0 • 20,30 Euro

ALDEBARAN-Versand
50670 Köln • Weißenburgstr. 10 a
Telefon 02 21 - 737 000 •Telefax 02 21 - 737 001

GEHEIMAKTE BUNDESLADE – ab Juli 2005

Stefan Erdmann

Was wissen Sie über die Bundeslade? War Ihnen bekannt, daß es sich hierbei um den bedeutendsten Kultgegenstand der Juden und Christen handelt? Doch was verbirgt sich in ihr, was genau ist sie? Waren die zehn Gebote darin aufbewahrt? War es eine technische Apparatur oder gar ein Gerät zur Kommunikation mit den Göttern?

Offiziell ist sie nie gefunden worden. Einige Quellen behaupten, sie sei spurlos verschwunden. Andere glauben, sie wird in Äthiopien aufbewahrt. Sogar in Jordanien, Südfrankreich und im Himalaja wurde sie bereits vermutet. Wieder andere behaupten, sie sei im Besitz einer geheimen Gesellschaft und wechselt seit Jahrhunderten regelmäßig ihren Ort.

Stefan Erdmann enthüllt in diesem Buch erstmals Details über einen geheimnisvollen Fund der Tempelritter im Jahre 1118, den diese aus Jerusalem nach Frankreich brachten und der die Grundlage für ihren unermeßlichen Reichtum wurde. Auf seiner Spurensuche traf er sich unter anderem auch mit Vertretern verschiedener Logengemeinschaften und fand erstmals Verbindungen zwischen den Templern, den Freimaurern, den Zisterziensern und der Thule-Gesellschaft. Diese Verknüpfungen waren die Grundlage für geheime militärische als auch wissenschaftliche Operationen und es wurde offenbar, daß das Grundlagenwissen für den Bau deutscher Flugscheiben während des Zweiten Weltkriegs, wie auch für das US-amerikanische Philadelphia Experiment im Jahre 1943 zum Teil aus Geheimarchiven der Zisterzienser stammte.

Auf seiner Suche nach der Bundeslade und ihren Hütern fand Stefan Erdmann neue, bisher unveröffentlichte und hochbrisante Informationen, die nicht nur weitere Hinweise für das sagenumwobene Atlantis und die weltumspannende Pyramidenkultur liefern, sondern die Spur führt direkt in die gegenwärtige Weltpolitik…

ISBN 3-9807106-2-9 • 21,00 Euro

ALDEBARAN-Versand
50670 Köln • Weißenburgstr. 10 a
Telefon 02 21 - 737 000 •Telefax 02 21 - 737 001

BANKEN, BROT UND BOMBEN - Band 1

Stefan Erdmann

Band 1

Die historischen Hintergründe...

„Es ist egal, ob George W. Bush oder Al Gore Präsident wird - Alan Greenspan ist der Chef der Notenbank...“ las man vor der letzten US-Präsidentschaftswahl in der Süddeutschen Zeitung. Wer ist denn dieser Greenspan, daß er offenbar mehr Einfluß hat als der angeblich mächtigste Mann der Welt – der US-Präsident? Oskar Lafontaine war sich offenbar dieser unsichtbaren Macht bewußt, als er sich zu folgendem Satz hinreißen ließ: *„Die Weltpolitik wird von einem Hochfinanz-Imperium regiert.“*

Sicherlich sind die meisten Personen, die heute die Welt steuern, aus dem Wirtschafts- und Finanzbereich. Doch der wahre Grund, warum sie so mächtig sind und die Geschicke der Welt über unsichtbare Fäden lenken, liegt mitunter in ihrer Mitgliedschaft in Geheimlogen. Diese Logen hüten nämlich einige höchst brisante Geheimnisse, die teils Jahrtausende zurückreichen und deren Wissen den Globalisten diese ungeheure Machtausübung erst ermöglicht. Interessiert es Sie, worüber diese Logenmänner Kenntnis haben und was sie vor Ihnen verborgen halten?

Die Antworten auf diese und viele andere brisante Fragen präsentiert hier Stefan Erdmann in seinem Zweiteiler ***Banken, Brot und Bomben***. Nach jahrelanger Recherche, vielen Reisen durch fünf Kontinente und einigen höchst aufschlußreichen Interviews mit Insidern enthüllt er in ***Banken, Brot und Bomben*** bisher unveröffentlichte Informationen, die das Wirken dieser Dunkelmänner in der Weltgeschichte nachweisen und ihr globales Spiel um die Neue Weltordnung – einer Weltregierung in Form eines modernen Sklavenstaats – dem Leser schlüssig erklären.

In Band 1 untersucht Stefan Erdmann nicht nur die erstaunlichen Parallelen zwischen Moses und dem ägyptischen Pharao Echnaton sondern auch von Tutenchamun und Jesus und zeigt die Wahrscheinlichkeit auf, daß beide Pharaonen zu Hebräern umgefälscht wurden, was nicht nur die Abrahamreligionen auf den Kopf stellen, sondern auch erstmals sinnvoll die Widersprüche im A.T. erklären könnte. In Band 1 führt er den Leser quer durch die Geschichte bis in die Gegenwart und zeigt damit auch die Verbindung der alten Kulturen und der Geheimnisse um die Personen Jesus und Moses mit den modernen Geheimgesellschaften der Freimaurer und Illuminaten auf.

BANKEN, BROT UND BOMBEN - Band 2

Stefan Erdmann

Band 2

Das Geheimwissen in der Gegenwart

Haben Sie sich nicht schon oft gefragt, ob unsere Politiker noch ganz bei Trost sind, betrachtet man die Steuer- und Rentenpolitik, vor allem aber auch die Zuwanderungs- und Asylthematik, die EU-Osterweiterung und die Einführung des Euro, den keiner wollte, der aber dennoch kam?

Jeder Mittelständler hätte seine Firma längst schließen müssen, würde er so wirtschaften. Was glauben Sie? Sind unsere Führungsspitzen allesamt geistig verwirrt, oder steckt hier System dahinter?

Stefan Erdmann öffnet Ihnen die Augen! Im ersten Teil von ***Banken, Brot und Bomben*** hat er die Leser über Geschichtsverdrehungen im Altertum aufgeklärt und über die Verstrickungen alter Bruderschaften mit dem Finanzadel. In diesem Folgeband nimmt er Sie mit auf eine nicht weniger spannende Reise durch ein Netzwerk von Freimaurerlogen (Bilderbergern, Komitee der 300, CFR...), Medien- und Pharmamogulen, Energielobbyisten bis hin zur Hochfinanz und zeigt deren Machtstrukturen bis in die Jetztzeit auf. Dabei beleuchtet er unter anderem auch die Hintergrundpolitik der Russischen Revolution und des Ersten Weltkrieges und erläutert dabei auch schlüssig, wieso aus den Ergebnissen, die man auf der Versailler „Friedenskonferenz" mit dem Versailler Vertrag beschloß, die Grundlage für einen neuen Weltkrieg geschaffen wurde.

Stefan Erdmann zeigt dabei auch schonungslos die Rolle der Massenmedien auf und verdeutlicht anhand von Beispielen, wie diese den heutigen Konsummensch bewußt manipulieren. Er erläutert die Mechanismen der psychologischen Kriegsführung und die gezielte Verblödung unserer Kinder durch das gegenwärtige Erziehungssystem und eine bewußte Verrohung durch das Fernsehprogramm. Bei all diesen Betrachtungen läßt er auch die Hintergründe des Anschlags auf das World Trade Center nicht außer Acht, erklärt die wahren Absichten der amerikanischen Regierung für den Krieg im Irak und damit den Beginn des Dritten Weltkriegs sowie die juristische Situation Deutschlands beziehungsweise des Deutschen Reiches nach dem Ende des Zweiten Weltkriegs.

Er zeigt jedoch nicht nur die Mechanismen der momentanen Weltherrscher auf, sondern bietet auch Vorschläge an, um es dem einzelnen zu ermöglichen, aus diesem manipulativen Spiel auszusteigen.

ISBN 3-9807106-0-2 • 19,70 Euro

ALDEBARAN-Versand
50670 Köln • Weißenburgstr. 10 a
Telefon 02 21 - 737 000 •Telefax 02 21 - 737 001

DEN GÖTTERN AUF DER SPUR

Stefan Erdmann

Gentechnik vor 400.000 Jahren

Waren wir bisher der Meinung, daß die Frage nach der Entstehung des Menschen längst geklärt sei? Wenn ja, werden wir durch dieses Werk eines Besseren belehrt. Stefan Erdmann hat auf seinen Expeditionen durch sechs Kontinente, schwerpunktmäßig jedoch durch den afrikanischen, Entdeckungen gemacht, die sehr überzeugend darlegen, daß die ersten Kulturbringer der Menschheit einst *von den Sternen* kamen und genetisch in die Entwicklung auf der Erde eingegriffen hatten.

Auf seiner Suche nach Anhaltspunkten, die diese These unterstützen würden, hatte er Gebiete Afrikas besucht, die nie zuvor ein Weißer betreten hatte; traf dabei auf Menschen, von denen bisher kein Mensch wußte, daß sie überhaupt existierten; besuchte verborgene Täler, von denen bisher nur Mythen berichteten und stieß dabei immer wieder auf Hinweise, die einen Eingriff von *außen* bestätigten.

Auch wenn wir solch einer Annahme bisher noch skeptisch gegenüber eingestellt gewesen sein sollten, wird sich das nach der Lektüre dieses Buches geändert haben. Wie ein roter Faden ziehen sich Berichte über diese „Besucher“ durch die Geschichte der Menschheit, und wir werden dabei unweigerlich mit der Frage konfrontiert, ob der Mensch wirklich die Krone der Schöpfung ist, wie es das Alte Testament lehrt, oder nur ein evolutionärer Fremdling, der sein Auftauchen der Laune einer Gruppe von „Göttern“ zu verdanken hat?

Begeben wir uns mit dem Autor auf eine faszinierende und teilweise fantastisch anmutende Spurensuche durch die verschiedenen Kulturen dieses Planeten und erfahren dabei von Ereignissen, die der klassischen Archäologie nicht nur unangenehm werden, sondern diese teilweise gänzlich über den Haufen werfen. Seien wir auf die Überraschungen gespannt, die wir mit Stefan Erdmann auf seiner Zeitreise durch die Menschheitsgeschichte erleben werden und folgen wir ihm auf den Spuren der Götter.

MEDITATIONS- und MUSIK-CDs

Brigitte Jost mit Musikbegleitung von Elodin (www.brigitte-jost.de)

„Sternen – Engel – Liebe 1“

Meditation und Engel-Botschaft ...hol Dir ein Stück Himmel auf die Erde!

Aus dieser energetischen CD sprüht förmlich der Geist des Neuen Zeitalters. In ihrem Mittelpunkt steht eine aktuelle Botschaft der Engel (März 2004) und vermittelt ein neues Verständnis der eigenen inneren Göttlichkeit. In unseren goldenen Herzräumen können sich Ängste und alltägliche Sorgen auf heilsame Weise auflösen.
Durch das Einwirken und die Präsenz der Engel erhält die CD auch eine besonders zentrierende Wirkung.

ISBN 3-9807106-7-X € 18,90

„Sternen – Engel – Liebe 2“

Meditationen in Lebenskrisen ...auch wenn alle Stricke reißen, Engel halten mich!

Diese CD mit dem „Engel-Hilfsprogramm“ wurde medial empfangen – zur liebevollen Ermutigung und Stärkung vor einschneidenden Ereignissen wie Operationen, Gerichtsterminen, Prüfungen und anderen schwierigen Lebenalagen. Die Heilmelodie und neuartige Gebete sind himmlische Geschenke der Engel und lassen uns förmlich in ihren Liebesschwingungen baden.

ISBN 3-9807106-9-6 € 18,90

„Sternen – Engel – Liebe 3“

Die Göttin kehrt zurück Himmlischer Gesang und Musik

Hellhörend vernimmt Brigitte innerlich unbeschreiblich erhabene Gesänge, musikalische Klänge und Botschaften der Engel. Die Zärtlichkeit und Reinheit dieser Lichtwesen durchfließen Brigittes Gesang und berühren die Hörer direkt im Herzen.
Feinfühlig setzt der Musiker Elodin die empfangenen Klänge und Melodien in heilsame Harmonien um.

ISBN 3-938656-72-7 € 18,90

ELODIN (www.devamusic.de)

„Tanz der Welten“

Das Album ist eine Zusammenstellung seiner besten rhythmisch-dynamischen Kompositionen, die zwischen 1995 und 2003 entstanden sind. Elodins Stil, eine Mischung aus Chill Out, mystischen Ambientsounds, Worldbeats und elektronischen Dancebeats läßt sich schwer in eine Kategorie einordnen. Seine Klangwelt ist geheimnisvoll, exotisch, inspirierend und lädt zu Phantasiereisen oder meditativem Tanz ein – ambitioniert und professionell.

ISBN 3-9807106-3-7 € 18,90

ALDEBARAN-Versand
50670 Köln • Weißenburgstr. 10 a
Telefon 02 21 - 737 000 •Telefax 02 21 - 737 001